全世界无产者，联合起来！

列 宁 全 集

第二版增订版

第二卷

1895—1897年

中共中央 马克思 恩格斯 著作编译局编译
列 宁 斯大林

人民出版社

《列宁全集》第二版是根据中国共产党中央委员会的决定，由中共中央马克思恩格斯列宁斯大林著作编译局编译的。

凡　例

1. 正文和附录中的文献分别按写作或发表时间编排。在个别情况下,为了保持一部著作或一组文献的完整性和有机联系,编排顺序则作变通处理。

2. 每篇文献标题下括号内的写作或发表日期是编者加的。文献本身在开头已注明日期的,标题下不另列日期。

3. 1918 年 2 月 14 日以前俄国通用俄历,这以后改用公历。两种历法所标日期,在 1900 年 2 月以前相差 12 天(如俄历为 1 日,公历为 13 日),从 1900 年 3 月起相差 13 天。编者加的日期,公历和俄历并用时,俄历在前,公历在后。

4. 目录中凡标有星花 * 的标题,都是编者加的。

5. 在引文中尖括号〈　〉内的文字和标点符号是列宁加的。

6. 未说明是编者加的脚注为列宁的原注。

7.《人名索引》、《文献索引》条目按汉语拼音字母顺序排列。在《人名索引》条头括号内用黑体字排的是真姓名;在《文献索引》中,带方括号［　］的作者名、篇名、日期、地点等等,是编者加的。

目　　录

插　　图

前　　言

本卷收载列宁1895—1897年的著作,共16篇。

19世纪90年代后半期是俄国社会民主主义运动的"童年时期和少年时期"。在这个时期中,随着俄国资本主义的迅猛发展,工人阶级的人数急剧增加,罢工运动不断扩大。社会民主党人原来只在少数先进工人中间宣传马克思主义,这时则开始进行群众性的政治鼓动和实际革命工作了。1895年秋,列宁建立了彼得堡工人阶级解放斗争协会,这标志着社会主义开始和俄国工人运动相结合。斗争协会包括若干马克思主义工人小组,同群众性的工人运动建立了广泛联系。斗争协会是俄国无产阶级革命政党的萌芽。在它的影响下,俄国其他许多地方也相继成立了类似的组织。对俄国社会民主党人来说,当务之急是把各个马克思主义组织联合起来,建立一个有统一的中央和明确的纲领的无产阶级革命政党。而要建立这样的党,还必须大力批判民粹主义,因为民粹主义仍然是俄国社会民主主义运动前进道路上的严重障碍。总的说来,列宁在此期间的著述活动和实际革命活动都围绕着一个中心任务,即在俄国建立一个无产阶级的革命政党。

本卷的头一篇文章《弗里德里希·恩格斯》是列宁在1895年秋为悼念无产阶级革命导师恩格斯的逝世而写的。该文扼要叙述了恩格斯的光辉一生,高度评价了恩格斯同马克思一起创立马克思主义理论和为无产阶级解放事业而斗争的不朽功绩，赞颂了恩格斯作为严峻的战士和严正的思想家所具有的崇高品格以及他同马克思的伟大友谊。列宁在文中对恩格斯的历史地位作了全面的科学的评价，指出在马克思逝世后，"恩格斯是整个文明世界中最卓越的学者和现代无产阶级的导师"（见本卷第1页）。

本卷收载了列宁在早期革命活动中所写的一些宣传鼓动文献，如《告托伦顿工厂男女工人》、《对工厂工人罚款法的解释》、《我们的大臣们在想些什么?》、《告沙皇政府》、《新工厂法》等。列宁十分重视宣传鼓动工作，认为这一工作对于启发工人群众的思想觉悟和提高他们的斗争水平有很大作用。他把为工人群众写作看成自己义不容辞的责任。在这些传单和小册子中，列宁从工人群众的生活实际和工厂的现实情况出发，用通俗易懂的语言向工人讲述革命道理，深刻阐明了俄国无产阶级受资本家阶级的残酷剥削和压迫、陷于贫困和无权地位的原因，并向俄国无产阶级指出了争取自身解放的道路。

本卷收载了列宁阐述俄国马克思主义者的纲领、策略和组织任务的著作，如《社会民主党纲领草案及其说明》。这一文献包括《党纲草案》和《党纲说明》两部分，分别于1895年12月和1896年6—7月在监狱写成，后来被合编在一起刊出。《党纲草案》是列宁所写的第一个俄国社会民主党纲领。《党纲说明》是对党纲主要条文所作的解释和阐发。在这一文献中，列宁根据俄国的实际，创造性地运用和发展了马克思主义，论述了俄国无产阶级的斗争任务和目标：推翻专制制度和争得政治自由，夺取政权和建立社会主义社会。列宁还提出了俄国社会民主党的实际要求——全国性的要求、工人阶级的要求和农民的要求，并对这三方面的要求一一作了论证。

　　和《社会民主党纲领草案及其说明》属于同一内容的文献还有
《俄国社会民主党人的任务》。列宁 1897 年底在流放地写成的这
个小册子是专门论述俄国社会民主党人的政治纲领和策略的。列
宁在小册子中指出：俄国社会民主党人必须开展两种斗争，即社会
主义的斗争（反对资本家阶级，目标是破坏阶级制度、组织社会主
义社会）和民主主义的斗争（反对专制制度，目标是在俄国争得政
治自由并使俄国的政治制度和社会制度民主化）；这两种斗争既有
本质区别，又有不可分割的联系，俄国社会民主党人只有把二者很
好地结合起来，才能完成自己的历史使命。小册子批判了民意党
人的密谋策略。在民意党人中间，密谋主义的传统非常强烈，他们
以为政治斗争不过是政治密谋。小册子指出，俄国社会民主党人
始终认为政治斗争不应当由密谋家而应当由依靠工人运动的革命
政党来进行。列宁十分强调革命理论对无产阶级解放斗争的重要
意义，他特别提到了“没有革命的理论，就不会有革命的运动”（见
本卷第 445 页）的著名论点，这个论点后来在《怎么办？》一书中得
到了进一步的发挥。

　　在本卷中，批判民粹主义、尤其是在经济问题上批判民粹主义
的著作占据中心地位，其中最重要的是《评经济浪漫主义（西斯蒙
第和我国的西斯蒙第主义者）》一书。列宁之所以写这本学术性专
著，来批判民粹派否认俄国资本主义发展可能性的小资产阶级理
论，完全是出于革命的需要，因为这一理论对当时的俄国革命危害
甚大。早在 1896 年，列宁就开始酝酿并动笔撰写这一著作。这一
著作，正如它的副标题所表明的，是针对 19 世纪前期瑞士经济学
家西斯蒙第及其俄国的追随者——民粹派分子瓦·沃·（瓦·

巴·沃龙佐夫)、尼古拉·—逊(尼·弗·丹尼尔逊)等人的。列宁通过深入的分析、比较,揭露了前者和后者之间的思想渊源关系。西斯蒙第在政治经济学史上占有特殊地位,以小资产阶级经济学(或称"经济浪漫主义")的奠基人著称,他热烈拥护小生产,反对大企业经济的维护者和思想家。列宁在概述了西斯蒙第学说的要点以及西斯蒙第同其他的(当时的和以后的)经济学派的关系后,指出西斯蒙第尽管揭露了资本主义社会所存在的各种矛盾,但他对资本主义的批判是从小生产者的观点出发的。他不理解资本主义生产代替小生产的历史必然性,他美化小商品生产方式,希望返回小生产时代。这既是空想的,又是反动的。而西斯蒙第学说中的空想和反动方面,正接近于俄国民粹派的观点,因而不仅被俄国民粹派所接受,而且被理想化。例如,西斯蒙第关于资本主义制度下国内市场因小生产者的破产而缩小的理论,就曾被俄国民粹派所利用。俄国民粹派根据西斯蒙第的这一错误理论认为,资本主义在俄国不可能得到发展,俄国经济走的是"独特的"发展道路。他们美化宗法式的小农经济和行会手工业。正如西斯蒙第一样,他们是十足的小资产阶级的思想代表。因此,列宁得出结论说:**"民粹派的经济学说不过是全欧洲浪漫主义的俄国变种。"**(见本卷第217—218页)

列宁1897年8、9月间在流放地写的一篇经济著作《1894—1895年度彼尔姆省手工业调查以及"手工"工业中的一般问题》是就手工业问题批判民粹派观点的。当时俄国彼尔姆省的手工业在整个俄国的手工业中具有代表性。为此,彼尔姆省的民粹派通过调查写成了《彼尔姆省手工工业状况概述》一书。在该书中,他们主观主义地对待调查材料,借助于平均数字来歪曲事实,以证明资本主义并未在手工业中得到发展、手工业根本不同于资本主义工

业。列宁批判了民粹派在手工业问题上的小资产阶级观点,指明
了资本主义对手工业的渗透,以及由此引起的手工业者的阶级分
化。这一著作中的材料后来为列宁使用在《俄国资本主义的发展》
一书中。

　　列宁1895年11月发表的《农庄中学与感化中学》和1897年
底写的《民粹主义空想计划的典型》是两篇在内容上有联系的文
章,它们都是为批判自由主义民粹派分子谢·尤沙柯夫的一个反
动和空想的计划而写的。对这个既涉及教育问题、也涉及经济问
题的计划,尤沙柯夫一再发表文章加以宣扬。他提出在农业中学
实行穷学生通过服工役来代替缴纳学费的中等义务教育。尤沙柯
夫认为这种中学会成为大型的农业劳动组合,他把这样的计划当
做民粹主义的生产"村社化"的第一步,当做俄国要避免资本主义
波折所必须选择的那条新道路的一部分。列宁认为,生产"村社
化"的计划在资本主义条件下根本无法实现,而要通过这样的计划
来使俄国避免资本主义发展道路也是不可能的。和上述两篇文章
属同一类的,还有列宁于1897年9月写的《论报纸上的一篇短
文》。列宁的这篇短文对自由主义民粹派分子尼·列维茨基提出
的在全体农民中推行义务互助人寿保险的空想计划进行了批判。

　　列宁1897年底在流放地写的《我们拒绝什么遗产?》一文也是
批判自由主义民粹派的错误论调的。当时自由主义民粹派的报刊
制造舆论,说什么马克思主义者抛弃优秀的传统,拒绝革命民主主
义的思想"遗产"。列宁驳斥了这种攻击,指出在革命民主主义的
思想遗产中根本没有任何自由主义民粹派的东西;民粹派自认是
60年代遗产的继承者,而实际上在一系列有关俄国社会生活的重
要问题上都落后于60年代的启蒙派。列宁把俄国60年代启蒙派

的观点同民粹派的观点以及同社会民主党人的观点作了对比，指出更彻底、更忠实的"遗产"保存者，不是民粹派，而正是马克思主义者。列宁进一步指出：马克思主义者保存遗产，不像档案保管员保存故纸堆；保存遗产并不是局限于遗产，而是要在新的历史条件下使遗产得到发扬。列宁的这篇文章具有重大意义，它不仅批判了俄国的自由主义民粹派，而且从正面阐明了无产阶级政党如何对待本国革命传统的问题。

　　在本增订版中，本卷新增加一篇反映列宁早期革命活动和理论活动的文献《关于粮价问题》。

弗·伊·列宁

(1897 年)

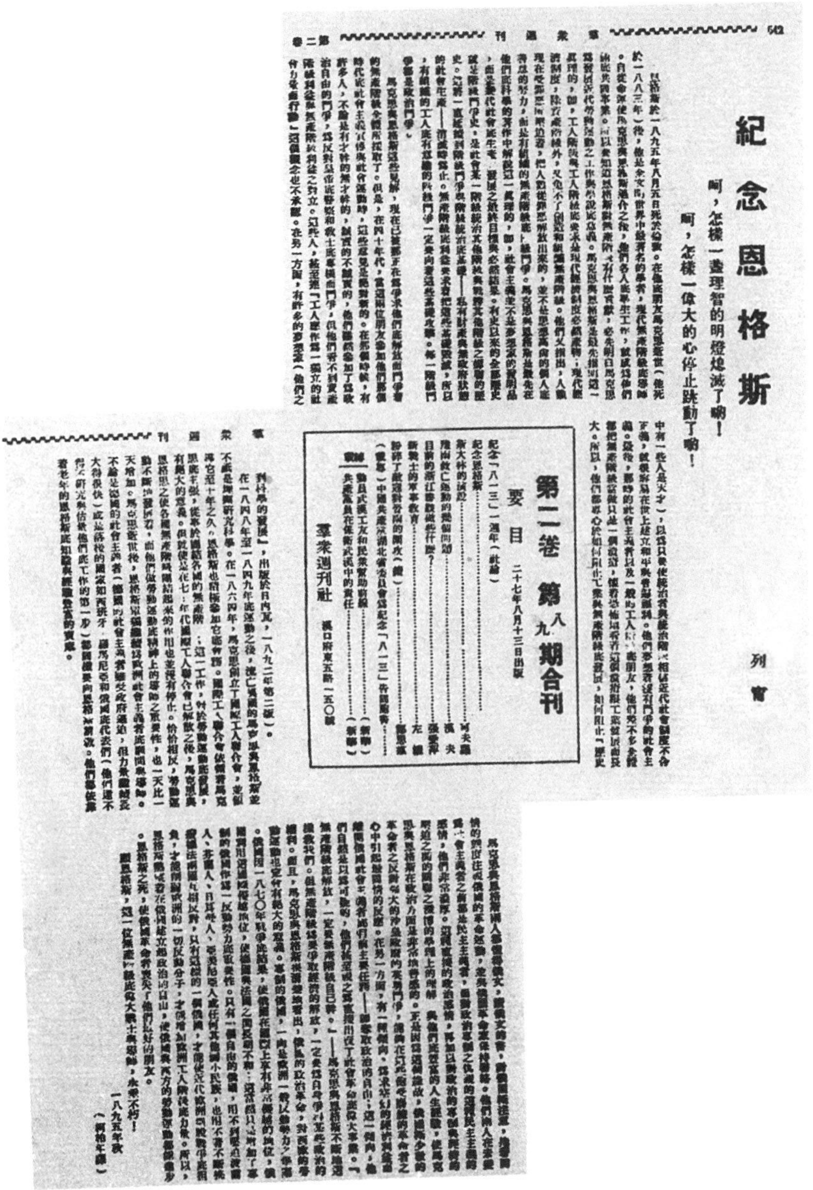

列宁《弗里德里希·恩格斯》一文的中译文——《纪念恩格斯》，
载于 1938 年《群众》周刊第 2 卷第 8—9 期合刊

弗里德里希·恩格斯¹

（1895 年 9 月 7 日〔19 日〕以后）

> 一盏多么明亮的智慧之灯熄灭了，
>
> 一颗多么伟大的心停止跳动了！^①

1895 年新历 8 月 5 日（7 月 24 日），弗里德里希·恩格斯在伦敦与世长辞了。在他的朋友卡尔·马克思（1883 年逝世）之后，恩格斯是整个文明世界中最卓越的学者和现代无产阶级的导师。自从命运使卡尔·马克思和弗里德里希·恩格斯相遇之后，这两位朋友的毕生工作，就成了他们的共同事业。因此，要了解弗里德里希·恩格斯对无产阶级有什么贡献，就必须清楚地了解马克思的学说和活动对现代工人运动发展的意义。马克思和恩格斯最先指出，工人阶级及其要求是现代经济制度的必然产物，现代经济制度在造成资产阶级的同时，也必然造成并组织无产阶级。他们指出，能使人类摆脱现在所受的灾难的，并不是个别高尚人物善意的尝试，而是组织起来的无产阶级所进行的阶级斗争。马克思和恩格斯在他们的科学著作中，最先说明了社会主义不是幻想家的臆造，而是现代社会生产力发展的最终目标和必然结果。到现在为止的全部有记载的历史都是阶级斗争的历史，都是不断更替地由一些社会阶级统治和战胜另一些社会阶级的历史。这种情形，在阶级

---

① 见尼·阿·涅克拉索夫的诗《纪念杜勃罗留波夫》。——编者注

斗争和阶级统治的基础，即私有制和混乱的社会生产消灭以前，将会继续下去。无产阶级的利益要求消灭这种基础，所以有组织的工人自觉进行的阶级斗争，目标就应该对准这种基础。而任何阶级斗争都是政治斗争。

马克思和恩格斯的这些观点，现在已为正在争取自己解放的全体无产阶级所领会，但是当这两位朋友在 40 年代参加社会主义的宣传和当时的社会运动时，这样的见解还是完全新的东西。当时许多有才能的或无才能的人，正直的或不正直的人，都醉心于争取政治自由的斗争，醉心于反对皇帝、警察和神父的专横暴戾的斗争，而看不见资产阶级利益同无产阶级利益的对立。他们根本没有想到工人能成为独立的社会力量。另一方面，当时有许多幻想家，有时甚至是一些天才人物，都以为只要说服统治者和统治阶级相信现代社会制度是不合理的，就很容易在世界上确立和平和普遍福利。他们幻想不经过斗争就实现社会主义。最后，几乎当时所有的社会主义者和工人阶级的朋友，都认为无产阶级只是一个**脓疮**，他们怀着恐惧的心情看着这个脓疮如何随着工业的发展而扩大。因此，他们都设法阻止工业和无产阶级的发展，阻止"历史车轮"的前进。与这种害怕无产阶级发展的普遍心理相反，马克思和恩格斯把自己的全部希望寄托在无产阶级的不断增长上。无产者人数愈多，他们这一革命阶级的力量也就愈大，社会主义的实现也就愈是接近，愈有可能。马克思和恩格斯对工人阶级的功绩，可以这样简单地来表达：他们教会了工人阶级自我认识和自我意识，用科学代替了幻想。

正因为如此，恩格斯的名字和生平，是每个工人都应该知道的。正因为如此，我们在这本与我们其他一切出版物一样都是以

ПРОЛЕТАРИИ ВСѢХЪ СТРАНЪ, СОЕДИНЯЙТЕСЬ!

РАБОТНИКЪ

№ № 1 и 2.

НЕПЕРІОДИЧЕСКІЙ СБОРНИКЪ

Съ портретомъ Фридриха Энгельса.

Изданіе „Союза Русскихъ Соціалдемократовъ".

ЖЕНЕВА
Типографія „Союза Русскихъ Соціалдемократовъ".
1896

1896 年载有列宁《弗里德里希·恩格斯》一文的
《工作者》文集扉页

唤醒俄国工人的阶级自我意识为目的的文集**2**中,应该简要地叙述一下现代无产阶级两位伟大导师之一弗里德里希·恩格斯的生平和活动。

　　恩格斯1820年生于普鲁士王国莱茵省的巴门城。父亲是个工厂主。1838年,由于家庭情况,恩格斯中学还没有毕业,就不得不到不来梅一家商号去当办事员。从事商业并没有妨碍恩格斯对科学和政治的研究。当他还是中学生的时候,就憎恶专制制度和官吏的专横。对哲学的钻研,使他更前进了。当时在德国哲学界占统治地位的是黑格尔学说,于是恩格斯也成了黑格尔的信徒。黑格尔本人虽然崇拜普鲁士专制国家,他以柏林大学教授的身份为这个国家服务,但是黑格尔的**学说**是革命的。黑格尔对于人类理性和人类权利的信念,以及他的哲学的基本原理——世界是不断变化着发展着的过程,使这位柏林哲学家的那些不愿与现实调和的学生得出了一种想法,即认为同现状、同现存的不公平现象、同流行罪恶进行的斗争,也是基于世界永恒发展规律的。既然一切都是发展着的,既然一些制度不断被另一些制度所代替,那么为什么普鲁士国王或俄国沙皇的专制制度,极少数人靠剥夺绝大多数人发财致富的现象,资产阶级对人民的统治,却会永远延续下去呢?黑格尔的哲学谈论精神和观念的发展,它是**唯心主义的**哲学。它从精神的发展中推演出自然界、人以及人与人的关系即社会关系的发展。马克思和恩格斯保留了黑格尔关于永恒的发展过程的思想①,而抛弃了那种偏执的唯心主义观点;他们面向实际生活之

---

　　①　马克思和恩格斯不止一次地指出,他们思想的发展,有很多地方得益于德国的大哲学家,尤其是黑格尔。恩格斯说:"没有德国哲学,也就没有科学社会主义。"(参看《马克思恩格斯文集》第2卷第217页。——编者注)

后看到,不能用精神的发展来解释自然界的发展,恰恰相反,要从自然界,从物质中找到对精神的解释……　与黑格尔和其他黑格尔主义者相反,马克思和恩格斯是唯物主义者。他们用唯物主义观点观察世界和人类,看出一切自然现象都有物质原因作基础,同样,人类社会的发展也是受物质力量即生产力的发展所制约的。生产力的发展决定人们在生产人类必需的产品时彼此所发生的关系。用这种关系才能解释社会生活中的一切现象,人的意向、观念和法律。生产力的发展造成了以私有制为基础的社会关系,但是我们现在看到,生产力的发展又夺走了大多数人的财产,将它集中在极少数人的手中。生产力的发展正在消灭私有制,即现代社会制度的基础,这种发展本身就是朝着社会主义者所抱定的那个目标前进的。社会主义者就是要了解,究竟哪种社会力量因其在现代社会中所处的地位而关心社会主义的实现,并使这种力量意识到它的利益和历史使命。这种力量就是无产阶级。恩格斯是在英国,是在英国工业中心曼彻斯特结识无产阶级的;1842 年他迁到这里,在他父亲与人合办的一家商号中供职。在这里,他并不是只坐在工厂的办事处里,他常常到工人栖身的肮脏的住宅区去,亲眼看见工人贫穷困苦的情景。但是,他并不满足于亲身的观察,他还阅读了他所能找得到的在他以前论述英国工人阶级状况的一切著作,仔细研究了他所能看到的一切官方文件。这种研究和观察的成果,就是 1845 年出版的《英国工人阶级状况》①一书。上面我们已经提到作为《英国工人阶级状况》一书的作者恩格斯的主要功绩。在恩格斯以前有很多人描写过无产阶级的痛苦,并且一再提

① 参看《马克思恩格斯全集》第 1 版第 2 卷第 269—587 页。——编者注

到必须帮助无产阶级。恩格斯**第一个**指出，无产阶级**不只**是一个受苦的阶级，正是它所处的那种低贱的经济地位，无可遏止地推动它前进，迫使它去争取本身的最终解放。而战斗中的无产阶级是**能够自己帮助自己**的。工人阶级的政治运动必然会使工人认识到，除了社会主义，他们没有别的出路。另一方面，社会主义只有成为工人**阶级**的**政治**斗争的目标时，才会成为一种力量。这就是恩格斯论英国工人阶级状况一书的基本思想。现在，这些思想已为全体能思考的和正在进行斗争的无产阶级所领会，但在当时却完全是新的。叙述这些思想的著作写得很动人，通篇都是描述英国无产阶级穷苦状况的最确实最惊人的情景。这部著作是对资本主义和资产阶级的极严厉的控诉。它给人的印象是很深的。从此，到处都有人援引恩格斯的这部著作，认为它是对现代无产阶级状况的最好描述。的确，不论在 1845 年以前或以后，还没有一本书把工人阶级的穷苦状况描述得这么鲜明，这么真实。

　　恩格斯到英国后才成为社会主义者。他在曼彻斯特同当时英国工人运动的活动家发生联系，并开始在英国社会主义出版物上发表文章。1844 年他在回德国的途中路过巴黎时认识了马克思，在此以前他已经和马克思通过信。马克思在巴黎时，受到法国社会主义者和法国生活的影响也成了社会主义者。在这里，两位朋友合写了一本书:《神圣家族，或对批判的批判所做的批判》①。这本书比《英国工人阶级状况》早一年出版，大部分是马克思写的。它奠定了革命唯物主义的社会主义的基础，这种社会主义的主要思想，我们在上面已经叙述过了。"神圣家族"是给哲学家鲍威尔兄弟及其信徒

---

　　①　参看《马克思恩格斯全集》第 1 版第 2 卷第 3—268 页。——编者注

所取的绰号。这班先生鼓吹一种批判,这种批判超越一切现实、超越政党和政治,否认一切实践活动,而只是"批判地"静观周围世界和其中所发生的事情。鲍威尔先生们高傲地把无产阶级说成是一群没有批判头脑的人。马克思和恩格斯坚决反对这个荒谬而有害的思潮。为了现实的人,即为了受统治阶级和国家践踏的工人,他们要求的不是静观,而是为实现美好的社会制度而斗争。在他们看来,能够进行这种斗争和关心这种斗争的力量当然是无产阶级。还在《神圣家族》一书出版以前,恩格斯就在马克思和卢格两人合编的"德法杂志"³上发表了《国民经济学批判大纲》①一文,从社会主义的观点考察了现代经济制度的基本现象,认为那些现象是私有制统治的必然结果。同恩格斯的交往显然促使马克思下决心去研究政治经济学,而马克思的著作使这门科学发生了真正的革命。

1845 年到 1847 年,恩格斯是在布鲁塞尔和巴黎度过的,他一面从事科学研究,同时又在布鲁塞尔和巴黎的德籍工人中间进行实际工作。这时,马克思和恩格斯同秘密的德国"共产主义者同盟"⁴发生了联系,"同盟"委托他们把他们所制定的社会主义基本原理阐述出来。这样就产生了 1848 年出版的马克思和恩格斯的著名的《共产党宣言》②。这本书篇幅不多,价值却相当于多部巨著:它的精神至今还鼓舞着、推动着文明世界全体有组织的正在进行斗争的无产阶级。

1848 年的革命首先在法国爆发,然后蔓延到西欧其他国家,于是马克思和恩格斯就回国了。他们在莱茵普鲁士主编在科隆出版的民主派的《新莱茵报》⁵。这两位朋友成了莱茵普鲁士所有革

---

① 见《马克思恩格斯文集》第 1 卷第 56—86 页。——编者注
② 见《马克思恩格斯文集》第 2 卷第 3—67 页。——编者注

命民主意向的灵魂。他们尽一切可能保卫人民和自由的利益，使之不受反动势力的侵害。大家知道，当时反动势力获得了胜利。《新莱茵报》被迫停刊，马克思因侨居国外时丧失普鲁士国籍而被驱逐出境，而恩格斯则参加了人民武装起义，在三次战斗中为自由而战，在起义者失败后经瑞士逃往伦敦。

马克思也迁居伦敦。恩格斯不久又到他在40年代服务过的那家曼彻斯特商号去当办事员，后来又成了这家商号的股东。1870年以前他住在曼彻斯特，马克思住在伦敦，但这并没有妨碍他们保持最密切的精神上的联系；他们差不多每天都通信。这两位朋友在通信中交换意见和知识，继续共同创立科学社会主义。1870年恩格斯移居伦敦，直到1883年马克思逝世时为止，他们两人始终过着充满紧张工作的共同精神生活。这种共同的精神生活的成果，在马克思方面，是当代最伟大的政治经济学著作《资本论》，在恩格斯方面，是许多大大小小的作品。马克思致力于分析资本主义经济的复杂现象。恩格斯则在笔调明快、往往是论战性的著作中，根据马克思的唯物主义历史观和经济理论，阐明最一般的科学问题，以及过去和现在的各种现象。从恩格斯的这些著作中，我们举出下面几种：反对杜林的论战性著作（它分析了哲学、自然科学和社会科学中最重大的问题）[1]，《家庭、私有制和国家的起源》（俄译本1895年圣彼得堡第3版）[2]，《路德维希·费尔巴哈》（俄译本附有格·普列汉诺夫的注释，1892年日内瓦版）[3]，一篇论

---

[1]　这是一部内容十分丰富、十分有益的书[6]。可惜只有概述社会主义发展史的那一小部分译成了俄文（《科学社会主义的发展》[7]1892年日内瓦第2版）。

[2]　见《马克思恩格斯文集》第4卷第13—198页。——编者注

[3]　同上书，第261—313页。——编者注

俄国政府对外政策的文章[8]（俄译文刊登在日内瓦出版的《社会民主党人》[9]第1集和第2集上），几篇关于住宅问题的精彩文章[10]，以及两篇篇幅虽小，但价值极大的论述俄国经济发展的文章（《弗里德里希·恩格斯论俄国》，维·伊·查苏利奇的俄译本，1894年日内瓦版）[11]。马克思还没有把他那部论述资本的巨著整理完毕就逝世了。可是，这部著作的草稿已经完成，于是恩格斯在他的朋友逝世后就从事整理和出版《资本论》第2卷和第3卷的艰巨工作。1885年他出版了第2卷，1894年出版了第3卷（他没有来得及把第4卷[12]整理好）。整理这两卷《资本论》，是一件很费力的工作。奥地利社会民主党人阿德勒说得很对：恩格斯出版《资本论》第2卷和第3卷，就是替他的天才朋友建立了一座庄严宏伟的纪念碑，无意中也把自己的名字不可磨灭地铭刻在上面了。的确，这两卷《资本论》是马克思和恩格斯两人的著作。古老传说中有各种非常动人的友谊故事。欧洲无产阶级可以说，它的科学是由这两位学者和战士创造的，他们的关系超过了古人关于人类友谊的一切最动人的传说。恩格斯总是把自己放在马克思之后，总的说来这是十分公正的。他在写给一位老朋友的信中说："马克思在世的时候，我拉第二小提琴。"[①]他对在世时的马克思无限热爱，对去世后的马克思无限敬仰。这位严峻的战士和严正的思想家，具有一颗深情挚爱的心。

　　1848—1849年的运动以后，马克思和恩格斯在流亡中并没有只限于从事科学工作。马克思在1864年创立了"国际工人协会"[13]，并在整整十年内领导了这个协会。恩格斯也积极地参加了

---

① 参看1884年10月15日恩格斯给贝克尔的信（《马克思恩格斯文集》第10卷第525页）。——编者注

该协会的工作。"国际工人协会"依照马克思的意思联合全世界的无产者，它的活动对工人运动的发展起了巨大作用。就是在70年代"国际工人协会"解散后，马克思和恩格斯所起的团结的作用也没有停止。相反，他们作为工人运动精神领导者所起的作用，可以说是不断增长的，因为工人运动本身也在不断发展。马克思逝世以后，恩格斯一个人继续担任欧洲社会党人的顾问和领导者。无论是受政府迫害但力量仍然不断迅速增长的德国社会党人，或者是落后国家内那些还需仔细考虑斟酌其初步行动的社会党人，如西班牙、罗马尼亚和俄国的社会党人，都同样向恩格斯征求意见，请求指示。他们都从年老恩格斯的知识和经验的丰富宝库中得到教益。

马克思和恩格斯两人都懂俄文，都读俄文书籍，非常关心俄国的情况，以同情的态度注视俄国的革命运动，并一直同俄国的革命者保持联系。他们两人都是由**民主主义者**变成社会主义者的，所以他们**仇恨**政治专横的民主情感非常强烈。由于马克思和恩格斯具有这种直接的政治情感、对政治专横与经济压迫之间的联系的深刻理论认识以及丰富的生活经验，所以他们在**政治**方面异常敏感。因此，俄国少数革命者所进行的反对强大的沙皇政府的英勇斗争，总是得到这两位久经锻炼的革命家最表同情的反响。相反，那种为了虚幻的经济利益而离开争取政治自由这一俄国社会党人最直接最重要的任务的图谋，在他们看来自然是可疑的，他们甚至直截了当地认为这是背叛伟大的社会革命事业。"无产阶级的解放应当是无产阶级自己的事情"[14]，——这就是马克思和恩格斯经常教导的。而无产阶级要争取经济上的解放，就必须争得一定的**政治**权利。此外，马克思和恩格斯都清楚地看到，俄国政治革命对于西欧的工人运动也会有巨大的意义。专制的俄国向来是欧洲一切反动势力的堡垒。1870 年的战争造成了德法之间长期的纷争，使俄国处于一种非常有利的国际地位，这当然只是增加了专制俄国这一反动力量的作用。只有自由的俄国，即既不需要压迫波兰人、芬兰人、德意志人、亚美尼亚人及其他弱小民族，也不需要经常挑拨德法两国关系的俄国，才能使现代欧洲摆脱战争负担而松一口气，才能削弱欧洲的一切反动势力，加强欧洲工人阶级的力量。因此，恩格斯为了西欧工人运动的胜利，也渴望俄国实现政治自由。俄国的革命者因恩格斯的逝世而失去了最好的朋友。

　　无产阶级的伟大战士和导师弗里德里希·恩格斯永垂不朽！

载于 1896 年《工作者》文集
第 1—2 期合刊

译自《列宁全集》俄文第 5 版
第 2 卷第 1—14 页

告托伦顿工厂男女工人[15]

(1895 年 11 月 7 日〔19 日〕以后)

托伦顿工厂的男女工人们!

11 月 6 日和 7 日应该成为我们大家的纪念日……织工们对厂主的压迫所给予的同心协力的反击,证明在艰难的时刻,我们中间也还有人能够捍卫我们工人的共同利益,证明我们善心的厂主还不能把我们完全变成替他们的无底钱袋服务的可怜奴隶。同志们,我们要坚定不移地把我们的路线贯彻到底,我们要记住,只有大家共同努力才能改善我们的处境。同志们,最重要的是不要落入托伦顿先生们精心设置的圈套。他们在打这样的算盘:"现在是货物滞销时期,如果工厂的工作条件不变,我们就得不到从前那么多的利润……可是少得利润,我们不干……因此,应该多榨一榨工人,让他们去代人受过,吃市价低落的苦头……不过这件小事可不能干得太马虎,要干得巧妙些,使那些头脑简单的工人摸不清我们为他们准备了什么点心……要是一下子就触动全体工人,他们马上就会闹起来,那就对他们毫无办法了,所以我们先得哄住那些穷织工,以后别的工人也跑不了……对付这些奴才,我们从来不会客气,又何必客气呢? 我们用新扫帚可以扫得更干净……"总之,关心工人福利的厂主已经替织工安排下悲惨的前途,他们想悄悄地一步一步地替全厂各车间的工人也安排下同样的前途……　因此,如果我们对织布车间的命运仍然无动于衷,那就是在亲手挖掘一个不久我们也要被推进去的深坑。近来织工平均半个月大约才挣3卢布50戈比,而他们想尽办法维持一个7口之家半个月的生活也得5个卢布,养活夫妇俩和一个孩子的家庭也得2个卢布。他们卖掉了最后一件破衣服,花光了做牛马挣来的最后几文钱,而托伦顿恩人们在这时却又增添了万贯家财。不仅如此,他们还亲眼看到厂主贪欲下的牺牲者一批一批地被赶出大门,而极端残酷的压迫依然有增无已……　羊毛里毫无限制地掺杂了大量诺列斯和克诺普**16**,因此出货慢得要命,整经时间似乎在无意中拖得更长了,最后,还直接减少了工时;现在已经把一块毛料从9什米茨①改成5什米茨,使织工忙于整经和上经的时间更长、次数也更多,大家知道,对这种工作是不付分文的。他们想折磨我们织工,某些织工的工资簿上已经写明,半个月只能拿到1卢布62戈比的工资,这可能很快就成为织布车间普遍的工资……同志们,你们也希望得到厂主的这种宠爱吗?如果你们不希望,如果你们对同你们一样的穷人所受的苦难还不是完全无动于衷,那就同心协力地团结在我们织工的周围,提出我们的共同要求,并且一有适当机会就向我们的压迫者争取较好的待遇。纺纱车间的工人们,你们不要自己欺骗自己,以为你们的工资稳定而且有所提高……　要知道,你们已有将近三分之二的兄弟被工厂解雇,你们的较高工资是用你们那些被赶出厂门的纺纱工人的饥饿换来的。这仍然是厂主们的狡猾手腕,这种手腕也不难识破,只要算算整个走锭精纺车间以前挣多少钱和现在挣多少钱就行了。新染坊的工

---

①　什米茨是长度单位,约等于3.5公尺。——编者注

人们！你们每天要干 14 小时 15 分钟,浑身上下都被有毒的染料蒸气所浸透,可是现在一个月一共才挣 12 卢布！请注意我们的要求:我们要废除那种因工头技术不熟练而对你们实行的非法扣款。全厂的小工们和一切没有专门技能的工人们！有专门技能的织工一昼夜只能得 20 戈比,难道你们还希望保持住每天得 60—80 戈比吗？同志们,要认清形势,别落入厂主的圈套,要更紧密地互相支援,否则今年冬天我们大家的日子就不好过。我们大家应该密切注视我们的厂主在降低工资标准方面所耍的花招,并且全力反对这种置我们于死地的企图……　不要理睬他们说生意不好的种种借口:在他们,这不过是使他们的资本少得一点利润;对我们,这就是要我们全家忍饥挨饿,失掉最后一块陈面包。难道两者能够相提并论吗？现在,他们首先压榨的是织工,因此我们应该力求做到以下几点:

(1)把织工的工资标准提高到春季的水平,即大约每 1 什米茨 6 戈比;

(2)法律规定,工作开始前应向工人宣布他做这个工作可以得到多少工资,对织工也应实行这个法律。不要让工厂视察员签署的工资表变成一纸空文,而要像法律要求的那样付诸实施。例如对织布工作,在规定现行工资标准时,应补充说明羊毛的质量及其中所含的诺列斯和克诺普的数量,并且应该把做准备工作的时间计算在内;

(3)工作时间的分配应该使我们不会窝工;比如说,现在的安排是这样的,织工每织一匹毛料就要花一天的时间来整经,由于一匹料子的长度几乎缩短了一半,所以,不管工资表怎样,织工在这方面也会受到加倍的损失。厂主既然想用这种办法来掠夺我们的工钱，那就干脆一点吧，让我们清楚地知道，他们想从我们这里骗取什么；

(4)工厂视察员应该进行监视，不许人们在工资标准上玩弄欺骗行为，不许有两种工资标准。这就是说，例如生产同类商品，只是名称不同，在工资表上就不应该有两种不同的工钱。例如，我们织比别尔的得 4 卢布 32 戈比，而织乌拉尔[17]的只得 4 卢布 14 戈比，难道这不是一样的工作吗？还有更加无耻的欺诈行为，就是生产同一名称的商品给两种不同的工钱。托伦顿先生们往往用这种方法来规避罚款法。罚款法规定，只有因工人工作马虎而使工作受到损失时才能处以罚款，在这种情况下，应该在处以罚款后三天内把扣款登记在工资簿的罚款栏里。各项罚款都应有精确的账目，款项不能落入厂主的腰包，而应该用在该厂工人的需要上。可是，看看我们的工资簿吧，罚款栏是一片空白，没有罚款，人们可能认为我们的厂主是所有的厂主中心肠最好的。其实，他们在利用我们的无知来规避法律，并且轻而易举地干开了自己的勾当……你们看见了吗，他们不是罚我们的款，而是扣我们的钱，按低标准付给我们工资。只要存在着高低两种工资标准，就怎么也挑不出他们的毛病，他们扣来扣去把款项都扣进了自己的腰包；

(5)实行一种工资标准，同时还要把每次扣款登记在罚款栏里，并注明为什么扣款。

这样，我们就可以看出哪些罚款是错误的，我们白白劳动的情况就会少些，目前发生的那种胡作非为也会减少，例如在染坊里，工人由于工头技术不熟练而少挣了钱，按照法律，这不能成为劳动不付报酬的理由，因为这与工人工作马虎根本无关。可是我们大家无缘无故被扣钱的事难道还少吗？

（6）我们要求，向我们征收的房租要同1891年以前一样，即每人每月1卢布，因为像我们这样的工资实在付不出2卢布，而且为什么要付2卢布呢？……　是为了这种肮脏、恶臭、拥挤和有火灾危险的破房子吗？同志们，不要忘记，在彼得堡任何一个地方每月付1卢布就够了，只有我们这些关心工人的老板嫌不够，我们应该强迫他们也在这方面收敛一下他们的贪心。同志们，我们坚持这些要求决不是闹事，我们只要求把其他工厂的全体工人依法已经享有的东西交给我们，我们只要求把厂主指望我们不善于捍卫自己的权利而从我们这里夺去的东西交给我们。这一次我们一定会证明我们的"恩人"打错了算盘。

用油印机印成传单

译自《列宁全集》俄文第5版第2卷第70—74页

农庄中学与感化中学[18]

(《俄国财富》杂志[19])

(1895 年 11 月 25 日〔12 月 7 日〕以前)

民粹派提出的、最近又由《俄国财富》杂志极力推崇的关于俄国资本主义问题的答案,早已尽人皆知了。民粹派既然不否认资本主义的存在,也就不得不承认它的发展,但是,他们认为我国的资本主义不是俄国商品经济长期发展达到顶点的一个自然的、不可避免的过程,而是一种没有稳固基础的偶然现象,只不过是偏离民族的整个历史生活所规定的道路而已。民粹派说:"我们应该为祖国选择另一条道路",我们应该离开资本主义道路,而利用"整个""社会"的现有力量来使生产"村社化",因为据说这个社会已经开始确信资本主义是没有基础的。

既然可能为祖国选择另一条道路,既然整个社会开始了解到必须这样做,可见生产"村社化"并不十分困难,不需要一定的历史上的准备时期。只要制定这种村社化的计划,说服那些应该说服的人,使他们相信这个计划可以实现,"祖国"也就会从错误的资本主义道路转到社会化的道路上去。

谁都了解,这种预示无限美好远景的计划会多么令人神往,因此,俄国公众应当非常感激这位《俄国财富》杂志的经常撰稿人尤沙柯夫先生,感激他承担了制定这种计划的工作。我们在《俄国财富》杂志 5 月号上读到他写的一篇叫做《教育的空想》的文章,副标题是《全民中等义务教育计划》。

读者会问,这与生产"村社化"又有什么关系呢? 有最直接的关系,因为尤沙柯夫先生的计划很庞大。作者计划在每个乡里建立一所中学,招收达到学龄(8—20 岁,最高也可以到 25 岁)的全体男女居民。这种中学必须是经营农业和进行道德教育的生产团体,它们不仅要以自己的劳动来养活中学里的人员(据尤沙柯夫先生看来,他们占全体居民的⅛),此外还要供给**全体儿童**生活费。作者替一个典型乡中学(它就是"农场中学"、"农庄中学"或"农业中学")详细计算了一下,说中学总共要养活**当地全体居民的半数以上**。假如我们注意到,要对每所这样的中学(计划在俄国建立男女中学各 2 万所,即 2 万所男校,2 万所女校)供给土地和生产资料(指发行由政府保证的地方自治机关公债,利息 4.5%,每年还本 0.5%),那么我们就会明白尤沙柯夫先生的"计划"该是多么"庞大"。为整整一半的居民进行的生产可以实现社会化。这就是说,转眼之间就替祖国选出了另一条道路! 而且"不需要政府、地方自治机关和人民任何费用〈原文如此!〉"就可以办到。这件事"只有骤然看来才是空想",其实"比全民初等教育要切实可行得多"。尤沙柯夫先生证明说,为此所需的财务手续"并不是做不到的幻想和空想";完成这个手续,不仅像我们已知道的那样不需要费用,不需要任何费用,就连"既定的教学计划"也用不着改变!! 尤沙柯夫先生十分正确地指出:"如果不只是希望做做试验,而且想实现真正的全民教育,那么这一切就具有相当重要的意义。"诚然,他说他"没有打算拟定行动计划",可是,他在叙述中又估计了一所中学男女生的人数,又计算了养活中学全体人员所需的劳动力,又列举了各种教育人员和行政人员,既规定了满足中学人员的实物,也规定了付给教师、医生、技师和工匠的薪金。作者详细地计算出农业劳动所需的工作日、每所中学所需的土地数量以及开办时所需的经费。他一方面规定了少数民族和教派信徒的命运,认为他们不能享受全民中等教育的福利,另一方面又规定了由于品行恶劣而被开除学籍的人们的命运。作者的打算并不是只建立一所典型的中学。决不是的。他提出了建立男女中学各2万所的问题,并指出怎样获得建立中学所需的土地,以及如何保证配备"合格的教师、行政人员和领导人员"。

不难了解,这类计划是多么引人入胜,它不仅有理论上的意义(显然,制定得如此具体的生产村社化计划,一定会使一切怀疑派彻底信服,而把一切否认这类计划可以实现的人彻底驳倒),而且有活生生的实践上的意义。如果最高政府不重视全民中等义务教育组织草案,那才奇怪呢,尤其是既然提议者已经十分肯定地说,这件事情"不需要任何费用"就能办成,而"所遇到的困难,与其说是财政和经济条件方面的,不如说是文化条件方面的",而且这方面的困难也"不是不能克服的"。这样的草案不仅直接涉及国民教育部,同样也涉及内务部、财政部和农业部,我们在下面会看见,甚至涉及陆军部。计划中的"感化中学"大概应隶属司法部。毫无疑义,其他各部也会关心这个草案,用尤沙柯夫先生的话来说,这个草案"符合上述的一切要求(即教育和生活的要求),而且,还可能符合许多其他的要求"。

因此我们确信,如果我们详细地研究一下这个妙不可言的草案,读者是不会责备我们的。

尤沙柯夫先生的基本思想如下:夏季根本不上课,专门从事农业劳动。其次,学生毕业后要作为工人留在学校里工作一个时期;由他们从事冬季劳动和手工业劳动,因为手工业劳动可以补充农业劳动,使每所中学能够以自己的劳动来养活全体学生、工人、教师和行政人员,并且抵偿教育费用。尤沙柯夫先生说得对,这种中学会成为大型的农业劳动组合。这句话使人已经丝毫不再怀疑我们有权把尤沙柯夫先生的计划当做民粹主义的生产"村社化"的第一步,当做俄国要避免资本主义波折所必须选择的那条新道路的一部分。

尤沙柯夫先生断定:"现在中学毕业的年龄是 18—20 岁,有时要晚一两年。在受义务教育的情况下……晚毕业的现象就会更加普遍。如果 25 岁是不毕业也得退学的最高年龄,那么毕业还要晚一些,3 班高年级学生的年龄将是 16—25 岁。如果再加上五年级超龄学生的数目,那么,可以大胆地估计有三分之一左右的中学生已达到……做工年龄。"即使把这个比例降低到¼,像作者所计算的那样,中学 8 个班再加上 2 个小学预备班(招收不识字的 8 岁儿童),工人人数仍然很多,他们将在半劳力的帮助之下做好夏季工作。尤沙柯夫先生又有根有据地指出,"十年制的农场中学必须有一定数量的冬季工人"。从哪里去找这些人呢? 作者提出两个方法:第一,雇用工人("其中某些有贡献的工人也许还可以分得一些收入")。农庄中学一定会成为有盈余的单位,付得起这笔费用。可是作者"觉得更为重要的是另一个方法"即第二种方法:中学毕业生必须以做工来抵偿他们在低年级时的学费和生活费。尤沙柯夫先生补充说,这是他们的"绝对义务",自然,这只是那些缴不起学费的人们的义务。他们就是必要的冬季工人和补充的夏季工人。

必然使五分之一的居民"村社化"成农业劳动组合的那个计划中的组织,其第一个特点就是如此。我们从这里就可看出,为祖国所选择的另一条道路的性质将是怎样的。雇佣劳动现在是那些"缴不起学费"和生活费的人们的唯一生活来源，它将被无报酬的义务劳动所代替。但是，我们不应因此而惶惑不安：不要忘记，居民换到了享受普及中等教育的幸福。

我们再往下讲吧。作者迁就欧洲大陆盛行的那种反对男女合校的成见，计划把男女中学分开，其实男女合校是比较合理的。中学里"最标准的名额将是每班50名，即10班500名，亦即农庄中学共有1 000名（男女生各500名）"。其中有"男女工人"各125名和相应数量的半劳力。尤沙柯夫说："如果我指出，这么多工人在小俄罗斯能耕种2 500俄亩熟地，那么大家就会知道，中学的劳动具有何等巨大的力量！……"

而且，除了这些工人以外，还有以做工来"抵偿"教育费和生活费的"固定工人"。固定工人有多少呢？每年将有45名男女毕业生。三分之一的男生将去服3年兵役（现在服兵役的人数是¼。作者把这个数字扩大到⅓，而把服役期限缩短成3年）。"如果使其余三分之二的男生也受到同样的待遇，即把他们留在中学里做工以抵偿自己的和入伍同学的教育费，这也没有什么不公正。为了同样的目的也可以把全体女生留在学校里。"

在选择了另一条道路的祖国里正在建立起来的新秩序的组织，已被叙述得愈来愈明确。现在，一切俄国臣民都有服兵役的义务，又因为适合应征年龄的人数超过了所需的军人人数，所以后者要用抽签的办法来挑选。在村社化的生产单位中，征募新兵也要用抽签来挑选，但是其余的人也要受"同样的待遇"，即必须服役3年，诚然，不是服兵役，而是在中学里做工。他们应该以做工来抵偿入伍同学的生活费。是不是所有的人都应该做工还账呢？不是,只有那些缴不起学费的人才要做工还账。作者在上文中已经讲过这个附带条件,而在下文中我们将会看到,他为那些能够缴纳学费的人,大体上计划建立一种保持旧形式的特别中学。试问,究竟为什么只要求那些缴不起学费的人以做工来抵偿入伍同学的生活费呢?为什么不要求缴得起学费的人这样做呢?原因很明显。既然中学生分为缴纳学费的和免缴学费的,那么可见,改革并没有触动现在的社会结构,这一点尤沙柯夫先生本人也知道得非常清楚。既然如此,可见国家总的开支(用在士兵身上的)将由没有生活资料的人来担负①,正像他们现在以间接税等等的形式负担这种费用一样。那么新制度的特点在哪里呢?在于现在没有生活资料的人可以出卖劳动力,而在新制度下,他们**必须无报酬地**做工(即只得到生活费)。丝毫不容怀疑,这样一来俄国就可以避免资本主义制度的种种波折。可能长"无产阶级脓疮"的自由雇佣劳动将被废除而代之以……无报酬的义务劳动。

进行无报酬的义务劳动的人会受到与这种情形相适合的待遇,那是一点也不奇怪的。请听吧,这位民粹主义者("人民之友")紧接着向我们说了些什么:

"同时,如果准许那些毕业后留校3年的青年人之间结婚,如果为成家的工人建筑单独的宿舍,如果中学的收入能够在他们离开学校时发给他们一点即使是很微薄的现金津贴和实物津贴,那么,留校3年会比服兵役轻松得多……"

这种优惠的条件会使居民想方设法去上中学,这岂不是显而易见的事情。你们自己想想吧:第一,准许结婚。诚然,根据现行

---

① 否则就不能维持前者对后者的统治。

民法,结婚根本不需要请求准许(领导者的准许)。不过请注意,他们是**男女中学生**,虽然他们已到25岁,但是毕竟还是中学生。如果不准许大学生结婚,难道会准许中学生结婚吗?而准许是由校方领导人决定的,因而是由受过高等教育的人决定的,显然没有理由担心他们会故意刁难。这些毕业生虽然留在学校里当固定工人,但是他们已经不是中学生了。然而对他们,对这些21—27岁的人,还要谈准许结婚问题。不能不承认,祖国所选择的新道路会连带地稍稍缩小俄国公民的公民权能,但是也必须承认,没有牺牲就不能享受普及中等教育的幸福。第二,为成家的工人建筑的单独宿舍,一定不会比现在工厂工人所住的小笼子更差。第三,固定工人会得到"微薄的津贴"。毫无疑问,居民会酷爱这种在校方领导人保护下过平静生活的优越条件,而不愿遭受资本主义波澜的袭击,他们酷爱到这种程度,有些工人竟愿意永远留在中学里(大概是报答准许他们结婚吧)。"永远留在学校和依附于〈原文如此!!〉学校的少数固定工人,会充实农庄中学的这些劳动力。这就是我们农业中学可能得到而决非空想的劳动力。"

请看!这里有什么"空想"呢?"依附"于准许他们结婚的校方当局的无报酬的固定工人,——请去问问任何一位老农吧,他会根据亲身的经验告诉你,这一切是完全可以实现的。

(待续)[1]

载于1895年11月25日
《萨马拉新闻》第254号

译自《列宁全集》俄文第5版
第2卷第61—69页

---

① 《萨马拉新闻》没有刊登这篇文章的续。——编者注

对工厂工人罚款法的解释[20]

（1895 年秋）

一

什么是罚款？

如果问一个工人知不知道什么是罚款，他也许会觉得问得奇怪。既然他经常要付罚款，怎么会不知道什么是罚款呢？这有什么可问的呢？

但是，这不过是一种感觉，似乎没有什么可问的了。其实大多数工人对罚款并没有正确的了解。

人们通常认为，罚款就是工人因使厂主受到损失而付给厂主的钱。这是不对的。罚款和赔偿损失是两件不同的事情。一个工人使另一个工人受到某种损失，后者可以要求赔偿（例如要求赔偿弄坏的衣料），但是不能对那个工人罚款。同样，一个厂主使另一个厂主受到损失（例如没有按期交货），后者可以要求赔偿，但是不能对那个厂主罚款。对平等的人是要求赔偿损失，只有对下属才能处以罚款。因此赔偿损失要经过法院审判，罚款则不经法院而是由厂主规定的。有时还有这样的情形，厂主并没有遭受任何损失，也规定了要罚款：例如吸烟罚款。罚款是一种处分，而不是赔偿损失。例如，有一个工人在吸烟时不小心烧毁了厂主的布匹，那厂主不仅要对他处以吸烟罚款，还要扣他一笔工钱来赔偿烧毁的布匹。从这个例子可以明显地看出罚款和赔偿损失的区别。

罚款的目的不是为了赔偿损失，而是为了建立纪律，也就是使工人服从厂主，强迫工人执行厂主的命令，上工的时候听从厂主。罚款法就是这么说的：罚款是"工厂经理为维护制度而以私人权力所施加的现金处分"。因此罚款的多少不是由损失的大小，而是由工人工作草率的程度决定的：工作愈草率，对厂主愈是不服从，对厂主的要求违抗得愈厉害，罚款也就愈多。谁替厂主做工，他显然就成了不自由的人；他必须听从厂主，而厂主可以惩罚他。从前农奴给地主干活，受地主惩罚。现在工人替资本家做工，受资本家惩罚。全部差别只在于，不自由的人从前是挨棍子打，现在是挨卢布打。

也许有人会反对这一点，他们会说：工厂里没有纪律，大量工人就不能进行共同的工作；必须有工作制度，必须遵守这种制度，惩罚违反这种制度的人。他们会说：因此，课处罚款并不是因为工人是不自由的，而是因为共同的工作需要一种制度。

这种意见是完全不正确的，虽然初看起来它可能使人迷惑。只有那些不愿意让工人知道自己是处于不自由地位的人才会发表这样的意见。确实，进行任何共同的工作都需要一种制度。但是，难道工作的人服从厂主的专横，即服从那些自己不工作，只不过因为占有了全部机器、工具和原料才有势力的人的专横也是必要的吗？没有制度，不要求大家都服从这种制度，就不能进行共同的工作；但是不要求工人服从厂主，也可以进行共同工作。共同的工作确实要求监督大家都遵守制度，但是它决不要求把监督别人的权

ОБЪЯСНЕНIЕ

ЗАКОНА

О

ШТРАФАХЪ, ВЗИМАЕМЫХЪ

съ

рабочихъ на фабрикахъ и заводахъ.

ХЕРСОНЪ.

Типографiя К. Н. Субботина, Екатегин. ул. д. Калинина.

1895.

1895 年列宁《对工厂工人罚款法的解释》
小册子扉页

力永远交给那些自己不工作而依靠别人的劳动过活的人来掌握。由此可见，课处罚款并不是因为人们进行着共同的工作，而是因为在现在的资本主义制度下，全体工人没有任何财产：所有的机器、工具、原料、土地、粮食都掌握在富人手里。为了不致饿死，工人必须把自己出卖给他们。工人一旦出卖了自己，当然就必须服从他们，忍受他们的惩罚。

　　每一个要想知道什么是罚款的工人，都必须了解这一点。必须知道这一点，才能驳倒一种常见的（并且是非常错误的）论调：罚款是必需的，因为没有罚款就不可能进行共同的工作。必须知道这一点，才能向每一个工人说明罚款和赔偿损失有什么区别，为什么罚款意味着工人不自由的地位，意味着工人服从资本家。

二

从前是怎样课处罚款的，
新的罚款法是怎样产生的？

　　罚款法是不久前颁布的，才颁布了 9 年。1886 年以前，根本没有罚款法，厂主想罚就罚，想罚多少就罚多少。那时厂主勒取的罚款高得惊人，靠罚款获得了大量收入。规定罚款有时全凭"厂主定夺"，无须说明罚款的原因。罚款有时**高达工资的一半**，工人要从挣得的每一卢布中交给厂主 50 戈比作为罚款。往往还有这样的情况：除了罚款还规定了违约罚金；例如，离开工厂要罚 10 卢布。每当厂主的买卖不好的时候，他可以轻易地违反契约，降低工资。他命令工头更严格地勒取罚款，剔除废品，结果等于降低了工人的工资。

工人长期忍受着所有这些压迫,但是随着大工厂,特别是纺织工厂的日益发展,随着它们对小作坊和手工织工的排挤,工人反对专横暴虐的怒火也日益强烈了。大约在 10 年以前,商人和厂主的买卖遇到了**挫折**即所谓危机:货物卖不出去;厂主受到了损失,便更加穷凶极恶地勒取罚款。工资本来就很少的工人已经不能再忍受新的压榨了,于是 1885 — 1886 年在莫斯科、弗拉基米尔、雅罗斯拉夫尔三省开始了工人暴动。忍无可忍的工人停止了工作,向压迫者进行了狠狠的报复,他们破坏厂房和机器,有时还放火烧掉厂房和机器,殴打管理人员等等。

在所有的罢工中,特别值得注意的是季莫费·萨维奇·莫罗佐夫的著名的尼科利斯科耶纺织厂(在莫斯科—下诺夫哥罗德铁路上的奥列霍沃车站附近的尼科利斯科耶镇)的罢工。从 1882 年起,莫罗佐夫开始降低工资,到 1884 年已经降低过 5 次。同时罚款也愈来愈厉害了:在全厂,罚款几乎占工资的¼(1 卢布工资要罚掉 24 戈比),个别工人的罚款有时达到工资的一半。为了掩盖这种高得不像话的罚款,厂方在发生暴乱的前一年曾经这样做过:强行解雇那些罚款数达工资一半的工人,然后,甚至就在同一天又让这些工人来上工,并发给他们一个新的工资簿。厂方用这种方法来销毁那些记载着巨额罚款的工资簿。旷工 1 天要扣 3 天的工资,抽一次烟要罚 3 个、4 个和 5 个卢布。工人忍无可忍,就在 1885 年 1 月 7 日扔下工作,接连几天捣毁厂主开设的店铺、工头绍林的住宅和其他一些厂房。这次上万工人(人数达 11 000)的可怕暴动使政府大为震惊:军队、省长、弗拉基米尔的检察长、莫斯科的检察长都立即赶到奥列霍沃-祖耶沃。在和罢工者谈判的时候,工人群众交给这些官员一些"工人自己拟定的条件"。[21]工人在这些条件中,要求发还自 1884 年复活节起所扣的罚款,要求今后罚款不超过工资的 5％,即在每一卢布的工资中不超过 5 戈比,要求旷工 1 天所扣的罚款不超过 1 卢布。此外,工人还要求恢复1881—1882 年度的工资标准,要求厂主付给工人因厂主的过失而未上班的工资,完全解雇工人要在 15 天以前通知,验收货物要有工人在场作证等等。

这一次大规模的罢工给予政府很深的印象,它看见当工人一致行动的时候,特别是当一致行动的工人群众直接提出自己要求的时候,他们就成为一支可怕的力量。厂主们也感觉到了工人的力量,因而比较谨慎些了。例如《新时报》[22]发自奥列霍沃-祖耶沃的消息中说:"去年的暴乱(即 1885 年 1 月莫罗佐夫工厂的暴乱)的意义,在于它立刻改变了奥列霍沃-祖耶沃各工厂和附近各工厂的旧制度。"这就是说,当工人一致要求取消这种丑恶的制度时,不仅莫罗佐夫工厂的厂主必须改变这种制度,甚至连邻近的厂主也让步了,因为他们害怕自己的厂里也发生暴乱。该报又说道:"主要的是现在确立了对工人较为人道的态度,而在以前只有少数工厂管理人员才有这种态度。"

甚至《莫斯科新闻》[23](该报总是袒护厂主,把一切过错都推在工人身上)也了解到要保留旧制度是不可能的了,并且不得不承认任意罚款是"激起极其可恶的违法乱纪行为的祸根",承认"厂主开设的店铺简直是进行抢劫",因此必须制定关于罚款的法律和条例。

这次罢工所产生的巨大影响,由于对工人的审判而更加扩大了。有 33 个工人因罢工期间采取暴力行为和袭击卫兵(一部分工人在罢工期间被捕后被关在一幢房子里,但是他们破门逃走了)而被交付法庭审判。审判于 1886 年 5 月在弗拉基米尔城进行。陪审员们宣告所有被告无罪,因为在法庭上,证人的证词——其中也包括厂主季·萨·莫罗佐夫、经理迪阿诺夫和很多织工的证词——说明工人遭受了种种非人的虐待。这次法院的判决不仅是直接对莫罗佐夫及其管理人员的谴责,也是直接对一切旧工厂制度的谴责。

　　厂主的保护者大吃一惊,并且非常恼怒。同一家《莫斯科新闻》在暴乱发生后曾经承认旧制度太不像话,现在却完全改变了腔调,说什么"尼科利斯科耶纺织厂是最好的工厂之一,工人和工厂之间没有丝毫农奴制的或强制性的关系,工人来到工厂是出于自愿,离开工厂也无人留难。至于罚款,那是工厂中所必需的,如果没有罚款就无法约束工人,工厂就只好关门"。说什么全部罪过在于工人自己"放荡、酗酒、工作马虎"。法院的判决只会"使人民群众堕落"①。接着《莫斯科新闻》感叹道:"但是同人民群众开玩笑是危险的。工人对于弗拉基米尔法院宣告无罪的判决会怎样想呢? 这个判决转瞬间就传遍了整个工厂区。在法院刚宣布了判决就立刻离开弗拉基米尔城的本报记者,已经在所有车站上听到人们在纷纷议论这一判决了……"

　　这样一来,厂主们就极力恐吓政府:说什么如果在一件事上向工人让步,那么他们明天又会在另一件事上提出要求。

---

　　① 厂主及其保护者一向有这样的看法:如果工人开始考虑自己的处境,开始争取自己的权利并一致反抗老板的胡作非为和压榨,那么所有这些都不过是"堕落"而已。当然,工人不考虑自己的处境,不懂得自己的权利,那对老板是更有利的。

但是工人闹得更厉害了,因而政府不得不作出让步。

1886 年 6 月公布了新的罚款法,它指出在什么情况下可以罚款,确定了罚款的最高限度,并且规定罚款不应当落入厂主的腰包,而应当用在工人本身的需要上。

很多工人不知道这个新的罚款法,那些知道新的罚款法的工人也认为减轻罚款是政府的德政,为此应该感谢当局。我们认为这是不正确的。不管旧的工厂制度多么丑恶,只要工人还没有以暴动来反对它们,只要愤怒的工人还没有捣毁工厂和机器,还没有焚烧货物和原料,还没有殴打管理人员和厂主,当局是根本不会减轻工人负担的。**只有工人采取上述行动之后,政府才感到害怕,才作了让步。**对于减轻罚款的事情,工人应该感谢的不是当局,而是自己的同伴,因为是他们尽力争取而且争取到了取消那些非人的虐待的。

1885 年的暴乱的进程向我们表明,工人们团结一致的反抗具有多么巨大的力量。不过必须注意更自觉地去运用这种力量,不要让它白白地浪费在对个别厂主的报复上,浪费在捣毁某家可恨的工厂上,而要引导这种愤怒和仇恨的力量去反对全体厂主,去反对整个厂主**阶级**,去同他们进行不断的顽强的斗争。

现在我们来仔细研究一下我国的一些罚款法。要了解它们,就应该弄清楚下面几个问题:(1)法律准许在什么情况下,或者根据什么理由课处罚款? (2)法律规定多大的罚款数目? (3)法律规定什么样的课处罚款程序? ——也就是说:根据法律谁能规定罚款? 对罚款是否可以提出申诉? 应该怎样预先向工人公布罚款表? 应该怎样把罚款登记到工资簿里去? (4)按法律规定,罚款应该用在什么地方? 由谁保管? 怎样把罚款用在工人的需要上,究竟用在哪些需要上？最后还有一个问题，(5)罚款法是否适用于全体工人？

我们一旦弄清了所有这些问题，我们将不仅知道罚款是什么，而且还会知道俄国各种罚款法的一切特别条例和详细规定。工人必须懂得这些，才能自觉地对付每一次不合理的罚款，才能向同伴们解释为什么存在着这种或那种不合理的现象，——是因为工厂当局违反了法律，还是因为法律本身就有这些不合理的条例，——才能根据具体情况，选择适当的斗争形式去反对压迫。

三

厂主可以根据什么理由课处罚款？

法律规定，课处罚款的理由，也就是使厂主有权课处工人罚款的过失有下列几种：(1)工作草率；(2)旷工；(3)违反制度。法律中说："不得借其他理由课处任何罚金。"①现在我们把这三个理由仔细地逐个研究一下。

第一个理由是工作草率。法律中说："工人由于工作马虎而制成劣质产品，或在工作中损坏材料、机器及其他生产工具时，均得认为工作草率。"这里应该记住"由于工作马虎"这几个字。这几个字非常重要。就是说，只有因为工作马虎才能课处罚款。如果产品的质量低劣并不是因为工人工作马虎，而是，譬如说，因为老板

---

① 我们这里说到的法律是《工业法》，编在俄国《法律汇编》第11卷第2部分里。法律是分条叙述的，每条都有编号。讲到罚款的有第143、144、145、146、147、148、149、150、151、152条。

给的原料不好,那么厂主就没有权利课处罚款。必须使工人们很好地懂得这一点;如果工人因工作草率而被课处罚款,但草率现象的产生不是由于工人的过失,不是由于工人工作马虎,那么工人就要提出抗议,因为这种情况下的罚款完全是违法的。我们再举一个例子。一个工人在电灯旁边的车床上工作,飞起了一块铁片,正好碰在灯泡上,把灯泡打破了。老板就记下一笔"损坏器材"的罚款。他有权利这样做吗? 不,没有,因为这不是工人工作马虎才打破了灯泡:工人没有过错,厂方并没有用什么东西保护灯泡,以免被工作时经常会飞起的铁片打破。①

现在试问,这一法律足以保护工人吗? 它能保护工人不受老板的虐待和不公正的罚款吗? 当然不能,因为老板可以随意确定产品质量的好坏;老板随时可以故意挑剔,随时可以加重对产品质量不好的罚款,并且通过罚款以同样的工资获得更多的劳动。这项法律使工人处于无保障的地位,使老板有迫害工人的可能。很清楚,这项法律是偏袒的,是为了厂主利益而制定的,是不公正的。

应该怎样保护工人呢? 工人早就指出来了。莫罗佐夫的尼科利斯科耶工厂的织工在 1885 年罢工时就提出过这样的要求:"交货时确定质量好坏,遇有争执,须有在近旁工作的工人作证,并把所有这些情形记在收货簿上。"(这一要求写在"经工人一致同意"而拟定的请求书里,请求书在罢工时由工人群众交给了检察长。这个请求书曾在法庭上宣读过。)这个要求是完全正当的,因为在

---

① 在彼得堡的港口(新军舰修造厂)就有这种情况。港口指挥维尔霍夫斯基是以压迫工人闻名的。工人罢工后,他把打碎灯泡的罚款,改为因打碎灯泡而对车间所有工人的扣款。显然,这些扣款和罚款一样,也是违法的。

发生货品质量好坏的争执时,除非找来证人作证,就不可能有别的方法来防止老板的专横,并且做证人的一定要工人,因为工头或职员从来也不敢反对老板。

课处罚款的第二个理由是旷工。在法律中把什么叫做旷工呢? 法律中说:"旷工不同于迟到或擅自离开工作,缺勤时间在半个工作日以上才算旷工。"下面我们马上就要看到,按法律规定,迟到或擅自离开工作是"违反制度",而这种罚款是较轻的。如果一个工人上工迟到了几小时,但总还是在午前到的,那就不能算旷工,只能算违反制度;如果他正午才上工,那就算旷工。同样,如果一个工人在午后没有得到允许而擅自离开工作,即缺勤了几小时,这算违反制度;如果他离开了整整半天,那就算旷工。法律规定,如果一个工人接连旷工3天以上或一个月里总共旷工6天以上,厂主就有权解雇他。试问,是不是缺勤半天或一整天都算旷工呢? 不是的,只有没有正当理由的缺勤才算旷工。在法律中列举的缺勤的正当理由如下:(1)"工人失去自由",就是说,例如工人被逮捕了(根据警察局的命令或治安法官的判决),那在结算工资时厂主就无权扣旷工罚款;(2)"遭受不幸事件而突然破产";(3)"火灾";(4)"河水泛滥",例如在春季发大水的时候,工人不能渡河,厂主就无权罚他的款;(5)"病得无法离家";(6)"父母、丈夫、妻子、子女死亡或患重病"。在这六种情况下缺勤,可以算是有正当理由的。工人只有取得证明,才能不出旷工罚款,因为口头上说他不上工有正当理由厂方是不相信的。必须取得医生的(例如患病)或警察局的(例如遇到火灾)证明。如果不能立刻弄到证明,即使迟一点也必须缴上证明,然后根据法律要求不受罚款处分,如果已经处分了,可以要求取消。

　　谈到这些缺勤的正当理由的法律条例时必须指出，这些条例严酷得好像是对待军营中的士兵，而不是对待自由的人。这些条例是从关于不出庭的合法理由的条例上抄来的：如果一个人被控告犯了某种罪行，侦查人员就要传讯他，被告就必须出庭。准许他们不出庭的那些情况也正是准许工人缺勤的那些情况①。这就是说，法律对待工人像对待一切骗子、小偷等一样严厉。谁都懂得，为什么传讯条例要这样严厉，因为侦查犯罪行为关系到整个社会。但是工人上工完全与整个社会无关，只不过与一个厂主有关，而且，要使工作不致停顿，一个工人由另一个工人代替也是轻而易举的。这就是说，完全没有必要采用这种军规一样严厉的法律。然而资本家并不限于剥夺工人在厂里工作的全部时间，他们还想剥夺工人的任何意志，剥夺他们一切与工厂无关的兴趣和思想。他们对待工人像对待不自由的人一样，因此制定了这样军法式的、繁文缛节的苛刻条例。譬如我们刚才所看到的，法律承认"父母、丈夫、妻子、子女死亡或患重病"是缺勤的正当理由。在传讯条例中这样说，在工人上工规定中也这样说。这就是说，例如一个工人死掉了姊妹，而不是死掉了妻子，那他就不得缺勤，就不得花费时间去埋葬，因为时间不是属于他的，而是属于厂主的。埋葬的事警察局也可以做，还值得为这种事操心吗。按传讯条例，家庭的利益应服从社会的利益，对社会说来，侦查犯罪行为是必需的。按上工法，工人的家庭利益应服从厂主的利益，对厂主说来，获得利润是必需的。既然如此，那班制定、执行和保护这些法律的高贵的老爷们竟还敢责备工人不重视家庭生活！……

---

　　① "火灾"这一种情况除外。这一点在传讯被告的法律中没有提到。

　　我们来看看,旷工罚款法是否公正呢? 工人一两天不去做工就被认为是旷工,就要受到处罚,而一连旷工 3 天以上还要被开除。但是,厂主停工(例如因为没有订货),或每星期不按规定开工6 天而只开工 5 天,那会怎样呢? 如果工人和厂主真是平等的话,那么对待厂主的法律也应当像对待工人的法律一样。工人停止工作,他就得不到工资而且要付出罚款。那么,厂主任意停工,第一,他就应当付给工人在工厂停工期间的全部工资;第二,他也应当付出罚款。但是这两点在法律中都没有规定。这个例子清楚地证明了我们前面关于罚款所说的那些话:罚款意味着资本家对工人的奴役,意味着工人是一个下等的、不自由的阶级,注定终生替资本家工作,给他们创造财富,为此得到的几文钱,还不够维持最起码的生活。至于要厂主付出任意停工的罚款,那就更谈不上了。厂主甚至在不是由于工人的过失而停工时都不付给工人工资。这是极为令人愤慨的不公平现象。在法律中只有这样一条:"工厂因火灾、水灾、锅炉爆炸以及其他类似事件而停工 7 天以上时",厂主和工人间的合同即告失效。工人应当力争制定厂主在停工期间照付工人工资的条例。这一要求,在 1885 年 1 月 11 日季·萨·莫罗佐夫工厂发生著名的罢工时,俄国工人就公开提出来了。① 在工人的请求书中有这样的要求:"旷工扣款不能超过 1 卢布,同时因厂方的原因(如机器停车或改装机器)而停工时,老板应照付停工期间的工资,为此,每一个停工日也要记入工资簿。"工人的前一要

---

　　① 应当指出,当时(1884—1885 年间)各工厂中常常发生不是因工人的过错而停工的事情,因为那时正发生工商业危机:厂主的货物卖不出去,他们就尽量缩减生产。例如 1884 年 12 月,沃兹涅先斯克大纺织厂(在莫斯科省,莫斯科—雅罗斯拉夫尔铁路上的塔利齐车站附近)把每周开工的日子减为 4 天。计件工作的工人因此罢工,这次罢工在 1885 年 1 月初以厂主的让步而结束。

求(旷工罚款不超过 1 卢布)已被采纳并写进了 1886 年的罚款法。后一要求(因厂方的原因而停工时,老板应照付停工期间的工资)没有被采纳,工人们还需要争取实现这一要求。要使争取实现这一要求的斗争能够取得胜利,就必须使所有的工人都清楚地懂得这一法律是不公正的,清楚地懂得应该提出什么要求。每当一个工厂停工而工人又没有得到工资时,工人就应当提出这种情况不公正的问题;应当坚决要求,在和厂主订立的合同没有取消之前,厂主必须每天照付工资;应当向视察员提出这方面的申诉,而视察员的解释将向工人证实,法律中确实没有规定这一点,这样就会引起工人对这一法律进行讨论。如果有可能,工人应当请求法院勒令厂主偿付计件工资,最后,再提出付给停工期间工资的共同要求。

　　课处罚款的第三个理由是"违反制度"。法律认为下列八种情况是违反制度:(1)"迟到或擅自离开工作"(刚才我们已经讲过这一条和旷工不同的地方);(2)"不遵守厂内防火规则,但工厂经理认为无须废除(根据第 105 条附注 1)与工人签订之雇佣合同者",这就是说,在工人违反防火规则时,法律赋予厂主以选择自由,或是对工人罚款,或是开除(即法律所说的"废除雇佣合同");(3)"不注意厂内的整齐清洁";(4)"工作时喧闹、叫喊、口角、争吵或殴打而妨碍安静";(5)"不服从"。关于这一点应当指出,只有在工人不执行法定要求即合同规定的要求时,厂主才有权课处工人以"不服从"的罚款。如果任意提出一种不是工人和老板签订的合同规定的要求,那就不能课处"不服从"的罚款。例如,有一个工人正按照计件工作的条件在工作,工头却叫他丢下这件工作去做另一件工作,工人拒绝了。在这种情况下要课处不服从的罚款是不对的,因为这个工人按照合同只做一件工作,因为他的工作是计件的,去做别的工作就等于白做；(6)"喝醉酒上工"；(7)"违禁聚赌(打牌，掷钱等)"；(8)"违反厂规"。厂规是各工厂的老板制定并经工厂视察员批准的。工资簿上都印有厂规摘要。工人应当读读这些规则并懂得它们，以便在他们因违反厂规而被罚款时，查对一下处分是否合理。必须把这些规则和法律区别开来。对所有的工厂法律只有一个；而厂规则每个工厂各不相同。法律由皇上批准或废除，厂规由工厂视察员批准或废除。所以，如果这些规则是压迫工人的，那就可以向视察员申诉，争取废除它们(如果遭到拒绝，可以到工厂事务会议去控告视察员)。为了说明区别法律和厂规的必要，现在我们举一个例子。假定说，一个工人被罚款是因为他没有依照工头的要求在假日或非规定时间来工作。这种罚款是否合理呢？要回答这点，就应当知道厂规。如果在厂规内一点也没有讲到工人有按照要求在非规定时间来工作的义务，那么罚款就是不合法的。但如果在厂规内讲到：工人必须按照上级要求在假日和非规定时间来工作，那么罚款是合法的。要达到废除这种义务的目的，工人应该做的不是抱怨罚款，而是要求修改厂规。全体工人必须协商一致，他们只要同心协力，就能废除这条规则。

四

罚款的最大限额是多少？

我们已经知道，法律准许对工人罚款的一切情况。我们再来看看，关于罚款数目法律是怎么说的？法律没有为一切工厂规定出同样的罚款数目。它只规定了一个罚款不得超过的限额。这个限额对三种罚款(工作草率、旷工和违反制度)分别作了规定。旷工罚款的限额如下:如果是计日工资,全月的罚款不得超过 6 天的工资,也就是说,一个月的旷工罚款不得多于 6 天的工资。[①]　如果是计件工资,则 1 天的旷工罚款以 1 卢布为限,一个月的罚款总数以 3 卢布为限。此外,旷工工人还要失去整个旷工期间的工资。其次,违反制度罚款每次以 1 卢布为限。最后,对于工作草率的罚款,法律上根本没有规定限额。法律还规定了各种罚款即旷工、违反制度、工作草率的罚款加在一起的总限额。所有这些罚款加在一起"不得超过工人在规定发薪期间实际应得工资的⅓"。这就是说,如果一个工人应该拿到的譬如说是 15 卢布,那么,按照法律,扣他的违反制度、旷工、工作草率的罚款总数就不能超过 5 卢布。如果罚款加在一起超过了这个数目,厂主就应当减去。不过,遇到这种情况,法律又给了厂主另外一种权利:一个工人被处的罚款超过工资的⅓,厂主就有权废除合同[②]。

应该说,这些关于罚款限额的法律规定对工人说来是太严厉了,它只保护了厂主而损害了工人。第一,法律准许非常高的罚款,竟高达工资的⅓。罚款高得太不像话了。我们把这个限额跟罚款特别高的有名例子作一比较。弗拉基米尔省工厂视察员米库林先生(他写过一本关于 1886 年新法律的书)谈到过,在这个法律颁布以前工厂中的罚款究竟高到什么程度。罚款最高的是在纺织部门,纺织工厂中最高的罚款占工人工资的 10%,也就是**工资的¹⁄₁₀**。

---

①　法律没有指出,如果是计日工资,旷工一天最多可以罚款多少。只说:"按工人的工资来决定。"下面我们马上就要看到,每一工厂的罚款表中都明确标明了各种罚款的数目。

②　工人如果认为取消合同不合理,他可以向法院起诉,但是起诉的期限规定得很短:一个月(自然是从解雇那天算起)。

弗拉基米尔省工厂视察员佩斯科夫先生在自己的报告书①中举出了一些罚款特别高的例子,其中最高的罚款是工资 32 卢布 31 戈比中罚去 5 卢布 31 戈比,占工资的 16.4%(每卢布 16 戈比),也就是说**不到工资的⅙**。这样的罚款就叫高额罚款,并且说它高的不是工人而是视察员。而我们的法律居然准许征收比它再高**一倍**的罚款,高达**工资的⅓**,每卢布扣 33 ⅓ 戈比! 显然,在比较像话的工厂里,都没有过我们法律所准许的这么高的罚款。我们就拿季·萨·莫罗佐夫的尼科利斯科耶纺织厂在 1885 年 1 月 7 日罢工前的罚款资料作为例子。据证人们说,这个工厂的罚款比周围的工厂要高。罚款高得太不像话,使 11 000 名工人忍无可忍。我们把这个工厂当做罚款最厉害的典型工厂,大概是不会错的吧。这个工厂的罚款究竟高到什么程度呢? 织工工头绍林在法庭上提供的证词说(与我们前面说到的一样),罚款最多达到工资的一半,一般是 30%—50%,即每卢布要罚去 30—50 戈比。但是这个证词,第一,没有经过确实的资料证实,第二,所涉及的不是个别情况,就是单个车间。在开庭审问罢工者的时候曾经宣读过一些关于罚款的资料。援引了 17 个人的工资(一个月的)和罚款作为例子:工资总数是 179 卢布 6 戈比,罚款是 29 卢布 65 戈比。这样算来,每卢布工资中罚款占 16 戈比。所有这 17 个例子中,罚款最高的是在 12 卢布 40 戈比的工资中罚去 3 卢布 85 戈比,即每卢布中罚去 31 ½ 戈比,这个数目也比我们的法律允许的低一些。但最好还是拿全厂的资料来谈。1884 年的罚款比前几年都要高:每卢布

---

① 即 1885 年的第一个报告书。工厂视察员的报告书只刊印了第一批。政府马上中止了报告书的刊印工作。大概是因为工厂制度太妙了,所以他们不敢出版描写工厂制度的文章。

中罚款占 23 ¼ 戈比（这 是 最 高 的 数 目：罚款 从 20.75％ 到
23.25％）。总之，在以罚款高得不像话而出名的工厂里，罚款居然
比俄国法律准许的数目还要低！…… 这个法律对工人保护得多
好，真是没有说的！莫罗佐夫工厂的罢工工人要求："罚款不得超
过每一卢布工资的 5％，同时必须预先向工人提出工作不好的警
告，一月中警告两次以上方得罚款。"只有某种高利贷利息才能和
我们的法律所允许的罚款相比较。未必有哪一个厂主敢把罚款提
得这么高；法律倒是允许了，可是工人不答应。①

　　我国关于罚款数额的一些法律的特点是：不仅贪得无厌，而且
极不公正。如果罚款过多（超过⅓），厂主可以废除合同，但是工人
却没有这种权利，就是说，如果他被课处的罚款太多，超过了工资
的⅓，他也无权离开工厂。显然，法律只关心厂主，好像课处罚款
只是由于工人的过失。其实谁都知道，工人往往没有任何过失，厂
主也要加紧勒索罚款，目的是为了强迫工人更紧张地工作。法律
只保护厂主，防止工人工作草率；但是它不保护工人，不能使工人
摆脱贪财厂主的盘剥。这就是说，在这种情况下工人从别人那里
是得不到援助的。他们只能自己关心自己，考虑跟厂主作斗争。

---

① 说到这里不能不指出：前彼得堡专区工厂总视察员米海洛夫斯基先生认为，
应当把这种法律叫做"使人对俄国帝国政府之关怀工人阶级不禁肃然起敬的
真正人道〈博爱〉的改革"。（这个评论载在一本关于俄国工厂工业的书中，该
书是俄国政府为参加 1893 年芝加哥世界博览会而编印的。）俄国政府的关怀
原来如此!!! 在罚款法颁布以前，在任何罚款法都没有的情况下，工厂主中
还只有从工人的每卢布中掠取 23 戈比的强盗。而关怀工人的罚款法却规定，
从每卢布中扣除的数目不得超过 33 ⅓ 戈比! 现在，掠取 33 戈比（比上面的数
目少⅓戈比）已经是合法的了。的确是"真正人道的改革"!

五

课处罚款的程序是怎么样的？

我们已经说过,根据法律,罚款是由工厂经理"以私人权力"课处的。关于对经理的处置提出申诉的问题,法律规定:"对工厂经理课处工人罚款之处置,不得提出申诉。但在工厂视察机关官员巡视工厂时,若从工人申述中发现课处工人的罚款有不符合法律要求的情形,应追究经理的责任。"显然,这种规定是非常含糊和自相矛盾的:一方面跟工人说,不得对课处罚款提出申诉;另一方面又说,工人可以向视察员"申述"罚款是"不符合法律"的。一个没有机会熟悉俄国法律的人也许会问:"对违法现象提出申述"和"对违法现象提出申诉",这有什么区别呢? 区别是没有的,不过法律咬文嚼字地规定这么一条,其目的倒也非常明显:是想限制工人对厂主无理的违法罚款提出申诉的权利。现在如果哪个工人向视察员申诉违法罚款的事件,视察员就可以对他说:"法律不许对罚款提出申诉。"未必会有多少工人熟悉这种狡猾的法律,能够回答说:"我不是申诉,我只是申述。"设置视察员,就是为了监督各工厂遵守种种有关工人和厂主之间关系的法律。视察员有责任接受一切对违法现象的申述。按照条例(见财政大臣批准的《致工厂视察机关官员之训令》[24]),视察员每周至少要有一天接待需要面谈的人,而且每一工厂都应公布接待日期。所以,如果工人都懂得法律,而且坚决不容许任何违法现象发生,那么刚才谈到的这个法律所玩弄的诡计就会落空,工人也就能争取到使人遵守法律。罚款罚错了,工人有没有权利把罚的钱要回来呢? 按照常理判断,当然应当说有这个权利。决不能允许厂主错罚工人而又不把错罚的钱退回来。但是,国务会议在讨论这个法律的时候,决定**故意**不提这一点。国务会议的成员们认为,给予工人索回错罚的钱的权利,"就将在工人心目中损害工厂经理要在工人中维护制度所应有的尊严"。请看国家要人们竟这样看待工人! 就是厂主错罚了工人的钱,也不应该给工人索回罚款的权利。到底为什么夺走工人的钱呢? 因为申诉"会损害经理的尊严"! 就是说,维持"经理的尊严"和"维护工厂制度"全靠工人不知道自己有什么权利,即使工厂当局违反了法律,他们也"不敢"提出申诉! 就是说国家要人们万分担心,生怕工人想监视罚款是否正确! 工人应当感谢国务会议成员们的坦率,因为它向工人表明了政府会给他们些什么。工人应当表明,他们认为自己和厂主一样,也是人,不允许别人像对待不会说话的畜牲那样来对待他们。所以工人一定要对每次错误的罚款提出自己的申诉,一定要向视察员要求退回罚款,如果视察员拒绝,就向法院要求。即使工人从视察员和法院那里一无所获,那他们的努力也不会是白费的,因为这会擦亮工人的眼睛,使他们明白我们的法律是怎样对待工人权利的。

总之,我们现在已经知道,罚款是由经理"以私人权力"课处的。但是每个工厂的罚款数目可能各不相同(因为法律只规定了一个罚款不得超过的限度),厂规也可能各不相同。所以法律要求,把违反什么规则要罚款、每次罚钱多少都预先在**罚款表**中标明。罚款表分别由每个厂主自行编制,再由工厂视察员批准。按照法律,每个车间里应该张贴一份罚款表。

为了能够监视罚款是否正确和罚了多少,必须把一切罚款毫无例外地据实登记下来。法律要求,罚款应"自课罚时起 3 日内"登记在工人的工资簿上。登记时应当注明:第一,罚款原因(即为什么罚款,是因为工作草率,究竟哪件工作草率;还是因为旷工;或者是因为违反制度,到底违反了什么制度),第二,罚款数目。把罚款登记在工人的工资簿上是必要的,这样工人就能检查罚款是否合理,如果有什么违法现象,可以及时提出申诉。其次,一切罚款都要记在一本专门的活页账簿上,每个工厂都应该有这样一本账簿,以备视察机关审查。

说到这里,再谈谈如何对厂主和视察员提出申诉,大概不是多余的,因为大部分工人不知道怎么申诉和向谁申诉。按照法律,对工厂中的一切违法现象,应当向工厂视察员申诉。工厂视察员有责任受理工人提出的书面申述或口头申述。如果工厂视察员不答应要求,可以再向视察长申述,视察长也应当有倾听申述的接待日。除此以外,视察长办公室**每天**都应当接待需要询问、解释及申述的人(见《致工厂视察机关官员之训令》第 18 条)。对视察员的决定不服,可以向省工厂事务会议①提出申诉。法律规定的申诉期限是一个月,从视察员宣布处置之日算起。其次,对工厂事务会议的决定不服,也可以在同样的期限内向财政大臣提出申诉。

你们看,法律规定了很多可以受理申诉的人。而且无论厂主或工人都同样有申诉权。可惜的是这样的保障只是一纸空文。厂主有提出申诉的一切条件,他有空闲的时间,有请律师的钱等等,所以厂主真的常常对视察员提出申诉,一直申诉到大臣那里,而且

---

① 工厂事务会议是由哪些人组成的呢? 由省长、检察长、宪兵队长、工厂视察员和**两个厂主**组成。如果再加上典狱长和哥萨克指挥官,那就是实现"俄国帝国政府之关怀工人阶级"的全班人马了。

已经取得了各种好处。而对工人说来这种申诉权只是一句毫无意义的空话。首先，他没有时间去拜访视察员，去跑衙门！他要做工，一"旷工"就要被罚款。他没有钱请律师。他不懂法律，所以也不能保卫自己的权利。而官老爷们不但不关心使工人了解法律，反而极力不让工人懂得法律。谁要不信这点，我们可以举出《致工厂视察机关官员之训令》（这个训令是财政大臣批准的，其中说明了工厂视察员的权限和职责）中的如下一条："凡工厂视察员就违反法律及为发展法律而颁布法令事宜向厂主或工厂经理作说明时，均不得有工人在场。"①原来如此。厂主违反了法律，视察员可不敢**当着工人的面**跟他讲，因为有大臣的禁令！不然的话，工人也许真的会懂得法律，并且想要求执行法律了！难怪《莫斯科新闻》说这不过是"堕落"而已！

　　每个工人都知道，申诉，特别是对视察员的申诉，他们几乎是根本办不到的。当然，我们并不是说工人不应该提出申诉，相反，只要有一点可能，就一定要申诉，因为只有这样工人才会懂得自己的权利，才会了解工厂法是为谁的利益而制定的。我们只想说明一点，靠申诉不可能使工人的状况得到任何重大、普遍的改善。要达到这一点只有一条路——工人们联合起来保卫自己的权利，反对老板的暴虐行为，争得比较过得去的工资和比较短的工作日。

---

①　《训令》第 26 条附注。

六

按法律规定，罚款应该用在什么地方？

现在我们来谈谈有关罚款的最后一个问题：罚款怎么用法？我们已经说过，在1886年以前，这笔钱都落入了厂主的腰包。但是，这种做法弊病太多，使工人十分愤怒，连老板自己也认识到必须取消这种制度了。在某些工厂里，已经自然而然地形成了一种从罚款中拨发补助金给工人的惯例。例如，就在那个莫罗佐夫的工厂里，还在1885年罢工以前就已经规定，吸烟和带酒上工的罚款应当用做残废者的补助金，工作草率的罚款则归老板。

1886年的新法律规定了一条总的规则：罚款不得落入老板的腰包。法律规定："每一工厂的工人罚款应积成一笔由厂方经管之专用款。根据财政大臣与内务大臣商定而颁发之条例，该款由视察员批准，只能用于工人本身之需要。"总之，法律规定罚款只能用在工人本身的需要上。罚款是工人自己的钱，是从他们工资当中扣出来的。

法律中讲到的那个罚款积金使用条例是在1890年（12月4日）即罚款法颁布后整整3年半才颁布的。条例规定，罚款**主要**用在工人的下列需要上："（一）发给永远失去劳动能力或因病暂时无法劳动的工人以补助金。"现在，因工残废的工人往往无以为生。他们同厂主打官司，通常要由受理他们案件的律师负担生活费用，这些律师从判给工人的赔偿费中拿走一大部分，作为他们给予工人一点恩惠的补偿。如果打一场官司工人只能得到很少的赔偿费，那他甚至请不到律师。碰到这样的情形一定要利用罚款；工人靠从罚款积金中得到的补助金，就能勉强度过一些时候，就能请到律师和厂主打官司，不致因为贫困而由受老板盘剥变成受律师盘剥。因病而失去工作的工人，也应从自己的罚款积金中得到补助金①。

在解释条例中的这第一点时，圣彼得堡工厂事务会议规定，发给补助金要经医生证明，数目不能超过原工资的一半。附带说一句，圣彼得堡工厂事务会议的这个规定是在1895年4月26日的会议上作出的。就是说，解释是在条例公布了4年半以后才公布的，而条例又是在法律颁布了3年半以后才公布的。可见，**仅仅对法律作充分的解释就需要8年之久!!** 现在要使法律为大家所知道并且真正付诸实施，又需要多少年呢？

第二，罚款积金用来"（二）发给进入怀孕后期并于产前2周停止工作的女工以补助金"。按照彼得堡工厂事务会议的解释，只发给4个星期的补助金（产前2星期，产后2星期），数目不能超过原工资的一半。

第三，"（三）发给因火灾或其他不幸事件致使财产遭受损失或破坏者"以补助金。按照彼得堡工厂事务会议的解释，这种情况应由警察局的证明文件加以证明，补助金的数目不应超过半年工资的$\frac{2}{3}$（也就是说不超过4个月的工资）。

最后，第四，发给"（四）丧葬"补助金。按照圣彼得堡工厂事务会议的解释，对曾在各该工厂做工而已死亡的工人，或他们的父母和子女，应该发给这种补助金。补助金数目自10卢布至20卢布。

这就是条例指出的发给补助金的四种情况。但在其他情况下

---

① 不言而喻，工人虽然从罚款积金中得到了补助金，但并不因此而失去要求厂主付给赔偿费（例如因工残废）的权利。

工人也有权领取补助金,因为条例指出,发给补助金的"主要"是这四种情况。工人有权因任何需要去领取补助金,而不限于上面讲的几种。彼得堡工厂事务会议在自己对罚款条例的解释中(这个解释公布在各工厂中)也讲到:"在其他一切情况下发给补助金须经工厂视察机关的许可";同时工厂事务会议还补充说,在任何情形下厂方都不得因有补助金而减少对各种附设机构(如学校、医院等)的开支及理应负担的费用(如修理工人宿舍,添置医药设备等)。这就是说,厂主不能把从罚款积金中付出的补助金当做他自己付出的开支;这不是他付出的,而是工人自己付出的开支。厂主的开支应该和以前一样。

彼得堡工厂事务会议还规定了下面这样一条:"所付长期补助金之总数不得超过全年罚款收入之半数。"这里把长期补助金(这是在一定时期内付给病人或残废者等的补助金)和一次补助金(这是因丧葬或火灾等而一次付给的补助金)区别开来了。为了把钱留下来做一次补助金用,长期补助金不应超过全部罚款的一半。

怎样从罚款积金中领取补助金呢? 照条例规定,工人应当向老板申请补助金,经视察机关批准后老板即可发给。如果遭到老板拒绝,可向视察员申请,视察员本人有权决定发给补助金。

工厂事务会议可以允许可靠的厂主不经视察员的许可而自行发给小额补助金(15卢布以下)。

罚款在100卢布以下,由老板保管。大量罚款则存入储金局。

某个工厂倒闭了,罚款积金就转入全省的工人总积金。至于这笔"工人积金"(这种积金工人甚至一点都不知道,而且也无法知道)做什么用,条例中并没有提到。只说这笔钱"在指定特殊用途之前"应该存在国家银行里。首都制定一套各工厂罚款积金使用条例尚且需要 8 年之久，编制一套"全省工人总积金"使用条例大概得等上几十年吧。

罚款使用条例就是这样。可以看出，这个条例异常繁复紊乱，所以工人直到现在几乎完全不知道有这个条例也就不足为奇了。今年（1895 年）彼得堡各工厂都张贴了关于这个条例的布告。[①] 现在工人自己应该努力使大家都懂得这个条例，使工人们都学会正确地看待从罚款积金中支出的补助金：这不是厂主的赏赐，不是厂主的恩典，而是他们自己的钱，是从他们工资中扣下来的钱，这笔钱也只能用在他们的需要上。工人有充分的权利要求把这些钱发给他们。

在谈到这个条例的时候，第一，必须说一说条例实行得怎么样，实行时有什么不便之处和产生了怎样的弊病。第二，必须看一看条例订得是不是公正，是不是足以保护工人的利益。

谈到条例实行情况，首先必须指出彼得堡工厂事务会议的这样一种解释："在没有罚款的时候……工人不得向厂方提出任何要求。"但是，试问工人怎么会知道有没有罚款和有多少罚款呢？工厂事务会议这么说，就好像工人知道这些情况似的，其实工厂事务会议根本不肯想什么办法让工人知道罚款积金的情况，没有责成厂主公布关于罚款的情况。难道工厂事务会议以为工人只要到老板那里就可弄清罚款情况，因为没有罚款，老板是会把申请者赶走的。这就太岂有此理了，因为这样老板就会像对待叫化子似的来

---

① 可见，1886 年的罚款法在彼得堡直到 1895 年才开始实行。而我们前面讲到的那位总视察员米海洛夫斯基先生，却在 1893 年说，1886 年的法律"现已全部施行"。从这个小小的例子可以看出，工厂总视察员在专门向美国人介绍俄国工厂制度的那本书中，撒了多么无耻的谎。

对待希望得到补助金的工人。工人必须争取使每个工厂按月公布罚款积金情况，说明现存若干，上月收入若干，"何种需要"用去若干。不然工人就无法知道他们能领到多少钱；就无法知道罚款积金能满足全部要求还是只能满足一部分要求，如果只能满足一部分要求，那就应该挑选最迫切的需要。有些办得较好的工厂已经公布了罚款情况：圣彼得堡的西门子-哈耳斯克工厂和官办的弹药厂好像就是这样做的。如果工人每次和视察员谈话的时候都非常重视这种情况，并不断说明公布罚款情况的必要，那么工人一定能争取到各地都这样做。其次，如果各工厂能印发一种申请从罚款积金中发给补助金的表格①，那工人就会方便得多。例如在弗拉基米尔省就有这种表格。写一张申请书对工人说来是很不容易的，就是写也不能把应该写的东西都写出来，而表格里什么都印好了，他只要在空白处填上几个字就行。没有表格，许多工人就得请人代写申请书，这是要花钱的。当然，照条例规定，也可以口头申请发给补助金。但是，第一，工人总归是要按条例规定取得警察局或医生的书面证明的（有申请书表格，就可以在这份表格上写证明）；第二，对口头申请有些老板可能不答复，但对书面申请他是必须答复的。向厂方递交印好的申请书可使申请补助金不带乞讨的味道，而老板总是竭力想使它具有这种味道。有许多厂主，对法律规定罚款不许落入他们腰包，只许用在工人的需要上这一点，特别不满。因此，他们就想出了很多花招和诡计来欺骗工人和视察员，来规避法律。现在我们来谈谈这一类的诡计，好使工人加以提防。

　　有些厂主在把罚款登记到工资簿里去的时候，不是写成罚款，

---

　　① 这是一种印好的申请书，上面已经印好了申请，还留下一些空白用来填写工厂名称、申请补助金的理由、住址、签名等。

而是写成预付给工人的钱。他们罚了工人一个卢布，而工资簿上
却写成预付给工人一个卢布。因此发工资时扣出来的一个卢布
就落入老板的腰包。这已经不只是规避法律，简直就是欺骗、蒙
混了。

　　另一些厂主不登记旷工罚款，只少记工人的工作日，这就是
说，如果有一个工人在一星期中旷工一天，那么厂主就不给他登记
5个工作日，而是4个工作日：这一天的工资（它应作为旷工罚款
归入罚款积金）就被老板拿去了。这又是一种彻头彻尾的欺骗行
为。顺便说一句，工人是完全无法防止这种欺骗①的，因为厂主不
向他们公布罚款积金的情况。只有每月详细公布罚款情况（分别
载明每车间每周的罚款数目），工人才能加以监视，使罚款真正归
入罚款积金。如果工人自己不去监视这些记录是否正确，那谁来
监视呢？工厂视察员吗？可是视察员又怎么知道记在工资簿中的
数字哪些是骗人的呢？工厂视察员米库林先生在谈到这种欺骗时
指出：

　　"在所有这些情况下，如果没有工人的申诉来直接指出种种弊
病，要发现这些弊病是异常困难的。"视察员自己也承认，如果工人
不指出来，他是无法发现欺骗行为的。但是，如果不责成厂主公布
罚款情况，那么工人也无法指出欺骗行为。

　　第三种厂主想出一些便利得多的办法来欺骗工人和规避法
律，对这些狡诈和诡谲的办法是不容易挑出毛病的。弗拉基米尔
省许多棉织厂老板提请视察员批准的每一类棉织品工资不是一
种，而是两种甚至三种。在对工资的解释中说明，工人织出上好货

_____

①　不是别人，正是弗拉基米尔省**工厂视察员**米库林先生在他那本论述1886年新
　　法律的书中谈到了施展这种骗术的情况。

品,可得最高工资;织出次等货品,可得二等工资;织出废品,则付给最低工资。① 想出这种鬼把戏的目的是很明显的:最高工资和最低工资之间的差额都落进了老板的腰包,而事实上这种差额就是对工作草率的罚款,所以应当归入罚款积金中去。显然,这是粗暴地规避法律的行为,不仅规避了罚款法,而且还规避了确定工资的法律;确定工资就是要使老板不能任意改变工资,但如果工资不是一种,而是几种,那显然是让老板为所欲为。

虽然工厂视察员也发觉这样的工资"**显然**是为了规避法律"(所有这些都是那位米库林先生在上面提到的那本书中讲到的),但仍然"**自认无权**"拒绝可敬的厂主"先生们"。

当然啦,拒绝厂主,谈何容易(这种鬼把戏不是一个厂主,而是好几个厂主同时想出来的!)。但是,如果企图规避法律的不是厂主"先生们",而是工人呢? 倒很想知道,在整个俄罗斯帝国是否能找到哪怕是一位工厂视察员,他会"**自认无权**"拒绝工人规避法律的企图呢?

这样,这种分成两、三等的工资被工厂视察机关批准了,并且实行了。不过,关心工资问题的不仅有那些想出方法来规避法律的厂主先生,也不仅有那些自认无权制止厂主善良意图的视察员先生,此外还有……工人呢。工人对厂主先生的欺诈行为没有抱温和宽厚的态度,而且他们"自认有权"制止这些厂主欺骗工人。

视察员米库林先生说:这几种工资"在工人中引起了极大的不满,这种不满情绪成了爆发**必须**动用武力来干涉的那种混乱骚动的主要原因之一"。

---

① 彼得堡各工厂的工资也常有这样的情形,例如规定生产一定数量的货品,工人可得 20 到 50 戈比。

天下竟有这样的事!起先"认为无权"制止厂主先生破坏法律和欺骗工人,但是当那些被这种横蛮无理激怒了的工人起来闹事的时候,却又"必须"动用武力!为什么"必须"用武力来对付捍卫自己**合法**权利的工人,而不是来对付公然违反法律的厂主呢?但不管怎样,在工人闹事之后,"省长就下令取消这样的工资"。工人们坚持了自己的主张。实施法律的不是工厂视察员先生,而是工人自己,他们证明了自己是不容许别人愚弄的,是会维护自己权利的。米库林先生说:"以后,工厂视察机关就拒绝批准这样的工资了。"可见是工人教会了视察员实施法律。

但是受到这个教训的只是弗拉基米尔的一些厂主。可是厂主到处都是一样的:不论是弗拉基米尔的,莫斯科的,或是彼得堡的。弗拉基米尔的厂主们钻法律空子的企图是失败了,但是他们想出来的办法不仅依然存在,而且还被彼得堡的一个天才厂主改进得更臻完善了。

弗拉基米尔的厂主们的办法是怎样的呢?就是不用罚款这个词,而用别的词来代替。如果我说,工人因工作草率而少得一个卢布,这就是罚款,应当把它放到罚款积金中去。但如果我说,工人因工作草率而获得最低工资,这就不是罚款,这个卢布就落进了我的腰包。弗拉基米尔的厂主们就是这样说的,然而工人把他们驳倒了。还可以用稍微不同的说法。可以这样说:工人因为工作草率只能领到工资而**拿不到奖金**,那么这也不是罚款,一个卢布也落进了厂主的腰包。彼得堡的一个诡计多端的厂主,使用机器的工厂的老板雅柯夫列夫就想出了这样的说法。他说:你一天可以得到一个卢布,但是,如果你没有任何过失,既没有旷工,也没有撒野,工作也不草率,那你一天可以再得到20戈比的"奖金"。如果有了过失,那么老板就扣下这枚 20 戈比的银币,当然是把它装进自己的腰包,因为这本来不是什么罚款,而是"奖金"。所有讲到犯了什么过失才可以处以罚款、罚多少、罚款应怎样用于工人的需要的那些法律,对雅柯夫列夫先生来说都是不存在的。法律谈的是"罚款",而他谈的却是"奖金"。狡黠的厂主直到现在还在用他诡谲的伎俩欺骗工人。彼得堡的工厂视察员大概也"**自认无权**"制止厂主规避法律。我们希望彼得堡的工人不要落在弗拉基米尔的工人后面,要教会视察员和厂主老老实实地遵守法律。

为了说明罚款积成了多么大的一笔款子,我们引用一下弗拉基米尔省罚款积金数目的材料。

弗拉基米尔省是从 1891 年 2 月开始发放补助金的。到 1891 年 9 月底止,共发补助金 25 458 卢布 59 戈比给 3 665 人。到 1891 年 9 月底止,罚款积金共有 470 052 卢布 45 戈比。应当顺便说一下罚款的另一项用途。有一个工厂共有罚款积金 8 242 卢布 46 戈比。这个工厂倒闭了,工人们在冬天没有粮食,没有工作。于是就从这项积金中拨出 5 820 卢布的补助金分发给将近 800 个工人。

从 1891 年 10 月 1 日到 1892 年 10 月 1 日,共收罚款 94 055 卢布 47 戈比,共发补助金 45 200 卢布 52 戈比给 6 312 人。这些补助金按类分配的情形如下:发给 208 名失去劳动力的人每月补助金共 6 198 卢布 20 戈比,就是说,平均每人每年得 30 卢布。(规定的补助金低得可怜,但同时却有成千上万的罚款放在那里不用!)其次,发给 1 037 名财产遭受损失的人共 17 827 卢布 12 戈比,平均每人 18 卢布。发给 2 669 个孕妇共 10 641 卢布 81 戈比,平均每人 4 卢布(这是 3 个星期的补助金,产前 1 星期和产后 2 星期)。发给 877 名生病的工人共 5 380 卢布 68 戈比,平均每人 6

卢布。发给 1 506 名工人丧葬费共 4 620 卢布(平均每人 3 卢布)。为其他原因发给 15 个人共 532 卢布 71 戈比。

现在我们已经完全熟悉了罚款条例和这些条例的实行情况。我们再来看一下,这些条例是否公正,是否足以保护工人的权利。

我们知道,法律规定罚款不归老板所有,它只能用在工人的需要上。罚款使用条例必须经大臣批准。

这些条例到底引起了什么结果呢?钱是从工人那里收集来的,也用在工人的需要上,但在条例中甚至没有讲到老板应当向工人公布罚款积金的情况。没有授权工人选出代表来监督款项是否按照规定归入罚款积金,来接受工人的申请和分配补助金。法律规定,发给补助金要"经视察员批准",而依照大臣所颁布的条例却变成了应该向**老板**申请补助金。为什么应该向老板申请呢?这些钱不是老板的,是工人的,是从工人工资中扣出来的。老板自己没有权利动用这笔钱,如果他动用了,就等于动用了别人的钱,那就要负侵占和盗用公款的责任。显然,大臣们所以颁布这样的条例,是想为老板效劳。现在工人必须像恳求赏赐似地向老板**恳求**补助金。诚然,如果老板拒绝,视察员自己可以决定发给补助金。但是视察员自己是什么也不了解的,老板会对他说,这个工人如何如何坏,不应该得到补助金,视察员也会听信的。① 而且哪里会有很多

---

① 在印好的补助金申请书(也就是我们讲过的弗拉基米尔工厂事务会议分发给各工厂,最便于工人运用"条例"的那种补助金申请书)上写道:"由厂方审查申请者的签字及申请内容,并填上厂方认为申请者应得若干补助金。"

就是说,厂方随时可以写上"厂方认为"申请者不应得到补助金,甚至不说明理由。

获得补助金的将不是那些需要的人,而是那些"厂主认为应得到补助金"的人。

工人去向视察员申诉,浪费工作时间去拜访他和写申请书等等呢?事实上,大臣颁布条例的结果,只不过造成一种工人从属于老板的新形式而已。老板就有可能去压迫那些由于不愿意受欺侮而使他感到不满的工人:老板拒绝工人的请求,一定会使这个工人受到一大堆不必要的麻烦,也许使他根本拿不到补助金。相反,对那些迎合老板,向老板献媚的工人,对那些向老板告发自己同伴的工人,老板会准许发给他们一笔特别优厚的补助,即使另一个工人的申请遭到拒绝。结果不但没有消灭工人在罚款问题上对老板的从属关系,反而产生了分化工人,培养奴颜婢膝、阿谀奉承这种新的从属关系。然后,请再看看条例为领取补助金所安排的那种不像话的官僚手续吧:每一次领取补助金,工人都要到医生或警察局那里去搞证件,在医生那里他多半会遭到粗暴对待,而在警察局如果不行贿是什么事也办不成的。再说一遍,这些东西在法律里一点也没有提到,而是大臣颁布的条例中规定出来的,可见这种条例显然是为了讨好厂主而制定的,显然是要使工人除从属于老板外又从属于官员,是要使工人丝毫不得过问取自工人的罚款用于工人需要的情形,是要布下一个愚弄和腐蚀工人的毫无意义的官场形式主义罗网。①

用罚款支付补助金,竟要听凭厂主决定,这是一种令人难以容忍的不公正。工人应当争取到使法律规定他们有权选出代表,去监督罚款归到罚款积金中去的情形,去接受和审查工人要求发给补助金的申请,并向工人报告罚款积金的收支情况。在现在有代表的那些工厂中,代表们应当重视罚款,要求厂方告诉他们有关罚款的全部材料,接受工人的申请并把这些申请转交当局。

----

① 进行分化,培养奴颜婢膝的行为,助长恶劣的风气。

七

罚款法是否推行于全体工人?

罚款法和俄国其他大多数法律一样,并不推行于所有的工厂,并不推行于全体工人。俄国政府颁布法律时,总是担心这个法律会触怒厂主老爷,担心费尽心机搞出来的文牍式条例和官员的权利及义务会和另外一些文牍式的条例(我国有数不清的条例)、另外一些官员的权利及义务相抵触,因为如果有某个新官员闯进这些官员管辖的范围,他们就会大发雷霆,那就要耗费公家整桶整桶的墨水和整令整令的纸张来打"职权划分"的笔墨官司。因此,没有例外、不畏首畏尾地拖延、不允许大臣和其他官员违法办事而在全俄国立即实行的法律,在我国是很少的。

所有这一切在罚款法上表现得特别严重。我们已经看到,这个法律引起了资本家老爷们极大的不满,它只是在可怕的工人闹事的压力下才得以实施的。

第一,罚款法只推行于俄国一小部分地区①。我们已经说过,罚款法是1886年6月3日颁布的,从1886年10月1日起**只是在**彼得堡、莫斯科、弗拉基米尔**3省**实行。**5年**后,罚款法推行于华沙省和彼得库夫省(1891年6月11日)。又过了**3年**,根据1894年3月14日的法律,罚款法又推行于13个省份(即中部的特维尔省、科斯特罗马省、雅罗斯拉夫尔省、下诺夫哥罗德省和梁赞省;波

---

① 这个法律是所谓"关于厂主与工人相互关系特别条例"的一部分。"特别条例"只推行于"工厂工业特别发达的地区",这些地区我们将在下面指出。

罗的海沿岸的爱斯兰省、里夫兰省;西部的格罗德诺省和基辅省;南部的沃伦省、波多利斯克省、哈尔科夫省、赫尔松省)。1892年罚款条例推行于私人的矿厂和矿场。

资本主义在俄国南部的迅速发展和矿业的巨大增长使该地集中了大批工人,迫使政府赶快采取行动。

可见政府是很缓慢地放弃旧的工厂制度的。同时必须指出,政府只是在工人的压力下才放弃的:工人运动的加强和波兰的罢工促使罚款法在华沙省和彼得库夫省(罗兹城在彼得库夫省)得到推行。梁赞省叶戈里耶夫斯克县赫卢多夫纺织厂的大罢工[25]立刻促使罚款法在梁赞省得到推行。事情很明显,在工人自己没有干预的时候,政府也"自认无权"剥夺资本家老爷不受限制地(任意地)课处罚款的权利。

第二,罚款法也像所有工厂监督条例一样,不推行于官办企业和政府机关企业,在官办工厂中有"关怀"工人的厂长,法律不愿意用罚款条例来麻烦他们。本来么,既然官办工厂的厂长本人就是官老爷,又何必对官办工厂加以监督呢? 工人可以向他提出对他本人的申诉。难怪官办工厂的厂长中有像彼得堡港口指挥维尔霍夫斯基先生这样为非作歹的人。

第三,罚款积金用于工人本身需要的这一条例不推行于铁路工厂的工人,因为那里有抚恤基金或储蓄补助基金,罚款就用做这些基金。

所有这些例外似乎还嫌不够,所以法律中又规定,大臣(财政大臣和内务大臣)一方面"在确有必要时"有权"解除"这些条例对"非重要工厂"的"束缚",另一方面他们又有权把这些条例推行于"重要的"手工业作坊。

这样,法律不仅委托大臣制定罚款条例,而且还授权大臣准许某些厂主不受法律约束! 请看我们的法律对厂主老爷爱护到怎样的程度! 在大臣的某一次解释中说,他只准许工厂事务会议**"确信不会损害工人利益的厂主"**不受法律约束。厂主和工厂视察员是说话彼此信得过的亲密至友。既然厂主"保证"不会损害工人利益,何必用条例来麻烦他呢? 可是,如果工人要向视察员或者大臣"保证"他不会损害厂主的利益,请求准许他不受条例的约束,那又会怎样呢? 人们也许会把这个工人当做疯子。

这就是所谓工人和厂主之间的"平等"。

至于谈到罚款条例推行于重要的手工业作坊的问题,那么到现在为止,据我们所知,这些条例只推行于(在1893年)把经线发给织工拿回家织布的那些分活站。大臣们并不急于推行罚款条例。大批在家里替老板、大商店等做工的工人,到现在为止处境仍旧和过去一样,完全由老板任意摆布。这些工人较难联合起来共同商讨切身的需要,较难进行反对老板压迫的共同斗争,因此他们也就不被人们注意。

八

结　束　语

现在我们熟悉了我国的罚款法和罚款条例,熟悉了以枯燥的词句和冷冰冰的官腔来吓唬工人的这一整套极端复杂的制度。

我们现在可以再来看一下在本文开始时提出的问题,即罚款是资本主义的产物,也就是这样一种社会制度的产物,这里人分成了两个阶级,即土地、机器、工厂、原料、物资的所有者,和没有任何私有财产因而只得把自己出卖给资本家并且替资本家做工的人。

替老板做工的工人,工作稍有草率就要付给老板罚款,这种情况是不是一向如此呢?

在小作坊中,例如在城市手工业者或者工人那里,就没有罚款。在那里工人和老板并不很疏远,他们在一起生活,在一起做工。老板并不想实行罚款,因为他亲自监督工作,随时可以纠正他不满意的事情。

但是这种小作坊和小生产正在逐渐消失。手工业者、手艺人和小农经不住使用精良工具和机器并把大批工人的劳动结合在一起的大工厂、大老板的竞争。因此,我们看到手工业者、手艺人和农民日益破产,他们跑到工厂去当工人,离开农村,进入城市。

在大工厂中,老板和工人之间的关系就完全不像在小作坊中那样。老板在富裕程度上、在社会地位上都比工人高得多,以致在他们之间横着一条鸿沟,他们往往彼此不认识,也没有丝毫共同的地方。工人根本不可能当上老板:他们注定永远是替他们不认识的富人做工的无产者。过去是一个小老板有两三个工人,现在是来自各地并且经常更换的大批工人。过去是老板的一些单独命令,现在是全体工人都必须遵守的共同条例。过去那种老板和工人之间的固定关系正在逐渐消失,现在是老板根本不重视工人,因为老板随时都很容易从任人雇用的失业人群中找到另外的工人。这样就加强了老板支配工人的权力,老板利用这种权力,用罚款强使工人受工厂工作的严格约束。工人只得忍受自己的权利和工资进一步遭到限制的局面,因为现在他们在老板面前是软弱无力的。

　　总之,罚款在人世间出现并不太久;它是随着大工厂,随着巨大的资本主义,随着有钱的老板和贫穷的工人的彻底分裂而出现的。罚款是资本主义充分发展和工人充分受奴役的结果。

　　但是大工厂的这种发展和老板压迫的加强还引起了另一些后果。在厂主面前显得十分软弱无力的工人开始懂得,如果他们再不联合起来,就要遭受极大的灾难和贫困。工人开始懂得,要摆脱资本主义给他们带来的饿死和衰败的危险,他们只有一个办法,就是联合起来和厂主斗争,争取较高的工资和较好的生活条件。

　　我们看到,80年代我国厂主对工人的压榨到了肆无忌惮的地步,他们不仅降低工人的工资,而且还把罚款作为降低工资的手段。资本家对工人的压迫已经达到顶点了。

　　但是这种压迫也引起了工人的反抗。工人起来反对压迫者并赢得了胜利。惊慌失措的政府对工人提出的要求让步了,并急忙颁布了取消罚款的法律。

　　这是对工人的让步。政府以为,颁布关于罚款的法律和条例,用罚款发给补助金,立刻就会使工人满意,并使他们忘掉工人自己的共同事业,忘掉自己与厂主的斗争。

　　但是伪装成工人保护者的政府的这些希望是不会实现的。我们看到,新法律对工人是多么不公平,对工人的让步,即使与莫罗佐夫工厂罢工者提出的要求相比又是多么微小;我们看到,到处都替企图破坏法律的厂主留下了后路,为了他们的利益而制定了把官吏的横暴和老板的横暴结合起来的补助金条例。

　　如果这样的法律和条例施行起来,如果工人熟悉了它们,并在和当局的冲突中认清了法律怎样压迫他们,工人就会逐渐意识到自己不自由的地位。他们就会懂得,只是贫困才迫使他们去替富人做工,才迫使他们满足于他们的繁重劳动的微薄代价。他们就会懂得,政府及其官员是袒护厂主的,而制定的法律也是便于老板压榨工人的。

最后,工人将认识到,只要工人对资本家的依赖关系还存在,法律就根本不会改善工人的处境,因为法律总是偏袒厂主资本家的,因为厂主总是会想出一些诡计来规避法律的。

工人既懂得了这一点,也就会看到,他们只有一种自卫的方法,就是联合起来反对厂主,反对法律所规定的那些不合理的制度。

1895年在彼得堡印成单行本

译自《列宁全集》俄文第5版
第2卷第15—60页

我们的大臣们在想些什么?[26]

(1895 年 11—12 月)

内务大臣杜尔诺沃给圣正教院总监波别多诺斯采夫写了一封信。写信日期是 1895 年 3 月 18 日,编号 2603,信上注有"绝密"字样。就是说,大臣希望,该信要严加保密。可是有人不同意大臣先生认为俄国公民不应该知道政府意图的看法,因此这封信的手抄本现在就到处流传开来。

杜尔诺沃先生给波别多诺斯采夫先生究竟写了些什么呢?

他写的是关于星期日学校的事情。信上说:"最近几年所获得的情报证明,政治上不可靠的分子和一部分有某种倾向的青年学生,仿效 60 年代的先例,力图打入星期日学校担任教员、讲课人、图书馆员等职务。这种一贯的意图,甚至不是用谋求生计所能辩解的,因为在这种学校任职没有报酬。这就证明,上述现象是反政府分子利用公开的(合法的)机会反对俄国现存国家秩序及社会制度的一种斗争手段。"

大臣先生原来是这样判断的! 在受过教育的人们中间,有人愿意把自己的知识传授给工人,希望学问不仅对他们自己有益,而且也对人民有益。于是大臣就立刻断定,这里一定有"反政府分子",也就是说,这一定是些阴谋分子在煽动人们打入星期日学校。假如没有人煽动,难道某些受过教育的人就不会产生教育别人的愿望了吗?其实使大臣感到惶惑不安的,还是星期日学校的教员不拿薪俸这一点。他已经看惯了他手下的暗探和官吏只是为了钱才为他效劳。谁给的钱多,就给谁效劳。这里竟然有人工作、服务、教课,所有这一切……都不取分文。行迹可疑!大臣这样一想,就秘密派暗探去刺探情况。信上接着说道:"根据下列情报〈得自暗探,他们干活要拿薪俸,这证明他们的存在是正当的〉可以断定,不仅倾向不良分子混入了教员队伍,而且学校本身往往就处在某个不可靠分子集团的秘密控制之下。根本不是正式教职人员的该集团成员,常应其所安插的男女教员的邀请,夜晚去学校讲课、教课…… 这种准许外人讲课的制度,为真正革命分子渗入讲课人的行列提供了充分的自由。"

总之,假如未经神父和特务批准与审查的"外人"要给工人教课,这就是革命!大臣把工人看成火药,把知识和教育看成火星;大臣确信,火星一旦落到火药上,被炸的首先就是政府。

我们不能不高兴地指出,这一次我们难得完全和绝对同意大臣阁下的高见。

接着大臣在信中提出了一些"证据",证明自己的"情报"是正确的。这些证据真是妙极了!

第一,是"某个星期日学校教员的一封信,该教员的姓名迄今尚未查明"。这封信是在搜查时抄获的。信上谈到了历史讲授大纲、等级奴役和等级解放的思想,提到了拉辛起义和普加乔夫起义。

想必是后面这两个名字把善良的大臣吓坏了,他也许立刻联想到干草叉。

第二个证据:

"内务部通过秘密办法获得了莫斯科某星期日学校公开讲课大纲,其内容如下：'社会起源。原始社会。社会组织的发展。国家和为什么需要国家。秩序。自由。正义。国家制度形式。专制君主制和立宪君主制。劳动——公共福利的基础。效用和财富。生产、交换和资本。财富是怎样分配的。个人利益的追求。私有财产及其必然性。农民连同土地一起解放。地租、利润、工资。工资及其形式是由什么决定的。节约。'

根据这个绝对不适用于国民学校的大纲讲课,讲课人完全可能把马克思和恩格斯等人的理论逐步介绍给听众;教区主管当局委派出席的人员,也未必能够觉察出讲课中的社会民主主义宣传成分。"

大臣先生大概非常害怕"马克思和恩格斯的理论",所以他在一个连这种理论的影子都没有的大纲中竟发现了这种理论的"成分"。大臣在这个大纲中发现什么"不适用"的东西呢？ 可能是关于国家制度形式和宪制问题吧。

大臣先生,请您翻一下任何一本地理教科书,您都会在里面发现这些问题！难道教给儿童的东西,成年工人就不该知道吗？

但是,大臣先生对教区主管机关的人并不抱什么希望："他们未必能听懂别人在讲些什么。"

最后,该信列举了普罗霍罗夫纺织公司莫斯科纺织厂附设的教区星期日学校、叶列茨城的星期日学校和梯弗利斯城正在筹办的星期日学校中"不可靠"教员的姓名。杜尔诺沃先生建议波别多诺斯采夫先生"对准许去学校教课的人详加审查"。现在,当你看到这批教员的名单时,你就会大吃一惊：所有的人都是以前的大学生,还有女大学生。也许大臣先生希望这些教员都是以前的士官吧。

大臣先生惊恐万分地说，叶列茨城的学校竟"设于索斯纳河南岸，该地居民多是平民〈啊，真可怕!〉和工匠，并且铁路工厂也设在该处"。

应该让学校远远地离开"平民和工匠"。

工人们! 你们看，我们的大臣们对知识和工人的结合真是怕得要死! 你们应当向所有的人表明：任何力量都不能阻止工人的觉醒! 没有知识，工人就无法自卫；有了知识，他们就有了力量!

载于 1924 年 1 月 27 日《彼得格勒
真理报》第 22 号

译自《列宁全集》俄文第 5 版
第 2 卷第 75—80 页

社会民主党纲领草案及其说明²⁷

（1895 年和 1896 年）

党　纲　草　案

（1895 年 12 月 9 日〔21 日〕以后）

一、1.大工厂正在俄国日益迅速地发展起来,使小手工业者和农民相继破产,把他们变成一无所有的工人,把越来越多的人赶进城市、工厂和工业村镇。

2.资本主义的这种增长意味着一小撮厂主、商人和土地占有者的财富和奢侈程度大大增加,工人的贫困和受压迫的程度更加迅速地增加。大工厂在生产上的革新和采用机器既促进了社会劳动生产率的提高,也加强了资本家对工人的统治,增加了失业人口,从而使工人处于任人宰割的境地。

3.但是,大工厂在极度加强资本对劳动的压迫时,造成了一个特殊的工人阶级,这个阶级有可能同资本进行斗争,因为它的生活条件本身破坏了它同私有经济的一切联系,并且通过共同劳动把工人联合起来,把他们从一个工厂投进另一个工厂,从而把工人群众团结在一起。工人开始同资本家作斗争,于是在他们中间就出现了联合起来的强烈愿望。工人的零星发动发展成了俄国工人阶级的斗争。

4. 工人阶级同资本家阶级的这一斗争，是反对一切靠他人劳动为生的阶级和反对一切剥削的斗争。只有当政权转到工人阶级手中，全部土地、工具、工厂、机器、矿山转交给全社会来组织社会主义生产时，这个斗争才能结束。在社会主义生产制度下，工人生产的一切和一切生产革新都应该有利于劳动者本身。

5. 俄国工人阶级运动，就其性质和目的来说，是世界各国工人阶级国际（社会民主主义）运动的一部分。

6. 俄国工人阶级在争取自身解放的斗争中的主要阻碍是不受限制的专制政府及其无需承担责任的官吏。这个政府依靠土地占有者与资本家的特权和对他们利益的殷勤效劳，使下层等级处于完全无权地位，从而束缚了工人运动，阻碍了全国人民的进步。因此，俄国工人阶级争取自身解放的斗争，必然引起反对专制政府的无限权力的斗争。

二、1. 俄国社会民主党宣布自己的任务是帮助俄国工人阶级进行这一斗争，方法是提高工人的阶级自觉，促使他们组织起来，指出斗争的任务和目的。

2. 俄国工人阶级争取自身解放的斗争是政治斗争，其首要任务是争得政治自由。

3. 因此，俄国社会民主党不能脱离工人运动，要支持一切反对专制政府的无限权力、反对享有特权的贵族地主阶级、反对一切阻碍竞争自由的农奴制度和等级制度残余的社会运动。

4. 另一方面，俄国社会民主工党将要展开斗争，反对一切想靠不受限制的政府及其官吏的保护来为劳动阶级谋福利的企图，反对一切阻止资本主义发展、因而也阻止工人阶级发展的企图。

5.工人的解放应该是工人自己的事情。

6.俄国人民需要的不是不受限制的政府及其官吏的帮助,而是从它的压迫下解放出来。

三、根据这些观点,俄国社会民主党首先要求:

1.召开由全体公民的代表组成的国民代表会议来制定宪法。

2.凡年满21岁的俄国公民,不分宗教信仰和民族,都有普遍的、直接的选举权。

3.集会、结社和罢工自由。

4.出版自由。

5.消灭等级,全体公民在法律面前完全平等。

6.宗教信仰自由,所有民族一律平等。出生、结婚和死亡的登记事宜交由不受警察干涉的独立民政官管理。

7.每个公民有权向法院控告任何官吏,不必事先向上级申诉。

8.废除身份证,流动和迁徙完全自由。

9.有从事任何行业和职业的自由,废除行会。

四、俄国社会民主党为工人要求:

1.在一切工业部门中设立工业法庭,从资本家和工人中选出人数相等的审判员。

2.以法律限定一昼夜工作时间为8小时。

3.以法律禁止夜工和夜班,禁止雇用15岁以下的童工。

4.以法律规定节日休假制度。

5.把工厂法和工厂视察制推行到全俄一切工业部门和官办工厂,同样也推行到家庭手工业者。

6.工厂视察员应有独立地位,不受财政部管辖。工业法庭的成员在监督工厂法执行情况方面,享有与工厂视察员同样的权利。

7.无论何处,绝对不得以商品支付工资。

8.工人选出的代表监督工资的合理规定、产品的检验、罚款的用途和工厂工人宿舍的状况。

以法律规定,从工人工资中扣除的一切款项,不论扣除的原因如何(罚款、废品等),其总数不得超过每卢布10戈比。

9.以法律规定,厂主应对工人伤残事故负责,如过失在工人方面,厂主则应对此提出证明。

10.以法律规定,厂主有供给学校经费、给工人以医疗帮助的义务。

五、俄国社会民主党为农民要求:

1.废除赎金[28],对已缴赎金的农民给以补偿。把多缴入国库的款额归还农民。

2.把1861年从农民手中割去的土地归还农民。

3.农民土地和地主土地担负的赋税完全平等。

4.废除连环保[29]以及一切限制农民支配自己土地的法令。

党 纲 说 明

(1896年6—7月)

党纲分三个主要部分。第一部分阐述党纲其他部分所依据的一切观点。这一部分指出工人阶级在现代社会中处于什么地位、它同厂主进行的斗争有什么意义和作用以及工人阶级在俄国的政治地位如何。

第二部分阐述了**党的任务**,指出党对俄国其他政治派别所采取的态度。这里谈到党和所有认识到自己阶级利益的工人应该进行什么活动,以及对俄国社会其他阶级的利益和要求应该采取什么态度。

第三部分是党的实际要求。这一部分又分成三节。第一节是关于全国性改革的要求。第二节是工人阶级的要求和纲领。第三节是为农民提出的要求。下面在没有谈到党纲实际部分以前,将对这三节先作一些说明。

一、1.党纲首先谈到大工厂的迅速发展,因为这是现代俄国的主要现象,它彻底改变了一切旧的生活条件,特别是劳动阶级的生活条件。在旧的条件下,几乎全部财富都是占人口绝大多数的小业主生产的。人们当时定居在乡村,生产的大部分产品不是为了自己消费,就是为了附近村落的小市场,这些小市场与附近其他市场很少联系。为地主做工的也是这些小业主,地主强迫他们生产产品主要是为了自己消费。家庭产品则交给手艺人去加工,手艺人也是住在乡村,或者到附近地区去揽活干。

农民解放以后,人民群众的生活条件起了根本变化:小手工业作坊开始被飞快发展起来的大工厂所代替;这些大工厂排挤了小业主,把他们变成雇佣工人,强迫成千上万的工人在一起做工,生产大量商品在全俄各地出售。

农民的解放打破了人们的定居生活,农民已经不能再依靠自己剩下的小块土地来维持生活了。许多人出外谋生,有的进工厂,有的修铁路,这些铁路把俄国各个角落连接起来并把大工厂的货物运往全国各地。许多人进城谋生,为工厂和商店建造房屋,为工厂运送燃料和准备材料。最后,还有许多人在家里,商人和未能扩大自己工厂的厂主交给他们活计。农业方面也发生了同样的变化:地主开始为出售而生产粮食,农民和商人中间出现了大耕作者,几亿普特的粮食开始向国外销售。进行这种生产需要雇佣工人。于是几十万、几百万农民抛弃了自己的小块份地,去给为出售而生产粮食的新主人当雇农和日工。党纲上也描述了旧的生活条件的这些变化,谈到大工厂使小手工业者和农民日趋破产并把他们变成雇佣工人。小生产到处被大生产所代替。在这种大生产中,大批工人已经成了为挣工资而给资本家做工的普通雇工;资本家则拥有大量资本,他们建立起巨大的工厂,收购大批原料,并把联合起来的工人所进行的这种大规模生产的全部利润装进自己腰包。生产变成了资本主义的生产,它残酷无情地压榨所有的小业主,破坏了他们的乡村定居生活,迫使他们到全国各地去做普通的小工,把自己的劳动出卖给资本。越来越多的人完全脱离了乡村,脱离了农业,聚集到城市,聚集到工厂和工业村镇,形成了一个没有任何私有财产的特殊阶级,即专靠出卖自己劳动力来维持生活的雇佣工人–无产者阶级。

这就是大工厂在国家生活中引起的巨大变化:小生产被大生产所代替,小业主变成了雇佣工人。对全体劳动人民来说,这种变化意味着什么呢? 它会引起什么后果呢? 党纲接着谈的也就是这一点。

一、2.随着小生产被大生产所代替而来的,是各个业主手中的少量货币资金被巨额资本所代替,蝇头微利被百万利润所代替。因此资本主义的增长到处都引起奢侈程度和财富的增加。在俄国,大的金融寡头、厂主、铁路主、商人和银行家形成了一个完整的阶级。依靠把货币资本贷给工业家以获得利息收入来过活的人们也形成了一个完整的阶级。大土地占有者发财了,他们从农民那里得到了大量的土地赎金,他们利用农民需要土地这个机会提高了土地租价,他们在自己的田庄上开办了巨大的甜菜制糖厂和酿酒厂。所有这些富人阶级的奢侈浮华达到了空前未有的程度,各大城市的主要街道布满了他们的豪华府邸和华丽大厦。但是工人的状况却随着资本主义的增长而日益恶化。在农民解放以后,即使有的地方的工资有所提高,那也是为数很少、时间很短的,因为大批从乡村流落出来的饥民使工资降低了,然而食品和生活用品却越来越贵,因此工资即使有了提高,但工人得到的生活资料却日益减少,谋生越来越困难了。与富人的华丽大厦并排(或在城郊)的是越来越多的工人的破旧小房。工人们不得不住在地下室,住在拥挤的、潮湿寒冷的房子里,再不就住在新建厂房附近的土屋里。资本越来越雄厚,越来越残酷地压榨工人,把他们变成一无所有的人,强迫他们把自己的全部时间交给工厂,并驱使工人的妻子儿女也去做工。可见,资本主义增长所引起的第一个变化是:大量财富集中在少数资本家的手里,而人民群众变成了一无所有的人。

第二个变化是:小生产被大生产代替以后,生产有了许多改进。首先,分散在每个小作坊、每个小业主那里的个体劳动被联合起来的工人在一个工厂、一个土地占有者、一个承包人那里进行的共同劳动所代替。共同劳动比个体劳动要有成效得多(生产效率高得多),生产商品也容易得多,快得多。但是所有这些改进都被资本家独自享用了,一点也不分给工人,他们白白攫取了工人联合劳动的一切好处。资本家更强大了,工人却更软弱了,因为他已经习惯了某一种工作,他要改行做另一种工作是比较困难的。

另一个更重要得多的生产改进就是资本家采用了**机器**。机器的使用把劳动效率提高了许多倍;但是资本家把所有这些好处用来对付工人:他们利用机器需要的体力劳动较少这种情况,安排妇女和儿童来看管机器,付给他们更少的工资。他们利用机器需要工人极少这种情况,把大批工人赶出工厂,并利用这种失业现象来进一步奴役工人,延长工作日,剥夺工人夜里休息的时间,把工人变成了机器的单纯附属品。机器所造成的和不断扩大的失业现象现在使工人处于完全无以自卫的境地。工人的技术失去了价值,他们很容易被那些很快就习惯了机器、甘愿为更少工资做工的普通小工所代替。一切想要捍卫自己免受资本更大压力的企图都使工人遭到解雇。单个工人在资本面前是完全无能为力的,因为机器会置他于死地。

一、3.我们在对前一条的说明中已经指出,单个工人在采用了机器的资本家面前是无能为力的,无以自卫的。工人为了自卫无论如何总要寻找一个反击资本家的手段。他们找到**联合**就是这样的手段。单个无能为力的工人一旦和自己的伙伴联合起来,就成为一种力量,就能够同资本家斗争并进行反击。

联合逐渐成了工人必需的东西,因为反对他们的已经是大资本。可是把一大群虽然在一个工厂里做工但是互不相干的人联合起来,是不是可能呢? 党纲指出了促使工人联合和培养他们联合的能力和本领的条件。这些条件就是:(1)大工厂的机器生产要求全年不间断地工作,从而完全割断了工人同土地、同私有经济的一切联系,把工人变成了彻底的无产者。而小块土地上的私有经济却使工人分散,使每个工人都有某些不同于自己伙伴的利益的特殊利益,因而妨碍了他们的联合。割断工人同土地的联系也就消除了这种障碍。(2)其次,成百成千工人的共同劳动使工人们习惯于共同讨论自己的需要,采取共同的行动,因为这种劳动鲜明地表明,全体工人群众的地位和利益是相同的。(3)最后,工人经常从一个工厂转到另一个工厂,这使工人们习惯于对照和比较各个工厂的条件和制度,确信所有工厂的剥削是相同的,吸取其他工人同资本家斗争的经验,从而加强工人的互助和团结。就是这样一些条件的总和产生了这样一个结果:大工厂的出现引起了工人的联合。这种联合在俄国工人中间的最经常、最突出的表现形式就是罢工(至于为什么我国工人不能通过工会或基金会的形式联合起来,我们下面再谈)。大工厂发展得越快,工人的罢工就越频繁,越猛烈,越顽强;因此资本主义的压迫越厉害,工人也就越需要共同进行反抗。党纲指出,工人的罢工和零星发动,是目前俄国工厂中最普遍的现象。但是随着资本主义的进一步发展和罢工的日益频繁,罢工和发动就显得不够了。厂主们为了对付罢工和发动采取了共同措施:他们订立同盟,从其他地方招雇工人,呼吁国家政权协助他们镇压工人的反抗。反对工人的已经不是单个工厂的单个厂主,而是**整个资本家阶级**和帮助这个阶级的政府。整个**资本家阶级**投入了反对整个**工人阶级**的斗争;它寻求对付罢工的共同措施,要求政府发布对付工人的法令,把工厂搬到比较偏僻的地方,把活计分到家里去做,并采用了其他各种各样的诡计来对付工人。为了反抗整个资本家阶级,单靠单个工厂工人的联合、甚至单个工业部门工人的联合是不够的,**整个工人阶级**的共同行动就成为绝对必要的了。这样,工人的零星发动就发展成为整个工人阶级的斗争。工人跟厂主的斗争就变成了**阶级斗争**。所有的厂主被一种共同的利益联合起来:使工人处于从属地位,付给他们尽可能低的工资。厂主认识到,要维护自己的事业,只有整个厂主阶级采取共同行动,只有取得对国家政权的影响。工人同样也被一种共同的利益联系起来：不让资本置自己于死地，捍卫自己的生存权利和过人的生活的权利。工人同样也认识到，他们也需要整个阶级（工人阶级）联合起来，采取共同行动，为此就必须争取到对国家政权的影响。

一、4.我们已经说明，工厂工人同厂主的斗争怎样和为什么成为阶级斗争、成为工人阶级（无产阶级）同资本家阶级（资产阶级）的斗争。试问，这个斗争对全体人民和全体劳动者有什么意义呢？在现代的条件下（这些条件，我们在第一条的说明中已经谈过），利用雇佣工人进行的生产对小经济的排挤越来越厉害。**依靠雇佣劳动过活**的人数在迅速增加，不仅固定的工厂工人的人数在增加，而且为了谋生而不得不寻找这种雇佣劳动的农民的人数增加得更多。目前，雇佣劳动，即为资本家做工，已经成了最普遍的劳动形式。资本不仅统治了从事工业的大批人的劳动，而且统治了从事农业的大批人的劳动。大工厂正是把这种作为现代社会基础的对雇佣劳动的剥削发展到了顶点。各工业部门的所有资本家所采用的、俄国全体工人群众深受其害的种种剥削方式，在这里，在工厂，被汇集一起，变本加厉，成为常规，扩展到工人劳动和生活的各个方面，形成了一套完整的规章，一套完整的资本家榨取工人血汗的制度。现在我们举例来说：在任何时候和任何地方，每个受雇的人，到了节日，只要附近地方庆祝那个节日，他就可以放下工作去休息。工厂的情况完全不同：工厂可以随心所欲地支配雇来的工人，根本不管他们的习惯、日常生活方式、家庭状况和精神上的需要。工厂认为需要时就赶工人上工，迫使工人的全部生活适应工厂的要求，迫使他们把休息时间分割成零星的片断，如果是轮班劳动，则无论在夜间或节日都要强迫他们干活。在工作时间上,凡是能够想得出来的不正当做法,工厂都用上了,同时它还实行了每个工人都必须遵守的"条例"和"制度"。看来,工厂的制度是特意为了适应这样一个目的制定的:从被雇的工人身上榨取他能付出的全部劳动,并且尽快地榨取,然后把他一脚踢开!再举一个例子。任何受雇的人,当然都必须服从自己的雇主,必须完成雇主吩咐他做的工作。然而,受雇者虽然必须完成临时工作,但是他决没有放弃自己的意志;如果他认为雇主的要求不正当或者过分,他可以走掉不干。而工厂却要求工人完全放弃自己的意志;它规定一种纪律,强迫工人按照铃声上班下班;它享有一种自行处罚工人的权利,如果工人违反了它所制定的规则,它可以罚款或扣款。工人逐渐成了庞大机器的一部分:他不得不像机器本身一样,任人摆布,任人奴役,没有自己的意志。

还有第三个例子。任何受雇的人,往往都不满意自己的雇主,常常向法院或主管当局控告。而当局或法院,在解决纠纷时,总是袒护雇主,总是给雇主撑腰。但是它们这样庇护雇主利益,并不是根据一般的条例或法律,而是根据每个官吏效劳的程度,有时庇护得多些,有时就少些。它们处理案件不公道,袒护雇主,或者是由于同雇主有交情,或者是由于不熟悉工作情况,不了解工人。诸如此类处理不公道的案件决定于工人和雇主的每个具体冲突,决定于每个个别官吏。工厂则集中了这样大量的工人,压榨工人达到这样的程度,以至无法弄清每个具体案件。于是订立了一般条例,制定了所有的人都必须遵守的关于工人对厂主的关系的法令。在这个法令中,对雇主利益的庇护已被国家政权固定了下来。个别官吏的不公道已被法令本身的不公道代替。譬如,有这样的条例:工人不上班不但领不到工资,而且还要缴付罚款,但是雇主使工人不上班时,却什么也不付给工人;雇主因为工人粗暴可以解雇工人,但是工人却不能以同样的理由离开雇主不干;雇主有权擅自向工人勒取罚款、扣款,或者要求工人加班等等。

所有这些例子都向我们表明:工厂是怎样加剧对工人的剥削,怎样使这种剥削普遍化,怎样把这种剥削变成一套完整的"**制度**"。不管工人愿意不愿意,他现在要对付的已经不是单个雇主的意志和迫害,而是整个雇主阶级的专横和迫害。工人认识到:压迫他的不是某一个资本家,而是整个资本家阶级,因为所有工厂的剥削制度都是一样的。单个资本家甚至不能违反这种制度。譬如说,如果他想缩短工作时间,那么他的商品就比附近其他厂主的商品要贵,因为其他厂主付出同样的工资,却强迫工人做更长时间的工作。为了改善自己的处境,工人现在不得不对付以资本剥削劳动为方针的整个社会结构。与工人对立的已经不是个别官吏的个别不公道,而是国家政权本身的不公道,这个政权把整个资本家阶级置于自己庇护之下,并发布对这个阶级有利而大家都必须遵守的法令。这样,工厂工人同厂主的斗争,就必然变成反对整个资本家阶级、反对以资本剥削劳动为基础的整个社会结构的斗争。因此工人的斗争就具有社会意义,成为代表全体劳动人民反对一切靠他人劳动为生的阶级的斗争。因此工人的斗争开辟了俄国历史上的新时代,成了工人解放的曙光。

资本家阶级究竟依靠什么对全体工人群众进行统治呢?它依靠的是,所有工厂、矿山、机器、劳动工具都掌握在资本家手里,归他们私人所有;它依靠的是,大量土地掌握在他们手里(俄国欧洲部分$\frac{1}{3}$以上的土地属于人数不到50万的土地占有者所有)。工人自己没有任何劳动工具和原料,不得不把自己的劳动力出卖给资本家;资本家付给工人的只是工人维持生活所必需的费用,而把劳动创造的全部剩余部分装进自己的腰包。可见,资本家付给报酬的只是工人工作时间的一部分,而其余部分则据为己有。大批工人的联合劳动或生产上的革新而增加的一切财富,都落到资本家阶级的手里,而世世代代辛勤劳动的工人却仍然是一无所有的无产者。因此,要终止资本对劳动的剥削,只有采取一种手段,就是消灭劳动工具的私有制,所有工厂和矿山以及所有大地产等等都归整个社会所有,实行由工人自己进行管理的共同的社会主义生产。那时,共同劳动的产品将由劳动者自己来享用,超出他们生活需要的剩余产品,将用来满足工人自己的各种需要,用来充分发展他们的各种才能,用来平等地享受科学和艺术的一切成果。因此党纲上指出,只有这样,工人阶级同资本家的斗争才能结束。为此,就必须使政权即管理国家的权力,从处在资本家和土地占有者影响下的政府手里,或者说从直接由资本家选出的代表组成的政府手里,转到工人阶级手里。

这就是工人阶级斗争的最终目的,这就是工人阶级获得彻底解放的条件。联合起来的觉悟工人应该向着这个最终目的奋勇前进。但是在我们俄国,他们还面临着巨大的障碍,妨碍他们进行争取自身解放的斗争。

一、5. 目前,同资本家阶级的统治进行斗争的已经是欧洲各国的工人,并且还有美洲和澳洲的工人。工人阶级的联合和团结已经不限于一个国家或一个民族:各个国家的工人政党都大声宣布,全世界工人的利益和目的是完全共同一致的。它们在一起开代表大会,向各国资本家阶级提出共同要求,给整个联合起来争取自身解放的无产阶级规定国际性的节日(5月1日),把各个民族和各个国家的工人阶级团结成一支工人大军。各国工人的这种联合是必然的,因为统治工人的资本家阶级并不限于在一个国家内进行自己的统治。各个国家的贸易关系越来越密切,越来越广泛;资本不断从一个国家流入另一个国家。银行,这些把各地的资本收集起来并贷给资本家的资本大仓库,逐渐从国家银行变成了国际银行,它们把各国资本收集起来,分配给欧洲和美洲的资本家。大股份公司的建立已经不是为了在一个国家内开办资本主义企业,而是为了同时在几个国家内开办资本主义企业。资本家的国际协会出现了。资本的统治是国际性的。因此,工人只有进行反对国际资本的共同斗争,各国工人争取解放的斗争才会取得成就。因此在反对资本家阶级的斗争中,无论是德国工人、波兰工人或法国工人,都是俄国工人的同志,同样,无论是俄国资本家、波兰资本家或法国资本家,也都是他们的敌人。譬如,最近一个时期,外国资本家特别愿意把自己的资本投到俄国来,在俄国建立自己的分厂,设立公司,以便在俄国开办新的企业。他们贪婪地向年轻的国家扑来,因为这个国家的政府比其他任何国家的政府都更加对资本有好感、更加殷勤,因为他们在这个国家可以找到不如西方工人那样团结、那样善于反抗的工人,因为这个国家工人的生活水平低得多,因而他们的工资也低得多,所以外国资本家可以获得在自己本国闻所未闻的巨额利润。国际资本已经把手伸进俄国。俄国工人也把手伸向国际工人运动。

一、6. 我们已经谈过,大工厂怎样把资本对劳动的压迫发展到了顶点,怎样建立起一整套剥削方式;工人起来反对资本时又怎样必然地把全体工人联合起来,怎样必然地引起整个工人阶级的共同斗争。工人在反对资本家阶级的这个斗争中,同庇护资本家及其利益的一般国家法令发生了冲突。

但是，既然工人联合起来能够强迫资本家实行让步，能够反击他们，那么工人联合起来同样也能够影响国家法令，争取修改这些法令。其他各国的工人正是这样做的，但是俄国工人却不能直接影响国家。在俄国，工人的处境是，他们被剥夺了最普通的公民权利。他们既不能集会，也不能共同讨论自己的事情，既不能结社，也不能刊印自己的声明。换句话说，国家法令不仅是为了维护资本家阶级的利益而制定的，它们还直接剥夺了工人影响这些法令和争取修改这些法令的一切可能。这种情况的产生，是由于俄国（所有的欧洲国家中也只有俄国）直到现在还保存着专制政府的无限权力，也就是保存着这样一种国家机构，沙皇一个人能够任意发布全国人民必须遵守的法令，而且只有沙皇任命的官吏才能执行这些法令。公民被剥夺了参与发布法令、讨论法令、提议制定新法令和要求废除旧法令的一切可能。他们被剥夺了要求官吏报告工作、检查官吏的活动和向法院提出控诉的一切权利。公民甚至被剥夺了讨论国家事务的权利；没有这些官吏的许可，他们不能集会结社。可见，官吏是完全为所欲为的。他们好像是一个骑在公民头上的特殊等级。官吏的为所欲为、横行霸道和人民本身的毫无发言权，使这些官吏穷凶极恶地滥用职权和侵犯平民百姓的权利达到了任何一个欧洲国家几乎都不可能有的地步。

因此，在法律上，俄国政府是完全不受限制的，它好像是完全独立于人民的，凌驾于一切等级和阶级之上的。但如果真是这样，那么法令也好，政府也好，为什么在工人同资本家发生的一切冲突当中，总是站到资本家方面去呢？为什么资本家随着自己人数的增加和财富的增多而得到越来越多的支持，而工人却遭到越来越多的反对和限制呢?

　　实际上,政府并不是凌驾于阶级之上的,而是维护一个阶级来反对另一个阶级,维护有产阶级来反对穷人阶级,维护资本家来反对工人。不受限制的政府如果不给有产阶级种种特权和优待,就不可能管理这样一个大国。

　　虽然在法律上政府是一个不受限制的、独立的政权机关,但实际上资本家和土地占有者却有千百种手段影响政府和国家事务。他们有法律所承认的自己的等级机关、贵族和商人协会、工商业委员会等组织。他们选出的代表,或者直接充当官吏,参加国家管理(譬如贵族代表),或者被邀担任一切政府机关的委员,譬如厂主按照法律可以选出自己的代表出席工厂事务会议(这是工厂视察机关的上级机关)的会议。但是他们并不限于这种直接参加国家管理。他们还在自己的协会里讨论国家法令,拟定草案,而政府每件事情也往往征求他们的意见,送给他们某种草案,请他们提出意见。

　　资本家和土地占有者举行全俄代表大会,讨论自己的事情,寻求对本阶级有利的各种措施,代表所有贵族地主、代表"全俄商界"请求发布新法令,修改旧法令。他们可以在报上讨论自己的事情,因为不管政府怎样通过自己的书报检查钳制言论,但是剥夺有产阶级讨论自己事情的权利,那它是连想也不敢想的。他们有各种各样的门路和途径通向国家政权机关的最高代表,可以比较容易地谴责下级官吏的专横行为,可以容易地废除限制特别苛刻的法令和条例。如果说,世界上没有一个国家有这么多的法令和条例,有这样空前未有的政府的警察式的监护来干预一切琐事、使一切活生生的事情失掉固有的特点,那么,世界上也没有一个国家可以仅仅根据高级领导的恩准就这样轻易地违反这些资产阶级的条例和这样轻易地回避这些警察式的法令。而且从来也不拒绝给以这种恩准①。

二、1.这是党纲中最重要、最主要的一条,因为它指出:维护工人阶级利益的党应该进行哪些活动;一切觉悟的工人应该进行哪些活动。它指出:实现社会主义的愿望、消除长期人剥削人现象的愿望,应该怎样同大工厂造成的生活条件所产生的人民运动结合起来。

党的活动应该是帮助工人进行阶级斗争。党的任务不是凭空捏造一些帮助工人的时髦手段,而是参加到工人运动中去,阐明这个运动,并在工人自己已经开始进行的这个斗争中帮助他们。党的任务就是维护工人的利益,代表整个工人运动的利益。那么在工人的斗争中对工人的帮助究竟应该表现在什么地方呢?

党纲谈到,这种帮助应该是:第一,提高工人的阶级自觉。至于工人同厂主的斗争怎样逐渐变成了无产阶级同资产阶级的阶级斗争,我们已经讲过了。

从以上所述产生一个问题,应该怎样理解工人的阶级自觉。工人的阶级自觉就是工人认识到,只有同大工厂所造成的资本家、厂主阶级进行斗争,才是改善自己状况和争得自身解放的唯一手段。其次,工人的自觉就是工人认识到,本国所有工人的利益是相同的,一致的,他们全体组成了一个不同于社会上所有其他任何阶级的独立的阶级。最后,工人的阶级自觉就是工人认识到,为了达

---

① 原件中由此往下的几个字,抄写人显然没有辨认出来。胶印本中这里印着"[*脱漏 I*]",接下去有这样半句话:"不负责任的官员的统治,比社会对政府事务的各种干涉,社会越是乐意把机会给[**脱漏 II**]"。——俄文版编者注

到自己的目的，工人必须争取对国家事务的影响，就像土地占有者和资本家已经争取到并且在继续争取对国家事务的影响一样。

工人究竟通过什么途径认识到这一切呢？工人经常是通过他们已经开始的反对厂主的斗争、通过这个随着大工厂的发展而日益扩展、日益尖锐、日益吸引更多工人的斗争来认识到这一切的。有过一个时期，工人敌视资本还只表现为憎恨自己的剥削者的模糊情感，表现为对自己受压迫受奴役的模糊认识和向资本家**复仇**的愿望。当时的斗争表现为工人的零星发动，如破坏厂房，捣毁机器，殴打厂长等等。这是工人运动**最初的**、开始的形式，这在当时也是必要的，因为对资本家的憎恨在任何时候和任何地方都是促使工人产生自卫要求的第一个推动力。但是俄国工人运动已经从这种最初形式向前发展了。工人已经不是模糊地憎恨资本家，而是已经开始认识到工人阶级的利益和资本家阶级的利益是截然对立的。他们已经不是模糊地感到自己在受压迫，而是开始分析，资本**究竟通过什么**和**究竟怎样**压榨他们，同时他们起来反对这种或那种压迫形式，限制资本的压榨，保卫自己，反击资本家的贪心。他们现在已经不是向资本家复仇，而是过渡到进行争取让步的斗争。他们开始向资本家阶级提出一个又一个的要求，要求改善自己的工作条件，提高工资，缩短工作日。每次罢工都把工人的全部注意力和全部精力集中到工人阶级所处的这种条件或者那种条件上。每次罢工都引起工人对这些条件的讨论，帮助工人认清这些条件，弄清资本在这些条件下怎样进行压榨，采取什么手段才能同这种压榨进行斗争。每次罢工都丰富了整个工人阶级的经验。罢工胜利了，它会向工人阶级证明工人联合的力量，同时会促使其他工人去利用自己同志的胜利。罢工失败了，它会引起工人讨论失败的原因,并寻找更好的斗争方式。俄国工人取得的巨大进步,就在于各地工人现在都开始转向为解决自己的迫切需要、争取让步、争取改善生活条件、增加工资、缩短工作日而进行不倦的斗争,因此,社会民主党和一切觉悟的工人应该把主要注意力放在这个斗争和促进这个斗争上面。对工人的帮助应该是:指出斗争应该去满足的那些最迫切的需要;分析那些使这些或那些工人的状况特别恶化的原因;解释工厂法和工厂条例,因为工人常常由于违反这些法令和条例(以及受到资本家的蒙骗)而遭到加倍的掠夺。帮助应该是:更明确地表达工人的要求并公开提出这些要求;选择最好的时机进行反抗;选择斗争方式,讨论斗争双方的情况和力量,讨论是否可以找到更好的斗争方式(如果不能直接采取罢工等形式,那就可以根据情况,也许采取致函厂主、向视察员或医生呼吁等办法)。

我们已经说过,俄国工人转向这种斗争是他们的一大进步。这个斗争把工人运动带上了(引上了)康庄大道,它是工人运动进一步获得胜利的可靠保证。工人群众通过这个斗争,第一,可以学习辨别和分析各种各样的资本主义剥削方式,学习把这些方式同法令、自己的生活条件和资本家阶级的利益加以对比。工人在分析个别的剥削方式和情况的时候,学会认识整个剥削的意义和实质,学会认识以资本剥削劳动为基础的社会制度。第二,通过这个斗争,工人可以检阅自己的力量,学习如何联合,学习认识联合的必要性和意义。这个斗争的扩大和冲突的频繁必然导致斗争的扩大和工人(起初是某一地区的工人,后来是全国工人,整个工人阶级)的统一精神即团结一致精神的增强。第三,这个斗争提高了工人的政治觉悟。工人群众的生活条件使他们处于这样的状况:他们没有(也不可能有)空闲时间和可能去考虑任何国家大事。但是工人为解决自身的日常需要同厂主开展的斗争本身，必然使工人接触国家大事，政治问题，即俄国这个国家是怎样管理的，法令和条例是怎样发布的，它们是为谁的利益服务的等等。工厂发生的每次冲突，都必然使工人同法令、同国家政权机关的代表人物发生冲突。工人们在这时第一次听到了"政治演说"。首先听到的就是工厂视察员的演说，他们向工人解释说，厂主借以压榨工人的诡计，是以有关当局批准的、允许厂主任意压榨工人的条例的确切含意为依据的，或者说，厂主的压迫是完全合法的，因为厂主只是运用自己的权利，他们是以国家政权机关批准和维护的某项法令为依据的。除了视察员先生们的政治解释以外，有时还可以听到一位大臣先生的更为有益的"政治解释"，这位大臣先生向工人们提到"基督博爱"的精神，说他们应当感谢厂主的这种博爱精神，因为厂主靠剥夺工人的劳动成了百万富翁。[30] 除了国家政权机关代表人物的这些解释和工人们直接认识到这个政权的活动究竟对谁有利以外，后来还出现了社会主义者的传单或其他解释，因此工人通过这样的罢工完全可以受到政治教育。他们不仅学习认识工人阶级的特殊利益，而且学习认识工人阶级在国家中所处的特殊地位。总之，社会民主党对工人的阶级斗争所能给予的**帮助**应该是：在工人争取自己最迫切的需要的斗争中给予帮助，以提高他们的阶级自觉。

　　第二种**帮助**，正像党纲所说的，应该是协助工人组织起来。我们刚才所描述的这种斗争要求工人必须组织起来。现在，为了更顺利地进行罢工，为了给罢工者募捐，为了建立工人储金会，为了向工人进行宣传，为了在工人中间散发传单、通知、号召书等等，都需要组织。为了保卫自己免受宪警迫害，为了隐蔽工人的各种联系和关系不让宪警发现,为了递送给工人以书籍、小册子和报纸等等,就更需要组织。在所有这些方面进行帮助,——这就是党的第二项任务。

第三种帮助是指出斗争的真正目的,就是说,要向工人解释,什么是资本对劳动的剥削,剥削是依靠什么进行的,土地和劳动工具的私有制怎样使工人群众陷于赤贫境地,怎样迫使他们把自己的劳动出卖给资本家,把工人除了维持自己生活以外的全部剩余劳动产品白白送给资本家,其次要向他们解释,这种剥削怎样必然地引起工人同资本家的阶级斗争,这个斗争的条件及其最终目的又是怎样的,——一句话,解释这个党纲所简略指出的东西。

二、2.工人阶级的斗争是政治斗争,这是什么意思呢?这就是说,工人阶级不争得对国家事务、国家管理、发布法令的影响,就不可能进行争取自身解放的斗争。俄国资本家早就懂得了这种影响的必要性,我们也已指出,俄国资本家是怎样不顾警察法的百般禁止而找到了千百种手段来影响国家政权的,这个政权又是怎样为资本家阶级的利益服务的。由此自然得出结论:工人阶级不争得对国家政权的影响,就不可能进行自己的斗争,甚至不可能争得自己处境的不断改善。

我们已经说过,工人同资本家的斗争必然导致工人同政府发生冲突,而政府本身也竭尽全力向工人证明,工人只有进行斗争,只有联合起来进行反抗,才能影响国家政权。1885—1886年俄国发生的大罢工,特别清楚地证明了这一点。当时政府立即着手制定工人条例,立即颁布关于工厂制度的新法令,向工人的顽强要求作了让步(譬如施行了限制罚款和合理支付工资的条例)。[①] 现在

---

① 见本卷第29—33页。——编者注

（1896年）的罢工也同样立即引起了政府的干预，而且政府已经懂得：只是逮捕和流放是不行了，再用颂扬厂主品德高尚的愚蠢训令（见财政大臣维特给工厂视察员的通令。1896年春季。[①]）来款待工人就太可笑了。政府已经看出，"联合起来的工人是一种不容忽视的力量"，于是它就重新审查工厂法，在圣彼得堡召开工厂视察长代表大会，讨论缩短工作日和其他不可避免的向工人让步的问题。

　　由此我们可以看出，工人阶级同资本家阶级的斗争必然成为政治斗争。这个斗争现在的确已在影响国家政权，获得政治意义。但是工人运动越向前发展，我们前面已经讲过的工人在政治上毫无权利的情况，工人根本不可能公开地、直接地影响国家政权的情况，就越清楚、越明显地表现出来，感觉出来。因此工人最迫切的要求和工人阶级影响国家事务的首要任务，应该是**争得政治自由**，即争得以法律（宪法）保证全体公民直接参加国家的管理，保证全体公民享有自由集会、自由讨论自己的事情和通过各种团体与报纸影响国家事务的权利。争得政治自由成了**"工人的迫切事情"**，因为没有政治自由，工人对国家事务就没有也不可能有任何影响，从而必然仍旧是一个毫无权利的、受屈辱的、不能发表意见的阶级。如果现在，当工人的斗争和团结还刚刚开始，政府就急于向工人让步，以制止运动的继续发展，那么毫无疑问，当工人在一个政党的领导下团结起来、联合起来的时候，他们就一定会迫使政府投降，一定会为自己、为全体俄国人民争得政治自由！

　　党纲的前几部分已经指出，工人阶级在现代社会和现代国家

---

①　见本卷第95页。——编者注

中处于什么地位,工人阶级斗争的目的是什么,代表工人利益的党的任务是什么。在俄国政府无限权力的统治下,没有也不可能有公开的政党,但是代表其他阶级的利益、可以影响舆论和政府的政治派别还是有的。因此,为了说明社会民主党的地位,现在必须指出它对俄国社会其他政治派别的态度,以便工人们能够确定,谁可以成为他们的同盟者,在什么限度内是他们的同盟者,以及谁是他们的敌人。党纲的下面两条指出了这一点。

二、3.党纲宣称,首先,所有反对专制政府无限权力的社会阶层都是工人的同盟者。因为这种无限权力是工人争取自身解放的主要障碍,所以由此自然得出结论,工人的直接利益要求大家去支持一切反对专制制度(专制就是不受限制;专制制度就是政府有无限权力)的社会运动。资本主义越发展,官僚管理机构和有产阶级本身利益即资产阶级利益之间的矛盾就越深刻。所以社会民主党宣称,它将支持资产阶级中间所有反对不受限制的政府的阶层和等级。

资产阶级**直接影响**国家事务,比它现在通过一群卖身求荣、横行霸道的官吏来影响国家事务,对工人说来,是无比有利的。资产阶级**公开地**影响政治,比它现在通过似乎是万能的、“独立的”政府来**隐蔽地**影响政治,对工人说来,也要有利得多,因为这个政府自命为“承受上帝恩典”,并把“自己的恩典”赐给受苦受难、爱好劳动的土地占有者和贫困不堪、受尽压迫的厂主。工人必须同资本家阶级进行**公开斗争**,以便让俄国全体无产阶级能够看到工人是为了哪些利益而斗争的,能够学会应该怎样进行斗争;以便让资产阶级的阴谋和企图不能隐藏在大公的外室里、参议员和大臣的客厅里、政府各部门绝对秘密的办公室里;以便让这些阴谋和企图暴露出来，使每个人都看清楚，究竟是谁在影响政府的政策，资本家和土地占有者追求的是什么。因此，必须清除一切掩盖资本家阶级现在的影响的东西。因此，必须支持一切**反对**官吏，**反对**官僚管理机构，**反对**不受限制的政府的资产阶级代表人物！但是社会民主党在宣布自己支持一切反对专制制度的社会运动的同时，承认自己并不脱离工人运动，因为工人阶级有自己的、与其他一切阶级的利益相对立的特殊利益。工人在争取政治自由的斗争中支持一切资产阶级代表人物时，必须记住：有产阶级只能是他们暂时的同盟者，工人的利益和资本家的利益是不可调和的，工人需要消灭政府的无限权力，只是为了公开地、广泛地进行反对资本家阶级的斗争。

其次，社会民主党声明，它将支持所有起来反对享有特权的贵族地主阶级的人们。在俄国，贵族地主被视为国家的第一等级。他们对农民的农奴制统治的残余，直到现在还压迫着广大人民。农民还在为从地主势力下解放出来而缴纳赎金。农民仍然被束缚在土地上，为的是使地主老爷们不致感到缺乏廉价而驯服的雇农。农民直到现在还像一群毫无权利、尚未成年的人一样，受官吏们的任意摆布，这些官吏维护自己的腰包，干预农民的生活，以便使农民能够"按时"向农奴主-地主缴纳赎金和代役租，以便使农民不敢"逃避"给地主做工，不敢（举例来说）迁徙，因为迁徙会使地主不得不到别处去雇没有这样便宜、没有受到这样贫困逼迫的工人。地主老爷们奴役千百万农民，强迫他们给自己做工，使他们继续处于毫无权利的地位，由于这些英勇业绩，地主老爷们享受最高的国家特权。国家的最高职务主要由贵族地主担任（而且按照法律，贵族等级也享有担任国家职务的最大权利）；显贵地主最接近宫廷，他们比任何人都更直接、容易地使政府的政策服从自己的利益。他们利用自己接近政府的地位,掠夺国库,从公款中得到几百万卢布的赠品和恩赐,这些赠品和恩赐有的是作为俸禄的大地产,有的是"让步"。①

载于 1924 年《无产阶级革命》
杂志第 3 期

译自《列宁全集》俄文第 5 版
第 2 卷第 81—110 页

---

① 保存在苏共中央马克思列宁主义研究院的胶印本中,正文到此中断。——俄文版编者注

告沙皇政府[31]

(1896年11月25日〔12月7日〕以前)

今年,1896年,俄国政府已两次向公众发表了关于工人反对厂主的公告。在别的国家,这样的公告并没有什么稀奇,因为那里并不隐瞒国内发生的事情,报纸自由地登载罢工的消息。但是在俄国,政府害怕声张工厂的制度和工厂里发生的事件甚于洪水猛兽:它禁止在报上刊登罢工的消息,禁止工厂视察员发表自己的报告,甚至不再在对公众开放的普通法庭上审理罢工案件,——一句话,它采取一切办法使工厂和工人中间发生的一切事情都严守秘密。但是所有这些警察式的诡计忽然像肥皂泡一样破灭了,政府本身不得不公开宣布:工人在同厂主进行斗争。这种转变是怎样引起的呢?1895年工人罢工的次数特别多。是的,但是罢工以前也曾有过,不过当时政府还能保守秘密,因此这些罢工,全体工人群众无从知道。目前罢工的声势比过去浩大得多,并且集中在一个地方。是的,声势同样浩大的罢工以前也曾有过(例如1885—1886年莫斯科省和弗拉基米尔省的罢工)。不过当时政府毕竟还能保持镇静,没有透露工人对厂主的斗争。为什么这一次它透露了呢?因为这次社会主义者帮助了工人:他们帮助工人弄清事情真相,到处宣传这个真相,既在工人中间宣传,也在社会上宣传;他们正确陈述工人的要求;

他们向所有的人指出政府存心不良和使用野蛮暴力。政府已经看出，当大家都已经知道罢工的时候再保持沉默就太愚蠢了，于是它就跟着大家也谈论起来。社会主义者的传单要求政府答复，政府也就出面作了答复。

现在我们来看看这是怎样的答复。

起初，政府企图避而不作公开答复。一位大臣——财政大臣维特给各工厂视察员下了一道通令，大骂工人和社会主义者是"社会秩序的最凶恶的敌人"，授意工厂视察员恫吓工人，要工人相信政府不准厂主让步，向工人指出厂主的善良动机和高尚意图，说什么厂主是关心工人及其需要的，厂主是满怀"善意"的。至于罢工本身，政府却闭口不谈；关于为什么发生了罢工，厂主如何残酷压榨工人，如何恣意破坏法律，工人要求的是什么，政府却只字未提；——一句话，它公然**撒谎**歪曲1895年夏秋两季发生的一切罢工，企图以工人的行动是暴力行动、"非法"行动这种陈腐的官腔来支吾搪塞，虽然工人并没有使用暴力，使用暴力的只是警察。大臣本来想保持这道通令的秘密，但是他嘱咐要保守这个秘密的官员们却泄了密，因此通令就在公众中间流传开来。后来社会主义者把它发表了。这时，政府又像往常一样，觉得再保守那些人人都知道的"秘密"太愚蠢了，于是就把这道通令在报上登了出来。这就是我们前面所说的政府对1895年夏秋两季罢工的答复。但是1896年春天罢工再度爆发，声势更加浩大。[32]除了关于这些罢工的传闻以外，社会主义者还散发了传单。政府起初吓得不敢作声，看看事情将如何结束；后来，工人的反抗平息了，它才在事后像发表过时的警察调查书一样，发表了官样文章的杰作。这一次，它不得不公开出面，而且是整个政府出面。政府的公告登在《政府通报》³³第158号上。这一次未能像从前那样撒谎歪曲工人罢工。它不得不说明，事件是怎样发生的，厂主如何压榨工人，工人要求什么；不得不承认，工人的举动是"循规蹈矩的"。这样，工人就迫使政府不敢再说卑鄙的、警察式的谎话：只要工人一齐行动起来，利用传单来宣传事实真相，就能迫使政府承认真实情况。这是一个很大的胜利。现在工人就会知道，什么才是争得公开宣布自己的需要、报道全俄工人斗争情况的唯一手段。现在工人就会知道，只有工人本身的联合斗争和自觉态度（力求争得自己的权利），才能粉碎政府的谎言。大臣们讲了事件的真实情况以后，接着就捏造借口，在自己的公告中硬说罢工只是"棉纺生产和纱线生产的特点"引起的。原来如此！难道不是整个俄国**生产**的特点，不是纵容警察对保卫自己免受压迫的和平工人进行迫害和逮捕的俄国国家制度的特点引起的吗？善良的大臣先生们，为什么工人们抢着阅读和渴望得到这种根本不是谈原棉和纱线，而是谈俄国公民的无权地位，谈效劳资本家的政府的暴虐行为的传单呢？不，这种新的借口比财政大臣维特在自己的通令中把一切归罪于"煽动分子"也许更恶劣，更卑鄙。维特大臣关于罢工的论调同任何一个得了厂主恩惠的警官的论调是一样的：煽动分子一来，罢工就发生了。现在，所有的大臣看到了3万工人的罢工，于是就一起开动脑筋思考，而且终于想出一个结果：不是由于出现了社会主义者煽动分子才发生了罢工，而是由于开始了罢工，开始了工人反对资本家的斗争，才出现了社会主义者。大臣们现在说，社会主义者是后来"加入"罢工的。对财政大臣维特来说，这是很好的一课。维特先生，留神点，好好学习吧！学习进一步分析为什么发生罢工,学习注意工人的要求,而不是注意连你自己也一点都不相信的那些警察耗子们打的小报告。大臣先生们要公众相信,这只是"居心不良的人"企图给罢工加上一种"罪恶的政治的性质",或者像他们在一个地方所讲的,"社会的性质"(大臣先生们想说社会主义的性质,但由于他们不学无术,或者由于官场的怯懦心理,而说成了社会的性质。于是就出现了一种荒谬的说法:社会主义的性质就是支持工人对资本进行斗争,而社会的性质不过意味着公共的性质。怎么能给罢工加上公共的性质呢?要知道这就等于给大臣们再加上一个大臣的官衔!)。这真滑稽!社会主义者给罢工加上政治的性质!要知道政府本身却先于任何社会主义者采取了一切措施给罢工加上政治的性质。像捉拿罪犯似地捉拿和平工人、逮捕他们、驱逐他们的不是政府吗?到处派遣暗探和奸细的不是政府吗?胡抓乱捕的不是政府吗?为了要厂主不让步而答应援助厂主的不是政府吗?对那些只是为罢工者募捐的工人加以迫害的不是政府吗?政府自己最有力地向工人说明,工人对厂主的战斗势必成为对政府的战斗。而社会主义者所要做的只是证实这个事实,并且把它在传单上公布出来。如此而已。但俄国政府是一个老奸巨滑的伪善者,大臣们也竭力不谈我国政府采取了哪些手段给"罢工加上政治的性质";这个政府向公众宣布了社会主义者的传单上注明的日期,但它为什么不宣布市长和其他杀人魔王发出逮捕和平工人、武装军队、派遣暗探和奸细的命令上注明的日期呢?大臣们向公众列举了有多少份社会主义者的传单,但他们为什么不列举一下有多少工人和社会主义者被捕,有多少家庭破产,有多少人未经审判就被驱逐、被投进监狱呢?为什么?这是因为,连十分厚颜无耻的俄国大臣们也避免公开谈论这些强盗式的功绩。攻击那些起来争取自己权利、抵抗厂主专横的和平工人的，是包括警察和军队、宪兵和检察长在内的国家政权的全部力量；反对那些靠自己的几文钱和自己同志——英国工人、波兰工人、德国工人和奥地利工人的几文钱来维持生活的工人的，是答应援助穷苦厂主的国库的全部力量。

工人当时没有联合起来。他们不能进行募捐，不能吸引其他城市和其他工人，他们到处遭到迫害，他们不得不在国家政权的全部力量面前实行让步。于是大臣先生们欢呼政府胜利了！

好一个胜利！对付身无分文的3万名和平工人，竟动用了政府的全部力量和资本家的全部财富！如果大臣们等一等再吹嘘这样的胜利，也许还聪明一些，不然他们的吹嘘就很像一个警察吹嘘自己从罢工地点溜走而**没有**挨打一样。

为了安慰资本家，政府得意地宣布：社会主义者的"煽动"没有奏效。我们对此回答说，是的，任何煽动都远不及政府在这个事件上的作为给所有彼得堡工人、所有俄国工人留下的印象深刻！工人们看得很清楚，政府的政策就是对工人的罢工保持沉默和撒谎歪曲。工人们看到，他们联合起来进行的斗争怎样迫使政府抛弃警察式的、伪善的谎言。他们看到，答应支持厂主的政府是在维护谁的利益。当他们并没有破坏法律和秩序却被当做敌人一样受到军队和警察攻击的时候，他们懂得了谁是他们真正的敌人。不管大臣们怎样议论斗争没有成效，但是工人们已经看出，各地厂主是怎样变得温和起来了，并且知道，政府已经在召集各工厂视察员商议应该对工人作哪些让步，因为它已经看出让步是必需的。1895—1896年的罢工没有白白进行。这些罢工大大帮助了俄国工人，告诉俄国工人应该怎样为自己的利益进行斗争。这些罢工使俄国工人懂得了**工人阶级的政治地位和政治需要**。

工人阶级解放斗争协会[34]

1896 年 11 月

用油印机印成传单

译自《列宁全集》俄文第 5 版
第 2 卷第 111—116 页

以"老年派"名义写给彼得堡 "工人阶级解放斗争协会" 会员的通知[35]

（1896 年）

1891 年米哈伊洛夫在圣彼得堡露面的时候，他的身份是一个因闹学潮而被开除的哈尔科夫大学生。他加入过一个解散之后仍然叫做"联社"[36]的大学生组织。在牙科专修班里，当他与人进行某种可疑的交往时，就产生了有关他品行的传闻，因为他们指责他盗用了为饥民募集的款项，但是他补还了这笔钱。这个时候，他接近了……①

1894 年 1 月，上述"联社"原来的许多成员也受到了搜查，其中包括米哈伊洛夫。审问时向所有人详细地宣读了该团体的人员组成情况等等。宪兵们声称，这一案件是由于原来的一个成员告密引起的。对米哈伊洛夫的一切怀疑都被排除，因为宪兵们宣称，这起普通案件所以受到重视，只是由于它同一名公开的革命者有牵连。就在那时，沃罗宁工厂发生了罢工[37]。米哈伊洛夫钻到工人当中，并开始为他们募捐。2 月间，与米哈伊洛夫有过联系的 8 名工人和受他委托进行募款的 1 名大学生（塔拉拉耶夫）被捕。从

---

① 手稿不清。——俄文版编者注

这时起,米哈伊洛夫又开始与工人们接近,因而使他能钻进民意党人领导的几个小组。1894年夏天,这些民意党人被捕。在侦查中发现,许多事情警察局都知道。在对我们老头子们的侦查中,指控我们同这些民意党人中的一些人有来往,但是事情……① 不久以后米哈伊洛夫的第一个案件就结束了:……① 和其他人都被流放,而他依旧安然无恙,并到处说,他请求过赦免,他这样做是想要照旧工作。不幸得很,有一些人竟认为这件事还不算可耻,并对他加以庇护。这样,尽管他本人并不受工人们的尊敬,却获得了机会来巩固和扩大自己的联系。

下面谈一谈他的手段:硬塞给工人们金钱,邀请他们到自己的住所,弄清一些化名等等。通过这些手段并且利用这些人的充分信任,他很快就了解到各种团体的许多成员的身份。于是所有这些人都被逮捕。当一个工人……① 说,他从米哈伊洛夫那儿得到过书籍,于是就被捕了,但是立刻又被释放,并且直到现在仍在圣彼得堡。在侦查中,他以一个被告人的身分诬陷自己的所有同志,向一些被告人……① 宣读过他所提供的关于各种团体人员组成情况的详细报告。(签名)

译自《列宁全集》俄文第5版
第2卷第117—118页

---

① 手稿不清。——俄文版编者注

评经济浪漫主义

西斯蒙第和我国的西斯蒙第主义者[38]

(1896 年 8 月—1897 年 3 月)

从本世纪初开始写作的瑞士经济学家西斯蒙第,对解决俄国目前特别突出的一般经济问题,具有特殊的意义。除此以外,西斯蒙第处于主要思潮之外,他在政治经济学史上占有特殊地位;他热烈拥护小生产,反对大企业经济的维护者和思想家(正像现代俄国民粹派反对他们一样)。所以读者一定会懂得,我们为什么要把西斯蒙第学说的要点以及西斯蒙第同其他(当时的和以后的)经济学派的关系作一概述。研究西斯蒙第的兴趣恰好在现在更加浓厚,是由于我们在去年(1896 年)的《俄国财富》杂志上发现了一篇也是专谈西斯蒙第学说的文章(**波·艾弗鲁西**《西斯蒙第的社会经济观点》,1896 年《俄国财富》杂志第 7 期和第 8 期)①。

《俄国财富》杂志的这位撰稿人一开始就说,没有一个作家像西斯蒙第那样"得到如此不正确的评价",人们"不公正地"时而说他是个反动分子,时而说他是个空想家。其实恰好相反。正是**这样**评价西斯蒙第才是完全正确的。《俄国财富》杂志的这篇文章在

---

① 艾弗鲁西死于 1897 年,讣告载于 1897 年《俄国财富》杂志 3 月号。

1897年载有列宁《评经济浪漫主义》和
《论报纸上的一篇短文》两篇文章的《新言论》杂志封面
（按原版缩小）

详细而准确地转述西斯蒙第的学说时,对他的理论作了完全错误的评述①,把西斯蒙第学说中最接近民粹派的观点理想化,漠视并错误地解释西斯蒙第同以后的经济学派的关系。因此,我们叙述并分析西斯蒙第的学说,同时就是批判艾弗鲁西的文章。

第 一 章
浪漫主义的经济理论

西斯蒙第关于收入、关于收入同生产和人口的关系的学说,是他的理论的突出的特点。西斯蒙第的主要著作因此叫做《政治经济学新原理,或论财富同人口的关系》(1827 年巴黎第 2 版第 2 卷。第 1 版是在 1819 年出版的)。这个题目与俄国民粹派著作中的所谓"资本主义的国内市场问题"几乎完全一样。西斯蒙第断言:工农业中的大企业经济和雇佣劳动的发展,使生产必然超过消费而面临寻找消费者这一无法解决的问题;它在国内不可能找到消费者,因为它把大量居民变成日工和普通工人,造成失业人口;而要寻找国外市场,则因新兴资本主义国家登上世界舞台而日益困难。读者可以看到,这完全是以瓦·沃·先生和尼·—逊先生为首的民粹派经济学家所研究的那些问题。现在我们来较详细地考察一下西斯蒙第的论证的某些要点和它的科学意义。

----

① 艾弗鲁西在文章开头重复利佩尔特的话,说西斯蒙第不是社会主义者(见《政治学辞典》第 5 卷第 678 页利佩尔特的"西斯蒙第"条),——这是十分正确的。

一　国内市场是否因小生产者的破产而缩小？

古典经济学家在其学说中所指的是已经形成的资本主义制度，他们把工人阶级的存在看做一种不言而喻的既成事实；与古典经济学家相反，西斯蒙第所强调的正是小生产者破产的过程，即工人阶级形成的过程。指出资本主义制度的这个矛盾是西斯蒙第的功绩，这是无可争辩的，但问题在于西斯蒙第作为一个经济学家，竟不能**了解**这个现象，并以"善良的愿望"来掩饰他在彻底分析方面的无能。在西斯蒙第看来，小生产者的破产证明国内市场的缩小。

西斯蒙第在《卖者怎样扩大他的市场？》（第1卷第4篇第3章第342页及以下各页）①这一章中说道："如果厂主卖得便宜些，他就能多卖一些，别人少卖一些。因此，厂主总是尽量节省劳动或原料，使他能够比同行卖得便宜些。原料本身是过去劳动的产物，所以节省原料归根到底是用较少的劳动生产同样的产品。""诚然，个别厂主竭力设法不减少工人而扩大生产。假定他能做到这一点，能够减低商品价格，把买主从竞争者手里夺过来。但是这会产生什么样的'国家后果'呢？""其他的厂主也会采用他的生产方法。那时他们中间的某些人，自然会根据新机器提高劳动生产力的程度解雇一部分工人。假如消费量依然不变，假如同样数量的劳动由十分之一的人手来完成，那么，工人阶级中这部分人的十分之九的收入就会被夺去，他们的各种消费也要减少那样多……可见，发明的结果（如果国家没有对外贸易，如果消费量依然不变）会使

---

① 后面所有引文，如果没有特别说明，都是引自《新原理》上述版本。

大家遭受损失,会使国民收入减少,从而使下一年的消费总量减少。"(第 1 卷第 344 页)"这也是必然的,因为劳动本身是收入的重要部分〈西斯蒙第指的是工资〉,所以减少对劳动的需求,不能不使国家更贫困。因此,靠发现新生产方法而得到的利益,几乎总是同对外贸易有关的。"(第 1 卷第 345 页)

读者可以看到,这些话使我们清楚地看到了我们十分熟悉的"理论":资本主义的发展使"国内市场缩小",因此需要国外市场。西斯蒙第经常重复这种思想,把它同自己的危机理论、人口"理论"联系起来,这是他的学说的要点,也是俄国民粹派学说的要点。

自然,西斯蒙第没有忘记,在新的关系下,伴随着破产和失业而来的是"商业财富"的增加,因而一定要谈到大生产即资本主义的发展。他深知这一点,因而断言资本主义的发展使国内市场缩小:"大家的享受和消费近于平等,或是极少数人一切都有剩余而大多数人仅有起码的必需品,这与公民的福利不无关系。同样,这两种收入分配法与**商业财富**①(richesse commerciale)的发展也不无关系。消费上的平等最终总是扩大生产者的市场,不平等总是**缩小市场**(de le〈le marché〉resserrer toujours davantage)。"(第 1 卷第 357 页)

总之,西斯蒙第断言:国内市场由于资本主义固有的分配上的不平等而缩小,只有均衡的分配才能造成市场。但是,在**商业财富**(西斯蒙第不知不觉地转到这点,他也不能不这样,否则他就无法谈到**市场**)的条件下,这是怎样发生的呢? 这一点他没有研究。他用什么来证明,在商业财富的条件下,即在各个生产者互相竞争的

---

①　这里的黑体也和所有其他地方的黑体一样,如果没有说明情况不同,都是我们用的。

条件下,能够保持生产者的平等呢? 他根本没有用任何东西来证明。他只是肯定地说:**应该**如此。他不去进一步分析他所正确指出的矛盾,却一味谈论最好根本没有矛盾。"由于大农业代替小农业,可能有更多的资本投入土地,可能比过去有更多的财富分配给全体农民"……(也就是说,正是由**商业**财富的绝对量所决定的国内市场"可能"扩大? 与资本主义发展同时扩大?)…… "但是,对于一个国家来说,一个富有的农场主的家庭加上 50 个贫穷的日工的家庭的消费,与都不富裕但又都能维持温饱的(une honnête aisance)50 个农民家庭的消费是不相等的。"(第 1 卷第 358 页)换句话说,也许农场经济的发展也给资本主义造成国内市场。西斯蒙第是一个学识丰富而诚挚的经济学家,他不能否认这个事实,但是……作者在这里放弃了自己的研究,直接用农民的"国家"来代替商业财富的"国家"。他避开驳倒他小资产阶级观点的不愉快事实,甚至忘记自己刚刚说过的话,即由于商业财富的发展,从"农民"中已经产生了"农场主"。西斯蒙第说:"最初的农场主都是普通的庄稼人…… 他们仍旧是农民…… 他们几乎从来不使用日工来共同劳动,而仅仅使用仆人〈雇农——des domestiques〉,这些人通常是从与自己一样的人中挑选的,对这些人他们平等相待,同桌进餐……构成一个农民阶级。"(第 1 卷第 221 页)这就是说,全部问题在于这些拥有宗法式雇农的宗法式农夫特别称作者的心意,所以他干脆不谈"商业财富"的增长在这种宗法关系中所引起的各种变化。

但是西斯蒙第丝毫也不想承认这一点。他继续认为他是在研究商业财富的规律,他忘记了自己的保留意见,直截了当地肯定说:

"总之,由于财富集中在少数私有者手里,**国内市场日益缩**

小〈!〉,工业不得不更加向国外市场寻找销路,而在那里威胁着它的是巨大的震动(des grandes révolutions)。"(第 1 卷第 361 页)"总之,不增进国民福利,就不能扩大国内市场。"(第 1 卷第 362 页)西斯蒙第指的是人民福利,因为他刚才承认农场能够增进"国民"福利。

读者可以看到,我国民粹派经济学家们所说的与此一模一样。

西斯蒙第在他的著作的最后一部分,即在第 7 篇《论人口》的第 7 章《论机器的发明造成过剩人口》中,又谈到了这个问题。

"在大不列颠,农村中大农场制度的实行,使亲自劳作并能维持温饱的种地农民(fermiers paysans)阶级消失了;人口大大减少;而他们的消费量比人口减少得更多。做全部田间工作的日工只能获得最必需的东西,对城市工业的激励(encouragement)远不如以前的富裕农民。"(第 2 卷第 327 页)"在城市人口中也发生了类似的变化……　小商人和小工业家消失了,他们 100 个人被一个大企业主代替了;也许他们合起来还不如他富。但是,他们合起来却是比他更好的消费者。他的奢侈对工业的激励,要比他所代替的 100 户的温饱对工业的激励小得多。"(同上)

请问,西斯蒙第关于国内市场随着资本主义的发展而缩小的理论,究竟会造成什么结果呢? 结果是:这一理论的作者刚要正视问题,就避而不去分析那些适合于资本主义(即"商业财富"加上工农业中的大企业经济,因为西斯蒙第不知道"资本主义"这个词。这两个概念是同一的,因此使用这个词完全正确,我们在下面就只说"资本主义")的条件,却以自己的小资产阶级观点和小资产阶级空想代替了这种分析。商业财富的发展因而也是竞争的发展应当使"维持温饱"的、与雇农保持宗法关系的不相上下的中等农民不受侵犯。

　　显然，这种天真的愿望纯粹是西斯蒙第和"知识界"中其他浪漫主义者的东西，它日益剧烈地和现实发生冲突，因为现实发展了西斯蒙第还不能深刻认识的那些矛盾。

　　显然，理论政治经济学在以后的发展中①已接近于古典学派，它确切地肯定了正是西斯蒙第想否定的事实，即资本主义的发展特别是农场经济的发展不是缩小国内市场而是**造成**国内市场。资本主义是同商品经济一道发展的，随着家庭生产让位于为出售而进行的生产，随着手工业者让位于工厂，为**资本**提供的市场也就逐渐形成。因"农民"变成"农场主"而从农业中被排挤出来的"日工"，供给资本以劳动力，而农场主则是工业品的购买者，不仅是消费品的购买者（消费品以前是农民在家里生产的或农村手工业者生产的），而且是生产工具的购买者（在大农业代替小农业的情况下，生产工具已经不可能像以前一样）。② 后一点值得强调，因为正是这一点被西斯蒙第特别忽略了，他在我们引证过的关于农民和农场主的"消费"那一段话中把事情说成这样：似乎只存在着个人消费（吃饭穿衣等等的消费），似乎买机器、添工具、盖房屋、修仓库、建工厂等等全都不是消费。其实这也是消费，不过是另一种消费，即**生产消费**，不是人的消费，而是资本的消费。还必须指出，正是西斯蒙第从亚当·斯密那里承袭下来的这个错误（我们马上就可看到）被我国民粹派经济学家们原封不动地搬过来了③。

――――――――

① 指的是马克思主义（这是作者为 1908 年版加的注释。――编者注）。

② 因而，可变资本要素（"自由的"工人）和不变资本要素同时形成；后者包括小生产者所丧失的生产资料。

③ 艾弗鲁西一点也没有谈到西斯蒙第学说中的这一部分，即国内市场由于资本主义的发展而缩小。我们还会多次看到，他所忽略的东西恰好最能清楚地说明西斯蒙第的**观点**以及民粹主义和他的学说的关系。

二　西斯蒙第对国民收入和资本的看法

西斯蒙第用来反对资本主义的可能性及其发展的论据，并不仅限于此。他根据他的关于收入的学说也得出了这样的结论。应该说，西斯蒙第完全抄袭了亚当·斯密的劳动价值论和关于三种收入即地租、利润和工资的理论。他在某些地方甚至企图综合前两种收入，同第三种收入对立起来。例如，有时他把地租和利润合在一起，同工资对立起来（第 1 卷第 104—105 页）；他讲到地租和利润，有时甚至用了额外价值[39]（mieux-value）一词（第 1 卷第 103 页）。然而不应当像艾弗鲁西那样夸大这一用词的意义，说"西斯蒙第的理论接近于剩余价值理论"（《俄国财富》杂志第 8 期第 41 页）。其实西斯蒙第并没有比亚当·斯密前进一步，因为亚当·斯密也说过，地租和利润是"劳动的扣除"，是工人加在产品上的那一部分价值。（见《国民财富的性质和原因的研究》，比比科夫的俄译本第 1 卷第 8 章《论工资》和第 6 章《论商品价格的组成部分》）西斯蒙第也不过如此。但是，他企图把新创造的产品分为额外价值和工资这种做法，同社会收入和国内市场的理论、同资本主义社会产品的实现联系起来。这种企图，对于评价西斯蒙第在科学上的作用，对于说明他的学说和俄国民粹派的学说之间的联系，是极其重要的。因此，对这种企图值得较详细地加以分析。

西斯蒙第处处把关于收入，关于收入同生产、消费和人口的关系问题提到首位，他自然就应当对"收入"这一概念的理论基础加以分析。而我们也看到，在他的著作的一开头就有三章是专谈收入问题的(第1卷第2篇第4—6章)。第4章《收入怎样从资本中产生》是论述资本和收入的区别的。西斯蒙第一开始就直截了当地讲到这个问题同整个社会的关系。他说:"既然每个人都为大家工作,那么大家的生产也就应由大家来消费……资本和收入之间的区别对于社会是很重要的。"(第1卷第83页)但是西斯蒙第感觉到,这一"很重要的"区别**对于社会**并不像对于个别企业主那样简单。他有保留地说:"我们接触到政治经济学中一个最抽象最困难的问题。在我们的概念中,资本的本性和收入的本性经常交织在一起。我们看到,**对一个人来说是收入的东西,对另一个人来说则是资本**,同样一个东西一转手就具有完全不同的名称"(第1卷第84页),就是说,时而叫做"资本",时而叫做"收入"。西斯蒙第肯定地说:"但把它们混淆起来是错误的(leur confusion est ruineuse,第477页)。""区别社会资本和社会收入愈困难,这一区别就愈重要。"(第1卷第84页)

读者大概已经觉察到西斯蒙第所说的困难究竟是什么。既然对个别企业主来说,收入就是他用来购买某些消费品的利润①,对个别工人来说,收入就是他的工资,那么,能否把这两种收入合在一起而得到"社会收入"呢?如果能够的话,那些生产机器的资本家和工人该怎么办呢?他们的产品所采取的形态是不能用于消费(即个人消费)的。不能把这些产品当做消费品。它们只能用做资本。就是说,这些产品对其生产者来说是**收入**(就是补偿利润和工资的那一部分),对其购买者来说则成为**资本**。究竟怎样才能把这种妨碍人们确定社会收入这一概念的糊涂思想弄

---

① 确切些说,是不用于积累的那一**部分**利润。

清楚呢？

正如我们所看到的，西斯蒙第一接触到这个问题就立即回避，而仅限于指出"困难"。他直截了当地说："通常认为收入有三种：地租、利润和工资。"（第1卷第85页）接着他转述了亚·斯密关于每一种收入的理论。对已经提出来的问题，即社会资本和社会收入的区别，始终没有予以回答。往后的叙述一直没有把社会收入和个人收入严格地区分开来。但是西斯蒙第又一次接触到他所抛开的问题。他说，与各种不同的收入一样，也存在着"各种不同的财富"（第1卷第93页）：**固定资本**——机器、工具等等；**流动资本**——与前者不同的是消费得快，并且改变着自己的形态（种子、原料、工资）；最后是**资本收入**——它不用于再生产。在这里，西斯蒙第重复着斯密在固定资本和流动资本学说中所犯的一切错误，把这些属于流通过程的范畴同产生于生产过程的范畴（不变资本和可变资本）混淆起来。这一情况对我们并不重要。使我们感兴趣的是西斯蒙第关于收入的学说。关于这个问题，他根据刚才谈到的财富分为三种的观点，作出了如下的论断：

"重要的是指出这三种财富都同样地用于消费；因为生产出来的一切东西，只是由于能为人的需要服务，才对人具有价值，而这些需要只有用消费来满足。但是，固定资本是间接地（d'une manière indirecte）为此服务的；它消费得慢，它帮助人进行消费品的再生产"（第1卷第94—95页），而流动资本（西斯蒙第把它和可变资本混为一谈）则变为**"工人的消费基金"**（第1卷第95页）。由此可见，与个人消费相反，**社会消费**分为两种。这两种社会消费在本质上截然不同。当然，问题不在于固定资本消费得慢，而在于它在消费时并不为社会上任何一个阶级形成**收入**（消费基金），在于它不是用于个人消费，而是用于生产消费。但是，西斯蒙第看不到这一点，他感到在探求社会资本和社会收入的区别中又迷失了道路①，因而一筹莫展地说："财富的这种运动太抽象了，要用很大的注意力才能明确地抓住它(pour le bien saisir)，所以我们认为，最好用一个最简单的例子来说明。"(第 1 卷第 95 页)举的例子的确是"最简单的"。一个离群索居的农场主(un fermier solitaire)收了 100 袋小麦；一部分自己消费，一部分用来播种，一部分供雇工消费。第二年他收到的已经是 200 袋小麦。谁来消费这些小麦呢？农场主的家庭不可能发展得这样快。西斯蒙第以这个(极不恰当的)例子来表明固定资本(种子)、流动资本(工资)和农场主的消费基金之间的区别时说：

　　"我们已经区分了单个家庭中的三种财富，现在我们来考察一下每一种财富同整个国家的关系，并分析一下从这种分配中如何能得出国民收入。"(第 1 卷第 97 页)但接着只谈到社会也必须再生产这三种财富：固定资本(并且西斯蒙第着重指出，生产固定资本要消耗一定数量的劳动；但他没有说明固定资本怎样去交换从事这种生产的资本家和工人所必需的消费品)；其次是原料(西斯蒙第在这里特别把它划分出来)；最后是工人的工资和资本家的利润。这就是第 4 章告诉我们的一切。显然，国民收入问题仍然没有解决。西斯蒙第不仅对收入的分配，甚至对收入这个**概念**也没有弄清楚。指出社会固定资本再生产的必要性，在理论上是极端重要的这一点他立即忘记了，并在下一章中谈到"国民收入在各个

---

①　就是说，西斯蒙第现在才把**资本**和**收入**分开。前者用于生产，后者用于消费。但这里是指社会而言。而社会也"消费"固定资本。上述区别消失了，把"一个人的资本"变为"另一个人的收入"的社会经济过程依然没有阐明。

公民阶级间的分配"(第 5 章)时,直接谈到三种收入,把地租和利润合在一起,说国民收入是由财富所生的利润(其实就是地租和利润)和工人的生活资料这两部分组成的(第 1 卷第 104—105 页)。不仅如此,他还说:

"年生产,或国家在一年中完成的全部工作的结果,同样由两部分组成:一部分……是财富所生的利润;另一部分是劳动的能力(la puissance de travailler),它等于它所交换的那部分财富或劳动阶级的生活资料。""总之,国民收入和年生产是相等的,是等量。全部年生产在一年中消费掉,其中一部分由工人消费,他们以自己的劳动来交换,从而把劳动变成资本,并且再生产劳动;另一部分由资本家消费,他们以自己的收入来交换,从而把收入消耗掉。"(第 1 卷第 105 页)

这样一来,西斯蒙第就干脆把那个他十分肯定地认为是极其重要极其困难的国民资本和国民收入的区分问题抛弃了,把他前几页谈的东西忘得一干二净! 西斯蒙第竟没有觉察到,由于抛弃了这个问题,他就陷入了荒谬的境地,既然生产需要资本,确切些说,需要生产资料和生产工具,那么,年生产怎么能够以收入形式全部被工人和资本家消费呢。应该生产生产资料和生产工具,而每年也在生产它们(这是西斯蒙第自己刚才也承认的)。现在忽然把全部生产工具和原料等等抛开不谈,而用年生产和国民收入相等这种十分荒唐的论断来解决资本和收入的区别这个"难"题。

这个认为资本主义社会的全部生产是由两部分即工人部分(工资,或用现代术语来说,就是可变资本)和资本家部分(额外价值)组成的理论,并不是西斯蒙第的特点。这不是他的财产。这个理论完全是他从亚当·斯密那里抄袭来的,甚至还有些退步。以后的所有政治经济学（李嘉图、穆勒、蒲鲁东、洛贝尔图斯）都重复了这个错误，只有《资本论》的作者才在该书第 2 卷第3 篇把它揭露了。我们将在下面叙述他的观点的根据①。现在我们要指出，我国的民粹派经济学家们也在重复这个错误。把他们与西斯蒙第加以比较，具有特别的意义，因为他们从这一错误的理论中得出了**西斯蒙第直接得出的那些结论**②，这些结论就是：在资本主义社会中额外价值不能实现；社会财富不能发展；**由于**额外价值在国内不能实现，必须寻求国外市场；最后，似乎正是由于产品不能在工人和资本家的消费中实现，才引起危机。

三　西斯蒙第从资本主义社会年生产分为
两部分的错误学说中得出的结论

　　为了使读者能够了解西斯蒙第的整个学说，我们先叙述他从这一理论中得出的几个最主要的结论。然后谈谈马克思在《资本论》中对他的主要错误所作的纠正。

　　首先，西斯蒙第从亚当·斯密的这一错误理论中得出结论说，生产应该适合消费，生产由收入决定。整个第 6 章《生产和消费、支出和收入的相互决定》就是喋喋不休地谈论这一"真理"（这证明他根本不了解资本主义生产的性质）。西斯蒙第把俭朴的农民的道德直接搬到资本主义社会中来，并真以为这样就纠正了斯密的学说。他在自己著作的一开头，即在绪论部分（第 1 篇，科学史）谈

---

　　①　见本卷第 121—124 页。——编者注
　　②　重复亚当·斯密的错误的其他一些经济学家却明智地拒绝接受这些结论。

到亚当·斯密时说,他以"消费是积累的唯一目的"这一原理"补充了"斯密的学说(第1卷第51页)。他说:"消费决定再生产"(第1卷第119—120页),"国民支出应该调节国民收入"(第1卷第113页)。诸如此类的论点充斥于他的整个著作。西斯蒙第学说中与此有直接联系的还有两个特征。第一,不相信资本主义的发展,不懂得资本主义使生产力日益增长,否认这种增长的可能性,——这与俄国浪漫主义者"教导"人们说资本主义引起劳动的浪费等等是一模一样的。

西斯蒙第说:"那些竭力鼓吹无限制的生产的人是错误的。"(第1卷第121页)生产超过收入引起生产过剩(第1卷第106页)。财富的增加,只有"当它逐渐地均衡地增加时,当它的任何部分都不是过分迅速地发展时",才是有利的(第1卷第409页)。善良的西斯蒙第认为"不均衡的"发展不是发展(我国民粹派也这样认为),认为这种不均衡并不是该社会经济制度及其运动的规律,而是立法者的"错误"等等,认为这是欧洲各国政府人为地模仿走入歧途的英国的结果。① 西斯蒙第根本否认古典学派所提出的并为马克思的理论所全部接受的一个原理,即资本主义发展着生产力。此外,他完全不能解释积累过程,认为任何积累都只能是"一点一滴地"实现的。这就是他的观点的第二个极其重要的特征。他的关于积累的议论是极其可笑的:

"归根到底,本年度的生产总额始终只能替换上年度的生产总额。"(第1卷第121页)在这里积累已被完全否定,这样一来,社会

---

① 例如,见第2卷第456—457页以及其他许多地方。下面我们将举出它们的典型例子,那时读者就会看到,我国浪漫主义者尼·—逊先生之流的表达法甚至和西斯蒙第的表达法也毫无区别。

财富的增加，在资本主义制度下是不可能的。俄国读者对于这一论点并不感到怎样惊奇，因为他们已经从瓦·沃·先生和尼·—逊先生那里听到过同样的论调。但西斯蒙第毕竟是斯密的门生。他感到说得很不对头，因此想作一番修正，他继续说：

"假如生产逐渐增长，那么每年的替换就只能使每年遭受轻微的损失（une petite perte），同时却能为将来改善条件（en même temps qu'elle bonifie la condition future）。假如这种损失很轻微而又分担合适，那么每个人都会毫无怨言地承担这种损失……假如新的生产和过去的生产很不协调，那么资本就会枯竭（sont entamés），灾难就会临头，国家就会后退而不会前进。"（第 1 卷第121 页）关于浪漫主义的基本原理和小资产阶级对资本主义的基本看法，很难比这段议论说得更明显更直接的了。古典学派教导说，积累，**即生产超过消费**，进行得愈快，就愈好；他们虽然弄不清楚资本的社会生产过程，虽然不能摆脱斯密的错误（似乎社会产品由两部分组成），但他们还是提出了一个十分正确的原理，即生产本身为自己造成市场，生产本身决定着消费。我们知道，马克思的理论也从古典学派那里接受了对积累的这种看法，承认财富的增加愈迅速，劳动生产力和劳动社会化的发展就愈充分，**工人的状况就愈好**（就该社会经济体系所可能达到的程度而言）。浪漫主义者作出了截然相反的论断，把自己的一切希望正是寄托在资本主义的缓慢发展上，呼吁**阻滞**资本主义的发展。

其次，由于不懂得生产为自己造成市场，于是产生了额外价值不能实现的学说。"收入是从再生产中来的，但**生产本身还不是收入**，因为生产只有在它实现之后，只有在每一件产品找到需要它或享用它的（qui en avait le besoin ou le désir）消费者之后，才能获得这一名称〈ce nom! 如此说来,生产即产品同收入之间仅仅有字面上的差别!〉,才能具有这种性质(elle n'opère comme tel)。"(第 1 卷第 121 页)因此,由于把收入同"生产"(即所生产的一切东西)混为一谈,也就把实现同**个人消费**混为一谈。西斯蒙第已经忘记像铁、煤、机器之类的产品即生产资料是以另一种方式实现的,虽然他以前接触到了这一点。把实现同**个人消费**混为一谈,自然就会产生出资本家不能实现**额外价值**的学说,因为工人是用他的消费实现社会产品两部分中工资那一部分的。西斯蒙第也确实得出了这种结论(后来为蒲鲁东更详细地发挥,并为我国民粹派不断重复)。西斯蒙第在同麦克库洛赫论战时,正是指出后者(在阐明李嘉图的学说时)没有说明利润的实现。麦克库洛赫说,在社会分工的情况下,一种生产是另一种生产的市场:粮食生产者在衣服生产者的产品中实现自己的商品,反之亦然。① 西斯蒙第说:"作者以没有利润的劳动(un travail sans bénéfice)、以只能补偿**工人消费**的再生产为前提"(第 2 卷第 384 页,黑体是西斯蒙第用的)……"他没有留一点给老板"……"我们要考察工人的生产超过其消费的剩余部分究竟变成什么"(同上)。这样,我们就看到,这个浪漫主义者的鼻祖已经完全肯定地指出,资本家不能实现**额外价值**。西斯蒙第从这一论断进一步得出结论说,从**实现条件本身来看,国外市场对于资本主义**是必需的(民粹派得出的也正是这个结论)。"因为劳动本身是收入的重要部分,所以减少对劳动的需求,不能

---

① 见《新原理》第 2 版第 2 卷的补论《对消费和生产的平衡的说明》,在那里,西斯蒙第翻译并驳斥了李嘉图的学生(麦克库洛赫)的一篇文章**40**,这篇文章载于《爱丁堡评论》**41**,题为《对社会的消费能力是否始终同生产能力一起增长的问题的研究》。

不使国家更贫困。因此,靠发现新生产方法而得到的利益,几乎总是同**对外贸易**有关的。"(第 1 卷第 345 页)"第一个作出某种发现的国家,在长时期内,能够根据每项新的发明所解放出来的劳动力来扩大自己的市场。国家立刻利用他们来增加产品的产量,而这些产品的生产成本也因国家的发明而比较便宜。但是,整个文明世界形成为一个市场而不可能在一个新的国家找到新的购买者的时代最终是会到来的。那时世界市场上的需求将是各工业国互相争夺的一个不变量(précise)。如果一个工业国提供较多的产品,这就会损害另一个工业国。除非增进公共福利或把从前富人独占的商品交给穷人消费,否则就不能增加销售总量。"(第 2 卷第 316 页)读者可以看到,西斯蒙第提出的学说正是我国浪漫主义者所精通的学说:似乎国外市场是**摆脱**实现一切产品特别是额外价值的**困难的出路**。

最后,从国民收入与国民生产等同这个学说中,产生了西斯蒙第的危机学说。作了上面种种叙述之后,我们恐怕没有必要从西斯蒙第著作中大量论述这一问题的地方再作什么摘录了。从他的生产必须适合收入的学说中自然会产生这样一种见解:危机也是这种协调被破坏的结果,是生产超过消费的结果。从上述引文中可以清楚地看出,西斯蒙第认为生产不适合消费才是产生危机的基本原因,同时他把人民群众和工人的消费不足提到首位。因此,西斯蒙第的危机理论(也是洛贝尔图斯所抄袭的)在经济学上是很有名的,是把危机的产生归因于消费不足(Unterkonsumption)这种理论的典型。

四 亚当·斯密和西斯蒙第的
国民收入学说的错误何在？

使西斯蒙第得出这一切结论的主要错误究竟在哪里呢？

西斯蒙第关于国民收入及其分为两部分（工人部分和资本家部分）的学说，完全是从亚当·斯密那里抄袭来的。西斯蒙第不仅没有给亚当·斯密的原理增添任何东西，甚至还后退了一步，放弃了亚当·斯密想从理论上证明这一概念的意图（虽然是没有成功的意图）。西斯蒙第似乎没有觉察到这个理论和生产学说之间的矛盾。实际上，根据价值来自劳动的理论，各个产品的价值包括三个组成部分：补偿原料和劳动工具的部分（不变资本）、补偿工人的工资或生活费的部分（可变资本）和"额外价值"（西斯蒙第称为mieux-value）。由亚·斯密作出的和西斯蒙第加以重复的对单个产品价值的分析就是如此。试问，由**单个**产品的总和组成**社会**产品究竟怎样只由后面两部分组成呢？第一部分即不变资本到哪里去了呢？正如我们所看到的，西斯蒙第只是围绕着这个问题兜圈子，而亚·斯密则对这个问题作出了答复。他断言这一部分只能在单个产品中独立存在。如果对社会总产品进行考察，那这一部分也分解为工资和额外价值，即生产这种不变资本的资本家的额外价值。

然而亚·斯密在作这种回答时却没有解释：在这样分解不变资本（譬如说机器）的价值时，究竟根据什么又把不变资本（在我们的例子中就是制成机器的铁和造机器时所使用的工具等等）抛掉呢？如果每个产品的价值都包含着补偿不变资本的部分（而这是一切经济学家都承认的），那么，把它排除于任何一个社会生产领域之外，就完全是任意妄为了。"亚·斯密说劳动工具本身分解为工资和利润时，他忘记加上一句〈《资本论》的作者这样说〉：**以及生产这些工具时所使用的不变资本**。亚·斯密只是把我们从本丢推给彼拉多**42**，由这个产品谈到那个产品，又从那个产品谈到另一个产品"①，他没有觉察到，这样推来推去丝毫没有使问题有所改变。斯密的这种回答（为后来的、马克思以前的全部政治经济学所接受）不过是回避问题，逃避困难。而这里困难的确是有的。困难在于不能把资本和收入这两个概念从单个产品直接搬到社会产品上去。经济学家们都承认这一点，说从社会观点来看，"对一个人来说是资本的东西，对另一个人来说则是收入"（见前面西斯蒙第的话）。然而这句话只是**说出了**困难，并没有解决困难。②

　　解决的办法在于：从社会观点来考察这一问题时，已不能泛泛地谈产品而不顾其物质形态。事实上，这里所谈的是社会收入，即用于消费的产品。但要知道，并非任何产品都可以用于**个人消费**，因为机器、煤、铁等物品不能用于个人消费，而只能用于生产消费。从个别企业主的观点来看，这种区别是多余的：如果我们说工人消费可变资本，那我们是设想，工人用货币在市场上换得消费品，这些货币是资本家靠工人生产的机器取得而又付给这些工人的。在这里，机器换粮食的现象并不使我们感到兴趣。但从社会观点来看，这种交换简直不能**设想**，因为决不能说，生产机器、铁等等的整

①　参看《马克思恩格斯文集》第6卷第414页。——编者注

②　我们只在这里谈一下解决了这个困难的那个新理论的**实质**，我们打算在别的地方再比较详细地叙述这个理论。见《资本论》第2卷第3篇（《马克思恩格斯文集》第6卷第389—590页。——编者注）（更详细的叙述见《俄国资本主义的发展》第1章）**43**。

个资本家阶级销售它们，从而实现它们。这里的问题正在于**如何**实现，**即**社会产品的各个部分是如何补偿的。因此，把社会产品分为截然不同的两类即**生产资料**和**消费品**，应该是谈论社会资本和社会收入（也就是谈论资本主义社会的产品实现）的出发点。前者只能用于生产消费，后者只能用于个人消费。前者**只能充做资本**，后者则应成为收入，即应在工人和资本家的消费中归于消灭。前者完全为资本家所得，后者则在工人和资本家之间分配。

一旦掌握了这个区分，一旦纠正了亚·斯密从社会产品中抛弃其不变部分（即补偿不变资本的部分）这一错误，资本主义社会的产品实现问题就很清楚了。显然，不能**只是**说工人的消费实现工资，资本家的消费实现额外价值。① 只有在产品由消费品构成时，即只是在社会生产的一个部类中，工人才能消费工资。资本家才能消费额外价值。他们不能"消费"由生产资料构成的产品。**必须把它换成消费品**。但是，他们能够用自己的产品去交换消费品的哪一部分（就价值说）呢？ 显然只能交换**不变部分**（不变资本），因为其余两部分是生产消费品的工人和资本家的消费基金。这一交换实现着制造生产资料的生产部门中的额外价值和工资，从而实现着制造消费品的生产部门中的不变资本。事实上，例如在生产糖的资本家那里，应该用以补偿不变资本（即原料、辅助材料、机

---

① 而我国民粹派经济学家瓦·沃·先生和尼·—逊先生正是这样议论的。我们在上面故意特别详细地谈论了西斯蒙第在生产消费和个人消费、消费品和生产资料这个问题上的谬误（亚·斯密比西斯蒙第更接近于把它们区别开来）。我们想对读者指出，持这个错误理论的一些**古典**作家已经**感到了**这个理论不能令人满意，看出了矛盾，并且试图摆脱这个矛盾。而我国"独特的"理论家们不仅什么也没有看见，什么也没有感觉出来，而且连他们那样热心谈论的问题的理论和历史也一无所知。

器、建筑物等等)的那部分产品,是以**糖**的形式存在的。为了实现这部分产品,就必须得到相应的**生产资料**以取代这部分消费品。因而,这部分产品的实现就是以**消费品**去交换充做**生产资料**的产品。现在,只有一部分社会产品的实现,即制造生产资料的部类中的不变资本的实现,还没有得到说明。在这部分社会产品中,一部分产品以自然形态重新投入生产来实现(例如煤炭企业开采的煤一部分重新用于采煤;农场主所收获的谷物一部分重新用于播种等等);另一部分产品则通过这一部类的各个资本家之间的交换来实现,例如生产铁需要煤,生产煤又需要铁。生产这两种产品的资本家就这样通过互相交换来实现补偿他们的不变资本的那一部分产品。

这一分析(再说一遍,由于上述原因,我们作了最扼要的叙述)解决了所有经济学家都意识到的困难,也就是他们用"对一个人来说是资本的东西,对另一个人来说则是收入"这句话所表示出来的困难。这一分析表明,把社会生产只归结为个人消费完全是错误的。

现在我们可以进而分析西斯蒙第(以及其他浪漫主义者)从自己的错误理论中所得出的那些结论。但是,我们首先要引证的,是作出上述分析的作者在极详细而全面地分析了亚·斯密的理论(西斯蒙第对于这个理论没有作出丝毫的补充,他只是放弃了斯密想为自己的矛盾辩护的企图)之后对西斯蒙第所作的评论:

"西斯蒙第曾专门研究资本和收入的关系,并且事实上把对这种关系的特殊解释当成他的《新原理》的特征。他没有说出**一个**〈黑体是原作者用的〉科学的字眼,对于问题的说明,没有作出一<u>丝</u><u>一毫</u>的贡献。"(《资本论》第1版第2卷第385页)①

---

① 见《马克思恩格斯文集》第6卷第434页。——编者注

五　资本主义社会中的积累

　　从错误理论中得出的第一个错误结论是关于积累的问题。西斯蒙第根本不懂得资本主义的积累，所以在他同李嘉图就这个问题展开的激烈争论中，真理事实上是在李嘉图那边。李嘉图断言，生产本身为自己造成市场，而西斯蒙第否认这一点，并在这个基础上创立了自己的危机论。诚然，李嘉图也未能纠正斯密的上述基本错误，因而未能解决社会资本同收入的关系以及产品实现的问题（李嘉图也没有给自己提出这些问题），但是他本能地说明了资产阶级生产方式的本质，指出了积累是生产超过收入这一完全不容争辩的事实。这一点从最新的分析来看也是如此。生产本身确实为自己造成市场：要生产就必须有生产资料，而生产资料构成社会生产的一个特殊部门，这个部门占有一定数量的工人，提供特殊的产品，这些产品一部分在本部门内部实现，一部分通过与另一个部门即生产消费品的部门相交换来实现。积累确实是生产超过收入（消费品）的表现。为了扩大生产（绝对意义上的"积累"），必须首先生产生产资料①，而要做到这一点，就必须扩大制造生产资料的社会生产部门，就必须把工人**吸收到那一部门中去**，这些工人也就**对消费品提出需求**。可见，"消费"是**跟着**"积累"或者**跟着**"生产"而发展的，——不管这看起来多么奇怪，但在资本主义社会中也不能不是这样。因此，在资本主义生产的这两个部门的发展中，

---

① 我们要提醒读者注意西斯蒙第是怎样看这一点的，他把个别家庭的生产资料明确地划分出来，并且企图把这种划分也用于社会。老实说，这种"看法"是斯密的，而不是西斯蒙第的，他不过重述斯密的看法而已。

均衡不仅不是必要的,而且相反,不均衡倒是不可避免的。大家知道,资本发展的规律是不变资本比可变资本增长得快,也就是说,新形成的资本愈来愈多地转入制造生产资料的社会经济部门。因此,这一部门必然比制造消费品的那个部门增长得快,也就是说,正是发生了西斯蒙第认为是"不可能的"、"危险的"等等事情。因此,个人消费品在资本主义生产总额中所占的地位日益缩小。这也是完全符合资本主义的历史"使命"及其特殊的社会结构的:前者正是在于发展社会的生产力(为生产而生产);后者则使居民群众不能利用生产力。

　　现在我们可以充分评价西斯蒙第的积累观点了。他断言**迅速的**积累会导致灾难,这和他多次提出的生产不能超过消费,因为消费决定生产的声明和要求一样,完全是错误的,完全由于他不懂得积累。事实上正好相反,西斯蒙第只不过避开了具有特定的历史形式的现实,用小资产阶级的道德来代替分析。西斯蒙第想用"科学"公式来掩饰这种道德的企图,给我们留下了一个特别可笑的印象。他在《新原理》第 2 版序言中说道:"萨伊先生和李嘉图先生得出这样的学说……认为消费除了生产的限制以外没有其他的限制,其实,它受收入的限制…… 他们应该预先告诉生产者,叫生产者应该只指望有收入的消费者。"(第 1 卷第 XIII 页)①这种幼稚见解现在只能令人发笑。但是,在我国现代浪漫主义者瓦·沃·先生和尼·—逊先生之流的著作中不是充斥着这类东西吗?"让

---

①　大家知道,最新的理论在这个问题上(生产本身是否为自己造成市场?)是完全赞同作肯定回答的古典学派,而**反对**作否定回答的浪漫主义的。"资本主义生产的**真正限制**是**资本自身**。"(《资本论》第 3 卷第 1 部分第 231 页(见《马克思恩格斯文集》第 7 卷第 278 页。——编者注))

银行家好好想一想"……能为商品找到市场吗?(第 2 卷第 101—102 页)"把财富的增长当做社会的目的,那总是为了手段而牺牲目的。"(第 2 卷第 140 页)"如果我们不靠劳动的需求来刺激〈即靠工人对产品的需求来刺激生产〉,而认为以前的生产会提供这种刺激,那我们就很像对待挂钟一样,如果不把带链条的轮子(la roue qui porte la chaînette)向后旋转,而把另一个轮子向后旋转,这就会损坏挂钟,使整个机器停止转动。"(第 2 卷第 454 页)这是西斯蒙第说的。现在我们听听尼古拉·—逊先生是怎么说的。"我们忽略了这种发展(即资本主义的发展)是依靠什么进行的,我们连任何生产的目的也忘记了……这是极其致命的谬误……"(尼·—逊《我国改革后的社会经济概况》第 298 页)这两位作家谈的都是资本主义和资本主义国家;他们两人都表现出对资本主义积累的实质一无所知。但能够设想后者的著作是在前者 70 年之后写成的吗?

西斯蒙第在第 8 章《为降低生产费用而斗争的结果》(第 4 篇《论商业财富》)中引用的一个例子清楚地说明,他不懂得资本主义积累同他误把全部生产归结为消费品生产有什么样的关系。

西斯蒙第说,假定一个工厂厂主拥有 100 000 法郎的流动资本,因而获得了 15 000 法郎,其中 6 000 法郎是资本利息,归资本家,9 000 法郎是厂主的企业利润,假定厂主雇用了 100 个工人,他们的工资为 30 000 法郎。其次,假定资本增加了,生产扩大("积累")了。资本已不是 100 000 法郎,而是 200 000 法郎的固定资本和 200 000 法郎的流动资本,总共为 400 000 法郎;利润加上利息等于 32 000 法郎+16 000 法郎,因为利息率由 6% 降为 4%。工人人数增加 1 倍,但工资由 300 法郎降为 200 法郎,因而总共为

40 000 法郎。这样生产就增加了 3 倍。① 于是西斯蒙第计算出这样的结果："收入"或"消费"起初为 45 000 法郎（工资 30 000 法郎＋利息 6 000 法郎＋利润 9 000 法郎），现在则为 88 000 法郎（工资 40 000 法郎＋利息 16 000 法郎＋利润 32 000 法郎）。西斯蒙第说："生产增加了 3 倍，而消费连 1 倍也没有增加到。**用不着计算那些制造机器的工人的消费，他们的消费已包括在购买机器的 200 000 法郎中**；这种消费已经是情况相同的另一个工厂的收支的一部分。"（第 1 卷第 405—406 页）

　　西斯蒙第的计算证明，只要生产增加，收入就会减少。这是一个不容争辩的事实。但是西斯蒙第没有觉察到，他自己举的例子推翻了他自己的资本主义社会产品实现的理论。可笑的是，他认为"用不着计算"生产机器的工人的消费。为什么呢？第一，因为它**包括**在 200 000 法郎中了。这就是说，资本转入了制造**生产资料**的部门，——这一点西斯蒙第没有觉察到。也就是说，西斯蒙第所说的"缩小"的"国内市场"并不以消费品为限，同时也包括**生产资料**。而这些生产资料是一种特殊产品，它**不在个人消费中**"实现"，并且积累愈快，不是为个人消费而是为生产消费提供产品的那个资本主义生产部门的发展也愈迅速。第二，西斯蒙第说是因为这是情况相同（où les mêmes faits pourront se représenter）的另一个工厂的工人。可见，这不过是

---

① 西斯蒙第说："竞争的第一个结果是降低了工资，同时增加了工人人数。"（第 1 卷第 403 页）我们在这里不来谈论西斯蒙第计算方面的错误，例如，他认为利润是固定资本的 8％和流动资本的 8％，工人人数的增多和流动资本（他不能很好地把流动资本与可变资本分开）的增加成正比，固定资本全部进入产品价格之中。在这里，这一切都不重要，因为得出的结论是正确的：在资本的总构成中，可变资本部分的减少是积累的必然结果。

像斯密那样把读者"从本丢推给彼拉多"。但要知道,"另一个工厂"也使用着**不变资本**,而它的生产同样是为制造生产资料的那个资本主义生产部类提供市场!无论我们怎样把问题从这个资本家推到那个资本家,又从那个资本家推到另一个资本家,上述部类并不因此而消失,"国内市场"也不只限于消费品。所以,当西斯蒙第说"这个计算推翻了……政治经济学中最为大家坚持的公理之一,即最自由的竞争决定着工业最有利的发展"(第 1 卷第 407 页)的时候,他没有觉察到"这个计算"也同样驳倒了他自己。采用机器,使工人受到排挤,使他们的状况恶化,这是不容争辩的事实,而西斯蒙第是最早指出这种情况的人之一,他的功绩也是不容争辩的。尽管如此,他的积累和国内市场的理论仍然是完全错误的。他的计算恰好清楚地表明这样一种现象,这种现象西斯蒙第不仅加以否认,甚至把它变为反对资本主义的理由,说什么积累和生产应该适合消费,不然就会发生危机。他的计算恰恰表明,积累和生产**超过消费**,而且非这样不可,因为积累主要靠生产资料,而生产资料是不用于"消费"的。西斯蒙第认为,积累是生产超过收入这种说法是李嘉图学说中的一个错误和矛盾;实际上这种说法完全符合实际,表明了资本主义固有的矛盾。这种超过是任何积累所**必需的**,而一切积累**在消费品市场并未相应扩大甚至还缩小的情况下也为生产资料**开辟新的市场。① 接着,西斯蒙第抛弃了关于自由竞争的优越性的学说,没有觉察到他在抛弃盲目的乐观主义的同时,也抛弃了一个确定无疑的真理,即自由竞争**发展着社会生**

---

① 从上述分析中可以看出,这种情况也是可能的,不过要取决于新资本按什么比例分为不变资本和可变资本,以及可变资本的相对减少按什么比例包括旧的生产部门。

产力，这从他的计算中也可以清楚地看出来（其实，这只是制造生产资料的特殊工业部类的建立及其特别迅速的发展这同一事实的另一种说法）。社会生产力发展了，而消费没有相应发展，这当然是一种矛盾，但这正是现实中存在的矛盾，它是从资本主义的本质中产生的，而决不是用感伤的词句所能抹杀的。

　　浪漫主义者正是这样抹杀事实的。为了使读者不致怀疑我们在用西斯蒙第这位如此"陈旧的"作家的错误来诬赖现代的经济学家，现在，我们来援引"最新"作家尼·—逊先生的一个小小的例证。他在《概况》第242页上谈到了俄国面粉业中资本主义的发展情况。作者指出，大型蒸汽磨坊出现了，它们拥有完善的生产工具（从70年代起，改造这些磨坊用了近1亿卢布），把劳动生产率提高了一倍多。他把所描述的现象说成是："面粉业并未发展，只是集中成一些大企业"；然后，他把这种说法推广于**一切**工业部门（第243页），并且得出结论说："无论在什么情况下大批工人都闲着找不到工作"（第243页），"资本主义生产是靠人民的消费来发展的"（第241页）。我们要问问读者，这种议论与我们刚才引用的西斯蒙第的议论究竟有什么不同呢？这位"最新"作家肯定了我们从西斯蒙第的例子中也看见的同样两个事实，并且用同样的感伤词句来抹杀这两个事实。第一，他的例子说明，资本主义正是依靠生产资料来发展的。这就是说，资本主义发展了社会生产力。第二，他的例子说明，这一发展正是通过资本主义固有的充满矛盾的特殊道路来实现的；生产发展了（1亿卢布耗费在不是靠个人消费实现的产品的国内市场上），而消费没有相应发展（人民的营养日益恶化），也就是说，正是为生产而生产。尼·—逊先生以为，如果他像西斯蒙第老头儿一样天真，把这个矛盾看成只是学说上的矛盾，只是"致命的谬误"——"我们忘记了生产的目的",那么这一矛盾在生活中就会消失!! 还有比"并未发展,**只是集中**"这句话更典型的吗? 大概尼·—逊先生知道一种**可以不用集中**的方法来发展的资本主义。遗憾得很,他没有让我们看看在他以前的整个政治经济学所不知道的这种"独特的"资本主义!

六　国外市场是"摆脱"实现额外价值的"困难的出路"

从关于资本主义社会的社会收入和社会产品的错误理论中产生出来的西斯蒙第的第二个错误,就是关于产品特别是额外价值不可能实现因而必须有国外市场的学说。说到产品的实现,上述分析表明,"不可能性"的产生只是由于把不变资本和生产资料错误地排除了出去。这个错误一经纠正,"不可能性"也就消失了。至于说到额外价值,情况也完全相同,因为这个分析也阐明了它的实现。就额外价值的实现来说,根本没有任何正当理由可以把额外价值从整个产品中分出去。西斯蒙第(以及我国民粹派)所以作出相反的论断,完全是由于根本不懂得实现的基本规律,不善于将产品按价值分为三部分(而不是两部分),按物质形态分为两种(生产资料和消费品)。资本家不能消费额外价值的论点,不过是庸俗地重复斯密对实现的糊涂看法。额外价值中只有**一部分**是消费品;另一部分则是生产资料(如铁厂厂主的额外价值)。**这后一部分**额外价值的"消费"**是由它转入生产**来完成的;制造生产资料的资本家自己消费的不是额外价值,而是从其他资本家那里换来的**不变资本**。因此,民粹派在谈论额外价值不可能实现时,在逻辑上必定会承认不变**资本**也不可能实现,这样一来,他们就会极其顺利地返回到亚当那里去了……　　当然,这样返回到"政治经济学之父"那里,对于以"靠自己的聪明得出的"真理为幌子而向我们抬出旧错误的作家说来,是一个巨大的进步……

而国外市场呢? 我们是不是否认国外市场对资本主义是必要的呢? 当然不是。然而,**国外市场问题**和**实现问题绝对没有任何共同之点**,企图把两者联合成一个整体,只是说明浪漫主义者"阻滞"资本主义的愿望和浪漫主义者在逻辑上的无能。阐明实现问题的理论十分确切地表明了这一点。浪漫主义者说,资本家不能消费额外价值,因此必须把它销售到国外去。试问,资本家是不是把自己的产品白白送给外国人或者抛到大海里去呢? 出售就是获得等价物,输出一种产品就意味着输入另一种产品。如果我们谈社会产品的实现,我们也就丢开了货币流通,只是以产品交换产品为前提,因为实现问题也就是分析社会产品的各部分如何按价值和物质形态**补偿**的问题。因此,开始时谈论实现而最后却说"出售产品换取货币",这是可笑的,正像用"出售"来回答不变资本在消费品中的实现问题一样可笑。这简直是逻辑上的严重错误,这是离开整个社会产品的实现问题而站到单个企业主的观点上去了,这些企业主除了"卖给外国人"以外对什么都不感兴趣。把对外贸易和输出同实现问题纠缠在一起,这就是逃避问题,把问题**推到更广泛的范围,但丝毫也没有说明问题**。[①] 如果我们不是拿一个国

---

① 这一点十分清楚,甚至西斯蒙第也意识到,在分析实现问题时必须把对外贸易抽象掉。他在谈论生产与消费的适应时说:"为了更准确地考察这些计算并使问题简单化,我们一直是把对外贸易完全抽象掉的;我们假定只有一个孤立的国家;人类社会本身就是这样一个孤立的国家,一切和这个没有对外贸易的国家有关的东西,同样也和全人类有关。"(第1卷第115页)

家的市场来看,而是拿若干个国家的市场来看,那实现问题仍然毫
无进展。民粹派硬说,国外市场是"摆脱"资本主义在产品实现方
面给自己造成的"困难的出路"①,其实他们只是用这句话来掩饰
这样一种可悲的情况:他们由于不懂理论而陷入困难境地,因此把
"国外市场"看做"摆脱困难的出路"……　　不仅如此,把国外市场
和整个社会产品的实现问题纠缠在一起的理论,不仅表明它对这
种实现毫不了解,而且也说明它**对这种实现所特有的矛盾的理解
极其肤浅**。"工人消费工资,而资本家不能消费额外价值。"请你们
从国外市场的观点来仔细想想这个"理论"吧。我们从哪里知道
"工人消费工资"呢? 根据什么可以认为,一个国家的整个资本家
阶级用来供全国工人消费的产品**在价值上真正与工人的工资相
等**,会补偿工资,因而**这些**产品不需要国外市场呢? 这种想法毫无
根据,事实上也完全不是这样。不但补偿额外价值的产品(或一部
分产品),而且补偿可变资本的产品;不但补偿可变资本的产品,而
且补偿不变资本的产品(不记得和亚当有……血缘关系的我国"经
济学家"把不变资本忘记了);不但以消费品形态存在的产品,而且
以生产资料形态存在的产品:所有这些产品都只是在"困难"中,在
随着资本主义的发展而日益加剧的经常波动中,在激烈的竞争中
实现的,这种竞争**迫使**每一个企业主竭力无限扩大生产,越过本国
的疆界,到那些尚未卷入资本主义商品流通的国家去寻找新的市
场。现在我们也就接触到了为什么资本主义国家需要国外市场这
一问题。这完全不是因为产品根本不能在资本主义制度下实现。
这是胡说。国外市场所以需要,是因为与一切受村社、世袭领地、

---

① 尼·—逊的书第 205 页。

部落、地域或国家的范围所限制的旧的生产方式相反,资本主义生产**具有无限扩大的趋向**。同时,在一切旧的经济制度下,每次生产更新的形式和规模都和从前一样,而在资本主义制度下,同一形式的更新是**不可能的**,无限扩大和不断前进成为生产的规律。①

因此,对实现的两种不同理解(确切些说,一种是了解它,另一种是浪漫主义者完全不了解它)产生了两种截然相反的对国外市场的作用的看法。在一些人(浪漫主义者)看来,国外市场表明资本主义给社会发展**造成**了"困难"。相反,在另一些人看来,国外市场表明资本主义如何为社会发展**消除**历史上造成的种种困难,即村社的、部落的、地域的和民族的壁障。②

可见,区别仅仅在于"观点"不同……　是的,"仅仅"!审判资本主义的浪漫主义法官不同于其他法官的地方,"仅仅"在于"观点"不同,"仅仅"在于一些人是从后面进行审判,另一些人是从前面进行审判;一些人是从资本主义正在破坏的那个制度的观点进行审判,另一些人是从资本主义正在创立的那个制度的观点进行审判。③

浪漫主义者对国外市场的错误理解,往往是与他们对该国资本主义的国际状况的"特点"、寻找市场的不可能性等等的说明分不开的;所有这些论据都是要资本家"放弃"寻找国外市场。我们在这里用"说明"一词其实是不确切的,因为浪漫主义者并没有真

---

① 参看**季别尔**《大卫·李嘉图和卡尔·马克思的社会经济研究》1885 年圣彼得堡版第 466 页脚注。

② 参看下面要谈到的《关于自由贸易问题的演说》(《马克思恩格斯文集》第 1 卷第 744—759 页。——编者注)。

③ 我在这里只谈对资本主义的评价,而不谈对它的了解。在后面这一点上,正如我们所看到的,浪漫主义者并不比古典学派高明。

正分析该国的对外贸易、它在新市场方面的进展以及它的殖民活动等等。浪漫主义者对研究和说明实际过程毫无兴趣,他们需要的只是**反对这一过程的道德**。为了使读者确信现代俄国浪漫主义者和法国这位浪漫主义者的道德完全一样,现在我们举出后者几个典型的论断。西斯蒙第怎样恐吓资本家,说他们找不到市场,这一点我们已经看到了。但他说过的不止这一点,他还说"世界市场的供应已很充足"(第 2 卷第 328 页),从而证明走资本主义的道路是不可能的,必须选择另外的道路……　他要英国企业主相信,资本主义不可能使农业中被农场主经济解雇的所有工人都有工做(第 1 卷第 255—256 页)。"牺牲农民利益的人自己是否能在这方面得到什么好处呢? 要知道,农民是英国工场手工业的最亲密最可靠的消费者。农民停止消费给工业的打击,要比失去一个最大的国外市场沉重得多。"(第 1 卷第 256 页)他要英国农场主相信,他们经不起贫穷的波兰农民的竞争,因为粮食对于波兰农民来说,几乎是一文不值的(第 2 卷第 257 页);此外,他们还受到从黑海港口运去的俄国粮食的更加可怕的竞争。他高声叫道:"美国人遵循了一条新原则: 只顾生产,不考虑市场问题(produire sans calculer le marché),而且尽量多生产",所以,"美国全国各地商业的特点是各种商品都超过消费的需要……经常的破产就是这种不能变成收入的商业资本过剩的结果"。(第 1 卷第 455—456 页)善良的西斯蒙第! 关于现代美国,关于正是依靠浪漫主义者的理论认为一定要"缩小"的"国内市场"而迅速发展起来的美国,他该说些什么啊!

七　危　机

西斯蒙第从他所承袭的亚当·斯密的错误理论中得出的第三个错误结论是关于危机的学说。从西斯蒙第消费决定积累（生产的增长）的见解中，从他对社会总产品（就是工人和资本家在收入中所占的份额）的实现所作的错误解释中，自然地和不可避免地产生出一种用生产和消费的不适合来解释危机的学说。西斯蒙第完全坚持这种理论。洛贝尔图斯也承袭了这种理论，不过说法稍微不同，他认为危机所以产生，是因为生产增长而工人所获得的产品份额却日益减少，并且他也像亚·斯密那样不正确地把社会总产品分为工资和"租金"（按照他的术语，"租金"就是额外价值，即利润加地租）。对资本主义社会的积累①和产品实现所作的科学分析，粉碎了上述理论的全部根据，并且指明工人的消费正是在危机发生以前的时期有所增加，消费不足（似乎这能解释危机）在各种不同的经济制度中都存在，而危机只是资本主义制度的特征。这种理论认为危机所以发生，是由于另外的矛盾，即生产的社会性（资本主义使生产社会化）和私人的即个人的占有方式之间的矛盾。看来，这两种理论之间的极大区别是不言而喻的，但是我们仍然要对它作更详细的论述，因为正是俄国的西斯蒙第的信徒们力图抹杀这种区别，搅乱问题。我们所谈到的两种危机理论，对危机

①　从资本主义经济的全部产品由两部分构成的学说中，产生了亚·斯密和后来的经济学家对"单个资本的积累"的错误理解。他们认为利润的积累部分完全用于工资，其实它是用于（1）不变资本和（2）工资。西斯蒙第重复了古典学派的这个错误。

的解释完全不同。第一种理论用生产和工人阶级的消费之间的矛盾来解释危机,第二种理论用生产的社会性和占有私人性之间的矛盾来解释危机。由此可见,第一种理论认为现象的根源**在生产之外**(因而西斯蒙第总是攻击古典学派,说他们忽略消费,只研究生产);第二种理论则认为生产条件正是现象的根源。简言之,第一种理论用消费不足(Unterkonsumption)来解释危机,第二种理论则用生产的混乱状态来解释危机。总之,这两种理论都用经济制度本身的**矛盾**来解释危机,然而在指明这一矛盾时却分道扬镳了。试问,第二种理论是不是否认生产和消费之间存在矛盾的事实,即消费不足的事实呢?**当然不否认**。它完全承认这个事实,但是把这个事实放在应有的从属地位,把它看成只和资本主义总生产一个部类有关的事实。它指出这个事实不能解释危机,因为危机是由现代经济制度中另一个更深刻的基本矛盾,即生产的社会性和占有的私人性之间的矛盾引起的。一些人实际上拥护第一种理论,同时又以第二种理论的代表确认生产和消费之间存在着矛盾作为借口来掩护自己,对这些人能说些什么呢?显然,这些人**没有好好想想**这两种理论的区别根子是什么,没有真正懂得第二种理论。例如,尼·—逊先生(更不用说瓦·沃·先生)就属于这一类人。在我国著作界中,杜冈-巴拉诺夫斯基先生就已经指出他们是西斯蒙第的信徒(《工业危机》第477页。对尼·—逊先生则加了"看来"这个奇怪的限语)。但是尼·—逊先生在谈论"国内市场缩小"和"人民消费能力降低"(他的论点的中心)的时候,也提到第二种理论的代表**确认**生产和消费之间存在矛盾的事实,即消费不足的事实。显然,这种引证只不过表明这位作者具有善于作不恰当的引证的能力罢了。例如,凡是熟悉他的《概况》的读者自然都会记得他的这段"引证":"工人作为商品的买者,对于市场来说是重要的。但是作为他们的商品——劳动力——的卖者,资本主义社会的趋势是把它的价格限制在最低限度。"(《概况》第178页)读者也会记得,尼·—逊先生想由此得出"国内市场缩小"(同上,第203页及其他各页)和危机(第298页及其他各页)的结论。但是我们的作者在引用这段话(我们已经说明,这段话什么也没有证明)时,却把他引证的那个脚注的**末尾一句略去了**。这段引文是《资本论》第2卷第2篇**手稿中的一个注**。插入这个注是"准备以后更详细地加以阐述",而手稿的出版者把它放到了脚注中。**在上面那段话之后,这个注还写道:"但是,这个问题只是属于下一篇的范围"**①,即属于第3篇的范围。而第3篇讲的是什么呢?这一篇的内容正是批判亚·斯密关于社会总产品分为两部分的理论(同时对西斯蒙第作了上述评论),并分析"社会总资本的再生产和流通",即分析产品的实现。总之,我们的作者的观点重复了西斯蒙第的学说,而他引来证实自己这些观点的那个注解,却"只是"属于驳斥西斯蒙第"那一篇"的范围,因为"那一篇"指出:资本家**能够**实现额外价值,在分析实现时扯到对外贸易是荒谬的……

　　艾弗鲁西的文章的另一企图,是援引最新学说来抹杀两种理论的区别和捍卫陈旧的浪漫主义废物。艾弗鲁西在引用西斯蒙第的危机理论时,指出了这个理论的错误(《俄国财富》杂志第7期第162页)。他说得极其隐晦和矛盾。一方面他重述对立理论的论据,认为国民需求并不以直接消费品为限。另一方面他又断言,西斯蒙第对危机的解释"只指出了使国民生产的分配难以适合居民

---

① 《资本论》第2卷第304页(见《马克思恩格斯文集》第6卷第350页。——编者注)。俄译本第232页。黑体是我们用的。

的需求和购买力的许多情况中的一种情况"。因而读者就会认为，危机只有用"分配"才能解释，而西斯蒙第的错误只在于没有完全指出阻碍这种分配的种种原因！但是主要的问题不在这里……艾弗鲁西说："西斯蒙第并未以上述解释为限。在《新原理》第 1 版中，我们就已看到大有教益的一章，标题是《关于市场的知识》。西斯蒙第在这一章中非常清楚地给我们揭示出生产和消费之间的均衡遭到破坏的基本原因〈请注意这一点！〉，对这个问题只有很少几个经济学家能解释得如此清楚。"（同上）艾弗鲁西在引证厂主不能了解市场这几段引文时说，"恩格斯的话几乎和这完全一样"（第163 页）——接着就是一段关于厂主不能知道需求的引文。然后艾弗鲁西还引证了几段关于"在建立生产和消费之间的均衡方面的其他障碍"（第 164 页）的话，他硬说："这就提供了一种日益成为权威性的对危机的解释！"艾弗鲁西甚至还认为："在国民经济危机产生的原因问题上，我们完全可以把西斯蒙第看做是那些后来阐发得更彻底更明显的观点的创始人。"（第 168 页）

　　但是这一切暴露出艾弗鲁西对问题一窍不通！危机是什么？是生产过剩，是生产的商品不能实现，找不到需求。商品找不到需求，这就是说，厂主生产商品而不知道需求。试问，难道指出这个可能产生危机的条件就是解释危机吗？难道艾弗鲁西不懂得指出现象的可能性和解释现象的必然性是有区别的吗？西斯蒙第说：危机可能产生，因为厂主不知道需求；危机必然产生，因为在资本主义生产中不可能有生产和消费的平衡（即产品不可能实现）。恩格斯：危机可能产生，因为厂主不知道需求；危机必然产生，这完全不是因为产品根本不可能实现。这样说是不正确的，因为产品是能够实现的。危机所以必然产生，是因为生产的集体性和占有的个人性之间发生了矛盾。现在居然有这样一位经济学家,硬说恩格斯说的是"差不多同样的话",西斯蒙第"对危机作了同样的解释"! 艾弗鲁西写道:"因此,使我感到惊讶的是,杜冈-巴拉诺夫斯基先生……竟忽略了西斯蒙第学说中最重要最宝贵的东西。"(第168页)其实杜冈-巴拉诺夫斯基先生什么也没有忽略①。相反,他十分确切地指出了被新理论认为是症结所在的基本矛盾(第455页及其他各页),并且阐明了西斯蒙第的作用:西斯蒙第较早地指出了危机中表现出来的矛盾,但是未能正确地解释这个矛盾(第457页:西斯蒙第在恩格斯之前就指出危机是从现代经济组织中产生的;第491页:西斯蒙第叙述了可能产生危机的条件,但是又说"并非任何可能性都会真正实现")。艾弗鲁西根本没有弄清这一点,而是把一切搅做一团,对杜冈-巴拉诺夫斯基先生的混乱感到"惊讶"!《俄国财富》杂志的这位经济学家说:"诚然,我们从西斯蒙第那里找不到'生产的无政府状态'、'生产的无计划性(Plan-losigkeit)'这一类已经得到公认的术语,但是这些术语所包含的实质,西斯蒙第已经十分清楚地指出来了。"(第168页)这位最新的浪漫主义者多么轻而易举地就把旧日的那位浪漫主义者复活了啊! 问题只在于字面上的差别! 其实问题在于艾弗鲁西并不懂得他所重复的那些词句。"生产的无政府状态","生产的无计划性",这些术语说的是什么呢? 它们说的是生产的社会性和占有的个人性之间的矛盾。我们请问读过上述经济著作的任何一个人:西斯

---

① 在《俄国资本主义的发展》(第16页和第19页)(见本版全集第3卷第1章第6节。——编者注)中,我已经指出了杜冈-巴拉诺夫斯基先生的那些不确切的和错误的地方,这些东西使他后来完全转到资产阶级经济学家的阵营中去了。(这是作者为1908年版加的注释。——编者注)

蒙第或洛贝尔图斯承认这个矛盾吗？他们是从这个矛盾中引出危机的吗？不是，他们没有引出也不可能引出，因为**他们中间任何一个人都根本不了解这个矛盾**。对资本主义的批评决不能以普遍幸福①或"自行流通"②的不正确性这些空话为根据，而必须以生产关系演进的性质为根据。然而这种思想同他们是格格不入的。

　　我们完全了解为什么我们俄国的浪漫主义者竭尽全力来抹杀上述两种危机理论的区别。这是因为对待资本主义的两种根本不同的态度与上述两种理论有着最直接最密切的联系。事实上，如果我们用产品实现的不可能性、用生产和消费之间的矛盾来解释危机，那我们就会否认现实，否认资本主义所走的那条道路是适当的，认为它是一条"错误的"道路而要去寻找"另外的道路"。如果从这个矛盾中引出危机，我们就一定会认为，这个矛盾愈向前发展，摆脱矛盾也就**愈困难**。而我们看到，西斯蒙第十分幼稚地说出的正是这种见解。他说，如果资本积累得慢，这还可以忍耐；如果资本积累得快，这就不能忍受了。相反，如果我们用生产的社会性和占有的个人性之间的矛盾来解释危机，我们就会承认资本主义道路的现实性和进步性，并指责寻找"另外的道路"是荒唐的浪漫主义。从而我们也就承认，这个矛盾愈向前发展，摆脱这个矛盾就**愈容易**，而出路正在于这种制度的发展。

　　读者看到，我们在这里也碰到了两种"观点"的区别……

---

①　参看上引西斯蒙第的书第1卷第8页。

②　洛贝尔图斯。我们顺便指出，伯恩施坦复活了资产阶级经济学的偏见，把这个问题弄得混乱不堪，硬说马克思的危机论同洛贝尔图斯的危机论没有多大区别（《社会主义的前提和社会民主党的任务》1899年斯图加特版第67页），硬说马克思自相矛盾，因为他承认群众消费的有限是危机的近因。（这是作者为1908年版加的注释。——编者注）

　　我国浪漫主义者为自己的观点寻找理论根据，这是十分自然的。为了寻找理论根据，他们拾起西欧早已抛弃了的陈旧的废物，这也是十分自然的。他们感觉到了这一点，于是企图使这种废物重新发挥作用，时而公开替西欧浪漫主义者渲染，时而在不恰当的和歪曲的引证的掩饰下偷运浪漫主义，这也是十分自然的。但是如果他们认为这种走私行为不会被揭发出来，那就大错特错了。

　　我们在结束对西斯蒙第的**基本**理论以及他从这一理论中得出的最主要的理论结论的叙述时，应该作一个小小的补充，这个补充又是与艾弗鲁西有关的。他在另一篇论西斯蒙第（第1篇的继续）的文章中说："西斯蒙第对各种收入的看法更有意思（与关于资本的收入的学说相比）。"（《俄国财富》杂志第8期第42页）他说，西斯蒙第和洛贝尔图斯一样，也把国民收入分为两部分："一部分归土地和生产工具占有者，另一部分归劳动者。"（同上）接着他又引证了西斯蒙第的一些话，在这些话里西斯蒙第不仅把国民收入而且把整个产品都作了这样的划分："年生产，或国家在一年中完成的全部工作的结果，同样由两部分组成"，等等（《新原理》第1卷第105页，转引自《俄国财富》杂志第8期第43页）。我们的这位经济学家得出结论说："上引各处清楚地证明，西斯蒙第完全领会了〈！〉在最新经济学家那里起着非常重要作用的国民收入分类法，即国民收入分为以劳动为基础的收入和非劳动的收入（arbeitsloses Einkommen）。虽然一般说来，西斯蒙第对收入问题的观点并不总是明确的，但是从他的观点中仍然可以看出他已经意识到私人经济收入和国民经济收入之间的区别。"（第43页）

　　关于这一点我们要说：上引那一处清楚地证明，艾弗鲁西完全领会了德国教科书的高见，但是尽管如此（也许正因为如此），他完全忽略了国民收入不同于个人收入这一问题的理论上的困难。艾弗鲁西说话是很不细心的。我们看到，他在文章的前半部分把某一学派的理论家叫做"最新经济学家"。读者一定会以为他这一次还是指的那些理论家。事实上作者在这里完全另有所指。现在充当最新经济学家的已经是德国的讲坛社会主义者[44]了。作者认为西斯蒙第的理论接近于讲坛社会主义者的学说，这就是替西斯蒙第辩护。艾弗鲁西的这些"最新"权威人士的学说是什么呢？就是国民收入分为两部分。

其实这是亚当·斯密的学说，根本不是"最新经济学家"的学说！亚·斯密把收入分为工资、利润和地租（《国民财富的性质和原因的研究》第 1 篇第 6 章；第 2 篇第 2 章），使后二者正是作为非劳动的收入而与前者对立起来，称这二者为劳动的扣除（第 1 篇第 8 章），并且驳斥了认为利润也就是特种劳动的工资的意见（第 1 篇第 6 章）。无论是西斯蒙第、洛贝尔图斯或德国教科书的"最新"作者们，都不过是在重复斯密的这一学说。他们之间的区别只在于亚·斯密意识到他没有完全能够把国民收入从国民产品中分出来；意识到他陷入了矛盾：他从国民产品中去掉了不变资本（按照现代术语来说），而在单个产品中又把它包括进去。"最新"经济学家们是在重复亚·斯密的错误，只不过使他的学说具有更加堂皇的形式（"国民收入分类法"），而没有意识到亚·斯密不能解决的矛盾。这也许是学者的方法，但决不是科学的方法。

八　资本主义地租和资本主义人口过剩

我们继续来评述西斯蒙第的理论观点。他的一切主要观点，也就是说明他不同于其他一切经济学家的那些观点，我们已经考察过了，下面一些观点，或者是在他的整个学说中不起那么重要的作用，或者是从上述观点中得出的结论。

我们要指出，西斯蒙第和洛贝尔图斯完全一样，也是不赞同李嘉图的地租论的。他没有提出自己的理论，而力图以极不高明的见解去动摇李嘉图的学说。他在这里表现出是一个纯粹的小农思想家；他与其说是驳斥李嘉图，不如说是根本反对把商品经济和资本主义的范畴搬到农业中来。在这两方面，他的观点很有浪漫主义者的特征。该书第3篇①第13章是专谈"李嘉图先生的地租论"的。西斯蒙第一开始就说李嘉图的学说同他自己的理论完全矛盾，他反驳道：利润的一般水平（这是李嘉图的理论的基础）永远不能确定，农业中没有资本的自由转移。在农业中应该考察产品的内在价值（la valeur intrinsèque），这种价值不以市场波动为转移，它供给占有者以"纯产品"（produit net）和"自然劳动"（第1卷第306页）。"自然劳动是其内在价值（intrinsèquement）受到我们研究的土地纯产品的力量和泉源。"（第1卷第310页）"我们把地租（le fermage），或确切些说，把纯产品看做是直接从土地中产生出来而归私有者所有的；它既丝毫不剥夺农场主，也丝毫不剥夺消费者。"（第1卷第312页）他在唱完这种陈旧的重农主义偏见的老

━━━━━━━━━━

① 就连叙述方式也是很典型的：第3篇论"领土财富"，土地财富，即农业。下一篇，即第4篇"论商业财富"，谈工业和商业。似乎农产品和土地本身在资本主义统治下就不是商品！因此，这两篇也是相互不协调的。所谈论的工业只是西斯蒙第当时的资本主义形式的工业。而对农业的描述，则是五花八门地列举各种土地经营制度：宗法制、奴隶制、对分制、徭役制、代役制、农场制、永佃制（永久世袭地出租）等。其结果是一团糟：作者既未写出农业史，因为所有这些"制度"都是互不联系的，也未分析资本主义经济中的农业，尽管后者是他的著作的真正研究对象，尽管他所谈论的工业只是资本主义形式的工业。

调时还训诲说:"一般说来,在政治经济学中应该防止(se défier)绝对的假定,正如应该防止抽象一样!"(第1卷第312页)这种"理论"甚至是没有什么可分析的,因为李嘉图的一个小小注解,就足以驳倒"自然劳动"了[①]。这只是放弃分析,并且比李嘉图倒退一大步。西斯蒙第的浪漫主义在这里也表现得十分明显,他急于谴责这一过程,而害怕去分析这一过程。请注意,他并不否认下列事实:英国农业是按资本主义方式发展的,农民为农场主和日工所代替,大陆上的情况也在朝着这个方向发展。他不过是回避这些事实(这些事实是他在谈论资本主义经济时必须加以考察的),而宁愿感伤主义地谈论宗法式的土地经营制度的优越性。我国民粹派也一模一样,他们之中谁也不打算否认商品经济正渗入农业、商品经济不能不引起农业的社会性质的根本改变的事实,但是在谈论资本主义经济时,谁也不提出商业性农业的发展问题,而宁愿用"人民生产"的箴言来支吾搪塞。我们在这里还只是分析西斯蒙第的理论经济学,因此,我们把这种"宗法式的经营"留到以后再来作比较详细的介绍。

西斯蒙第反复叙述的另一个论点就是人口论。我们现在来谈谈西斯蒙第对马尔萨斯的理论和资本主义造成的过剩人口的看法。

艾弗鲁西断言,西斯蒙第只赞同马尔萨斯一个观点,这就是人

[①] 《李嘉图全集》,季别尔的译本,第35页:"难道自然界在工场手工业方面丝毫没有替人做一点好事吗?难道使我们的机器转动、帮助船只在海上航行的风力和水力毫无意义吗?难道我们用来使最惊人的机器运转的大气压力和蒸汽动力不是自然界的恩赐吗?更不要说使金属软化和熔解的热能的作用了,更不要说空气参与染色过程和发酵过程了。在工场手工业的任何一个部门中,自然界都会给人以帮助,而且是无偿的和慷慨的帮助。"

口会异常迅速地增殖，成为灾难深重的根源。"往后，他们就完全相反了。西斯蒙第把整个人口问题置于社会历史的基础上"(《俄国财富》杂志第7期第148页)。艾弗鲁西的这种说法完全掩盖了西斯蒙第特有的观点(即小资产阶级的观点)和他的浪漫主义。

　　"把人口问题置于社会历史的基础上"是什么意思呢？这就是说，要分别研究每个历史经济制度的人口规律，研究它与该一制度的联系和相互关系。西斯蒙第研究了什么制度呢？资本主义制度。总之，《俄国财富》杂志的这位撰稿人认为，西斯蒙第研究了资本主义的人口规律。这种论断有一部分真理，但只是**一部分**而已。既然艾弗鲁西不想去分析西斯蒙第关于人口的议论的不足之处，既然艾弗鲁西断言"西斯蒙第在这方面是最杰出的最新经济学家的先驱"①(第148页)，那他就是在美化这位小资产阶级浪漫主义者，完全像我们在危机和国民收入的问题上所看见的情况一样。在这些问题上，西斯蒙第的学说和新理论相同的地方是什么呢？是西斯蒙第指出了资本主义积累所固有的矛盾。这个相同的地方艾弗鲁西已经指出来了。西斯蒙第和新理论不同的地方是什么呢？第一，是他丝毫没有推进对这些矛盾的科学分析，在某些方面甚至比古典学派还后退了一步；第二，是他以国民收入必须适合支出、生产必须适合消费等等小资产阶级的道德来掩盖他自己没有分析的能力(部分是掩饰他不愿意进行分析)。艾弗鲁西对两点区别中的任何一点都**没有指出**，从而完全不正确地叙述了西斯蒙第的真正作用及其同最新理论的关系。在这个问题上，情形也完全

---

　　① 不过，我们要附带说明一下，我们不能确切地知道艾弗鲁西在这里所说的"最杰出的最新经济学家"究竟指的是谁，是与浪漫主义绝对格格不入的那个著名学派的代表呢，还是那本大部头书的作者？

一样。在这里，西斯蒙第和最新理论相同的地方也只在于他**指出了矛盾**。其区别也在于他没有进行科学分析，而以小资产阶级的道德来代替分析。现在我们来加以说明。

从上世纪末叶开始的资本主义机器工业的发展造成了过剩人口，于是在政治经济学面前便提出了解释这个现象的任务。大家知道，马尔萨斯企图用自然历史的原因来解释这个现象，根本否认它来源于历史上一定的社会经济制度的事实，完全闭眼不看这个事实所揭示出来的矛盾。西斯蒙第指出了这些矛盾，指出了机器排挤人的现象。指出这一点是他的无可争辩的功绩，因为在他写作的时代，指出这一点是一个新发现。但是，我们看一看他是怎样对待这个事实的。

第7篇(《论人口》)第7章专门谈论"机器的发明造成过剩人口"。西斯蒙第确认"机器排挤人"(第2卷第7章第315页)这一事实，并立刻提出一个问题：机器的发明对国家有利还是有害呢？显然，要为各个国家和各个时代而不是为一个资本主义国家来"解决"这个问题，就是毫无内容的空谈：在"消费的需求超过居民所握有的生产资料(les moyens de produire de la population)"(第2卷第317页)时就有利，"在生产能充分满足消费时"则有害。换句话说，在西斯蒙第那里，确认矛盾的存在只是议论某个抽象社会的借口，在这个社会中已经没有任何矛盾，精打细算的农民的道德是和这个社会相适合的！西斯蒙第不打算分析这个矛盾，不打算考察它是怎样在该资本主义社会中形成的，它会引起什么结果，等等。他没有这样做。他只是把这个矛盾用做自己痛恨这种矛盾的材料。这一章后面的所有内容，在这个理论问题上，根本没有提出任何东西，只有一些怨言、牢骚和天真的愿望。被排挤的工人曾经是消费者……国内市场在缩小……至于国外市场,世界上已有足够的供应……农民的温饱能更好地保证销售……再没有比大陆国家所仿效的英国的例子更令人惊异、更骇人听闻的了,——这就是不去分析现象的西斯蒙第所说的一些箴言! 他对问题的看法和我国民粹派的看法一模一样。民粹派也只限于确认人口过剩这个事实,也只是利用这个事实来埋怨和控诉资本主义(参看尼·—逊和瓦·沃·等人的著作)。西斯蒙第甚至不打算分析这种过剩人口与资本主义生产的要求有什么关系,民粹派和他一样,也从未给自己提出过类似的问题。

对这一矛盾所作的科学分析,说明这种方法是完全不正确的。这个分析证明,过剩人口毫无疑问是一个矛盾(还有过剩生产和过剩消费),是资本主义积累的必然结果,同时也是资本主义这部机器的**必要组成部分**。[①] 大工业愈发展,对工人需求的波动就愈大,而波动的情况如何,则要看整个国民生产或其每个部门是处于危机时期还是繁荣时期而定。这种波动是资本主义生产的规律,如

---

① 大家都很清楚,对过剩人口的这种看法是恩格斯在 1845 年版的《英国工人阶级状况》中第一次提出的。作者在描述了英国工业通常的工业循环之后说道:

"由此可见,英国工业除了在最繁荣的短暂时期以外,任何时候都必须拥有一支失业的工人后备军,以便在最繁荣的几个月内有可能生产市场上所需要的大批商品。这支后备军人数的多少,要看市场状况使他们中的一小部分人还是大部分人得以就业而定。在市场最繁荣的情况下,农业区……以及那些较少受到兴旺发展势头影响的劳动部门至少暂时能够提供一定数量的工人,然而即便如此,这些工人的数量毕竟很少,而且他们也同样属于后备军之列,唯一的区别只在于:正是每次出现的兴旺发展势头才表明**他们是属于这支后备军的**。"(参看《马克思恩格斯全集》第1版第2卷第369页。——编者注)

在最后几句话中,指出暂时转向工业的那部分**农业**人口属于后备军这一点是重要的。这正是晚近的理论所谓的**潜在**形式的过剩人口。(见马克思的《资本论》(《马克思恩格斯文集》第5卷第740页。——编者注))

果没有随时都能给任何工业部门或任何企业提供劳动力的过剩人口(也就是超过了资本主义对工人的**平均**需求的人口),资本主义生产就**不可能存在**。分析表明,在一切工业部门中,只要资本主义一渗入,过剩人口就会形成(农业中的情形和工业中的情形完全一样),过剩人口有各种各样的形式。主要的形式有三种①:(1)**流动的过剩人口**。属于这一类的是工业中的失业工人。随着工业的发展,他们的人数必然增加。(2)**潜在的过剩人口**。属于这一类的是随着资本主义的发展而丧失了自己的产业并找不到非农业工作的农业人口。这种人口随时都能给任何企业提供劳动力。(3)**停滞的过剩人口**。他们的就业"极不规则"②,生活状况低于一般水平。属于这一类的主要是在家里替厂主和商店干活的城乡居民。所有这些阶层的总和就构成了**相对过剩人口**或者**后备军**。后一术语清楚地表明,这里是指哪一种人口。这里是指工人,他们是资本主义**尽量**扩大企业所必需的,但是他们永远不能经常得到工作。

这样看来,就是在这个问题上,这一理论得出的结论也是和浪漫主义者的结论完全相反的。在浪漫主义者看来,过剩人口意味着资本主义是不可能的,或者是"错误"的。其实恰好相反,过剩人口是过剩生产的必然补充物,是资本主义经济的必然附属品,**没有它,资本主义经济既不能存在,也不能发展**。在这里,艾弗鲁西的说法也完全不正确,他闭口不谈最新理论的这一原理。

只要把上述两种观点对比一下,就足以判明我国民粹派是赞成哪一种观点的了。上述西斯蒙第著作中的那一章,完全可以放

---

① 参看季别尔《大卫·李嘉图和卡尔·马克思的社会经济研究》1885年圣彼得堡版第552—553页。

② 参看《马克思恩格斯文集》第5卷第740页。——编者注

在尼·—逊先生的《我国改革后的社会经济概况》中。

民粹派虽然确认在改革后的俄国形成了过剩人口，但从未提出资本主义需要工人后备军的问题。如果经常的过剩人口没有形成，铁路能够建成吗？尽人皆知，对这种劳动的需求年年都有很剧烈的波动。没有这个条件，工业能够发展吗？（在兴旺时期，工业需要大批建筑工人去兴建工厂、房屋和仓库等等，需要各种辅助性的日工，这种日工在所谓外出做非农业零工中占很大部分。）没有这个条件，我国边疆地区的资本主义农业（它需要几十万几百万的日工，同时大家知道，对这种劳动的需求的波动又特别大）能够建立吗？没有形成过剩人口，木材业主能够非常迅速地伐下树木供给工厂的需要吗？（正如农村居民替企业主进行的其他形式的劳动一样，木材业工作也是一种工资最低、条件最坏的工作。）没有这个条件，商人、厂主、商店把工作分到城乡住户家里去做的制度（这在所谓手工业中是一种很普遍的现象）能够发展吗？这一切劳动部门（主要是在改革后发展起来的）对雇佣劳动的需求的波动非常大。要知道，这种需求的波动幅度决定着资本主义**所需要的**过剩人口的多少。民粹派经济学家们在任何地方也没有表明他们是知道这一规律的。当然，我们在这里并不打算分析这些问题的本质。① 这不是我们的任务。我们这篇文章的主题是西欧浪漫主义及其同俄国民粹主义的关系。在这里，这种关系也和上述一切问题上的这种关系一样：民粹主义者在过剩人口问题上完全持与最新理论的观点截然相反的浪漫主义观点。他们说，资本主义不能使被解雇的工人都有工可做。这就意味着，资本主义是不可能的，

---

① 因此，我们在这里不谈那种极其独特的情形，即由于没有把所有这些为数众多的工人登记下来，民粹派经济学家就**不把**他们**计算在内**。

是"错误的",等等。决不止"意味着"这些。矛盾不等于不可能(Widerspruch 不等于 Widersinn)。资本主义积累这个真正的为生产而生产,也是一个矛盾。但这并不妨碍它的存在,也不妨碍它成为一定的经济制度的规律。资本主义的其他一切矛盾也是这样。上述民粹派的议论,只"意味着"用空话来搪塞这一切矛盾的恶习已深深地腐蚀了俄国的知识分子。

总之,西斯蒙第对于人口过剩的**理论分析**根本没有提出任何东西。但是,他究竟怎样看待人口过剩呢?他的观点是小资产阶级的同情心和马尔萨斯主义的奇特的结合。西斯蒙第说:"现代社会组织的一大缺陷,就是穷人永远不可能知道他能指望什么样的劳动需求"(第 2 卷第 261 页),因此西斯蒙第对"农村鞋匠"和小农能够准确知道自己收入的那种时代感叹不已。"穷人愈是丧失各种财产,就愈会弄不准自己的收入,愈会增加下面这些人的数目(contribuer à accroître une population……),这些人与劳动的需求不相适应,因而找不到生活资料。"(第 2 卷第 263—264 页)请看,这位小资产阶级思想家不仅想阻止整个社会的发展,以便维护半野蛮人的宗法关系,他还要不择手段地摧残人性,以便能保全小资产阶级。为了使大家对于后面一点不会有任何怀疑,现在再摘录几段于下:

工厂每周跟半乞丐似的工人结账,这就使他们养成不去过问下星期六以后的事情的习惯,"这样就削弱了工人的道德品质和同情心"(第 2 卷第 266 页),这两者就是我们马上就要看到的"夫妇间的理性"!……——"他的家庭给社会造成的负担愈大,他家里的人口就愈多;国家就会在与生活资料不相适应的(disproportionnée)人口的压迫下遭受痛苦(gémira)。"(第 2 卷第 267 页)即使以降低生活水平和歪曲人性为代价，也无论如何要保存小私有制，这就是西斯蒙第的口号。当西斯蒙第摆出一个国家要人的姿态来谈论什么时候人口的增加才"适宜"时，他专门用了一章来攻击宗教，说它没有谴责"不理智的"婚姻。问题只要一触及西斯蒙第的理想——小资产者，他就比马尔萨斯本人更是马尔萨斯主义者了。西斯蒙第教训宗教界人士说："为贫困而生小孩，也就是为罪过而生小孩……　对社会制度问题的无知，使得他们（宗教界的代表）把节欲从婚姻所固有的美德中去掉了，这种无知是使人口和生活资料之间自然形成的平衡遭到破坏的经常起作用的原因之一。"（第 2 卷第 294 页）"宗教的道德应当教育人们，在建立家庭之后，他们同自己的妻子至少应该像光棍和姘妇那样节欲。"（第 2 卷第 298 页）西斯蒙第不仅以经济理论家自居，而且以精明能干的行政官自居，他在这里计算道，"建立家庭"，"一般说来平均"要"生三个小孩"，于是他劝告政府，"不要用成家立业的希望去欺骗人们，因为这种虚幻的建立（cet établissement illusoire）会使他们受苦难、贫困和死亡的摆布"。（第 2 卷第 299 页）"当社会组织没有把劳动阶级和占有某些财产的阶级分开时，单是舆论就足以防止贫困的鞭挞（le fléau）。农民变卖他父辈的遗产，手工业者浪费自己的少量资本，总是一种可耻的事情……　但在现代欧洲制度下……注定永远没有任何财产的人，对于沦为乞丐是不会感到任何羞耻的。"（第 2 卷第 306—307 页）很难比这些话更突出地表明小私有者的愚蠢和冷酷！西斯蒙第在这里由一个理论家变成了一个重实际的人，他所宣扬的道德，就是大家知道的法国农民遵守得很好的那种道德。这不仅仅是一个马尔萨斯，而且是一个有意按照小资产者的式样裁剪出来的马尔萨斯。读到西斯蒙第的这几章时，不由地会使你想起蒲鲁东那些愤怒的攻击,他证明马尔萨斯主义就是房事……和某种反常恶行的说教①。

九 资本主义社会中的机器

与过剩人口问题有关的,是**机器**的作用问题。

艾弗鲁西热心地谈论西斯蒙第关于机器的"真知灼见",认为"把西斯蒙第当做技术革新的反对者是不公平的"(第7期第155页),认为"西斯蒙第并不敌视机器和发明"(第156页)。"西斯蒙第不止一次地强调这样一种思想:并非机器和发明本身对于工人阶级有害,它们所以有害,只是因为在现代经济条件下,劳动生产率的提高既不增加工人阶级的消费,也不缩短工作时间。"(第155页)

这些说法是完全正确的。对西斯蒙第的**这种**评价又一次十分清楚地证明,民粹主义者根本不**了解浪漫主义者**,不了解浪漫主义所固有的对资本主义的**看法**,以及这种看法和科学理论观点的根本区别。民粹主义者也不可能了解这一点,因为民粹主义本身并不比浪漫主义更高明。但是,如果说西斯蒙第指出资本主义使用机器的矛盾性,在19世纪20年代曾是一个巨大的进步,那么,现在还只限于进行这类粗浅的批评而不了解它的小资产阶级的局限性,就完全不可原谅了。

艾弗鲁西**在这一方面**(即在西斯蒙第的学说和最新理论的区别

---

① 见马尔萨斯《人口论》俄译本附录(比比科夫的译本,1868年圣彼得堡版)。蒲鲁东《论正义》一书中的一段话。

问题上)①固执己见。他甚至不会提出问题。他指出西斯蒙第已经看到矛盾，就心满意足，以为历史上不曾有过各种各样批评资本主义矛盾的方式和方法。艾弗鲁西说，西斯蒙第认为机器有害并不是由于它本身，而是由于它在该一社会制度下所起的作用。但是艾弗鲁西没有觉察到，就在这一议论中已经表现出多么粗浅的感伤主义观点。西斯蒙第的确议论过：机器有害还是无害呢？他用箴言"解决了"这个问题：只有当生产适合消费时，机器才是有利的(参看《俄国财富》杂志第 7 期第 156 页的引文)。作了上面的一切叙述之后，我们在这里已没有必要来证明，这种"解决"不过是以小资产阶级的空想来代替对资本主义的科学分析。决不能因为西斯蒙第没有进行这种分析而责备他。判断历史的功绩，不是根据历史活动家**没有提供现代所要求的东西**，而是根据他们比他们的前辈**提供了新的东西**。不过，我们在这里要责难的不是西斯蒙第，也不是他的粗浅的感伤主义观点，而是《俄国财富》杂志的那位经济学家，他迄今还不了解这种观点和最新观点的区别。他不了解②，为了说明这种区别，应该提出的问题并非西斯蒙第是否敌视机器，而是西斯蒙第是否了解机器在资本主义制度下的作用，是否了解作为**进步因素**的机器**在这种制度下**的作用。如果了解这一点，那《俄国财富》杂志的这位经济学家就会注意到，西斯蒙第从自己的**小资产阶级空想**观点出发，也**不可能提出**这样的问题，新理论的不同处，就在于它提出和解决了这个问题。如果了解这一点，那艾弗鲁西就会懂得，西斯蒙第用

---

① 我们已经不止一次地看到，艾弗鲁西**到处**竭力援引西斯蒙第与现代理论的这个对比。

② 在1898年和1908年的版本中，没有"这种观点和最新观点的区别。他不了解"这些话。——编者注

机器"有利"和"有益"的条件问题来代替机器在该一资本主义社会中的历史作用问题,自然就得出了关于资本主义和机器的资本主义使用的"危险性"的学说,呼吁必须"阻止"、"节制"和"限制"资本主义的发展,因而变成了一个**反动者**。不了解作为进步因素的机器的历史作用,这就是最新理论认为西斯蒙第的学说是**反动学说**的原因之一。

当然,我们不打算在这里叙述最新学说(即马克思的学说)是怎样论述机器生产的。我们介绍读者去看一下尼·季别尔的上述著作的第10章《机器和大工业》,特别是第11章《机器生产理论的研讨》①。我们只极简略地指出它的实质。它的实质可以归结为两点:第一是历史分析,它确定了机器生产在资本主义其他发展阶段中的地位,确定了机器工业同以前这些阶段(资本主义简单协作和资本主义工场手工业)的关系;第二是对机器在资本主义经济中的作用的分析,特别是对机器工业使居民的一切生活条件发生变化的分析。在第一点上,这个理论确定机器工业只是资本主义生产的一个阶段(即最高阶段),并表明它是从工场手工业中产生的。在第二点上,这个理论确定机器工业所以是资本主义社会中的一大进步,不仅因为它大大提高了生产力和使整个社会的劳动社会化②,而且还因为它破坏了工场手工业的分工,使工人必须变换工作,彻底破坏了落后的宗法关系,特别是农村中的宗法关系③,并

---

① 季别尔在这一章的开头说道:"老实说,我们所叙述的关于机器和大工业的学说,是新思想和独创研究的取之不尽的泉源,谁想充分衡量这一学说的相对长处,他就必须就这一个问题写出整整一本书。"(第473页)

② 季别尔在比较村社中的"劳动结合"和拥有机器工业的资本主义社会中的"劳动结合"时说得十分正确:"村社的'和'与拥有机器生产的社会的'和'之间存在着类似10个**单位**和100个**单位**之间的区别。"(第495页)

③ 上述季别尔的著作第467页。

且由于上述原因和工业人口的集中,极其有力地推动了社会前进。这一进步和资本主义的其他一切进步一样,也带来了矛盾的"进步",即矛盾的尖锐化和扩大。

也许读者要问,这样分析西斯蒙第对这个人所共知的问题的看法,这样概括地指出大家都"知道"、大家都"赞同"的新理论,究竟有什么意义呢?

好吧,我们现在就拿自以为严格运用最新理论的最著名的民粹派经济学家尼·—逊先生为例来看看这种"赞同"吧。大家知道,尼·—逊先生在《概况》中把研究俄国纺织工业的资本化当做自己的专门任务之一,而这种工业的特征恰好是使用机器最多。

试问,尼·—逊先生在这个问题上所持的是什么观点呢? 是西斯蒙第的观点(我们已经看到,他对资本主义的很多方面都赞同西斯蒙第的观点)还是最新理论的观点? 在这样一个重要的问题上,他是浪漫主义者还是……现实主义者①?

我们看到,最新理论的第一个特点是对机器工业产生于资本主义工场手工业的事实作了历史分析。尼·—逊先生是否提出过俄国机器工业的产生问题呢? 没有。固然,他曾经指出在机器工业之前有过为资本家进行的家庭劳动以及手工"工厂"②,但是,他不仅没有解释机器工业和以前那个阶段之间的关系,甚至没有"觉

---

① 这里只是由于书报检查关系,才用"现实主义者"这个词而不用**马克思主义者**这个词。由于同样原因,也才没有引证《资本论》而引证了转述马克思《资本论》的季别尔的著作(这是作者为 1908 年版加的注释。——编者注)。

② 第 108 页。《莫斯科省统计资料汇编》第 7 卷第 3 编第 32 页上的一段话(统计学家们在这里叙述了科尔萨克的《论工业形式》):"手工业组织本身从 1822 年以来发生着彻底的变化,农民不再是独立的手工业生产者,而只是大工厂生产中某些工序的操作者,他们只能领取计件工资。"

察到"，按照科学术语不能把**以前那个阶段**（家庭手工生产或资本家作坊中的手工生产）称为**工厂**，只能把它称为**资本主义的手工工场**①。

读者不要以为这个"疏漏"是无关紧要的。相反，它是非常重要的。第一，这样一来，尼·—逊先生就把**资本主义和机器工业**混为一谈了。这是一个严重的错误。科学理论的意义正在于它阐明了作为资本主义**一个阶段**的机器工业的真正地位。如果尼·—逊先生所持的是**这个理论**的观点，他还会把**机器工业**的发展和胜利说成是谁也不知道的"以农民占有生产工具为基础的形式"②和"资本主义"这**"两种经济形式的斗争"**吗？（第 2、3、66、198 页及其他各页）其实我们看见的是**机器工业与资本主义工场手工业的斗争**。关于这个**斗争**，尼·—逊先生只字不提，虽然根据他自己引证的话，在他专门从事研究的（第 79 页）纺织工业中，正好发生了**资本主义两种形式**的这种更替，但是，尼·—逊先生却把它歪曲为"资本主义"更替"人民生产"。事实上，他对机器工业的**实际**发展问题丝毫无兴趣，并且用"人民生产"的幌子来掩盖完全适合西斯蒙第口味的空想，这难道还不明显吗？第二，如果尼·—逊先生提出了俄国机器工业的历史发展问题，他还会根据欧洲也有过的、政府给予支持和援助的事实，来谈论"培植资本主义"吗？（第 331、283、323 页及其他各页）试问，他是在仿效同样谈论过"培植"的西斯蒙第呢，还是在仿效研究过机器工业如何代替工场手工业的最

---

① 季别尔十分正确地指出，普通术语（工厂等等）对于科学研究是不恰当的，必须把机器工业与资本主义工场手工业分开。第 474 页。

② 尼·—逊的著作第 322 页。这与西斯蒙第把宗法式的农民经济理想化有丝毫区别吗？

新理论的代表呢？第三，如果尼·—逊先生提出了俄国资本主义形式（在纺织工业中）的历史发展问题，他还会忽视资本主义工场手工业在俄国"手工业"中的存在吗？①　如果他**真正信奉这个理论**，并想对这种也是"人民生产"稍微作些科学分析，那他怎么会把俄国社会经济涂成一幅苏兹达利式的图画[45]呢，这幅图画所描绘的，是一种模糊不清的"人民生产"和脱离"人民生产"而仅仅拥有"一小群"工人的"资本主义"。（第326页及其他各页）

　　概括起来说：从机器工业问题上的最新理论和浪漫主义理论的区别的第一点来看，尼·—逊先生**无论如何不能被认为是前一种理论的信徒**，因为他甚至不了解提出机器工业这一**资本主义特殊阶段**的产生问题的必要性，同时又闭口不谈资本主义工场手工业这一先于机器工业的资本主义阶段的存在。他以"人民生产"的空想代替了历史分析。

　　第二点谈的是最新理论关于机器工业改造社会关系的学说。这一问题尼·—逊先生甚至不想去分析。他对资本主义满腹牢骚，因工厂而痛哭不已（完全像西斯蒙第因它而痛哭不已一样），但他对工厂②所完成的社会条件的改造连想也不想去研究。要知道，进行这种研究，正是需要把机器工业与尼·—逊先生认为不存在的**以前那些阶段**加以对比。新理论把机器看做是**资本主义社会**的进

---

①　在这里，我们认为没有必要来证明这一人所共知的事实。只要回忆一下如下一些手工业就够了：巴甫洛夫镇的五金业，博戈罗茨克的制革业，基姆雷镇的制鞋业，莫尔维季诺区的软帽业，图拉的手风琴业和茶炊业，克拉斯诺谢洛和渔村的首饰业，谢苗诺夫的制匙业，"乌斯季扬希纳"的角制品业，下诺夫哥罗德省谢苗诺夫县的制毡业等等。我们是根据记忆列举的，如果看一下任何一份手工业研究材料，那张清单是开列不完的。

②　我们请大家不要忘记，这一术语的科学意义不同于日常用语中的意义。在科学上只把这一术语应用于大机器工业。

步因素,这个观点对他也是格格不入的。关于这方面的问题①他又是连提也没有提出,而且他**也不可能提出**,因为这一问题只是对**资本主义的一种形式**为另一种形式所代替的事实进行历史研究的结果,而尼·—逊先生却干脆以"人民生产"……代替"资本主义"。

如果我们**根据尼·—逊先生关于俄国纺织工业资本化的"研究"**,提出尼·—逊先生怎样看待机器这个问题,那么,除了已经从西斯蒙第那里知道的东西以外,我们不可能得到别的回答。尼·—逊先生承认机器提高劳动生产率(难道这一点还不承认!),这也是西斯蒙第所承认的。尼·—逊先生说,有害的不是机器而是机器的资本主义的使用,西斯蒙第也是这样说的。尼·—逊先生认为"我们"在使用机器时忽略了生产应该适合"人民消费能力",西斯蒙第也是这样认为的。

如此而已。尼·—逊先生再没有谈出更多的东西。关于最新理论所提出和解决的那些问题,尼·—逊先生根本不想知道,因为他既不想研究俄国资本主义生产的各种形式的历史更替(即使是用他所举的纺织工业的例子),也不想研究在**该一**资本主义制度下作为进步因素的机器的作用。

总之,在机器问题这个理论经济学中最重大的问题上,尼·—逊先生也抱着西斯蒙第的观点。尼·—逊先生**完全像浪漫主义者一样议论问题**,当然,这丝毫不妨碍他反复引证。

不仅纺织工业一个例子是这样,尼·—逊先生的全部议论也是这样。只要回忆一下上述面粉生产的例子就够了。指出使用机

---

① 例如,阿·沃尔金就提出了这个问题,见《沃龙佐夫(瓦·沃·)先生著作中对民粹主义的论证》1896年圣彼得堡版。

器,只是尼·—逊先生感伤主义地抱怨劳动生产率的提高不适合"人民消费能力"的一种借口。对机器工业引起的社会制度中的那些改革(它确实在俄国引起了这样一些改革),他根本不想去分析。关于这些机器在该一资本主义社会是否是进步的问题,他完全不了解。①

我们对尼·—逊先生所说的这些话,**更**适用于其他的民粹派经济学家,因为直到现在,民粹主义在机器问题上还抱着小资产阶级浪漫主义的观点,用感伤主义的愿望代替经济分析。

十　保护关税政策[46]

在西斯蒙第的观点体系中,使我们感兴趣的最后一个理论问题,是关于保护关税政策的问题。在《新原理》中有不少地方谈到这个问题,但是他偏重于分析实际方面,即英国的反对谷物法运动。这后一个问题我们下面再来分析,因为它还包括其他一些更广泛的问题。这里使我们感兴趣的只是西斯蒙第对保护关税政策的**看法**。这个问题所以使人感兴趣,不在于西斯蒙第还有上文没有提到的什么新的经济概念,而在于他对"经济"和"上层建筑"的联系的了解。艾弗鲁西要《俄国财富》杂志的读者们相信,西斯蒙第是"现代历史学派最有才华的先驱之一",他"反对把经济现象同其他一切社会因素分离开来"。"西斯蒙第的著作中贯穿着一个观点,就是认为不应该把经济现象同其他社会因素分离开来,而应当

---

① 根据马克思的理论,本文提出了批判尼·—逊先生的观点的任务,这些任务后来我在《俄国资本主义的发展》中完成了。(这是作者为1908年版加的注释。——编者注)

把它们同社会政治性的事实联系起来加以研究。"(《俄国财富》杂志第 8 期第 38—39 页)现在我们就拿一个例子来看看西斯蒙第是怎样理解经济现象同社会政治现象的联系的。

西斯蒙第在《论关税》一章(第 1 卷第 4 篇第 11 章)中说:"禁止进口同禁止出口一样,也是不合理的,也是危险的。发明禁止进口是为了使国家获得它还没有的工场手工业;决不能否认,禁止进口对于新兴的工业等于是给它一笔最大的奖金。这种工场手工业也许只能生产该国某种商品的全部消费量的 1%。这样一来,100个买主一定会互相竞争,以便从唯一的卖主那里得到商品,而被卖主拒绝的 99 个买主就会被迫以走私的货物来满足自己。在这种情况下,国家的损失将等于 100,而利益只等于 1。不管这种新的工场手工业给予国家什么利益,毫无疑问,都远不足以弥补这样巨大的牺牲。要使这种工场手工业发生作用,总是可以找到不太浪费的办法。"(第 1 卷第 440—441 页)

请看,西斯蒙第把这个问题解决得多么简单:保护关税政策是"不合理"的,因为"国家"遭到损失!

我们的这位经济学家说的是什么样的"国家"呢？他把该一社会政治事实同什么样的经济关系作比较呢？他没有拿任何特定的关系来考察,而是**泛泛地**谈论国家,即谈论**他认为应当是**什么样的那种国家。这种应当如何如何的概念,正如我们所知道的,是建立在排除资本主义、让独立小生产占统治地位的基础上的。

但是要知道,把属于而且只属于某个经济制度的社会政治因素同某种虚构的制度加以对比,完全是荒谬的。保护关税政策是资本主义的"社会政治因素",但西斯蒙第不是把它同资本主义比较,而是把它同某种**笼统的**国家(或者是同独立小生产者的国家)

比较。也许他还会把保护关税政策拿去同印度的公社比较，得出更加明显的"不合理"和"危险"，但"不合理"的正是他的比较，而不是保护关税政策。西斯蒙第用幼稚的计算来证明保护关税对群众的好处微乎其微。但这用不着证明，因为这从保护关税政策概念本身就已经可以明显看出（不管这是直接颁发奖金或是排除外国竞争者）。至于保护关税政策反映了社会矛盾，这是不容争辩的。难道在造成保护关税政策的那种制度的经济生活中就没有矛盾了吗？相反，它充满着矛盾，西斯蒙第本人在其全部叙述中也指出了这些矛盾。西斯蒙第不是从他自己也确认的经济制度的那些矛盾中**划出**这一矛盾，却把经济矛盾**忽略**了，从而把自己的论断变成毫无内容的"天真的愿望"。他不是把这种用他的话来说是服务于小集团利益的制度，同这个集团在整个国家经济中的地位以及这个集团的利益加以对比，而是把这种制度同关于"公共福利"的抽象原理加以对比。因而我们看到，与艾弗鲁西的论断相反，西斯蒙第正是把经济现象从其他现象中**孤立出来**（不是把保护关税政策同经济制度联系起来考察），根本**不懂**经济事实和社会政治事实之间的**联系**。我们上面引用的那一大段话，包括了他作为一个理论家对保护关税政策问题所能提供的**全部东西**，其余一切只是它的重复而已。"很值得怀疑，各国政府是否完全懂得它们为了取得这种利益（工场手工业的发展）而付出的代价，以及它们加在消费者身上的那些可怕的牺牲。"（第 1 卷第 442—443 页）"欧洲各国政府都想压制天性（faire violence à la nature）。"压制什么样的天性呢？保护关税政策"压制"的不是资本主义的天性吗？"迫使国家进行可以说是（en quelque sorte）错误的活动。"（第 1 卷第 448 页）"某些政府甚至贴补本国的商人，使他们有可能卖得便宜些；这一牺牲愈是令人惊异,愈是与最简单的计算相抵触,则愈会使人把它归咎于最高的政策……　政府是靠牺牲本国百姓来贴补本国商人的"(第 1 卷第 421 页),如此等等。请看西斯蒙第用什么议论来款待我们! 在其他一些地方,他好像从这些议论中作结论似的,把资本主义称做"人为的"、"培植的"(第 1 卷第 379 页 opulence factice)、"温室的"(第 2 卷第 456 页)等等。他起初用天真的愿望来代替对这些矛盾的分析,后来则直接歪曲现实以迎合这些愿望。结果是,大家如此热心"支持"的资本主义工业是软弱的,没有根基的等等,它在国家经济中并不起主导作用,**因而**这种主导作用是属于小生产的等等。保护关税政策只是一定的经济制度和该制度一定的矛盾造成的,它反映了在国民经济中起**主导**作用的现实阶级的实际利益,——这个不容置疑、不容争辩的事实通过几句感伤的话就变成一种微不足道的东西了,甚至变成与自己对立的东西了!这里还有一个例子(有关农业方面的保护关税政策——第 1 卷第 265 页,论谷物法的那一章):

"英国人告诉我们,说他们的大农场是改进农业技术即用更便宜的开支获得更丰富的农产品的唯一手段,事实上正好相反,他们在用更多的开支生产农产品……"

这段话是极其典型的,它清楚地表明了俄国民粹派所精通的浪漫主义的论断手法! 农场经济的发展及与之相联系的技术进步这一事实,被描绘为蓄意实行的制度:英国人(即英国经济学家)把这种改善农业技术的制度说成是唯一的手段。西斯蒙第想说:除了农场经济以外,"可能"还有别的方法来提高农业技术,也就是说,又是在某个抽象的社会中有"可能",而不是在一定历史时期的现实的社会中,即不是在英国经济学家所谈论的、西斯蒙第也应该谈论的以商品经济为基础的"社会"中有"可能"。"改进农业技术**就是**使自己〈国家?〉获得更丰富的产品。"根本不是"就是"。改进农业技术和改善群众的饮食条件根本不是一回事;在西斯蒙第一心想逃避的那种经济制度中,两者之间的不协调不仅是可能的,而且是必然的。例如,马铃薯播种面积的扩大,可能意味着农业中劳动生产率的提高(种植块根植物)和额外价值的增大,但同时工人的饮食却每况愈下。这又是民粹主义者的⋯⋯不,是浪漫主义者的那套手法:用空话避开现实生活中的矛盾。

　　西斯蒙第继续说:"的确,这些农场主很富裕,很有学识,而且得到各种科学成就的大力支持(secondés),他们套车的马很漂亮,篱笆很结实,田地上的杂草除得很干净,但是他们经不起没有知识、遭受奴隶制压抑、只能在酗酒中寻找安慰、农业技术尚处于原始状态的可怜的波兰农民的竞争。波兰中部汇集的粮食,在付出数百里约①的水运、陆运、海运运费之后,在付出等于本身价值的30%—40%的进口税之后,仍然要比英国最富庶的郡的粮食便宜。"(第1卷第265页)"这一对比使英国经济学家们惶惑不安。"他们拿捐税等等作借口。但问题不在这里。"经营制度本身是很坏的,是建立在危险的基础之上的⋯⋯　不久以前,所有作家都把这一制度说成是值得我们赞美的东西,但是相反,我们应该好好地认识它,以防去模仿它。"(第1卷第266页)

　　这位浪漫主义者不是太天真了吗? 他把英国的资本主义(农场经济)说成是经济学家们所提出的不正确的制度,把闭眼不看农场经济的矛盾的经济学家们的"惶惑不安"看做是**反对**农场主的充

---

　　①　里约是法国旧长度单位,约等于4.5公里。——编者注

分论据。他的了解多么肤浅！他不是在各个集团的利益中,而是在经济学家、作家和政府的谬误中去寻找对经济过程的解释。善良的西斯蒙第竟想使英国和大陆的农场主感到羞愧,使他们不去"模仿"这种"很坏的"制度！

可是不要忘记这是 70 年以前写的东西,那时西斯蒙第所看到的是当时还十分新颖的现象的初步情况。**他**的幼稚还情有可原,因为就是古典经济学家们(他的同时代人)也同样幼稚地认为这些新现象是人类永恒的天性的产物。但是我们要问,我国民粹派在反对俄国正在发展的资本主义的"异议"中是否对西斯蒙第的论据增添了哪怕是一个独创的字眼呢？

总之,西斯蒙第关于保护关税政策的议论表明,他根本没有历史观点。相反,他和 18 世纪的哲学家和经济学家一样,也是十分抽象地进行议论,不同的只是,他宣称,正常而自然的不是资产阶级社会,而是独立小生产者的社会。因此,他完全不了解保护关税政策与一定经济制度的联系,而用他在摆脱经济生活中的矛盾时所用的"荒谬"、"危险"、错误、不合理等等感伤词句,来摆脱社会政治领域中的这个矛盾。因此,他叙述问题极其肤浅,把保护关税政策和自由贸易政策[47] 的问题说成是"错误的"道路和"正确的"道路的问题(用他的术语说,就是资本主义或非资本主义道路的问题)。

最新理论彻底揭发了这些谬误,指出了保护关税政策与历史上一定的社会经济制度、与这个制度中得到政府支持的主导阶级的利益的联系。最新理论指出,保护关税政策和贸易自由的问题是企业主**之间**(有时是各国企业主之间,有时是该国各派企业主之间)的问题。

　　我们把这两种对保护关税政策的看法同民粹派经济学家们对这种政策的态度加以比较,就会看到他们在这个问题上也完全抱着浪漫主义者的观点,他们不是把保护关税政策同资本主义国家比较,而是把它同某种抽象的国家、干脆同"消费者"比较,宣称保护关税政策是对"温室的"资本主义的"错误的"和"不合理的"支持等等。例如,在引起工业企业主和农业企业主冲突的免税输入农业机器的问题上,民粹派**当然**是全力拥护农业……企业主的。我们并不想说他们不对。但这是一个事实问题,是一个一定历史时期的问题,是关于哪一派企业主代表更普遍的资本主义发展利益的问题。如果民粹派是正确的,这当然不是因为课税意味着"人为地""支持资本主义",免税则是支持"自古以来"的人民手工业,而只是因为农业资本主义(它需要机器)的发展加速了农村中世纪关系的消亡和工业的国内市场的形成,从而意味着资本主义更广阔、更自由、更迅速的发展。

　　我们预料在这个问题上会有一种异议,反对把民粹主义者归入浪漫主义者之列。有人也许会说,这里必须把尼·—逊先生区分开来,因为他直截了当地说过,贸易自由和保护关税政策的问题是资本主义的问题,并且不止说一次,甚至还作过"引证"……是的,是的,尼·—逊先生甚至还作过引证! 但是如果有人要向我们引证尼·—逊先生《概况》中的这个地方,那我们就要引用**另外一些地方**,在那里,他宣称支持资本主义就是"培植"资本主义(而且还是在《总结和结论》中宣称的! 第331、323页和第283页),把鼓励资本主义说成是"致命的谬误","我们忽略了","我们忘记了","我们被弄糊涂了"等等(第298页。与西斯蒙第比较一下吧!)。怎样能使这一点与下述论断相容呢? 这个论断就是:支持资本主义(用输出奖金)是"我国经济生活中聚集的许多矛盾之一①；和其余的矛盾一样，它的存在也应归因于整个生产所采取的形式"(第286页)。请注意：**整个生产！**我们要问一问任何一位没有偏见的人，这位认为支持**"整个生产所采取的形式"**是一种"谬误"的作家所持的是什么观点呢？是西斯蒙第的观点还是科学理论的观点？尼·—逊先生的"引证"在这里(和在上面分析过的问题中一样)也是与本题无关的笨拙的插语，丝毫没有反映出认为这些"引证"可以应用于俄国现实的真正信念。尼·—逊先生的"引证"是用最新理论装饰起来的、只能把读者引入歧途的一块招牌。它是一个纯种的浪漫主义者借以藏身的一套不合身的"现实主义者"的服装。②

十一　西斯蒙第在政治经济学史中的　　总的作用

现在，我们已经知道了西斯蒙第在理论经济学方面所有最主要的论点。总结起来，我们看到，西斯蒙第处处都绝对忠于自己，他的观点始终是不变的。他在各方面不同于古典学派的，是他指出了资本主义的矛盾。这是一方面。另一方面，他不能(而且也不

---

① 正如《概况》中"聚集"着对"我们"的号召，"聚集"着忽视这些矛盾而空谈"我们"应该如何如何的叫喊一样。

② 我们怀疑尼·—逊先生是否把这些"引证"当做抵御任何批评的护身符？否则很难解释，尼·—逊先生从司徒卢威先生和杜冈-巴拉诺夫斯基先生那里知道有人把他的学说与西斯蒙第的学说相提并论，为什么他还在《俄国财富》杂志(1894年第6期第88页)的一篇文章中，"引证"了把西斯蒙第列为小资产阶级的反动者和空想家的新理论代表所作的评论[48]。大概，他深信用这类"引证"可以"驳倒"把他本人和西斯蒙第相提并论的做法吧。

想)在任何一点上把古典学派的分析推进一步,因此只限于从小资产者的观点出发,对资本主义进行感伤主义的批评。这种以感伤主义的申诉和抱怨来代替科学分析的做法,决定了他的见解是非常肤浅的。最新理论接受了资本主义存在着矛盾的观点,并对这些矛盾作了科学的分析,在各方面都得出了和西斯蒙第根本不同的结论,因而得出了和他截然相反的对资本主义的看法。

《政治经济学若干原理的批判》(《Zur Kritik》[49],俄译本 1896年莫斯科版)对西斯蒙第在科学史上的总的作用,作了如下的评价:

"西斯蒙第不再为布阿吉尔贝尔的下述观念所束缚,即认为生产交换价值的劳动被货币弄得虚假了;但是,正像布阿吉尔贝尔非难货币一样,西斯蒙第非难大工业资本。"(第 36 页)[①]

作者是想说:正如布阿吉尔贝尔肤浅地把商品交换看做自然制度,反对货币,认为它是"外来因素"(同上,第 30 页)[②]一样,西斯蒙第把小生产也看做自然制度,反对大资本,认为它是外来因素。布阿吉尔贝尔不懂得货币和商品交换之间存在着不可分割的自然联系,不懂得他是把"资产阶级劳动"(同上,第 30—31 页)[②]的两种形式当做外来因素对立起来。西斯蒙第不懂得大资本和独立的小生产之间存在着不可分割的自然联系,不懂得这是商品经济的两种形式。布阿吉尔贝尔"对一种形式的资产阶级劳动进行激烈的攻击","对另一种形式的资产阶级劳动却空想地加以赞美"(同上)[②]。西斯蒙第反对大资本,也就是反对商品经济的一种最发达的形式,陷入了空想,而把小生产者(特别是农民)捧上了天,

---

[①]　参看《马克思恩格斯全集》第 1 版第 13 卷第 51 页。——编者注
[②]　同上书,第 45 页。——编者注

也就是把商品经济的另一种仅仅是萌芽状态的形式捧上了天。

《批判》的作者接着说："如果说在李嘉图那里，政治经济学无情地作出了自己的最后结论并以此结束，那么，西斯蒙第则表现了政治经济学对自身的怀疑，从而对这个结束作了补充。"（第36页）①

这样，《批判》的作者就把西斯蒙第的作用归结为：他**提出了**关于资本主义的矛盾的**问题**，从而提出了进一步分析的任务。《批判》的作者认为，虽然西斯蒙第也想**回答**这个问题，但是他的一切独立见解都是不科学的，肤浅的，反映了他的反动的小资产阶级观点（参看上述一些评论和下面一个同艾弗鲁西的"引文"有关的评论）。

我们把西斯蒙第的学说和民粹主义比较一下，就可以看出，它们几乎在一切方面（除了否认李嘉图的地租论和马尔萨斯对农民的教训以外）都有着惊人的一致，有时甚至措辞也一模一样。民粹派经济学家完全持着西斯蒙第的观点。下面，当我们从西斯蒙第的理论谈到他对实际问题的看法时，我们就会更加确信这一点。

最后，至于说到艾弗鲁西，那么，他无论在哪一点上都没有给西斯蒙第作出正确的评价。艾弗鲁西指出，西斯蒙第强调并斥责了资本主义的矛盾，但是他完全不了解西斯蒙第的理论和科学唯物主义的理论有很大的区别，不了解在对资本主义的看法上浪漫主义的观点和科学的观点是截然相反的。民粹主义者对浪漫主义者的同情，他们的令人感动的一致，妨碍了《俄国财富》杂志文章的作者对这位经济学中的浪漫主义的古典作家作出正确的评价。

---

① 参看《马克思恩格斯全集》第1版第13卷第51页。——编者注

　　我们刚才已引证了对西斯蒙第的评论,说"他表现了"古典经济学"对自身的怀疑"。

　　但是,西斯蒙第并不想只起这种作用(这种作用使他在经济学界享有光荣的地位)。正如我们看到的,他企图解决这些怀疑,但这种企图完全失败了。不仅如此,他还责备古典学派及其科学,但不是责备这种科学没有分析矛盾,而是责备它采用了不正确的方法。西斯蒙第在他那本书的第2版序言中说,"旧科学没有教导我们去了解和预防"新的灾难(第1卷第 XV 页),他解释这个事实时,不是说这种科学的分析不完全,不彻底,而是说它"陷入了抽象"(第1卷第 55 页:亚·斯密的英国新学生们陷入了(se sont jetés)抽象,把"人"遗忘了),"走入了歧途"(第2卷第 448 页)。西斯蒙第对古典学派的责难(这种责难使他得出了上述结论)究竟是什么呢?

　　"那些最有名的经济学家太不注意消费和销售。"(第1卷第124页)

　　从西斯蒙第的时代起,这种责难重复了不知多少遍。他们认为应该把"消费"当做一个特殊的科学部门而同"生产"分开;他们说生产以自然规律为转移,而消费决定于以人们意志为转移的分配,如此等等。大家知道,我国民粹派也坚持这种思想,把分配提到首位①。

---

　　① 不言而喻,艾弗鲁西也没有忘记因此而赞扬西斯蒙第。我们在《俄国财富》杂志第8期第56页上看到有这样的话:"在西斯蒙第的学说中,重要的不是他提出的个别专门措施,而是贯穿于他的整个体系的一般精神。和古典学派相反,他特别着重提出的是分配的利益,而不是生产的利益。"尽管艾弗鲁西一再"引证""最新"经济学家们的话,但是他根本不懂得他们的学说,仍然说些感伤主义的胡话,表明他对资本主义的批评是很粗浅的。我们这位民粹主义

这种责难究竟说明什么呢？这种责难说明他们对政治经济学的对象的了解是极不科学的。政治经济学的对象决不像通常所说的那样是"物质财富的生产"（这是工艺学的对象），而是人们在生产中的社会关系。只有按前一种意思来了解"生产"，才会把"分配"从"生产"中单独划分出来，而在探讨生产的那一"篇"中所包含的，不是历史上特定的各种社会经济形式的范畴，而是关于整个劳动过程的范畴，这种空洞的废话到后来通常只是被用来抹杀历史社会条件的（例如，资本的概念就是这样）。如果我们始终把"生产"看做是生产中的社会关系，那么无论"分配"或"消费"都会丧失任何独立的意义。如果生产中的关系弄清楚了，各个阶级所获得的产品份额**也就**清楚了，因而，"分配"和"消费"也就清楚了。相反，如果生产关系没有弄清楚（例如，不了解整个社会总资本的生产过程），那么，关于消费和分配的任何议论都会变成废话，或者变成天真的浪漫主义的愿望。西斯蒙第是这种论调的创始人。洛贝尔图斯对"国民产品的分配"也谈得很多，艾弗鲁西的"最新"权威们甚至创造了一些特殊的"学派"，这种学派的原则之一就是特别注意分配。[①] 所有这些"分配"和"消费"的理论家们都不能解决社

者在这里也想通过把西斯蒙第和"许多著名的历史学派的代表"加以比较来解救自己；原来，"西斯蒙第走得更远些"（同上），于是艾弗鲁西就心满意足了！比德国教授们"走得更远些"，——你们还要怎么样呢？像一切民粹主义者一样，艾弗鲁西力图把重心移到西斯蒙第批评了资本主义这一点上。对资本主义有各种各样的批评，既可以从感伤主义的观点批评资本主义，也可以从科学的观点批评资本主义，——关于这一点，这位《俄国财富》杂志的经济学家看来是不知道的。

[①] 英格拉姆极其正确地认为西斯蒙第接近于"讲坛社会主义者"（《政治经济学史》1891年莫斯科版第212页），他天真地说："我们已经〈！！〉赞同西斯蒙第对国家的看法，认为国家是这样一种力量，它应该关心……把社会团结和最新进步的福利尽量普及于社会各阶级。"（第215页）西斯蒙第的这种"看法"是多么深奥，我们从保护关税政策的例子中就已经看到了。

会资本和社会收入的区别这样一个基本问题，一直陷在亚·斯密所未能解决的矛盾之中。① 只有一位经济学家成功地解决了这个问题，他从来不把分配单独划分出来，他最坚决地反对对"分配"作"庸俗的"议论（参看彼·司徒卢威在《评述》一书中所引证的马克思对哥达纲领的意见，见第 129 页第 4 章的题词）[50]。不仅如此。解决这个问题的关键，在于对社会资本的**再生产**进行分析。作者既没有把消费也没有把分配当做特殊的问题来谈，但是当他对**生产**进行了彻底分析以后，无论是消费或分配就都十分清楚了。

"对资本主义生产方式的科学分析却证明……分配关系本质上和这些生产关系是同一的，是生产关系的反面，所以二者共有同样的历史的暂时的性质。""工资以雇佣劳动为前提，利润以资本为前提。因此，这些一定的分配形式是以生产条件的一定的社会性质（Charaktere）和生产当事人之间的一定的社会关系为前提的。因此，一定的分配关系只是历史地规定的生产关系的表现。""……每一种分配形式，都会随着它由以产生并且与之相适应的一定的生产形式的消失而消失。"

"只把分配关系看做历史的东西而不把生产关系看做历史的东西的见解，一方面，只是资产阶级经济学刚开始进行还带有局限性的〈不彻底的，befangen〉批判时的见解。另一方面，这种见解建立在一种混同上面，这就是，把社会的生产过程，同反常的孤立的人在没有任何社会帮助的情况下也必须完成的简单劳动过程相混

---

① 例如，见《政治学辞典》中罗·迈耶尔的《收入》这一条目（俄译文载于《工业》文集），它叙述了"最新"德国教授们议论这个问题时的极其混乱现象。使人感到奇特的是，罗·迈耶尔直接依据亚当·斯密，同时在参考书目中又引用了《资本论》第 2 卷中完全是驳斥斯密的**那几章**，而他在条文中却没有提到这一点。

同。就劳动过程只是人和自然之间的单纯过程来说，劳动过程的简单要素是这个过程的一切社会发展形式所共有的。但劳动过程的每个一定的历史形式，都会进一步发展这个过程的物质基础和社会形式。"(《资本论》德文原版第3卷第2部分第415、419、420页)①

西斯蒙第对古典学派的另一种攻击，在他的《新原理》中占的篇幅更多，这种攻击也同样糟糕。"亚·斯密的英国新学生们陷入了抽象，把人遗忘了……"(第1卷第55页)在李嘉图看来，"财富就是一切，而人是微不足道的"(第2卷第331页)。"他们〈为贸易自由辩护的经济学家〉常常为了抽象的理论而牺牲了人和实际利益"(第2卷第457页)等等。

这种攻击是多么陈旧，又是多么新颖！我指的是民粹派所恢复的这种攻击，他们对公开承认俄国资本主义的发展是俄国真正的、实际的和不可避免的发展大吵大嚷。难道他们叫喊"为货币权力辩护"和"社会资产阶级性"**51**等等不就是用不同的方式重复同样的东西吗？对感伤主义地批评资本主义所作的下述评语，用之于他们，比用之于西斯蒙第，**还要合适得多**：用不着对刻薄如此大声叫嚷！刻薄在于事实本身，而不在于表明事实的词句！②

我们说"还要合适得多"，这是因为西欧浪漫主义者还没有看见过对资本主义矛盾的科学分析，他们第一次指出了这些矛盾，并抨击了**没有看到**这些矛盾的人(不过是用"抱怨的话")。

西斯蒙第攻击李嘉图，因为后者从观察和研究资产阶级社会中极其坦率地得出了一切结论：他公开肯定，存在着为生产而生

---

① 见《马克思恩格斯文集》第7卷第994、998、1000页。——编者注
② 参看《马克思恩格斯全集》第1版第4卷第94页。——编者注

产；劳动力变成了商品，人们把它同其他任何商品一样看待；对"社会"来说，重要的只是纯收入，也就是说，只是利润量。① 但是李嘉图说的完全是真理，**事实上一切正是这样**。如果西斯蒙第觉得这一真理是"卑微的真理"，那他就完全不应该在李嘉图的理论中去寻求这种卑微的原因，完全不应该去抨击"抽象"；他对李嘉图的叫喊完全是属于"令人鼓舞的谎言"的范围。

而我国现代的浪漫主义者呢？他们是否想否认"货币权力"的现实呢？他们是否想否认这种权力不但在工业人口中，而且在农业人口中，不管在"村社"农村，还是在穷乡僻壤，都是万能的呢？他们是否想否认这一**事实**和商品经济的必然联系呢？对此他们倒无意表示怀疑。他们只是力图不谈这些。他们害怕说出事实的真相。

我们也完全了解他们为什么这样害怕，因为公开承认现实，对资本主义的感伤主义的（民粹主义的）批评就会失去任何基础。他们这样感情冲动地投入战斗，甚至来不及擦净生锈的浪漫主义的

---

① 例如艾弗鲁西一本正经地重复着西斯蒙第的感伤主义论调，说什么企业主纯收入的增加对国民经济并无好处等等，只是责备他"还没有十分清楚地""意识到"这一点（第 8 期第 43 页）。

我们不妨把这种论调和对资本主义的科学分析的结果比较一下：

社会总收入（Roheinkommen）是工资＋利润＋地租。纯收入（Reineinkommen）是额外价值。

"如果考察整个社会的收入，那么国民收入是工资加上利润加上地租，也就是总收入。但是，这也只是一种抽象，因为在资本主义生产的基础上，整个社会是站在资本主义的立脚点上，因而只把分解为利润和地租的收入看做纯收入。"（第 3 卷第 2 部分第 375—376 页（见《马克思恩格斯文集》第 7 卷第 952 页。——编者注））

可见，作者十分赞同李嘉图和他的"社会""纯收入"的定义，这个定义使西斯蒙第提出了"著名的异议"（《俄国财富》杂志第 8 期第 44 页）："怎么？财富就是一切，而人是微不足道的？"（第 2 卷第 331 页）在现代社会中当然是这样。

武器,这是不足为奇的。他们不择手段,想把对**感伤主义**的批评的敌视说成是对一切批评的敌视,这也是不足为奇的。要知道,他们是在争取自己的生存权利。

西斯蒙第甚至企图把自己的感伤主义的批评吹嘘为**社会科学的特殊方法**。我们已经看到,他责备李嘉图不是因为后者的客观分析没有涉及资本主义的矛盾(这种责备是有根据的),而正是因为这种分析是**客观的**。西斯蒙第说,李嘉图"把人遗忘了"。我们在《新原理》第2版序言中看到这样一段话:

"我认为必须反对那些往往是轻率的、错误的通常评判社会科学著作的方法。社会科学要解决的问题比各种自然科学问题复杂得多;同时,这种问题要诉诸良心正如要诉诸理智一样。"(第1卷第XVI页)俄国读者对于自然科学和社会科学的对立,社会科学要诉诸"良心"这种思想是多么熟悉啊!① 西斯蒙第在这里发表的这些思想,经过几十年后,在遥远的欧洲东部被"俄国的社会学派""重新发现"了,并被当做一种特殊的"社会学中的主观方法"加以

---

① "政治经济学不是单纯计算的科学(n'est pas une science de calcul),而是道德的科学…… 只有注意到人们的情感、需要和热望时,它才能达到目的。"(第1卷第313页)西斯蒙第认为这些充满感情的词句是社会科学的新概念,正如俄国主观学派的社会学们认为自己的十分类似的叫喊是社会科学的新概念一样,其实,这些词句只是说明对资产阶级的批评还处于何等幼稚的原始状态。难道作为严格客观"计算"的对矛盾的科学分析没有正是为了解"情感、需要和热望"(不过不是一般"人"——浪漫主义者和民粹主义者把特殊的小资产阶级内容塞进去的抽象——的热望,而是**一定阶级的人的热望**)提供坚固的基础吗? 而问题在于西斯蒙第**不能从理论上驳倒经济学家**,因此只能说一些感伤的话。"空想的肤浅议论不得不向任何一个多少有些学问的维护资产阶级制度的人实行理论上的让步。这位空想家为了减轻他意识到自己没有力量的感觉,他就安慰自己,责备自己的论敌具有客观性:说什么就算你比我更有学问,可是我比你更善良。"(**别尔托夫**的书第43页)

运用······　　固然,西斯蒙第(我国的社会学家也是这样)呼吁"要诉诸良心正如要诉诸理智一样"①,但是我们已经看到,在一切最重要的问题上,一个小资产者的"良心"已经战胜了一个经济理论家的"理智"。

<h2 style="text-align:center">补　遗②</h2>

这里就感伤的西斯蒙第对科学的"客观"的李嘉图的看法所作的评价是正确的,这在1905年出版的马克思《剩余价值理论》第2卷的一段评论(《剩余价值理论》第2卷第1册第304页及以下各页:《对所谓李嘉图规律的发现史的评论》③)中完全得到了确认。马克思把可怜的剽窃者、被有产者收买的辩护士、无耻的诽谤者马尔萨斯和科学家李嘉图作了对比,他说:

"李嘉图把资本主义生产方式看做最有利于生产、最有利于创造财富的生产方式,对于他那个时代来说,李嘉图是完全正确的。**他希望为生产而生产**,这是正确的。如果像李嘉图的感伤主义的反对者们那样,断言生产本身不是目的本身,那就是忘记了,为生产而生产无非就是发展人类的生产力,也就是**发展人类天性的财富这种目的**本身。如果像西斯蒙第那样,把个人的福利同这个目的对立起来,那就是主张,为了保证个人的福利,全人类的发展应该受到**阻碍**,因而,举例来说,就不能进行任何战争,因为战争无论

---

① 自然科学中的"问题"不也是要诉诸"良心"吗?!
② 补遗是为1908年版本写的。——编者注
③ 参看《马克思恩格斯全集》第1版第26卷(Ⅱ)第120页,下面两处引文见第124页和第126页。——编者注

如何会造成个人的死亡。西斯蒙第只是与那些**掩盖**这种对立、否认这种对立的经济学家相比较而言，才是正确的。"（第 309 页）李嘉图从自己的观点出发，完全可以把无产者同资本主义生产中的机器和商品等同看待。"这是斯多亚精神，这是客观的，这是科学的（"Es ist dieses stoisch, objektiv, wissenschaftlich"）。"（第313 页）显然，这种评价只适用于一定的时代即 19 世纪刚开始的时期。

第 二 章

浪漫主义者对资本主义的批评的性质

对西斯蒙第的"理智"我们已经做了充分的研究。现在我们进一步来看看他的"良心"。我们打算把说明他的**观点**（我们至今只是把它当做与理论问题有关的因素来研究）、说明他对资本主义的**态度**、他对社会的同情、他对自己所处时代的"社会政治"任务的理解等等归纳在一起。

一　对资本主义的感伤主义的批评

西斯蒙第开始写作的那个时代的特征是**交换**（按现代术语来说即货币经济）的迅速发展，这种发展在法国革命消灭了封建主义残余以后表现得特别明显。西斯蒙第毫不犹豫地指责交换的这种发展和加强，抨击"灾难性的竞争"，并吁请"政府保护居民摆脱竞争的后果"（第 1 卷第 7 篇第 8 章）等等。"迅速的交换败坏着人民的美德。老是想多卖些钱，就一定会使卖者抬高价格，进行欺骗；靠经常交换为生的人的处境愈困难，他就愈会情不自禁地去进行欺骗。"（第1卷第169页）要像我国民粹派那样抨击货币经济，就需要这样的天真！"……商业财富在经济制度中只是次要的；首先必须增加提供生活资料的领土的（territoriale——土地的）财富。这个以商业为生的人数众多的阶级，只有在土地产品存在的时候，才应该获得这种产品的一部分；它〈这个阶级〉只有在这种产品增多的条件下才应该增长。"（第1卷第322—323页）对工商业的增长超过农业的发展发出连篇累牍的怨言的尼·—逊先生，是否比这位宗法式的浪漫主义者前进一步呢？浪漫主义者和民粹主义者的这些怨言只是证明他们一点也**不了解**资本主义经济。**能不能有工商业的发展不超过农业这种资本主义**呢？其实资本主义的发展就是商品经济**即**社会分工的发展，社会分工使原料加工业一个个**脱离**农业，而原料的采掘、加工和消费最初是结合在**一个**自然经济之内的。因此，资本主义**随时随地**都意味着：工商业的发展比农业**迅速**，工商业人口增加**较快**，工商业在整个社会经济制度中的比重和作用**较大**①。**不可能**不是这样。尼·—逊先生却在重复这一类怨言，从而一再证明他的经济观点并不比肤浅的感伤的浪漫主义高明。"在美国引起大量破产现象的这种不合理的企业经营精神（esprit d'entreprise）和各种商业过剩之所以能够存在，毫无疑问是由于银行数量的增加和骗人的信贷极易取代实际财产（fortune réelle）"（第2卷第111页），诸如此类的话，不胜枚举。西斯蒙第究竟为什么攻击货币经济（和资本主义）呢？他用什么来反对货币

---

① 在资本主义发展中，农业随时随地**落后于**商业和工业，始终从属于它们并受它们剥削，始终只是在较晚的时候才被它们**引上**资本主义**生产**的途径。

经济呢？用独立的小生产，即农村中的农民自然经济和城市中的手工业。关于前者，他在《论宗法式农业》一章（第1卷第3篇第3章《论宗法式的土地经营》。第3篇是论述"领土"财富即土地财富的）中说道：

"最初的土地所有者自己就是庄稼人，他们用自己的孩子和仆人的劳动来进行一切田间工作。没有一个社会组织①能够保证国内人数最多的阶级得到更多的幸福和具有更多的美德，能够保证所有的人得到更大的满足（opulence），保证社会制度更加巩固…… 在农夫是私有者（où le fermier est propriétaire）和产品完全（sans partage）归从事一切田间工作的人所有的国家中，就是说，在农业是我们称之为宗法式农业的国家中，我们到处都看到农夫热爱他所住的房屋和他所耕种的土地的迹象…… 劳动本身对他是一种欢乐…… 在农业是宗法式农业的幸福国家中，每一块土地的特性都受到研究，并且这些知识一代代传下去…… 比较富裕的人所管理的大农场主经济也许能摆脱偏见和守旧习气。但是这些知识〈l'intelligence，即农业知识〉不会传给劳动者本人，而且也不会得到很好的应用…… 宗法式经济改善着担负一切农业工作的大部分国民的习俗和性格。私有制养成循规蹈矩、省吃俭用的习惯，经常的自足能铲除大吃（gourmandise）大喝的癖性……

---

① 请注意，西斯蒙第（正如我国民粹派一样）一下子就把独立的农民经济变为"社会组织"。这是明显的偷换。是什么把各地的农民联结在一起呢？正是代替了封建联系的社会分工和商品经济。这一下子表明，他把商品经济制度中的一个要素变为空想，而对其他要素则不了解。参看尼•—逊先生的书第322页：《以农民占有生产工具为基础的工业形式》。而农民占有生产工具，无论在历史上或在逻辑上正是**资本主义**生产的**出发点**，这一点尼•—逊先生却并不怀疑！

他〈农夫〉几乎只与自然进行交换,他比其他任何产业工人更少有理由不信任人们,更少有理由采取不正当的手段来反对他们。"(第1卷第165—170页)"最初的农场主都是普通的庄稼人;他们用自己的双手进行大部分的农业工作;他们根据自己家庭的力量操办自己的事业……　他们仍旧是农民:自己犁地(tiennent eux-mêmes les cornes de leur charrue);自己在地里和马厩里照管牲畜;生活在新鲜空气中,习惯于经常的劳动和简单的饮食,这就造成了强壮的公民和勇敢的士兵。① 他们几乎从来不使用日工来共同劳动,而仅仅使用仆人(des domestiques),这些人通常是从与自己一样的人中挑选的,对这些人他们平等相待,同桌进餐,饮同样的酒,穿同样的衣服。这样,农夫及其仆人就构成一个农民阶级,他们为同样的感情所鼓舞,分享同样的欢乐,受到同样的影响,以同样的纽带与祖国联系着。"(第1卷第221页)

你们看,这就是标榜一时的"人民生产"! 不能说西斯蒙第不了解生产者联合起来的必要性,他直截了当地说过(见下面),"他也是(和傅立叶、欧文、汤普森、梅隆一样)希望实现联合的"(第2卷第365页)。不能说他拥护的正是**私有制**,恰恰相反,他认为重心是小经济(参看第2卷第355页)而不是小私有制。显然,小农经济的这种理想化在另外的历史条件和生活条件下具有不同的形式。然而,无论是浪漫主义还是民粹主义都正是把小农经济捧上了天,这是不容置疑的。

西斯蒙第同样也把原始的手艺和行会理想化。

"一个农村鞋匠同时又是商人、工厂主和工人,不接到订货,他

---

① 请读者把司徒卢威先生在他的《评述》第17页上引证的那位19世纪末叶的"先进"政论家**52**的言论,同老祖母讲的那些引人入胜的故事比较一下吧。

是一双鞋子也不做的"(第2卷第262页),而资本主义工场手工业不知道需求就会遭到破产。"毫无疑问,无论从理论或实际方面来看,行会(corps de métier)的建立阻碍了而且一定会阻碍过剩人口的形成。同样毫无疑问,这种人口在目前是存在的,它是现代制度的必然结果。"(第1卷第431页)这一类话可以摘引很多,但是我们把西斯蒙第的实际处方留到以后来分析。为了深入研究西斯蒙第的观点,我们在这里只谈上面这些。上面的议论可以概括如下:(1)斥责货币经济破坏了小生产者的有保障的生活和他们的相互接近(不管是手艺人接近消费者,还是农夫接近与他一样的农夫);(2)颂扬小生产保证生产者的独立性和消除资本主义的矛盾。

必须指出,这两种思想是民粹主义的重要财产①,我们打算深入考察它们的内容。

浪漫派和民粹派对货币经济的批评可以归结为:认为货币经济产生了个人主义②和对抗(竞争),使得生产者的生活没有保障,社会经济不稳固③。

先谈"个人主义"。他们通常把某一村社的农民的联合,或某一行业的手艺人(或手工业者)的联合,同破坏这些联系并以竞争代替这些联系的资本主义对立起来。这种议论重复着浪漫主义的典型错误:根据资本主义的矛盾而得出否定资本主义是**社会组织**

① 尼·—逊先生在这个问题上也讲了一大堆自相矛盾的话,从中可以**随便**挑出一些彼此毫无联系的论点来。然而,毫无疑问,他是用"人民生产"这个含混不清的术语把农民经济理想化了。含混不清是进行任何改头换面的特别有利的环境。

② 参看尼·—逊的书第321页末尾及其他各页。

③ 同上书,第335页。第184页:资本主义"消灭了稳固性"。以及其他许多地方。

的高级形式的结论。难道破坏中世纪村社、行会和劳动组合等等的联系的资本主义没有用别的联系代替这些联系吗？难道商品经济不已经是生产者之间的**联系**，不已经是**市场**所建立的联系吗？①**这种联系**具有对抗性，充满波动和矛盾，但我们决不能否认**它的存在**。我们知道，正是矛盾的发展日益清楚地显露出这种联系的力量，**迫使**社会的各个分子和各个阶级力求联合起来，而这种联合已经不是一个村社或一个区域的狭隘范围内的联合，而是**全国**甚至各国某一阶级的一切代表的联合。只有浪漫主义者从自己的反动观点出发才会否认这些联系的存在及其比较深刻的意义，而这种联系是以在国民经济中的作用的共同性为基础，而不是以地区、职业、宗教等等的利益为基础的。如果说，这种议论使那位在资本主义造成的这些新联系尚处于萌芽状态时期就著书立说的西斯蒙第得到了浪漫主义者的称号，那么，我国民粹派自然更应该得到这样的评价了，因为**现在**只有十足的瞎子才会否认这些联系的重大意义。

　　所谓没有保障、不稳固等等，这又是我们谈到国外市场时评论过的陈词滥调。这种攻击也暴露出，这位浪漫主义者所胆怯地谴责的，正是科学理论认为是资本主义最重要的东西：资本主义所固有的发展趋向，不可遏止的前进趋向，它不能停滞不前，或者说它不能用原有的规模来再生产经济过程。只有编造一些

---

① "其实，**社会**、**联合**这样的字眼是可以用于一切社会的名称，既可以用于封建社会，也可以用于资产阶级社会——建筑在竞争上的联合。因此，怎么可能有认为仅仅靠**联合**这个词就可以驳倒竞争的作家呢？"（马克思《哲学的贫困》（参看《马克思恩格斯文集》第 1 卷第 634 页。——编者注））**53**作者极其尖锐地批评了对竞争的感伤主义的谴责，直接指出了竞争的**进步方面**，指出了它是推动"技术进步和社会进步"的动力。

空幻的计划来把中世纪的联合(村社之类)扩大到整个社会去的空想家,才会漠视这样一个事实:资本主义的"不稳固"正是巨大的进步因素,它加速社会的发展,把越来越多的居民群众卷入社会生活的漩涡,迫使他们考虑社会生活制度,迫使他们自己"缔造自己的幸福"。

尼·—逊先生所谓的资本主义经济的"不稳固",交换不按比例的发展,工农业之间和生产消费之间均衡的破坏以及危机的反常性等等,无可争辩地证明他还完全持着**浪漫主义**的观点。因此,批评欧洲浪漫主义的**每字每句**也都能用来批评他的理论。下面就是证明。

"我们且听听布阿吉尔贝尔老头是怎样说的。

他说:'各种商品的价格必须永远是**成比例的**,因为只有这种相互的协调才能使它们……**时时刻刻能**……重新生产…… 财富无非是人和人之间、企业和企业之间等的这种不断的交换,那么,如果不在因价格比例的破坏而引起的这种交换的中断中寻求贫困的原因,将是一种极大的谬误。'

我们也听听一位现代①经济学家是怎样说的:

'应当运用于生产的重要规律就是**比例性**规律(the law of proportion),只有它才能保持价值经常不变…… 等价物必须得到保证…… 一切国家在各个时代都企图用许多商业上的规定和限制至少在一定程度上来实现这个比例性规律。但是人性固有的利己心把这整个调节制度推翻了。比例生产(proportionale production)就是社会经济科学全部真理的实现。'(威·阿特金森《政

① 写于 1847 年。

治经济学原理》1840年伦敦版第170页和第195页）

特洛伊城已不存在！[54]人们一再迫切希望实现的这种供求之间的正确比例早就不存在了。这种正确比例已经过时了；它只有在生产资料有限、交换是在极狭隘的范围内进行的时代，才可能存在。随着大工业的产生，这种正确比例必然（musste）消失；由于自然必然性规律，生产一定要经过繁荣、衰退、危机、停滞、新的繁荣等等周而复始的更替。

谁像西斯蒙第那样想恢复生产的正确比例，同时又要保存现代的社会基础，谁就是反动者，因为要贯彻自己的主张，他们必定要竭力恢复旧时工业的一切其他条件。

是什么东西维持了生产的正确的或大致正确的比例呢？是支配供给并先于供给的需求；生产是紧随着消费的。大工业由于它所使用的工具本身，不得不以越来越大的规模进行生产，它不能等待需求。生产走在需求前面，供给强制需求。

在现代社会中，在以个人交换为基础的工业中，生产的无政府状态是灾难丛生的根源，同时又是一切进步的根源。

因此，二者必居其一：或者是希望在现代生产资料的条件下保持过去几个世纪的正确比例，这就意味着他既是反动者又是空想家。

或者是希望一种没有无政府状态的进步，那就必须放弃个人交换来保存生产力。"（《哲学的贫困》第46—48页）①

后一句话是作者与蒲鲁东论战时针对后者说的，因而也就说明他自己的观点既不同于西斯蒙第的观点，也不同于蒲鲁东的观点。当然，尼·—逊先生在自己**所有的**看法上，既不接近于前者，也不接

---

① 参看《马克思恩格斯全集》第1版第4卷第108—109页。——编者注

近于后者。① 但是，请探讨一下这段话的内容。上述引文的作者的基本论点，以及使他与前辈们发生不可调和的矛盾的基本思想，究竟是什么呢？不容争辩，是他把资本主义的不稳固性（这一点是**所有这三位作家都确认的**）问题置于**历史的**基础上，并且认为这种不稳固性是**一种进步的因素**。换句话说，第一，他认为通过比例失调、危机等等而实现的这一资本主义的发展是**必然的发展**，他说，生产资料（机器）的性质本身就引起无限扩大生产的趋向，并使供给经常先于需求。第二，他认为生产力的发展、全社会范围内劳动的社会化、人口流动性的增强和居民觉悟性的提高等等，是这一发展中的**进步因素**。这两点就是他同西斯蒙第和蒲鲁东不同的地方，而在指出"不稳固性"及其所造成的矛盾方面，在真诚希望消灭这些矛盾方面，西斯蒙第和蒲鲁东是同他一致的。不了解这种"不稳固性"是任何资本主义和商品经济的**必然**特征，使他们陷入了**空想**。不了解这种不稳固性**本身具有的**进步因素，使他们的理论成了**反动的理论**②。

　　现在我们请民粹派先生们回答如下问题：尼·—逊先生是否同意科学理论对上述两点的看法呢？他是否承认不稳固性是这一制度和这一发展的特性呢？他是否承认这种不稳固性是进步因素呢？谁都知道，他是不承认的，相反，尼·—逊先生宣称资本主义

---

① 虽然这还是一个大问题：**为什么没有接近？** 是否只是由于这两位作家考虑到当前的经济制度及其在全人类发展中的地位和作用，便更广泛地提出了问题，而不把自己的眼界局限于**一个仿佛可以为之编造一套特殊理论的国家**。

② 这里是就**哲学历史**的意义上来使用这个术语的，它只是说明那些把**过时的**制度当做自己学说的标本的理论家犯了**错误**。它与这些理论家的个人品质和他们的纲领完全无关。任何人都知道，就通常意义而言，西斯蒙第和蒲鲁东都不是反动分子。我们所以要来解释这种起码的常识，是因为我们下面就会看见，民粹派先生们对此至今还未领会。

的这种"不稳固性"不过是一种反常现象，是一种偏差等等，并且认为这种不稳固性是一种没落和倒退（参看上面的"**消灭稳固性**"），他把经济停滞本身理想化（请回想"历代的基石"和"万古神圣的基础"等等），实际上，破坏这种停滞正是"不稳固的"资本主义的历史功绩。因此，很明显，我们把他列为浪漫主义者是完全正确的，他的任何"引文"和"引证"都改变不了**他本人的议论的这种性质**。

稍后我们在谈到浪漫主义和民粹主义对农业人口因工业人口增加而减少的现象所采取的敌视态度时，还要谈论这种"不稳固性"，现在我们要引证的，是《政治经济学若干原理的批判》一文中专门分析对货币经济的**感伤主义**的攻击的一段话。

"这种特定的社会身份〈即卖者和买者的身份〉，决不是来自人的个性，而是来自以商品这个特定形式来生产产品的人们之间的交换关系。买者和卖者之间所表现的关系，不是纯粹的个人关系，因为他们两者发生关系，只是由于他们的个人劳动已被否定，即作为非个人劳动而成为货币。因此，把买者和卖者的这种经济上的资产阶级身份理解为人的个性的永恒的社会形式，是荒谬的，把他们当做个性的消灭而伤心，也同样是错误的。

从伊萨克·贝列拉先生的《关于工业和财政的讲义》1832年巴黎版中摘出的下面一段话表明，甚至在买卖中表现得十分肤浅的对抗形式已经如何深深地损伤了高尚的灵魂。就是这个伊萨克，这个动产信用公司的创办人和独裁者，享有巴黎交易所之狼的臭名。这同时表明，这种对政治经济学的伤感的批评究竟有什么意义。贝列拉先生当时还是圣西门的信徒，他说：'因为个人不论在劳动上或在消费上都是孤立的、彼此分离的，所以他们要彼此交换他们各自的产品。由于必须进行交换，就必须决定物品的相对价值。因而价值和交换的观念是密切联系的,两者在实际形式中表现了个人主义和对抗性……　产品价值之所以能够确定,只是因为存在着买卖,换句话说,存在着社会不同成员之间的对抗性。只是在有买卖的地方,就是说,在每一个人被迫为获得维持生存所必需的物品而**斗争**的地方,人们才为价格和价值操心。'"(上述著作第68页)[1]

请问,贝列拉的**感伤主义**表现在什么地方呢? 他仅仅讲到资本主义所固有的个人主义、对抗性和斗争,他所说的正是我国民粹派用不同方式说的,而且我国民粹派所说的似乎是真理,因为"个人主义、对抗性和斗争"确实是交换和商品经济的必然属性。感伤主义表现在这里:这位一味斥责资本主义矛盾的圣西门主义者,**只看见这些矛盾**,而忽略了这样一个事实,**交换**也表明**社会经济**的一种特殊形式,因而它**不仅使人们分开**(这只对资本主义所破坏的中世纪联合来说才是正确的),**而且使人们结合**,使他们通过市场彼此发生关系。[2] 正是由于一味"痛骂"(从空想主义观点出发)资本主义而造成的这种肤浅的了解,使得引文作者有理由把贝列拉的批评称为**伤感的批评**。

但是,早已被人遗忘的圣西门主义的早已被人遗忘的信徒贝列拉同我们有什么关系呢? 把民粹主义的一位最新的"信徒"拿来谈谈不是更好吗?

"生产……丧失了人民性而具有个人的资本主义的性质。"(尼·—逊先生《概况》第321—322页)

请看,这位改头换面的浪漫主义者是怎样议论的:"人民生产

---

[1]　参看《马克思恩格斯全集》第1版第13卷第85—86页。——编者注

[2]　在整个国家甚至全世界的范围内,用社会地位和社会利益的统一代替了地方性的、等级制的联盟。

已成为个人生产。"因为作者想把"人民生产"理解为村社55，所以他指出生产的**社会性在减弱**，生产的**社会形式在缩小**。

果然是这样吗？"村社"仅仅使得（**就假定使得**；反正我们准备向作者作任何让步）同其他任何一个村社相隔绝的单个村社的生产有组织。生产的社会性只包括**一个村社**的成员。①　而资本主义则造成了一个国家生产的社会性。"个人主义"就是社会关系的破坏，但是破坏这种联系的是**市场**，它用不是由村社、等级、职业、狭隘的手工艺区等等联系起来的**许多个体**之间的联系代替了这种联系。资本主义造成的联系表现为矛盾和对抗，**因此**，我国这位浪漫主义者不愿看到这种联系（虽然村社作为一种生产组织，也始终具有旧生产方式所固有的那些矛盾和对抗的形式）。空想主义的观点把他对资本主义的批评变成了**伤感主义的批评**。

二　浪漫主义的小资产阶级性

把小生产理想化，向我们表明了浪漫主义和民粹主义批评的另一个特点，即这种批评的**小资产阶级性**。我们看到，法国和俄国的浪漫主义者都同样把小生产当做一种"社会组织"，一种"生产形态"，**并把它同资本主义对立起来**。我们也看到，这种对立只不过说明他们的了解极端肤浅，这是人为地不正确地把商品经济的一种形式（大工业资本）分离出来加以斥责，而把同一商品经济的**另一种形式**（小生产）加以乌托邦式的理想化。19世纪初的欧洲浪漫主义者，以及19世纪末的俄国浪漫主义者的不幸就在于，他们

---

①　根据地方自治局的统计材料（布拉戈维申斯基《汇编》），在22个省的123个县中，**村社**的平均规模是53户，有男女323人。

臆想出一种独立于社会生产关系之外的抽象的小经济，而**忽略了**一个小小的情况，就是这种小经济实际上是处于**商品生产**的环境中，——无论 19 世纪 20 年代欧洲大陆的小经济，或者 19 世纪 90 年代俄国的农民经济，都是这样。因此，被浪漫主义者和民粹主义者捧上天的小生产者，**实际上是小资产者**，他们和资本主义社会的所有其他成员一样，也处在同样的矛盾关系中，同样用斗争来捍卫自己，这种斗争一方面不断地分离出少数大资产者，另一方面则把大多数人赶入无产阶级的队伍。实际上，正如大家看见和知道的，不处于这两个对立阶级**之间**的小生产者是不存在的，这种中间地位必然决定了小资产阶级的特殊性，即两重性、两面性，它倾向于斗争中幸运的少数，敌视"倒霉"的多数。商品经济愈向前发展，这些特质就表现得愈明显、愈突出，把小生产理想化只是反映了反动的**小资产阶级观点**，这一点就看得愈清楚。

不要误解《政治经济学若干原理的批判》的作者加在西斯蒙第身上的那些术语的意思。那些术语决不是说西斯蒙第**维护**落后的小资产者。**西斯蒙第在任何地方都没有维护他们**：他想站在一切劳动阶级的立场上，他表示同情这些阶级的一切代表，例如他对工厂立法感到高兴，他攻击资本主义并指出它的矛盾。总之，他的观点和现代民粹派的观点是完全一样的。

请问，究竟根据什么把他评定为小资产者呢？就是根据他不了解小生产（他把它理想化）和大资本（他攻击它）之间的联系，就是根据他**没有看见**他所偏爱的小生产者即农民实际上正在成为小资产者。任何时候都不应该忘记下面这个把不同作家的理论归结为不同阶级的利益和观点的说明：

"然而也不应该狭隘地认为，似乎小资产阶级原则上只是力求实现其自私的阶级利益。相反，它相信，保证它自身获得解放的那些**特殊**条件，同时也就是唯一能拯救现代社会并避免阶级斗争的**一般**条件。同样，也不应该认为，所有的民主派代表人物都是小店主或崇拜小店主的人。按照他们所受的教育和个人的地位来说，他们可能和小店主相隔天壤。使他们成为小资产阶级代表人物的是下面这样一种情况：他们的思想不能越出小资产者的生活所越不出的界限，因此他们在理论上得出的任务和解决办法，也就是小资产者的物质利益和社会地位在实际生活上引导他们得出的任务和解决办法。一般说来，一个阶级的**政治代表**和**著作界代表**同他们所代表的阶级之间的关系，都是这样。"（卡·马克思《路易·波拿巴的雾月十八日》，巴扎罗夫和斯捷潘诺夫译本第 179—180 页）**56**

　　因此，民粹主义者极其可笑，他们以为指出小资产阶级性的目的只是想说些特别恶毒的话，他们以为这只是一种论战手法。他们的这种态度，说明他们不了解他们的论敌的总的见解，主要是不了解他们都"同意"的**那种**对资本主义的批评的原则本身，以及这种批评同伤感主义的、小资产阶级的批评的**区别**。他们极力回避关于后一种批评、关于这一种批评在西欧的存在以及它对科学批评的态度的问题，单是这种回避本身就已经清楚地表明，**为什么民粹派不想了解这种区别**。①

---

①　例如艾弗鲁西曾写了两篇关于西斯蒙第"怎样看资本主义的增长"的文章（《俄国财富》杂志第 7 期第 139 页），但是，他仍然**一点不了解**西斯蒙第究竟是**怎样看**的。《俄国财富》杂志的这位撰稿人**没有看出**西斯蒙第的小资产阶级观点。既然艾弗鲁西确实熟悉西斯蒙第，既然他熟悉这样评述西斯蒙第的最新理论的代表（我们下面会看到），既然他也想"赞同"这位新理论的代表，那么他的不了解完全是真正的不了解。这位民粹主义者也不可能在这位浪漫主义者身上看出在他自己身上没有看出来的东西。

现在我们举例说明。1896 年《俄国思想》杂志[57]第 5 期的书评栏(第 229 页及以下各页)谈到,知识界中一个根本和绝对敌视民粹主义的"集团在最近出现了,并以惊人的速度发展着"。评论家先生极其扼要地指出了这种敌视的原因和性质,我们不能不以感激的心情指出,他同时十分准确地叙述了敌视民粹主义的那种观点的**实质**①。评论家先生不同意这种观点。他不了解,有了关于阶级利益的观念等等,我们就必须否定"人民的理想"("只是**人民的**,而不是民粹主义的";同上,第 229 页),据说这种理想就是农民即大多数居民的福利、自由和觉悟。

评论家先生说:"当然有人会像反对别人那样来反对我们,说一个农民作者的理想(这里指的是一个农民表述出来的愿望)是小资产阶级的,因而我国著作界至今还是小资产阶级利益的代表者和捍卫者。其实这完全是危言耸听,它除了能吓唬具有莫斯科河南岸的老板娘的世界观和心理的人以外,还能吓唬谁呢?⋯⋯"

话说得真厉害! 不过我们还是听下去:

"⋯⋯无论是人类共同生活的条件,还是有意采取的社会措施,它们的主要标准其实并不是经济范畴(何况这种范畴还是从不同于本国的、在另外情况下形成的条件中抄袭来的),而是大多数居民的物质上和精神上的幸福和福利。如果某种生活方式以及维持和发展这种生活方式的某些措施能导致这种幸福,那么,称它们为小资产阶级的也好,称它们为别的什么也好,问题并不会因此而改变,它们(这种生活方式和这些措施)本质上仍将是进步的,因而

---

①　当然,这听起来很奇怪:称赞一个人准确地传达了别人的思想!! 但是你们叫我怎么办呢? 对于在《俄国财富》杂志和旧《新言论》[58]上经常论战的克里文柯先生和沃龙佐夫先生来说,**这样**的论战的确是一种特殊的例外。

也将是**在当时的条件和当时的状况下社会能够达到的最高理想**。"（同上，第229—230页，黑体是原作者用的）

难道评论家先生没有发觉他自己在论战方酣时已经跳过了问题吗？

他声色俱厉地宣称，责备民粹主义具有小资产阶级性"完全是危言耸听"，但他拿不出任何东西来证明这种断言，只是提出如下一个令人十分惊异的论点："标准……不是经济范畴，而是大多数人的幸福。"其实这就等于说：气候的标准不是气象观测，而是大多数人的感觉！请问，这些"经济范畴"不是居民，并且不是一般"居民"，而是在**这一**社会经济制度中占一定地位的**特定**居民集团的经济条件和生活条件的**科学表述**，又是什么呢？ 评论家先生把关于"大多数人的幸福"这个极其抽象的论点同"经济范畴"对立起来，不过是把上世纪末叶以来社会科学的全部发展一笔勾销，而返回到忽视一定社会关系及其发展的幼稚的唯理论的思辨上去了。他大笔一挥就勾销了渴望**了解**社会现象的人类思想界找了上百年才取得的全部成果！ 评论家先生以这种方式摆脱了一切科学成就后，就**认为问题已经解决了**。他的确也直截了当地下结论说："如果某种生活方式……能导致这种幸福，那么，不管把它称为什么，问题并不会因此而改变。"你看，怎么会这样呢！ 其实问题正在于这**是什么样**的生活方式。作者自己也刚刚说过，另外有一些人，他们反对把农民经济看做是一种特殊的生活方式（"人民生产"或者随便别的什么），他们断言，这决不是一种特殊的生活方式，而是最平常的**小资产阶级的**生活方式，也就是商品经济和资本主义国家中所有其他小生产的生活方式。从第一种见解中自然会得出结论说，"这种生活方式"（"人民生产"）能"导致幸福"，而从第二种见解中也自然会得出结论说，"这种生活方式"（小资产阶级的生活方式）只能导致资本主义，它把"大多数居民"赶入无产阶级的队伍，使少数人变为农业的（或者工业的）资产阶级。评论家先生朝天放了一枪，而在枪声的掩盖下，认为正是第二种见解（被毫不容情地宣称为"完全是危言耸听"）所否定的东西已经得到了证实，这难道还不明显吗？

如果他想认真分析第二种见解，那他显然就应该证明下述二者之一：或者证明"小资产阶级"是一个不正确的科学范畴，**没有小资产阶级的资本主义和商品经济是可以设想的**（民粹派先生们也是这样设想的，因此他们就完全回到西斯蒙第的观点上去了）；**或者**证明这个范畴**不适用于俄国**，也就是说，我们这里既没有资本主义，也没有商品经济的统治，小生产者没有变成商品生产者，他们中间并未发生大多数人被赶出、少数人的"独立"得到巩固的上述过程。现在，我们看到，他把指出民粹主义具有小资产阶级性当做是想"欺负"民粹派先生们的一种无聊欲望，我们又读到上面"危言耸听"那句话，我们不禁想起一句有名的格言："别那么想，基特·基特奇！谁能欺负您呢？只有您能欺负别人！"**59**

三　工业人口因农业人口减少而增加的问题

现在我们回头来谈西斯蒙第。他不仅把小资产阶级理想化，不仅浪漫主义式地不懂得在这一社会经济制度下"农民"如何变为小资产阶级，他还对农业人口因工业人口增加而减少的现象有十分典型的看法。大家知道，这种现象是一个国家资本主义发展的最突出的表现之一,在一切文明国家中可以看到,在俄国也可以看到①。

西斯蒙第是当时杰出的经济学家,他当然不能不看到这个事实。他公开确认这一事实,但完全不懂得它与资本主义发展(更广泛些说,与社会分工、与这一现象引起的商品经济的增长)的必然联系。他单纯地**斥责**这种现象是"制度"的某种缺点。

西斯蒙第指出英国农业的巨大进步后说:

"但是,在颂扬这些精耕细作的田地时,还应该看到耕种这些田地的居民;他们比法国耕种同样大小田地的居民少一半。在某些经济学家看来这是赢利;在我看来这是损失。"(第 1 卷第 239页)

很明显,资产阶级思想家认为这种现象是一种赢利(我们马上就可以看到,对资本主义进行科学批评的观点也是**如此**),是因为他们以此表明了资产阶级的财富、商业和工业的增长。西斯蒙第急于**斥责**这种现象,却忘记想一想产生这种现象的原因。

他说:"据估计,法国和意大利有五分之四的人口属于农民阶级,有五分之四的国民吃本国的粮食,不管国外粮食的价格如何。"(第 1 卷第 264 页)特洛伊城已不存在! 这句话对此完全适用。现在,不完全依赖**粮食价格**即不完全依赖世界资本主义粮食生产的国家(即使是农业占最大比重的国家)已经没有了。

"如果一个国家只能依靠每个人拿同样多的工资而进行更多

----

① 在改革后的时代欧俄城市人口的百分数增加了。我们在这里只是指出这一人所共知的特征,虽然它**远没有**把现象**完全**反映出来,没有把俄国不同于西欧的重要特点包括进去。这里不是分析这些特点(农民没有流动的自由,工业村和工厂村的存在,国内垦殖等等)的地方。

的劳动来增加自己的商业人口,那么它就一定会害怕自己的工业
人口增加起来。"(第1卷第322页)读者可以看到,这不过是毫无
意义的善意劝告,因为在这里,"国家"这个概念是建立在把组成这
个"国家"的各个阶级之间的矛盾人为地抽象掉的基础上的。西斯
蒙第和任何时候一样,只是用希望不存在矛盾的……天真愿望来
回避这些矛盾。

"英国从事农业的只有770 199户,从事商业和工业的有
959 632户,属于其他社会阶层的有413 316户。在总共2 143 147
户或10 150 615人中,有这样大一部分居民靠商业财富为生,真
是可怕(effrayante)。幸亏法国还远没有这样多的工人依赖远方
市场上的得失。"(第1卷第434页)在这里,西斯蒙第甚至忘记了
这种"幸运"完全是由法国资本主义发展的落后造成的。

西斯蒙第在描述现代制度中他认为是"合乎心愿"的变化(这
些变化下面再谈)时指出:"毫无疑问,结果〈按浪漫主义者的口味
进行改造的结果〉是,不止一个单靠工业为生的国家势必要接连不
断地关闭许多作坊,过分增加的城市人口就会迅速减少,而农村人
口就会增加起来。"(第2卷第367页)

对资本主义的感伤主义批评的软弱无力和小资产者的绝望惆
怅,在这个例子上表现得特别明显!西斯蒙第只**悲叹**①事情是这
样而不是那样。他对农村居民宗法式的愚钝和闭塞的乐园的毁灭
感到的悲哀是如此深重,以至我们这位经济学家连产生现象的原
因也不去分析了。因此,他忽略了工业人口的增加同商品经济和

---

①　"这一思潮〈即以西斯蒙第为首的小资产阶级批评的思潮〉在它以后的发展中
　　变成了一种怯懦的悲叹。"(见《马克思恩格斯文集》第2卷第57页。——编
　　者注)

资本主义有必然的密切的联系。商品经济随着社会分工的发展而发展,而这种分工也就是工业部门和原料加工业一个个**脱离**农业而独立,从而造成工业人口。因此,议论商品经济和资本主义而不注意工业人口相对增加的规律,就是根本不了**解这一**社会经济制度的**基本**特性。

"资本主义生产方式由于它的本性,使农业人口同非农业人口比起来不断减少,因为在工业(狭义的工业)中,不变资本比可变资本的相对增加,是同可变资本的绝对增加结合在一起的,虽然可变资本相对减少了①;而在农业中,经营一定土地所需的可变资本则绝对减少;因此,只有在耕种新的土地时,可变资本才会增加②,但这又以非农业人口的更大增加为前提。"(第 3 卷第 2 部分第 177 页)③

在这一点上,最新理论的观点也是同怀着感伤的哀怨的浪漫主义截然相反的。了解现象的必然性,自然就会对它采取迥然不同的态度,就能估计到它的各个方面。我们所研究的现象也是资本主义制度最深刻最一般的矛盾之一。城乡分离、城乡对立、城市剥削乡村(这些是发展着的资本主义到处都有的旅伴)是"商业财富"(西斯蒙第的用语)比"土地财富"(农业财富)占优势的必然产

---

① 读者可以根据这点来判断尼·—逊先生的机智,他在《概况》中明目张胆地把可变资本和工人人数的**相对**减少变为**绝对**减少,并由此得出国内市场"缩小"等等一大堆极其荒谬的结论。

② 我们也注意到了这一条件,所以我们说,俄国的国内垦殖使工业人口增加较快的规律表现复杂化了。只要记起人口早已稠密的俄国中心地带(那里工业人口的增加与其说是依靠城市,不如说是依靠工厂村镇)和改革以后人口才稠密起来的新罗西亚(那里城市增长的速度可以和美国相比)之间的区别就够了。我们打算在另外一个地方更详细地来分析这个问题。

③ 见《马克思恩格斯文集》第 7 卷第 718 页。——编者注

物。因此,城市比乡村占优势(无论在经济、政治、精神以及其他一切方面)是有了商品生产和资本主义的一切国家(包括俄国在内)的共同的必然的现象,只有感伤的浪漫主义者才会为这种现象悲痛。与此相反,科学理论指出了大工业资本为这一矛盾带来的**进步**方面。"资本主义生产使它汇集在各大中心的城市人口越来越占优势,这样一来,它……聚集着社会的历史动力(die geschichtliche Bewegungskraft der Gesellschaft)[1]。"[2]如果城市的优势是必然的,那么,只有把居民吸引到城市去,才能削弱(正如历史所证明的,也确实在削弱)这种优势的片面性。如果城市必然使自己处于特权地位,使乡村处于从属的、不发达的、无助的、闭塞的状态,那么,只有农村居民流入城市,只有农业人口和非农业人口混合和融合起来,才能使农村居民摆脱孤立无援的地位。因此,最新理论在回答浪漫主义者的反动的怨言和牢骚时指出,正是农业人口和非农业人口的生活条件接近才创造了消灭城乡对立的条件。

　　试问,我国民粹派经济学家们在这个问题上抱什么观点呢?毫无疑问,是感伤的浪漫主义观点。他们不仅不懂得在这一社会经济制度下工业人口增加的**必然性**,甚至像一只把脑袋藏在羽翼下的鸟一样,**竭力不去看**现象本身。彼·司徒卢威指出:尼·—逊

---

① 参看对工业中心在居民智力发展方面的进步作用所作的同样非常清楚的评述——1845 年出版的《英国工人阶级状况》(《马克思恩格斯文集》第 1 卷第 452—455 页。——编者注)。承认这种作用并不妨碍《英国工人阶级状况》的作者深刻了解表现在城乡分离上的矛盾。他那部反对杜林的论战性著作证明了这一点。(参看《马克思恩格斯文集》第 9 卷第 306—315 页。——编者注)

② 见《马克思恩格斯文集》第 5 卷第 579 页。——编者注

先生在关于资本主义的议论中断定可变资本**绝对**减少，这是莫大的错误（《评述》第 255 页）；根据俄国工业人口百分数较小就把俄国与西方对立起来，而不注意这个百分数由于资本主义的发展而**增加**，这是荒谬绝伦的①（1893 年《社会政治中央导报》**60**第 1 期）；他所指出的这些果然没有得到回答。民粹派经济学家们经常谈论俄国的特点，但是连我们在上面简略指出过的俄国工业人口形成的**真正**特点问题也没有提出来②。民粹派**在理论上**对问题的看法就是如此。但是，事实上，民粹派在议论改革后农村中农民的状况时，并没有被理论上的怀疑所限制，他们也承认从农业中排挤出来的农民迁往城市和工厂区。在这里，他们仅限于为现象悲痛，正像西斯蒙第为它悲痛一样。③ 改革后的俄国发生的居民群众生活

---

① 请读者记住，西斯蒙第在谈论有 80％的农业人口的法国的"幸福"时，**正是犯了这种错误**，他认为这是某种"人民生产"的特点等等，而不是资本主义发展落后的表现。

② 参看**沃尔金**《沃龙佐夫先生著作中对民粹主义的论证》1896 年圣彼得堡版第 215—216 页。

③ 可是，我们应该公正地说，西斯蒙第看到了某些国家工业人口的增加，承认这种现象具有普遍性，在某些地方还说明他了解这种现象不仅是一种"反常状态"等等，而是居民生活条件的深刻变化，并且承认这种变化也有某些好处。他关于分工的害处的下述议论，至少表明他的见解比米海洛夫斯基先生的见解要深刻得多，后者不去分析分工在各种社会经济形态和各个发展时期中所具有的一定形式，而去捏造一个一般的"进步公式"。

　　"虽然工厂工人的一切活动成为单调的操作，一定会妨害他们的发展（intelligence），可是我们应该公正地说，根据优秀的法官（juges，专家）的观察，英国工场手工业的工人在觉悟、教育和道德方面都胜过农业工人（ouvriers des champs）。"（第 1 卷第 397 页）西斯蒙第还指出了产生这种情况的原因：（Vivant sans cesse ensemble, moins épuisés par la fatigue, et pouvant se livrer davantage à la conversation, les idées ont circulé plus rapidement entre eux）（因为他们经常在一起，不那么劳累，彼此交谈机会较多，在他们中间思想传播较快。——编者注）。但是，他郁郁不乐地指出，aucun attachement à l'ordre établi（对于现行制度没有任何留恋。——编者注）。

条件的深刻改造过程（这个过程第一次破坏了农民的定居生活和固定在一地的现象,造成了他们的流动,并使农业工作者和非农业工作者、农村工作者和城市工作者接近起来[①]）。无论是它的经济意义,还是（也许是更重要的）它的道德意义和教育意义,都完全没有引起他们的注意,而仅仅成为感伤的浪漫主义抱怨的借口。

四 浪漫主义的实际愿望

现在我们试把西斯蒙第对资本主义的总的看法加以归纳（读者一定记得,艾弗鲁西也给自己提出过这样的任务）,并考察一下浪漫主义的实际纲领。

我们已经知道,西斯蒙第的功绩在于他是最先**指出**资本主义矛盾的人之一。但是,他在指出这些矛盾之后,不仅没有试图去分析它们,说明它们的起源、发展和趋势,甚至把它们看做是反常的或错误的偏向。他幼稚地用格言、揭露、关于消除它们的规劝等等来反对这些"偏向",似乎这些矛盾并不反映整个现代社会经济制度中占一定地位的现实居民集团的**实际利益**。这是浪漫主义的一个最显著的特征:把各种利益的矛盾（这种矛盾深深地扎根于社会

---

① 这一过程的形式对于欧俄中央地带和对于边疆地区也有所不同。**到边疆地区**去的主要是中部黑土地带省份的**农业工人**和一部分工业省份的**非农业工人**,他们在纯农业人口中传布自己的"手工业"知识并**培植**工业。从**工业地区**出来的**非农业工人**,一部分奔向俄国各地,大部分则去两个首都和大工业中心,而且这一工业潮流（如果能这样说的话）是如此强大,以至从中部黑土地带省份到**工业省份**（莫斯科省,雅罗斯拉夫尔省等）去的**农业工人**都不够了。见谢·亚·柯罗连科《自由雇佣劳动》。

经济制度本身)看做是学说、体系甚至措施等等的矛盾或错误。站在发展的矛盾以外并处于两个对立者之间的中间过渡地位的小资产者的狭小眼界,在这里是同幼稚的唯心主义(我们几乎想说是官僚主义)结合在一起的,这种唯心主义用人们(特别是执政者)的意见来解释社会制度而不是用社会制度来解释人们的意见。现在我们把西斯蒙第所有类似的见解列举如下。

"为了物而忘记人的英国不是为了手段而牺牲目的吗?

英国的例子格外引人注目,因为它是一个自由的、文明的、管理得很好的国家,它的一切灾难只是产生于它遵循了**错误的**经济方针。"(第1卷第IX页)在西斯蒙第看来,英国只是对大陆起着恫吓的作用,我国浪漫主义者和他一模一样,不过他们以为自己拿出来的不是陈旧不堪的废物而是某种新的东西。

"为了使我的读者注意英国,我想指出……如果我们继续按照它所遵循的原则行事,那我们自己未来的历史将会怎样。"(第1卷第XVI页)

"……大陆国家认为应该仿效英国发展工场手工业。"(第2卷第330页)"再没有比英国所呈现的情景更令人惊异、更令人可怕了。"(第2卷第332页)①

"不应该忘记,财富只是代表着(n'est que la représentation)使生活惬意和舒适的东西"(这里已经用一般财富代替了资产阶级

---

① 为了清楚地表明**欧洲**的浪漫主义和俄国的浪漫主义的关系,我们准备在脚注中引用尼·—逊先生的话。"我们不希望利用西欧经济发展过程传授给我们的经验。英国资本主义发展的光芒曾使我们大为惊讶,而现在美国资本主义无比迅速的发展也同样使我们大为惊讶"等等。(第323页)可见,甚至尼·—逊先生的措辞也没有什么新东西!使他"惊讶"的东西,也就是本世纪初叶使西斯蒙第"惊讶"的东西。

的财富！），"而创造人为的财富必然使国家遭受一切实际的贫困和痛苦，这就是把事物的名称当做它的本质（prendre le mot pour la chose）"。（第 1 卷第 379 页）

"……当国家还只是遵循自然界的指示（吩咐 indications）并利用气候、土壤、位置和拥有的原料所提供的优越条件时，它没有使自己处于**不自然状态**（une position forcée），它没有去寻求那种对人民群众来说是真正贫困的**表面财富**（une opulence apparente）。"（第 1 卷第 411 页）资产阶级的财富不过是表面财富！！"关闭自己的对外贸易的大门对于国家来说是危险的，因为这样就会迫使国家进行可以说是（en quelque sorte）把它引向灭亡的**错误的活动**。"（第 1 卷第 448 页）①

"……工资中必须有一部分用来维持那些领取工资的人的生活、精力和健康…… 触动这一部分工资的政府是不幸的，它会牺牲一切（il sacrifie tout ensemble）——既牺牲人，又牺牲对未来财富的希望…… 这一区别使我们了解到，那些尽量降低工人阶级的工资来增加厂主、商人、私有者的纯收入的政府，实行了多么错误的政策。"（第 2 卷第 169 页）②

---

① "……我们近 30 年所走的那条经济道路是不正确的"（第 281 页）…… "我们过于长久地把资本主义的利益和人民经济的利益混为一谈，这是一个极其致命的谬误…… 保护工业所取得的**表面成果**……**使我们糊涂到**这种程度，以至我们完全忽略了人民社会的方面…… 我们忽略了这种发展是依靠什么实现的，我们连一切生产的目的也忘记了"（第 298 页），——除了资本主义的生产！

"对自己过去采取鄙弃的态度……培植资本主义……"（第 283 页）……"我们……使用了一切手段来培植资本主义……"（第 323 页）"……我们忽略了……"（同上）

② "……尽管资本主义的生产形式是建立在剥夺农民的基础上的，可是我们没有去阻止它的发展。"（第 323 页）

"最后该问：我们往何处去？"（où l'on veut aller）（第 2 卷第 328 页）

"他们〈即私有者阶级和劳动者〉的区分、他们的利益的对立，是我们加给人类社会的现代人为组织的后果…… 社会进步的自然程序决不是要把人和物分开，或者把财富和劳动分开；在农村，私有者可以仍然是农夫；在城市，资本家可以仍然是手工业者（artisan）；劳动阶级和有闲阶级的分离决不是社会存在或生产所绝对必需的；我们实行这种分离是为了大家的最大利益，要真正获得这种利益，则有赖于（il nous appartient）我们去调节这种分离。"（第 2 卷第 348 页）

"这样就使生产者互相对立〈即老板同工人对立〉，迫使他们走上一条与社会利益**截然相反**的道路…… 但是，在这种降低工资的经常斗争中，每个人都有一份的社会利益却被大家忘记了。"（第 2 卷第 359—360 页）在此以前，他也回忆了历史遗留下来的那些道路："社会生活开始时，**每个人都有资本**，他们靠这些资本来运用自己的劳动，而且几乎一切手工业者都靠同样由利润和工资构成的收入为生。"（第 2 卷第 359 页）①

看来，够了…… 可以相信，既不熟悉西斯蒙第也不熟悉尼·一逊先生的读者，很难说出这两个浪漫主义者中间哪一个的观点更粗浅、更幼稚，是脚注中的还是正文中的。

西斯蒙第在他的《新原理》中用了很多篇幅来谈论的实际愿

---

① "我们没有坚持我们历来的传统；没有发扬生产资料和直接生产者紧密联系的原则……没有用使生产资料集中在他们〈农民们〉手中的方法，来提高他们的劳动生产率……我们走上了一条**完全相反**的道路。"（第 322—323 页）"我们把资本主义的发展当做整个人民生产的发展……我们**忽略了**一种发展……只有依靠另一种发展才有可能。"（第 323 页，黑体是我们用的）

望,也与这一点完全符合。

西斯蒙第在他的著作的第一篇中说,我们与亚·斯密的区别在于"我们几乎始终呼吁政府进行干预,而亚·斯密则摈弃这种干预"(第 1 卷第 52 页)。"国家没有改善分配……"(第 1 卷第 80 页)"立法者能够使穷人得到某些不受普遍竞争影响的保障。"(第 1 卷第 81 页)"生产应该适合社会收入,那些鼓励无限制的生产的人不注意去认识这种收入,想给国家开辟一条致富之路(le chemin des richesses),结果却把国家推向灭亡。"(第 1 卷第 82 页)"当财富逐渐地(gradué)均衡地增加时,当它的任何一部分都不是过分迅速地发展时,这种增加才能造成普遍的福利…… 也许政府的职责就是延缓(ralentir!!)这种运动,以便调节这种运动。"(第 1 卷第 409—410 页)

关于正是通过矛盾和不均衡这一途径来实现的社会生产力的发展所具有的巨大历史意义,西斯蒙第一窍不通!

"如果政府对致富的欲望加以调节和节制,它就可能成为一个无比仁慈的政府。"(第 1 卷第 413 页)"如果现在受舆论谴责的某些商业规定因鼓励工业而应该受到谴责,那么它们也许会因抑制工业而被证明是正确的。"(第 1 卷第 415 页)

从西斯蒙第的这些议论中可以看出,他对历史是惊人的无知,他根本不懂得,他所处的那个时期的全部历史意义在于摆脱中世纪的束缚。他并未感到,他的议论助长了当时那些为旧制度辩护的人的声势,那时这些人甚至在法国都还很有势力,更不必说他们统治下的西欧大陆的其他国家了。①

---

① 艾弗鲁西认为西斯蒙第的这些惋惜和热望是"公民的勇敢"(第 7 期第 139 页)。

　　总之，西斯蒙第的实际愿望的出发点是保护、阻滞和限制。

　　这种观点完全是自然而不可避免地从西斯蒙第的整个思想领域中产生的。他恰好生活在这样一个时期，当时大机器工业在欧洲大陆刚刚开始发展，当时，在机器的影响下（请注意，正是在机器工业而不是在"资本主义"的影响下）①，全部社会关系开始受到急剧的改造，这种改造在经济学中通常称为产业革命（industrial revolution）。最先估计到这个革命（它建立了现代欧洲社会来代替宗法式的半中世纪社会）的全部深刻意义的经济学家中，有一位对它是这样评述的：

　　"最近六十年〈写于1844年〉的英国工业史，这是人类编年史中的一部无与伦比的历史。六十年至八十年以前，英国和其他任何国家一样，城市很小，只有很少而且简单的工业，人口稀疏而且多半是农业人口。现在它和其他**任何**国家都不一样了：有居民达250万人的首都，有巨大的工业城市，有向全世界供给产品而且几乎全都是用极复杂的机器生产的工业，有勤劳智慧的稠密的人口，这些人口有三分之二从事工业和商业，他们是由完全不同的阶级组成的，可以说，组成了一个和过去完全不同的、具有不同的习惯和不同的需要的民族。工业革命对英国的意义，就像政治革命对法国，哲学革命对德国一样。1760年的英国和1844年的英国之

————————

吐露感伤主义的愿望竟需要公民的勇敢!! 你只要看看任何一本中学历史教科书，就会看到，19世纪最初25年的西欧国家的组织形式，按照国家法这门科学的术语来说，就是警察国家。你也会看到，不仅本世纪最初25年，而且本世纪第二个25年的历史任务，正是反对这种国家。那时你会懂得，西斯蒙第的观点带有复辟时代法国小农的愚蠢无知的色彩，西斯蒙第是小资产阶级感伤的浪漫主义和罕见的公民幼稚性结合的典型。

①　英国资本主义产生的时间不是在18世纪末，而是要早得多。

间的差别，至少像旧制度下的法国和七月革命的法国之间的差别一样大。"①

　　这就是以小生产为经济基础的一切根深蒂固的旧关系的最彻底的"破坏"。显然，西斯蒙第从反动的小资产阶级观点出发，不能了解这种"破坏"的意义。显然，他首先和主要是希望、请求、呼吁和要求"停止破坏。"②

　　究竟怎样"停止破坏"呢？当然首先是支持人民的……不，是"宗法式的生产"，支持农民和小农业。西斯蒙第用了整整一章（第2卷第7篇第8章）来谈"政府应该怎样保护居民不受竞争的影响"。

　　"政府在农业人口方面的总任务是保证工作者（à ceux qui travaillent）有一部分财产，或者是支持（favoriser）我们所说的无与伦比的宗法式农业。"（第2卷第340页）

　　"伊丽莎白法令规定，除非分到4英亩土地，否则禁止在英国建造茅舍（cottage），但未被遵守。如果这项法律得到了贯彻，那么任何一个日工没有自己的 cottage 就不能结婚，因此，任何一个**茅舍农民**都不会弄到赤贫的地步。这已经前进了一步（c'est quelque chose），但这还不够；按照英国的气候，一户农民即使有4英亩土地，还得过贫困的生活。现在英国的茅舍农民大都只有1.5—2英亩的土地，并且要付相当高的租金……　应该用法律……责成地主在把自己的田地分给许多**茅舍农民**时，给每个人

---

①　恩格斯《英国工人阶级状况》（参看《马克思恩格斯文集》第1卷第402页。——编者注）。

②　我们大胆地希望，尼·一逊先生不要因为我们从他那里（第345页）借用了我们认为是非常中肯非常典型的说法而抱怨我们。

以足够的土地,使其能够生活。"(第 2 卷第 342—343 页)①

　　读者可以看到,浪漫主义的愿望同民粹派的愿望和纲领是完全**一样**的,二者都同样忽略了**实际的**经济发展,并且荒谬地把恢复古代宗法式环境的条件移到充满疯狂竞争和利益斗争的大机器工业时代。

五　浪漫主义的反动性

　　当然,西斯蒙第不能不意识到实际发展是**怎样**的。因此,他在要求"鼓励小农业"(第 2 卷第 355 页)时直截了当地说,应该"使农业发展的方向与现在英国农业发展的方向完全相反"(第 2 卷第 354—355 页)。②

　　"幸亏英国有办法为自己的农村贫苦农民做很多事情,把自己大量的村社土地(ses immenses communaux)分给他们……　假

---

①　"保持我们历来的传统,〈这不就是爱国主义吗?〉……发扬我们继承的生产资料和直接生产者紧密联系的原则……"(尼·—逊先生,第 322 页)"我们离开了许多世纪以来所走的道路;我们开始排斥以直接生产者和生产资料紧密联系、农业和加工工业紧密联系为基础的生产,而把以剥夺直接生产者的生产资料为基础的资本主义生产(它带来了现在西欧正在遭受的一切灾难)的发展原则当做自己经济政策的基础。"(第 281 页)请读者把"西欧人"自己对于所"遭受的一切灾难"的上述看法和这种看法比较一下以及其他等等。"原则……把土地分给农民或者……把劳动工具给与生产者本人"(第 2 页)……"历代的人民基石"(第 75 页)……　"因而,我们看到这些数字(即表明在现时经济条件下农村人口得到物质保证所需要的最低限度的土地的数字)是解决经济问题的要素之一,但也只是要素之一而已。"(第 65 页)可见,西欧浪漫主义者喜欢在"历来的传统"中寻求对人民生产的"核准",并不在俄国浪漫主义者之下。

②　参看瓦·沃·先生的"把历史拖到另一条路线上去"的民粹派纲领。参看上引沃尔金的书第 181 页。

如英国的村社土地分为 20—30 英亩大小的一块块自由土地（en propriétés franches），他们〈英国人〉就会看到，独立而骄傲的农民阶级，即他们现时惋惜其几乎要全部消灭的**自由民**，将怎样复兴起来。"（第 2 卷第 357—358 页）

浪漫主义的"计划"被描绘得很容易实现，因为浪漫主义的实质正在于忽视实际利益。"这种建议（把土地划成小块分给日工，使地主担负照顾日工的责任）想必会激怒现时英国唯一享有立法权的大地主；但它毕竟是公正的…… 只有大地主才需要日工；他们造成了日工，就让他们去养活日工好了。"（第 2 卷第 357 页）

读到这些在本世纪初叶所写的幼稚的东西，你不会感到惊异，因为浪漫主义的"理论"是与造成这种十分原始的观点的资本主义原始状态相适合的。资本主义的实际发展，在理论上对它的了解，对资本主义的看法，——这一切在当时还是彼此适合的，而西斯蒙第在任何情况下都是一个始终如一的严谨的作家。

西斯蒙第说："我们已经指出这一阶级〈即手工业者阶级〉以往在建立行会和公会（des jurandes et des maîtrises）时得到怎样的庇护…… 这里并不是说要恢复他们奇怪的和压迫性的组织…… 但是立法者应该抱定目的提高工业劳动报酬，使雇佣工人摆脱他们所处的不稳定的（précaire）地位，最后使他们有可能容易地取得他们称之为**地位**①（un état）的东西…… 现在工人从生到死一辈子都是工人，而以前工人的地位只是取得更高地位的准备和第一步。重要的是恢复这种升迁的可能性（cette faculté progressive）。应该做到使老板乐于把自己的工人提到更高的地位；使受雇于手工工场的人真

---

① 黑体是原作者用的。

正从获得普通雇佣工资的工作做起,但也让他任何时候都有好好工作就能获得一部分企业利润的希望。"(第2卷第344—345页)

很难更清楚地表明小资产者的观点了!行会是西斯蒙第的理想,他说他不愿意恢复行会,其意思显然只是:应该采用行会的原则和思想(正如民粹派想采用的是村社的原则和思想,而不是称为村社的现代纳税团体),而抛弃其中世纪的畸形丑态。西斯蒙第的计划的荒谬性,不在于他完全维护行会,想完全恢复行会,——他并未提出这个任务。其荒谬性在于,他把联合地方手工业者这种狭隘的原始的需要所产生的**联盟**当做典范,想把这种标准、这种典范应用于资本主义社会,而在资本主义社会中,联合的社会化的因素是大机器工业,它摧毁中世纪的壁障,消除地区、地域和职业的区别。浪漫主义者意识到必须有某种形式的联盟和联合,于是把满足宗法式的停滞的社会中对联合的狭隘需要的联盟当做典范,并且希望把它应用于完全改造过的社会,这个社会有流动的人口,有劳动的社会化,而且这种社会化不限于某个村社或某个公会的范围,而是在全国范围内,甚至超出一国的范围。①

---

① 民粹派对另一种联盟(**村社**)的看法也是同样错误的,这种联盟能够满足把地方农民(他们是由统一的地产、牧场等等联系起来的,而主要是由统一的地主和官吏的权力联系起来的)联合起来的狭隘需要,但是完全不能满足商品经济和资本主义(它们破坏了一切地方性的、等级制的、有类别的障碍,并造成了村社**内部**深刻的经济利益的纠纷)的需要。在资本主义社会中,对联盟和联合的需要不是减少了,反而无比地增加了。但是用旧的标准来满足新社会的这种需要是完全荒谬的。这个新社会要求:第一,这种联盟不应是**地方性**的、等级制的和有类别的;第二,这种联盟的出发点是资本主义和农民分化所造成的地位和利益的差别。把经济地位和利益差别很大的农民连在一起的地方性的、等级制的联盟,现在由于它所承担的**义务**,对农民本身和整个社会的发展都是**有害的**。

　　浪漫主义者的这一错误使他获得了当之无愧的**反动者**称号，但说他是反动者，并不是说他想简单地恢复中世纪制度，而是说他企图以旧的宗法式的尺度来衡量新社会，想在完全不适合于已经变化了的经济条件的旧秩序和旧传统中去寻找典范。

　　艾弗鲁西根本不懂得这一点。他正是从粗鄙的庸俗的意义上来了解西斯蒙第的理论是反动的理论这一评语的。艾弗鲁西困惑起来了……　他说：怎么会那样呢？西斯蒙第直截了当地声称他决不想恢复行会，他怎么会是反动者呢？于是艾弗鲁西断定，"责备"西斯蒙第"倒退"是不公正的；恰恰相反，西斯蒙第是"正确地"看待"行会组织"的，并且是"充分估计到它的历史意义的"（第7期第147页），他说，这已被某些教授关于行会组织的优点的历史研究阐明了。

　　冒充有学问的作家往往具有只见树木不见森林的惊人本领！西斯蒙第对行会的看法所以是典型的和重要的，正是因为他把自己的实际愿望与行会联系了起来。[①]　**正因为如此**，他的学说就被看成是**反动的学说**。而艾弗鲁西却牛头不对马嘴地谈论关于行会的最新历史著作！

　　这些不恰当的和冒充有学问的议论的结果，就是艾弗鲁西正好回避了问题的实质：把西斯蒙第的学说说成是反动的学说是否公正？他所忽略的正是最主要的东西——西斯蒙第的**观点**。西斯蒙第说："在政治经济学中，人们把我当做社会进步的敌人，当做野蛮的和强制性的制度的倡议者。这是不对的，我并不想要已经有过的东西，但是我想要一种比现时的东西更好的东西。我不能用

---

　　①　见上面的引文，哪怕是看一下我们从中引证了关于行会的议论（艾弗鲁西也引用过，第147页）的那一章的标题。

别的方法来判断现在，只能把它和过去比较，当我用废墟来证明社会的永恒的需要时，我决不想恢复废墟。"（第2卷第433页）浪漫主义者的**愿望**是非常好的（民粹派的愿望也是如此）。由于他们意识到资本主义的矛盾，他们比那些否认这些矛盾的盲目乐观主义者高明。西斯蒙第被看做反动者，完全不是由于他想回到中世纪去，而是由于他在自己的实际愿望中把"现在和过去比较"而不把现在和将来比较，由于他不用最新发展的趋势而用"废墟"来"证明社会的永恒的需要"。① 这就是艾弗鲁西不能理解的西斯蒙第的小资产阶级观点，这种观点使他与其他一些和他同时或在他以后也证明了"社会的永恒的需要"的作家截然不同。

艾弗鲁西的这一错误说明，他对于"小资产阶级的"、"反动的"学说这些术语的了解很狭隘，关于这一点，我们在上面讲到第一个术语时已经谈过。这些术语所指的决不是小店主的自私自利的欲望或阻止社会发展、向后倒退的愿望，它们只说明该作者观点的**错误**，他的理解和眼光的狭隘，因而他所选择的手段（为达到十分美好的目的）实际上是行不通的，只能使小生产者感到满足或为守旧主义者效劳。例如，西斯蒙第决不是小**私有制**的狂热拥护者。他对联合、联盟的必要性的了解，丝毫不亚于我国现代的民粹派。他希望把工业企业中的"一半利润""分配给联合起来的工人"（第2卷第346页）。他公开赞成"联合制度"，因为在这种制度下，一切"生产成就都会有利于从事生产的人"（第2卷第438页）。西斯蒙第在谈到他的学说与当时著名的欧文、傅立叶、汤普森、梅隆的学说的关系时说："我也和他们一样，希望在那些共同生产一种产品的人们中间实现

————————

① 他**证明了**这些需要的存在，我们再说一遍，这一点就使他比狭隘的资产阶级经济学家高明得多。

联合,而不想使他们彼此对立。但是,我不认为他们为了这个目的而提出的方法,能够使他们在某一天达到这个目的。"(第2卷第365页)

西斯蒙第同这些作家的区别正在于**观点**。因此十分自然,不了解这种观点的艾弗鲁西,就十分错误地描述了西斯蒙第同这些作家的关系。

我们在《**俄国财富**》杂志第8期第57页上看到:"如果西斯蒙第对同时代的人影响极其微弱,如果他所提出的社会改革未能实现,那么,其主要原因就是他大大超越了他那个时代。他是在资产阶级欢度蜜月的时期著书立说的…… 显然,在那种条件下,一个要求实行社会改革的人的呼声势必成为旷野里的呼声。但是我们知道,后代人对他的态度也没有好多少。这也许因为如我们上面说过的,西斯蒙第是一个过渡时期的作家;虽然他希望实现巨大的变革,可是他不能完全抛弃旧的东西。因此,温和的人认为他太激进,激进的人又认为他太温和。"

第一,说西斯蒙第因提出种种改革而"超越了时代",是根本不懂得西斯蒙第学说的实质,西斯蒙第本人在谈到自己时也说,他是把现在同过去相比。只有眼光极其短浅(或一味偏袒浪漫主义)的人,才会因为西斯蒙第同情工厂立法①等等而忽视西斯蒙第理论的总的精神和总的意义。

第二,艾弗鲁西因而认为,西斯蒙第与其他作家的区别仅仅在于他们所提出的改革的**坚决程度**有所不同:其他作家走得远些,而西斯蒙第却没有完全抛弃旧的东西。

---

① 而且就是在这个问题上西斯蒙第也没有"超过"时代,因为他只是赞成英国已经实现的东西,而不能了解这种改革同大机器工业及其进步的历史意义的联系。

　　问题不在这里。西斯蒙第与这些作家的区别要深刻得多,完全不在于一部分人走得远些,另一部分人畏缩不前①,而在于他们从两个**截然相反**的观点来看改革的**性质本身**。西斯蒙第证明"社会的永恒的需要",这些作家也证明社会的永恒的需要。西斯蒙第是空想家,把自己的愿望不是建筑在实际的利益上,而是建筑在抽象的思想上,——这些作家也是空想家,也是把自己的计划建筑在抽象的思想上。但是他们的计划的**性质**完全不同,因为他们是从**截然相反**的观点来看待提出了"永恒的需要"问题的最新经济发展的。上述作家们预知未来,天才地推测出他们亲眼看到的旧日机器工业造成的那种"破坏"的趋势。他们注视着实际发展的趋向;他们确实**超越了**这一发展。西斯蒙第却**背向**这一发展;他的空想不是预知未来,而是复活过去;他不是向前看,而是向后看,他幻想"停止破坏",即上述作家们**从中**获得自己空想的那种"破坏"②。正因为如此,西斯蒙第的空想被认为(而且十分公正)是反动的空想。我们再说一遍,这一评价的根据,**仅在于**西斯蒙第不了解从上世纪末叶起,大机器工业对西欧各国陈旧的、半中世纪的、宗法式的社会关系所造成的那种"破坏",具有进步的意义。

　　西斯蒙第的这种独特的观点,甚至在他泛论"联合"的议论中也显露出来。他说:"我所希望的是把手工工场的财产(la propri-

---

①　我们不想说上述作家在这方面没有区别,但是这种区别**不能说明问题**,不能正确地表明西斯蒙第与这些作家的关系。结果似乎他们的观点完全一样,不同的只是结论的坚决性和彻底性而已。问题不在于西斯蒙第**没有**"走"**那样远**,而在于他**往后**"走",上述作家却**向前**"走"。

②　马克思说:"罗伯特·欧文是合作工厂和合作商店之父,但是……他不像他的追随者那样,对这些孤立的转变要素的作用(Tragweite)抱有任何幻想。他不仅在自己的试验中实际地以工厂制度为起点,而且还在理论上说明工厂制度是'社会变革'的起点。"**61**(参看《马克思恩格斯文集》第5卷第577页。——编者注)

été des manufactures)分给为数众多的中等资本家,而不是把它集中在一个拥有亿万财富的人的手中……"(第 2 卷第 365 页)更突出地表明小资产者观点的是下面一段议论:"必须消灭的不是穷人阶级,而是日工阶级;应该使他们回到私有者阶级那里去。"(第 2 卷第 308 页)"回到"私有者阶级那里去,——西斯蒙第学说的全部实质就在这句话里!

当然,西斯蒙第自己一定会感到他的善良愿望是不能实现的,感到这种愿望与现代利益的冲突是极不调和的。"要把参加同一生产的人(qui concourrent à la même production)的利益重新结合起来……无疑是困难的,但是我不认为这种困难是如人们想象的那样大。"(第 2 卷第 450 页)①意识到自己的希望和愿望不符合现实条件及其发展,自然就力图证明现在"回去""还不算晚",等等。这位浪漫主义者企图依靠现代制度的矛盾的**不发展**,依靠国家的**落后**。"人民争得了我们已经进入的自由制度〈指的是封建制度的崩溃〉;但是,当他们摧毁了他们戴了很久的枷锁的时候,劳动阶级〈les hommes de peine——劳动者〉并未失掉任何财产。在农村中,他们作为对分制佃农、世袭租地户(censitaires)、租地者而占有土地(ils se trouvèrent associés à la propriété du sol)。在城市中,他们是为了互助而成立的公会、手工业者联合会(métiers)的成员,是独立的手工业者(ils se trouvèrent associés à la propriété de leur industrie)。只是到我们这个时代,只是到最近时期(c'est dans ce moment même),财富的增加和竞争才破坏了所有这些联合组织。但这种破坏(révolution)尚未完全结束。"(第 2 卷第 437 页)

---

① "俄国社会所要解决的任务日趋复杂。资本主义占领的阵地日益扩大……"(同上)

"诚然,现在只有一个国家处于这种不自然状态;我们只在一个国家中看见这样一种经常的对照:一方面是表面的财富(richesse apparente),一方面是靠社会慈善事业为生的十分之一的居民的惊人贫困。但是这个国家在别的方面如此值得模仿,甚至它的错误也眩人眼目,它用本身的例子诱惑了大陆上所有的国家要人。如果这些思虑已经不能给这个国家带来利益,那么,我想我至少要为人类和我的同胞效劳,指出这个国家所走的道路的危险性,并用它本身的经验来证明:把政治经济学建立在无限制竞争的原则上,就是要在一切个人欲望的冲击下牺牲掉人类的利益。"(第2卷第368页)①西斯蒙第是用这样一些话结束他的《新原理》的。

马克思在下面的评论中清楚地表述了西斯蒙第及其理论的总的意义,他首先概述了产生这一理论(而且正是在资本主义刚开始在西欧建立大机器工业的时代产生这一理论)的西欧经济生活条件,然后对这个理论作了评价。②

"中世纪的城关市民和小农等级是现代资产阶级的前身。在工商业不很发达的国家里,这个阶级还在新兴的资产阶级身旁勉强生存着。

在现代文明已经发展的国家里,形成了一个新的小资产阶级,它摇摆于无产阶级和资产阶级之间,并且作为资产阶级社会的补充部分不断地重新组成。但是,这一阶级的成员经常被竞争抛到无产阶级队伍里去,而且,随着大工业的发展,他们甚至觉察到,他

---

① "俄国社会要解决一项非常困难的然而并不是不能解决的伟大任务:通过不是由区区少数人而是由全体人民利用生产力的形式,来发展居民的生产力。"(尼·—逊,第343页)

② 参看《俄国财富》杂志第8期第57页的引文,以及《俄国财富》杂志第6期第94页尼·—逊先生文章中的引文。

们很快就会完全失去他们作为现代社会中一个独立部分的地位，在商业、工场手工业和农业中很快就会被监工和雇员所代替。

在农民阶级远远超过人口半数的国家，例如在法国，那些站在无产阶级方面反对资产阶级的著作家，自然是用小资产阶级和小农的尺度去批判资产阶级制度的，是从小资产阶级的立场出发替工人说话的。这样就形成了小资产阶级的社会主义。西斯蒙第不仅对法国而且对英国来说都是这类著作家的首领。

这种社会主义非常透彻地分析了现代生产关系中的矛盾。它揭穿了经济学家的虚伪的粉饰。它确凿地证明了机器和分工的破坏作用、资本和地产的积聚、生产过剩、危机、小资产者和小农的必然没落、无产阶级的贫困、生产的无政府状态、财富分配的极不平均、各民族之间的毁灭性的工业战争，以及旧风尚、旧家庭关系和旧民族性的解体。①

但是，这种社会主义按其实际内容来说，或者是企图恢复旧的生产资料和交换手段，从而恢复旧的所有制关系和旧的社会，或者是企图重新把现代的生产资料和交换手段硬塞到已被它们突破而且必然被突破的旧的所有制关系的框子里去。它在这两种场合都是反动的，同时又是空想的。

工业中的行会制度，农业中的宗法经济。这就是它的结论。"②③

---

① 艾弗鲁西在《俄国财富》杂志第 8 期第 57 页上也引证了这一段话（从"这种社会主义"起）。

② 参看上述文章，1894 年《俄国财富》杂志第 6 期第 88 页，尼·—逊先生的这一段译文中有两处不确切，一处遗漏。他把"小资产阶级的"和"小农的"译成"狭隘小市民的"和"狭隘农民的"。他把"工人的事业"译成"人民的事业"，虽然原文是 der Arbeiter（工人的。——编者注）。"必然被突破"（gesprengt werden mussten）这几个字他遗漏了。

③ 见《马克思恩格斯文集》第 2 卷第 56—57 页。——编者注

　　我们在分析西斯蒙第学说的每个要素时,都力图表明这一评论的正确性。现在我们只指出艾弗鲁西在这里所使用的可笑手法,这种手法集他对浪漫主义的叙述、批判和评价中的一切错误的大成。读者一定记得,艾弗鲁西在文章(《**俄国财富**》杂志第 7 期)的开头就说,把西斯蒙第列为反动者和空想家是"不公正的"和"不正确的"。(上引书,第 138 页)为了证明这个论点,第一,艾弗鲁西狡猾地绝口不谈最主要之点,即西斯蒙第的**观点**与资本主义社会的特殊阶级小生产者的地位和利益之间的联系;第二,在分析西斯蒙第理论的个别原理时,艾弗鲁西不是像我们指出过的那样把西斯蒙第与最新理论的关系表述得完全不正确,就是干脆把最新理论置之不顾,而靠引证"并未超过"西斯蒙第的德国学者的话为西斯蒙第辩护;第三,艾弗鲁西想这样概括对西斯蒙第的评价,他说:"我们可以〈!!〉用"一位德国经济学家的"话来概括我们〈!〉对西蒙德·德·西斯蒙第的作用的看法"(《**俄国财富**》杂志第 8 期第 57 页),接着他引证了上面提到的那一段话,即**只**引那位德国经济学家的评论的**一部分**,而丢掉了阐明西斯蒙第理论与最新社会的特殊阶级之间的联系的那一部分,以及在最后结论中指出西斯蒙第的反动性和空想主义的那一部分! 不仅如此。艾弗鲁西不仅随便抽出评论的**一部分**使人无法了解**整个**评论,从而完全不正确地表述了这位经济学家与西斯蒙第的关系。他还想替西斯蒙第粉饰,似乎他只是转述那位经济学家的观点而已。

　　艾弗鲁西说道:"此外,我们还要补充说,西斯蒙第在某些理论观点方面是最杰出的最新经济学家[①]的先驱:我们要记起他对资

---

　　① 类似阿道夫·瓦格纳吗?——克·土·注

本收入和危机的看法,以及他的国民收入的分类等等。"(同上)由此可见,艾弗鲁西不是用德国经济学家对西斯蒙第的小资产阶级观点及其空想的反动性的说明,来**补充**那位经济学家对西斯蒙第的功绩的说明,而**正是用他的学说中**被这位经济学家认为是**没有一个科学字眼的那些部分**(例如"国民收入的分类")来**补充**西斯蒙第的**功绩**。

有人反对我们说:艾弗鲁西可能完全不同意应当到经济现实中去寻找对经济学说的解释这种意见;他也许深信阿·瓦格纳的"国民收入分类"理论是"最杰出的"理论。我们乐意相信这种说法。但是,他事实上根本不了解这种理论同西斯蒙第的关系,并用一切可能的(甚至不可能的)办法把这种关系表达得完全不正确;既然如此,他又有什么权利卖弄民粹派先生们十分乐意表示"同意"的那种理论呢?

假如问题只牵涉到艾弗鲁西一个人(在民粹派的文献中差不多是初次碰见这位作家的名字),我们就不会用这么多的篇幅来谈这个问题了。对于我们来说,重要的不是艾弗鲁西个人,甚至不是他的见解,而是**民粹派和他们似乎赞同的那位德国著名经济学家的理论的关系**。艾弗鲁西决不是一个例外。相反,他的例子是十分典型的,为了证明这一点,我们处处把西斯蒙第的观点和理论同尼·—逊先生的观点和理论作了对比。[①] 这两位作家完全相似,他们的理论见解,他们对资本主义的看法,以及他们的实际结论和愿望的性质都是**一样的**。既然尼·—逊先生的见解可以称为民粹主义的最后一言,所以我们有理由得出结论说,**民粹派的经济学说**

---

① 另一个民粹派经济学家瓦·沃·先生,在上述最重要的问题上,是与尼·—逊先生完全一致的,只是观点更加粗浅。

不过是全欧洲浪漫主义的俄国变种。

不言而喻，一方面是由于俄国的历史特点和经济特点，另一方面是由于俄国的无比落后，才产生了民粹主义的非常显著的差别。但是这些差别无非是同类间的差别，因而并未改变民粹主义与小资产阶级浪漫主义的**同类性**。

也许最突出最引人注意的差别，是民粹派经济学家力图掩饰自己的浪漫主义，其手法是声明"同意"最新理论，大量加以**引证**，虽然这种理论对浪漫主义采取坚决的否定态度，并且是在同小资产阶级学说的一切变种进行激烈的斗争中发展起来的。

对西斯蒙第的理论进行分析所以具有特殊意义，正是因为它提供了分析这种改头换面的**通用手法**的可能。

我们知道，**无论是**浪漫主义，**或者是**最新理论，**都指出了**现代社会经济中的**同一些**矛盾。民粹派就利用了这一点，他们**引证**说，最新理论承认了危机、寻求国外市场、消费下降而生产增长、关税保护政策、机器工业的有害作用等等所表现出来的种种矛盾。民粹派是完全正确的，最新理论确实**承认浪漫主义也承认的所有这些**矛盾。但是请问，有哪一个民粹主义者曾经提出过这样一个问题：科学地分析这些矛盾，把这些矛盾归结为在该经济制度土壤上滋长起来的各种不同的利益与只是为了善良的愿望而指出这些矛盾有什么不同？没有，没有一个民粹主义者分析过这个问题，来说明最新理论与浪漫主义的区别。民粹派利用自己对矛盾的说明也同样只是为了善良的愿望。

其次请问，有哪一个民粹主义者曾经提出过这样一个问题：对资本主义的感伤主义的批评与对资本主义的科学辩证的批评有什么不同？没有一个民粹主义者提出过这个问题，来说明最新理论与浪漫主义的第二个重要区别。没有一个民粹主义者认为，必须把当前社会经济关系的发展当做衡量自己理论的标准（而科学批评的主要特点就在于应用这一标准）。

最后请问，有哪一个民粹主义者曾经提出过下列两种观点有什么不同：浪漫主义把小生产理想化，并为"资本主义""破坏"小生产的基石而痛哭，而最新理论则认为使用机器的资本主义大生产是自己学说的出发点，并宣称这样"破坏基石"（我们使用了这个流行的民粹派术语，因为它清楚地表明了在大机器工业影响下的社会关系改造过程，这个过程不仅在俄国并且在**各处**都是以使社会思想界感到震惊的激烈方式表现出来的）是一种进步现象。仍然没有。没有一个民粹主义者提出过这个问题，没有一个民粹主义者试图把使人不得不承认西欧的"破坏"是一种进步现象的尺度用于俄国的"破坏"，他们都为基石而哭泣，劝人停止破坏，眼泪汪汪地要人们相信这就是"最新理论"……

他们根据西欧科学和生活的最新成就，自以为他们的理论是对资本主义问题作出新的独立的解决，把他们的这种"理论"同西斯蒙第的理论相对照，就可以清楚地看出，这种理论是在资本主义发展和社会思想发展多么原始的时期产生的。但是问题的实质不在于这种理论是陈旧的。不是有很多很陈旧的欧洲理论对于俄国仍是十分新颖的吗！问题的实质在于**这种理论从出现之日起，就是小资产阶级的和反动的理论。**

六　浪漫主义和科学理论对
英国谷物税问题的评论

　　把浪漫主义关于现代经济学中主要问题的理论同最新理论加以比较后,现在我们再把二者对一个**实际**问题的判断加以比较。由于这个实际问题是资本主义的最大原则问题之一,由于这两个敌对理论的两个最著名的代表在这个问题上都发表了自己的意见,进行这种对比就具有更大的意义。

　　我们指的是英国**谷物法**[62]及其废除问题。这个问题在本世纪第二个 25 年中,不但使英国的经济学家而且使大陆的经济学家也深感兴趣,因为大家都懂得,这决不是关于关税政策的个别问题,而是关于贸易自由、竞争自由、"资本主义命运"的总问题。这里谈论的恰恰是要彻底实行竞争自由来建成资本主义大厦,为彻底完成英国大机器工业从上世纪末叶开始进行的那种"破坏"扫清道路,并清除**农业**中阻挠这种"破坏"的障碍。我们打算谈论的两位大陆经济学家正是**这样**来看这个问题的。

　　西斯蒙第在他的《新原理》第 2 版中,特别加进了"论谷物贸易法"一章(第 1 卷第 3 篇第 10 章)。

　　他首先确认了问题的迫切性:"现在有一半英国人要求废除谷物法,非常气忿地反对它的支持者;另一半英国人则要求保持谷物法,对那些想要废除它的人发出愤怒的叫喊。"(第 1 卷第 251 页)

　　西斯蒙第在分析这个问题时指出,英国农场主的利益要求对谷物课税,以保证他们的 *remunerating price*(赚钱的或不亏本的价格)。手工工场主的利益则要求废除谷物法,因为手工工场没有国外市场就不能存在,而限制进口的法令却阻碍了英国出口的进一步扩大:"手工工场主说,他们在销售地区遇到的市场饱和状态,就是谷物法造成的,大陆的富人由于自己的谷物找不到销路,无法购买他们的商品。"(第1卷第254页)①

"对外国粮食开放市场,也许会使英国的地主破产,使地租空前跌落。毫无疑问,这是很大的灾祸,但这并非不公平的事情。"(第1卷第254页)西斯蒙第还极其天真地来证明,地主的收入应该适合他们对"社会"(是资本主义社会吗?)的贡献(原文如此!!)等等。西斯蒙第继续说:"农场主将从农业中抽出自己的资本(至少是一部分)。"

西斯蒙第的这种议论(而他是满足于这种议论的)表明,浪漫主义的主要缺陷是对实际存在的经济发展过程没有予以足够的注意。我们知道,西斯蒙第本人指出过英国农场经济的逐步发展和增长。但是他急于谴责这一过程而不去研究它的原因。正是这种急躁性,这种想把自己的天真愿望强加于历史的行为,才使西斯蒙第忽略了农业中资本主义发展的总趋势和**这一过程**在谷物法废除后的必然**加速**,即农业的资本主义发展而不是他所预言的衰落。

但西斯蒙第是忠于自己的。他一接触到这个资本主义过程的矛盾,就立刻天真地"驳斥"它,用尽一切办法证明"英国"所走的道路是错误的。

"日工将做什么呢? …… 工作会停顿,田地将变为牧场……

---

① 尽管英国厂主的这种解释很片面,他们忽略了产生危机的更深刻的原因和市场扩大不大时危机的不可避免性,但是其中包含了无疑是十分正确的思想:用向国外销售的办法来实现产品,**总的说来**,是需要有相应的输入的。现在我们要把英国厂主的这种意见,推荐给那些用"向国外销售"这种高见来回避资本主义社会产品实现问题的经济学家。

没有工作的54万户将何以为生呢?① 就假定他们宜于从事任何工业工作,但是现在有能够容纳他们的工业吗? …… 能够找到一个政府心甘情愿地让它管辖下的一半国民遭到这种危机吗? …… 那些牺牲农民利益的人自己能够从这方面得到什么好处吗? 要知道,这些农民是英国工场手工业的最亲密最可靠的消费者。农民停止消费给工业的致命打击,要比关闭一个最大的国外市场沉重得多。"(第255—256页)名噪一时的"国内市场缩小"的论调出现了。"几乎占全国人口半数的英国农民阶级停止消费,会使工场手工业遭到多大损失呢? 几乎将完全失去地租收入的富人停止消费,会使工场手工业遭到多大损失呢?"(第267页)这位浪漫主义者拼命向厂主证明,他们的生产和财富的发展所固有的矛盾,只是表明了他们的错误和他们的不会盘算而已。西斯蒙第为了使厂主"相信"资本主义的"危险性",详尽地描绘了波兰粮食和俄国粮食竞争的威胁。(第257—261页)他拿出各种论据,甚至想影响英国人的自尊心。"俄国皇帝只要想从英国方面取得某种让步,就可以封锁波罗的海港口,使英国处于挨饿的境地,这样一来,英国的光荣将置于何地呢?"(第268页)读者一定记得,西斯蒙第是用买卖容易发生欺诈来证明"替货币权力辩护"是错误的…… 西斯蒙第想"驳倒"农场经济理论的阐释者,他指出富有的农场主经不起贫苦农民的竞争(见上面引文),并且终于得出了

---

　① 西斯蒙第为了"证明"资本主义是不合适的,马上作出一个大概的计算(例如我们俄国的浪漫主义者瓦·沃·先生就是非常喜爱这种计算的)。他说,从事农业的有60万户。若把田地变成牧场,则"需要"的户数不到该数的¹/₁₀…… 这位作家愈是发觉自己对过程的全部复杂性了解得少,就愈热心地去作孩子似的"目测"计算。

自己心爱的结论,看来,他深信他已证明了"英国"所走的道路"是错误的"。"英国的例子告诉我们,这种实际〈即货币经济的发展,西斯蒙第用 l'habitude de se fournir soi-même"自食其力"和它对立起来〉并未免除危险。"(第263页)"经营制度〈即农场经济〉本身是不好的,是建立在危险的基础上的,应该设法加以改变。"(第266页)

于是,一定经济制度中的一定利益的冲突所引起的具体问题,竟沉没在天真愿望的洪流中! 但是有关双方把问题提得如此尖锐,以至局限于这种"解决"(浪漫主义对其他一切问题也局限于这种"解决")已经完全不可能了。

西斯蒙第绝望地问道:"但是,怎么办呢? 是开放还是封锁英国港口呢? 是使英国的工场手工业工人还是农业工人饿死呢? 问题的确是可怕的;英国内阁的处境是国家要人可能陷入的最尴尬的处境之一。"(第260页)西斯蒙第又转向所谓农场制度的"危险性"、"使整个农业从属于投机制度的危险性"这个"总结论"。但是,"当从事工场手工业的那一半国民苦于饥饿,而他们要求采取的措施又使从事农业的另一半国民遭到饥饿威胁时,英国怎样才能采取一些可能提高小农场作用(remettraient en honneur)的认真而渐进的措施,我不知道。我认为必须大大修改谷物贸易法;但是我劝告那些要求完全废除谷物法的人去仔细研究下列问题"(第267页),——接着又是埋怨和担心农业的衰落、国内市场的缩小等等那一套。

浪漫主义一碰到现实就一败涂地了。它被迫给自己开了一张思想贫乏的证明书,并且亲笔签收。你们一定会想起,浪漫主义是多么轻而易举地"解决了""理论"上的一切问题! 保护关税政策是不明智的,资本主义是致命的谬误,英国的道路是错误和危险的,生产应该同消费步调一致，工商业应该同农业步调一致，机器只有使工资提高或者工作日缩短时才是有利的，生产资料不应与生产者分离，交换不应超过生产，不应引起投机，如此等等。浪漫主义对每个矛盾都用相应的感伤主义的词句来搪塞，对每个问题都用相应的天真愿望来回答，并且把这些标签贴在日常生活的一切事实上，就宣称问题都"解决"了。这种解决如此轻而易举是不足为奇的：它们只是忽略了一个小小的情况，即矛盾是由实际利益的冲突构成的。当这一矛盾发展到使浪漫主义者面对着一场特别厉害的冲突，即谷物法废除之前英国各政党之间的斗争时，我们的浪漫主义者就张皇失措了。他深深感到自己飘浮在幻想和善良愿望的迷雾中，他如此巧妙地编造出适用于一般"社会"（但不适用于任何一个历史上特定的社会制度）的箴言，可是一当他从自己的幻想世界堕入实际生活和利益斗争的漩涡时，他手中甚至连解决具体问题的标准都没有了。发表空论和抽象解决问题的习惯把问题变成了一个单纯的公式：应该使哪一种人口破产呢，是农业人口还是工场手工业人口呢？浪漫主义者当然不能不得出结论说，任何一种人都不应该破产，必须"改变道路"……但是现实的矛盾已经把他紧紧围住，不让他再钻到善良愿望的迷雾中去，于是他被迫**作出回答**。西斯蒙第甚至作了两个回答：第一是"我不知道"；第二是"一方面不能不承认，另一方面必须承认"**63**。

————————

　　1848 年 1 月 9 日，马克思在布鲁塞尔的公众大会上发表了"关于自由贸易问题的演说"①。与声称"政治经济学不是计算的

————————

① 《Discours sur le libre échange》。我们用的是德译本：《Rede über die Frage des Freihandels》（见《马克思恩格斯文集》第 1 卷第 744—759 页。——编者注）。

科学,而是道德的科学"的浪漫主义相反,他正是以单纯的、冷静的
利益计算作为自己论述的出发点。演讲人不把谷物法问题看做国
家所选择的"制度"问题,或者立法问题(西斯蒙第就是这样看的),
而首先把这个问题看成是厂主和地主之间的利益的冲突,并且指
出英国的厂主企图把这个问题说成是全民的事情,企图使工人相
信厂主的所作所为都是为人民谋福利。浪漫主义者把问题说成是
实行改革时立法者一定会持有的见解,与他们相反,演讲人把问题
归结为英国社会各阶级实际利益的冲突。他指出,降低厂主所需
原材料价格的必要性是整个问题的关键。他说明英国工人采取了
不信任的态度,"把那些充满献身精神的人们,包令、布莱特一类人
及其同伙,当做自己最大的敌人"①。

　　厂主们"不惜巨大的开销来建筑宫殿,反谷物法同盟**64**在这些
宫殿里也设立了自己的官邸,他们派遣整批传道大军到英国各地
宣传自由贸易的宗教。他们刊印成千上万的小册子四处赠送,让
工人认识到自己的利益。他们不惜破费拉拢报刊。为了领导自由
贸易运动,他们组织庞大的管理机构,而且在公众集会上施展自己
全部雄辩之才。在一次这样的群众大会上,一个工人大声喊道:
'要是地主出卖我们的骸骨,那么,你们这些厂主就会首先买去放
到蒸汽磨中去磨成面粉!'英国工人是非常懂得地主和厂主之间斗
争的意义的。他们很了解,厂主希望降低粮食价格就是为了降低
工资,同时也知道,地租下降多少,资本的利润也就上升多少"②。

　　由此可见,**问题的提法**本身就与西斯蒙第完全不同。这里提
出的任务是:第一,说明英国社会各阶级从自己的利益出发对待问

---

① 见《马克思恩格斯文集》第1卷第744页。——编者注
② 同上书,第749页。——编者注

题的态度；第二，阐明改革在英国社会经济总的演进中的意义。

在后一点上，演讲人的看法和西斯蒙第的看法是一致的，演讲人也认为这不是个别问题，而是关于整个资本主义的发展、关于"自由贸易"制度的**总问题**。"英国谷物法的废除是自由贸易在 19 世纪取得的最伟大的胜利。"①"谷物法一旦被废除，就会使自由竞争，使当今的社会经济制度发展到极端。"②因而这一问题对于这两位作者来说，就是**应该希望资本主义继续发展**还是阻止它发展而寻找"另外的道路"等等的问题。我们知道，他们对这个问题所作的肯定回答，正是解决关于"资本主义命运"这个总的原则问题，而不是解决关于英国谷物法的个别问题，因为这里所确立的观点在很久以后也适用于其他的国家。这两位作者在 19 世纪 40 年代曾用这种观点去看德国和美国③，宣称自由竞争对于美国是进步的；至于说到德国，他们中间的一位还在 60 年代就曾写道，德国不仅苦于资本主义，而且苦于资本主义的不发展④。

我们再回头来谈上面的演说。我们已经指出演讲人的观点根

---

① 见《马克思恩格斯文集》第 1 卷第 744 页。——编者注
② 《英国工人阶级状况》(1845 年)(参看《马克思恩格斯全集》第 1 版第 2 卷第 556 页。——编者注)。这部著作是谷物法废除(1846 年)**前**以完全相同的观点写成的，而正文中谈到的演说则是**在**谷物法废除**后**发表的。但是时间不同对我们并没有什么意义，因为只要把西斯蒙第在 1827 年发表的上述议论与 1848 年的这个演说加以比较，就会看到这两位作者所论述的**问题要点**是完全相同的。把西斯蒙第与最近的这位德国经济学家加以比较的思想，是我们从《政治学辞典》第 5 卷第 679 页**利佩尔特**编写的《西斯蒙第》条那里借用来的。对比是很有趣的，它使得利佩尔特先生的叙述马上失去了死板性……不是，是"客观性"，而变得生动有趣，甚至充满了热情。
③ 参看《新时代》**65**发表的马克思的几篇论文**66**，这些论文不久以前才被发现，原载于《威斯特伐利亚汽船》**67**。
④ 参看《马克思恩格斯文集》第 5 卷第 9 页。——编者注

本不同,他把问题归结为英国社会各阶级的利益。在他提出谷物法的废除对社会经济的意义这一纯理论问题时,我们也看到了这种深刻的区别。在他看来,这并不是英国应该遵循什么**制度**、应该选择什么道路的抽象问题(西斯蒙第就是这样提问题的,他忘记了英国有它的过去和现在,这已经决定了这条道路)。他没有这样提问题,他一下子就把问题置于**这一社会经济制度**的基础上;他问自己,谷物法废除后,这一制度发展的**下一步究竟会怎样**。

这个问题的困难在于确定谷物法的废除对**农业**的影响如何,因为对工业的影响如何大家已很清楚。

为了证明谷物法的废除对农业也有好处,反谷物法同盟奖赏了三篇最好的文章,这三篇文章都论述了谷物法的取消对英国农业有良好的影响。演讲人把三位得奖者霍普、莫尔斯、格雷格的见解作了简略叙述后,立即把最后一位提出来,指出他的论文最科学最严格地贯彻了古典政治经济学所确立的原则。

格雷格本人是个大厂主,他主要是为大农场主而写的,他证明谷物法的废除会把小农场主逐出农业,使他们转向工业,但却使大农场主得到好处,他们有可能更长期地租用土地,把更多的资本投入土地,更多地使用机器,少花劳动,而劳动也会因粮食跌价而更便宜。地主则只好满足于较低的地租,因为经不起廉价进口粮食竞争的劣等土地已停止耕种。

演讲人十分正确,他认为这个预言和对农业资本主义所作的公开辩护是最科学的。历史证实了这个预言。"谷物法的废除大大推动了英格兰的农业。…… 一方面,耕地面积不断扩大,耕作更加集约化,投在土地及其耕作上的资本有了空前的积累,农产品获得了英格兰农业史上空前未有的增长,土地所有者的地租大大增加，资本主义租地农场主的财富日益膨胀；另一方面，农业工人人口却在绝对地减少。""每英亩土地投资的增加，因而租地农场的加速积聚，这是采用新方法的基本条件。"①

不过，演讲人当然不只是承认格雷格的论断是最正确的。格雷格的这种论断成了这位自由贸易派谈论整个英国农业的论据，他力图证明谷物法的废除对于国家有普遍的利益。我们叙述了上面这些以后，就可以知道演讲人的观点并不是这样的。

他解释说，自由贸易派如此赞美的粮食价格的下跌，意味着工资的必然减少，意味着"劳动"（确切些说是劳动力）这种商品的跌价；而粮价下跌对工人来说永远不会抵补工资的下降，第一，因为粮价下跌，工人更难于节省粮食以购买其他物品；第二，因为工业的进步使消费品更便宜，以伏特加酒代替啤酒，以马铃薯代替面包，以棉花代替毛、亚麻，从而降低工人的消费水平和生活水平。

这样我们就看到，演讲人所确定的问题要点**看来**和西斯蒙第是一样的，他**也**承认小农场主的破产、工业工人和农业工人的贫困是自由贸易的必然后果。擅长"引证"技巧的我国民粹派，在这种

---

① 写于1867年（见《马克思恩格斯文集》第5卷第780—781页。——编者注）。——至于谈到地租的增加，那么，为了解释这种现象，应该注意对级差地租的最新分析所确定的规律，即**粮价降低时地租可能增高**。"当英国谷物关税在1846年废除时，英国的工厂主们都以为，这样一来，他们会把土地贵族变为需要救济的贫民。但实际不是这样，土地贵族反而比以前任何时候都更富有了。这是怎么回事呢？非常简单。第一，从那以后，租地农场主必须按照契约每年对每英亩投资12镑，而不是8镑。第二，在下院也有很多代表的地主们，批给自己一笔巨大的国家补助金，用于土地的排水及其他永久性的改良。因为最坏土地没有完全被排挤掉，至多不过（并且在大多数情况下只是暂时的）改为别的用途，所以，地租就与投资的增加成比例地增加了，土地贵族也比以前任何时候都更富有了。"（《资本论》第3卷第2部分第259页（见《马克思恩格斯文集》第7卷第820页。——编者注））

场合通常是谈论"摘录",心满意足地声称他们完全"同意"。但这种手法只是表明:第一,他们不懂得在上述问题的提法上存在着巨大区别;第二,他们忽略了一种情况,即新理论与浪漫主义的根本**区别在这里只是刚刚开始**:浪漫主义者避开现实发展中的具体问题而陷入幻想,现实主义者则以既成事实作为明确解决具体问题的标准。

演讲人指出工人状况即将改善后,继续说道:

"经济学家们会对你们说:

好吧,我们同意说工人之间的竞争(这种竞争在自由贸易的统治下恐怕也不会减少)很快会使工资和低廉的商品价格互相一致起来。但是,另一方面,低廉的商品价格会导致消费的增加;大量的消费要求大量的生产,而大量的生产又引起了对劳动力需求的增加;对劳动力需求增加的结果将是工资的提高。

全部论据可以归结如下:**自由贸易扩大了生产力**。如果工业发展,如果财富、生产能力,总而言之,生产资本增加了对劳动的需求,那么,劳动价格便提高了,因而工资也就提高了。**资本的扩大是对工人最有利不过的事。这一点必须同意**。[1] 如果资本停滞不动,工业就不仅会停滞不前,而且会走向衰落,在这种情况下,工人将会成为第一个牺牲品。工人将先于资本家而死亡。而在资本扩大时,就像上面所说的,在对工人最**有利**的情况下,工人的命运又将如何呢? 他同样会死亡。……"[2]演讲人利用英国经济学家的材料,详细地阐明了资本的积聚怎样扩大分工(由于简单劳动代替熟练劳动,它使劳动力更为便宜),机器怎样排挤工人,大资本

---

[1]　黑体是我们用的。

[2]　参看《马克思恩格斯文集》第 1 卷第 751—752 页。——编者注

怎样使小企业主和小食利者破产,怎样加剧危机而造成更多失业人口。从他的分析中得出的结论是,贸易自由不外是资本发展的自由。

总之,演讲人找到了一个标准来解决那个初看起来是西斯蒙第无法解决的难题:无论是自由贸易还是阻碍自由贸易都同样使工人破产。**这个标准就是生产力的发展**。把问题置于历史基础上的提法立即显示了它的作用:作者不是把资本主义与某种应该是怎样的抽象社会(实质上就是空想)加以比较,而是把**它**与社会经济的**以前各阶段**加以比较,把依次更替的资本主义各阶段加以比较,**并肯定了社会生产力因资本主义的发展而发展的事实**。作者在科学地批判自由贸易派的论据时,避免了否认这种论据具有任何意义从而"把小孩和水一起从澡盆里泼出去"这一浪漫主义者常犯的错误,取出了它合理的内核,即技术飞跃进步这一不容怀疑的事实。当然,我国民粹派也许会以其固有的机智得出结论说:这位如此公开地**站在大资本一边来反对小生产者**的作者是"货币权力的辩护士",尤其是他还面向欧洲大陆说,他要把从英国生活中得出的结论也用于当时大机器工业刚刚迈出软弱的第一步的他的祖国。其实他们本可以从这个例子(正如西欧史中很多类似的例子一样)研究他们无法(也许是不愿意?)了解的那个现象,即承认大资本比小生产进步远远谈不上"辩护"。

只要记起西斯蒙第的上述一章和这个演说,就会深信后者无论在理论方面或在反对任何"辩护"方面都优于前者。演讲人对于伴随着大资本的发展而来的矛盾的说明,比浪漫主义者所作的说明都确切、充分、直接、明白得多。但是他从来没有说过一句为这一发展而悲痛的感伤的话。他从来没有吐露过一个关于可能"改变道路"的字眼。他懂得,人们说这种话,完全是为了掩盖他们自己"掉头不顾"生活向他们提出的问题,这里所谓生活,就是当前的经济现实、当前的经济发展,以及在它的基础上发展起来的当前的利益。

上述完全科学的标准,使他有可能解决这个问题,而不失为一个彻底的现实主义者。

演讲人说:"但是,先生们,不要以为我们批判自由贸易的目的是为了维护保护关税制度。"①演讲人指出了在现代社会经济制度下自由贸易和保护关税政策具有的同一的基础,简短地指出了英国和大陆的资本主义对西欧各国旧的经济生活和旧的半宗法关系所进行的"破坏"过程,指出了在一定条件下自由贸易**加速**这一"破坏"②的社会事实。演讲人最后说:"先生们,也只有在这种意义上我才赞成自由贸易。"**68**

载于1897年4—7月《新言论》　　　　　　译自《列宁全集》俄文第5版
杂志第7—10期　　　　　　　　　　　　第2卷第119—262页

---

① 见《马克思恩格斯文集》第1卷第758页。——编者注
② 《英国工人阶级状况》的作者**还在谷物法废除以前**,就已清楚地指出了废除谷物法的这种进步意义(上引书,第179页(参看《马克思格斯全集》第1版第2卷第556—557页。——编者注)),并且特别强调它对生产者的觉醒的影响。

关于粮价问题⁶⁹

（给编辑部的信）

（1897 年 2 月底—3 月初）

编辑 М. Г. 先生：

乞借贵报一角刊登本文。

《萨马拉新闻》第 54 号所载《帝国自由经济学会会议》一文对该学会围绕《收成和粮价的影响》一书展开的讨论作了总结。《萨马拉新闻》编辑部在总结之前对书中存在的最严重的缺点谈了一些意见。

我完全同意编辑部的基本观点，却不能不指出，有一段话会引起误解。"从阶级观点出发，在粮价这样的问题上，雇工的利益同雇主的利益是相对立的。毫无疑问，对于收入主要靠出卖自身劳动力的出卖劳动者即农民来说，价廉的产品要比价贵的产品来得有利。而对于雇主来说，他的产品卖得越贵越有利。"

这是什么意思？粮价低倒对农民更有利？

决非如此，农民由于是小土地所有者，是粮食生产者，在目前的经济条件下只得把自家的产品拿到市场上去出售，显然较高的粮价对他有好处。这是一条无须多加说明的原理。

如果此处说的是工人，即靠出卖自己的劳动为生的那个阶级，那么我认为,编辑部断言降低粮价对工人有利又是一大错误,原因在于问题提得不对。

诚然,降低生活必需品价格,包括降低粮价,看起来对消费者即对工人有好处。究竟有什么好处呢? 同样是花1卢布,从前我可以买到1普特小麦,如今可以买到2普特,所以作为一个消费者,进一步降低小麦的价格对我有好处;可是降低也给我带来了一点小小的麻烦。这是因为我在成为市场上的消费者、粮食购买者之前,先得在这个市场上转让掉一点东西;我作为一个工人,在这种情况下是转让自己的劳动力。那么在我出卖劳动力时,购买我转让商品的买主总要查对一下它的价格,换句话说,总要查对一下生活必需品首先是粮食的价格,再根据这些数据来估定我的劳动力的价格。于是粮价一降低,我的劳动力的价格也随之降低了。甚至还发现粮价的降低与劳动力价格的降低并不等量;劳动力价格总是比粮价的跌幅大。

可见,降低粮价对工人来说至少是无关紧要的。而且有一位著名的德国经济学家(我在此不揣冒昧地借助他的权威)甚至断言,粮价下跌直接不利于工人。对此他作了如下的论证:"当谷物的价格和工资都同样处于较高的水平时,工人节省少许面包就足以满足其他需要。但是一旦面包变得非常便宜,从而工资大大下降,工人便几乎根本不能靠节约面包来购买其他的东西了。"①

可见,即使在粮价这样的问题上,雇工的利益同雇主的利益实际上也是对立的。粮价高对出卖劳动者有利;粮价低对雇主

---

① 见卡·马克思《关于自由贸易问题的演说》《马克思恩格斯文集》第1卷第750页。——编者注)。

有利。

　　最后，我冒昧地希望编辑部能对我以上所引的编辑部文章中的那段话的真实含义作出解释。

斯·特·阿·

载于 1897 年 3 月 13 日《萨马拉新闻》第 58 号　　　　　　　　译自《列宁全集》俄文第 2、3 版第 2 卷第 1—4 页

Владиміръ Ильинъ.

ЭКОНОМИЧЕСКІЕ
ЭТЮДЫ И СТАТЬИ.

Къ характеристикѣ экономическаго романтизма. — Пермская кустарная перепись. — Перлы народническаго прожектерства. — Отъ какого наслѣдства мы отказываемся? — Къ вопросу о нашей фабрично-заводской статистикѣ.

С.-ПЕТЕРБУРГЪ.
Типо-литографія А. Лейферта. Бол. Морская, 65.
1899.

列宁《经济评论集》封面
（按原版缩小）

1894—1895年度彼尔姆省手工业调查以及"手工"工业中的一般问题[70]

(1897年8—9月)

第 一 篇

(一、总的材料。二、"手工业者"和雇佣劳动。
三、"村社式劳动的继承性")

彼尔姆省的一些学术团体在地方自治机关的参与下,曾着手为1896年下诺夫哥罗德的展览会编写一部巨著,总标题为:《彼尔姆边疆区巡礼》。收集的材料有200多印张,全书共8卷。在展览会举行前,这部巨著照例没有来得及完成,目前只出版了第1卷,内容是该省手工工业概述①。《概述》因其材料新颖、丰富、完备而具有极大的吸引力。这些材料,是1894—1895年度地方自治机关出资进行的专门的**手工业调查**收集来的;并且这次调查是按户调查,每户的家长都被分别询问过。所得资料由地方官汇集。这

---

① 《彼尔姆边疆区巡礼。彼尔姆省手工工业状况概述》。1896年在彼尔姆由彼尔姆省地方自治机关出资出版。计序言2页,正文365页,统计表232页,图表16张和彼尔姆省地图1张。定价1卢布50戈比。

次按户调查的计划非常庞大，它包括业主手工业者的家庭成员、手工业者使用的雇佣劳动、农业、原料采购状况、生产技术、一年12个月的工作分配、产品销售、作坊创办日期和手工业者的债务情况。据我们所知，在我国书刊上发表如此丰富的材料，几乎是破天荒第一次。但是多得者应当多予。材料既然这样丰富，我们就有权要求编著者认真整理这些材料，但《概述》却远远没有充分满足这种要求。无论在统计表材料中，或者在材料分类和整理的方法上，都存在着许多缺陷，因此本文作者不得不从《概述》中作些摘录并对有关材料进行计算，以此来部分地弥补这些缺陷。

我们打算把调查所收集的材料、整理这些材料的方法以及从有关我国"手工业"**经济实况**的材料中所得出的结论介绍给读者。我们强调"经济实况"一词，是因为我们提出的问题仅仅有关实际情况，以及实际情况为什么正是这样而不是那样。至于谈到把从彼尔姆省的材料中得出的结论应用于一切"我国手工业"的问题，读者从下面材料中可以相信，这样的应用是合乎情理的，因为彼尔姆省"手工业"的种类异常庞杂，凡手工业书刊上讲到过的**各种各样手工业**，它都应有尽有。

不过我们殷切要求读者把下面叙述的两个方面尽可能严格地区别开来：一方面是对实际材料的研究和整理，另一方面是对《概述》作者们的民粹主义观点的评价。

一

总　的　材　料

1894—1895年度的手工业调查囊括了该省各县8 991个手工

业户(雇佣工人户未算在内),编著者们认为,这约占彼尔姆省手工业者总数的72%,根据其他材料,还有3 484户。《概述》将各种类型的手工业者,基本上分成两大**部类**(统计表中以罗马数字Ⅰ和Ⅱ来表示):即从事农业经营的(Ⅰ)和不从事农业经营的(Ⅱ)。其次,每一部类又分成3个**分类**(以阿拉伯数字1,2,3来表示):即(1)自做自卖的手工业者;(2)为订货的消费者工作的手工业者;(3)为订货的包买主工作的手工业者。在后两种分类中,手工业者的原料主要由订购者供给。我们稍微谈谈这种分类法。将手工业者区分为耕作者和非耕作者,当然是十分合理和必要的。彼尔姆省无地的手工业者人数众多,而且往往都集中在工厂村,这就使作者不得不经常进行这种分类,并把它列入统计表内。因此我们知道,占总数三分之一的手工业者(8 991个作坊中有19 970个本户工人和雇佣工人),即有6 638人是不从事农业经营的。①由此可见,通常认为手工工业同农业的联系是一种普遍现象,有时甚至把它看做是俄国的特点,这种假定和论断是不确切的。如果从"手工业者"的数目中把不该列入其中的农村(和城市)手艺人除去,那么在余下的5 566户中,无地的有2 268户,即占为市场工作的工业者总数的$\frac{2}{5}$以上。遗憾的是,《概述》中没有彻底运用这种基本的分类法。第一,它只对业主手工业者进行了这样的分类,而关于雇佣工人却没有这方面的材料。这个缺陷是由于手工业调查根本忽略了雇佣工人及其家庭,而只登记作坊和业主所造成的。《概述》用"从事手工业的家庭"一语来代替这两个词,这是非常不确切的,因为给手工业者当雇佣工人的家庭和雇工人的家庭当然同样都是"从

---

① 其实无地的工业者不止三分之一,因为在调查中只统计了一个城市。下面将谈到这点。

事手工业"的。缺少关于雇佣工人（他们的人数等于工人总数的
¼）家庭的按户调查材料，是手工业调查一个很大的缺点。这个缺
点，对于一开始就采取小生产者的观点而无视于雇佣劳动的民粹
派说来，是异常典型的。下面在关于雇佣工人的资料中，我们还会
不止一次地看到一些缺点，而现在我们只想指出：虽然缺少关于雇
佣工人家庭的材料，是手工业书刊中的通病，但是也有例外情况。
如在莫斯科地方自治局统计机关的报告中，有时会看到一些经
过系统收集的关于雇佣工人家庭的材料；在哈里佐勉诺夫和普
鲁加文两位先生的有名著作《弗拉基米尔省手工业》中，这样的
材料就更多了，其中还有把雇佣工人家庭与业主家庭同样登记
在内的按户调查材料。第二，调查者把大批无地的工业者列入
手工业者的人数中，当然就破坏了不把**城市**工业者算做"手工业
者"那种惯常的、完全不正确的方法的基础。并且我们确实看
到，在1894—1895年度的手工业调查中，列入了一个昆古尔城
（统计表第33页），但**只是一个**。《概述》没有作任何说明，因此
也就不明白，为什么在调查中只列入一个城市，而且正是这个城
市，这是偶然的还是有某种根据。结果造成了不小的混乱，使总
的材料遭到严重损害。因此，总的说来，手工业调查重犯了民粹
派把农村（"手工业者"）与城市分开的通病，而无视某个工业区
总是包括一个城市及其附近乡村的事实。这种由于偏见和夸大
过时了的等级制壁障而把农村与城市分开的做法，早就应该抛
弃了。

我们已经不止一次地谈到农村和城市的手艺人，有时把他们
同手工业者分开，有时又把他们列入手工业者之内。其实，这种摇
摆不定的现象是一切"手工"业书刊所固有的，它证明"手工业者"

这个术语已不适用于科学研究。大家都认为,应当只把为市场而工作的人,即只把商品生产者算做手工业者,但事实上要找到没有把手艺人,即为订货的消费者而工作的人(《概述》中的第 2 分类)也算做手工业者的手工业著作,是不容易的。即使在《手工工业调查委员会的报告》和《莫斯科省手工业》中,您也能在"手工业者"当中找到手艺人。我们认为,争论"手工业者"一词的含义是没有益处的,因为我们在下面就会看到:**没有一种工业形式**(也许只有机器工业除外)不包含在这个绝对不适用于科学研究的惯用的术语之内。毫无疑义,应该将为市场工作的商品生产者(第 1 分类)同为消费者工作的手艺人(第 2 分类)严格加以区别,因为这两种工业形式,按其社会经济意义说来,是两种完全不同的类型。《概述》想抹杀这些区别的企图(参看第 13 页和第 177 页),是极不成功的;在另外一部关于彼尔姆省手工业者的地方自治机关统计出版物中所说的话要正确得多:"手艺人与手工工业方面的共同点非常少,甚至少于后者与工厂工业之间的共同点"。[①] 工厂工业和第 1 分类的"手工业者"都属于**商品生产**,但在第 2 分类中却没有商品生产。同样,也要把第 3 分类——为包买主(和工厂主)工作的手工业者严格加以区别,他们与前两分类的"手工业者"有着**本质上**的不同。我们不能不希望,一切研究所谓"手工"工业的人都能严格地坚持这种区分,不再使用可作任意解释的口语,而使用准确的政治经济学上的术语。

现将"手工业者"按部类和分类划分的材料引述如下:

---

① E.克拉斯诺彼罗夫的《1887 年在叶卡捷琳堡市举行的西伯利亚—乌拉尔科学工业展览会上的彼尔姆省手工工业》,1888—1889 年彼尔姆版,共 3 册。第 1 册第 8 页。我们将引用这部有益的著作,简称:《手工工业》,第几册第几页。

	第 I 部 类				第 II 部 类				总计
	分　类			共计	分　类			共计	
	1	2	3		1	2	3		
作　坊　数 {	2 285	2 821	1 013	6 119	935	604	1 333	2 872	8 991
	37.3	46.1	16.6	100	32.6	21.0	46.4	100	—
工人数 { 本户工人	4 201	4 146	1 957	10 304	1 648	881	2 233	4 762	15 066
雇佣工人	1 753	681	594	3 028	750	282	844	1 876	4 904
共　计	5 954	4 827	2 551	13 332	2 398	1 163	3 077	6 638	19 970
有雇佣工人的作坊数	700	490	251	1 441	353	148	482	983	2 424

在用这些材料作结论以前,我们要提醒一下:昆古尔城列入了第 II 部类,因而第 II 部类包含着关于农村工业者和城市工业者的混合材料。从表中我们可以看出,在**农村**工业者和手艺人中占很大数量的耕作者(第 I 部类),在工业形式的发展方面要比非耕作者(第 II 部类)落后。在耕作者那里,原始手艺要比为市场而进行的生产发达得多。在非耕作者那里,雇佣工人、有雇佣工人的作坊以及为包买主工作的手工业者都占有较大的百分比,这说明在那里资本主义有了较大的发展。因而可以得出结论说:与农业的联系保持了比较落后的工业形式;反之,资本主义在工业中的发展造成工业同农业的分离。可惜,我们没有这方面的精确材料,而只得满足于这些提示性的说明。比如说,从《概述》中我们无从知道,彼尔姆省的农村人口在耕作者和无地者之间究竟是如何分布的,因此也就不能把这两个部类加以比较,看哪一部类的手工业更发达。一些极其重要的问题,如关于工业地区的问题(关于这个问题,编著者持有最准确的材料,每个村庄都单独有一份材料),关于工业者集中在非农业村、工厂村和工商业村的问题,关于每一工业部门的中心以及关于手工业由这些中心向附近村庄扩展的问题,也都被忽略了。如果再考虑到以下一个情况,即关于作坊创办日期的

按户调查材料(这留待后面第三节来谈),使我们有可能确定手工业发展的性质,即它们是否由中心向附近村庄扩展或者相反,它们在耕作者当中更为发达还是在非耕作者当中更为发达,以及其他等等,那么我们就不能不惋惜材料整理之不足了。在这个问题上,我们所能得到的只是关于各县手工业分布的材料。为了使读者熟悉这些材料,我们就来利用一下《概述》(第31页)所提供的按县分类:(1)"为市场工作的手工业者所占百分比最大,同时手工工业发展水平较高的县"——5个;(2)"手工业发展程度稍低,但为市场工作的手工业者占多数的县"——5个;(3)"手工工业的发展水平也不高,但为消费者订货而工作的手工业者常占多数的县"——2个。将这3类县份的最重要材料综合起来,我们就得出下列统计表①。

这一统计表使我们得出下列重要结论:哪一类县份中农村工业越发达,那么,第一,它的农村手艺人的百分比就越小,也就是说手艺被商品生产排挤得越厉害;第二,非农业人口的手工业者的百分比越大;第三,资本主义的关系发展得越快,依赖他人的手工业者的百分比越大。在第三类县份中,农村手艺人占多数(占全部手工业者的77.7%),耕作者也占多数(非耕作者只占5.7%),而资本主义的发展则微不足道:总共只有7.2%的雇佣工人和2.7%为包买主工作的家庭手工业者,即共有9.9%依赖他人的手工业者。相反,在第二类县份中商品生产占优势而且开始排挤手艺:手艺人只有32.5%。种地的手工业者的百分比,从94.3%降低到66.2%;雇佣工人的百分比增加了3倍多,从7.2%增加到32.1%;为包买主工作的家庭手工业者的百分比也有提高,虽然提

---

① 统计表见第244页。——编者注

县份类别	手工业者数目												手工业者的百分比		手工业者家庭的人数		
	自做自卖者			为包买主工作者			为消费者工作者			共　计			为市场工作者	依赖他人者②	男女		共　计
	本户工人	雇佣工人	共计	本户工人	雇佣工人	共计	本户工人	雇佣工人	共计	本户工人	雇佣工人	共计			经营农业者	不经营农业者	
(1) 手工业最发达的5个县	4 160	1 702	5 862	3 930 27.4	1 397	5 327	2 501	623	3 124 21.8	10 591	3 722 26.0	14 313 100	78.2	53.4	21 320 57.9	15 483 42.1	36 803 100
(2) 手工业不发达的5个县	1 436	904	2 340	259 6.3	158	417	1 077	252	1 329 32.5	2 772	1 314 32.1	4 086 100	67.5	38.4	7 335 66.2	3 740 33.8	11 075 100
(3) 手艺占优势的2个县	340	59	399	56 2.7	—	56	1 499	88	1 587 77.7	1 895	147 7.2	2 042 100	22.3	9.9	5 998 94.3	364 5.7	6 362 100
总　计	5 936	2 665	8 601	4 245 20.8	1 555	5 800	5 077	963	6 040 29.5	15 258	5 183 25.3	20 441 100	70.5	46.1	34 653 63.9	19 587 36.1	54 240 100

（1）第一类包括沙达林斯克县、昆古尔县、克拉斯诺乌菲姆斯克县、叶卡捷琳堡县和奥萨县；第二类包括上图里耶县、彼尔姆县、伊尔比特县、奥汉斯克县和切尔登县；第三类包括索利卡姆斯克县和卡梅什洛夫县。

（2）我们把雇佣工人和为包买主工作者称做"依赖他人者"。

（3）这里手工业者的数目不是前面所引的数目，因为《概述》中每县的家庭工作者的数目和雇佣他人的数字（第30—31页）与附录统计表里的总数不同。

高得不多,因而依赖他人的手工业者的总百分比为 38.4％——几乎占总数的²∕₅。最后,在第一类县份中,手艺被商品生产排挤得更为厉害,它只占"手工业者"总数的¹∕₅(21.8％);而不种地的工业者的数目则增长到 42.1％;雇佣工人的百分比有些降低(从 32.1％降到 26％),但依赖包买主的家庭手工业者的百分比却大大提高,即从 6.3％提高到 27.4％,因而依赖他人的手工业者的总数超过了半数,即达到 53.4％。"手工业者"人数最多(绝对的和相对的)的地区,也就是资本主义最发达的地区:商品生产的发展,把手艺排挤到次要地位,促使资本主义发展,促使手工业向非耕作者方面转移,即促使工业与农业分离(或者可能促使手工业集中在非农业人口中)。读者可能会发生疑问,认为资本主义在第一类县份中比较发达是否正确,因为那里的雇佣工人比第二类少,只不过为包买主工作的人要多一些。有人会反驳说:家庭劳动是资本主义的低级形式。然而,我们在下面就可以看到,在这些包买主中有很多是占有大资本主义企业的工厂主。家庭劳动在这里成了**工厂的附属品**,它意味着生产和资本的大量集中(有 200—500 人,以至上千或更多的人在为几个包买主工作),意味着更大规模的分工,因此,它是发展程度较高的资本主义形式。这种形式之于有雇佣工人的小业主的小作坊,正如资本主义工场手工业之于资本主义简单协作。

上述材料足以驳倒《概述》作者想将"手工业的生产形式"与"资本主义的生产形式"根本对立起来的企图,——这种论断是在重复以瓦·沃·先生和尼·—逊先生为首的整个俄国民粹派的传统偏见。彼尔姆省的民粹派认为,这两种形式之间的"基本区别",在于第一种形式中的"生产工具和生产资料以及作为全部劳动成果的生产品,都是属于劳动者的"(第 3 页)。现在我们已经可以完全肯定地说,这是欺人之谈。我们即使把手艺人也列入手工业者的数目中,也仍然有**很大一部分"手工业者"不适合这些条件**:第一,雇佣工人不适合,他们占 25.3%;第二,为包买主工作的家庭手工业者不适合,因为无论生产资料或劳动成果都不属于他们,他们只得到计件工资;这些人占 20.8%;第三,拥有雇佣工人的第 1 分类和第 2 分类的家庭手工业者不适合,因为属于他们的不仅仅是自己的劳动"成果"。这些人大概占 10% 左右(第 1 分类和第 2 分类的 6 645 个作坊中有 1 691 个作坊,即有 25.4% 的作坊雇有雇佣工人,而在 1 691 个作坊中大约有不下 2 000 个家庭手工业者)。这样,总计有 25.3%＋20.8%＋10%＝56.1% 的"手工业者",即有半数以上不适合这些条件。换句话说,甚至在彼尔姆这种偏僻的和经济落后的省份里,**现在占多数的也已经是被人雇用或者是雇用别人、剥削别人或者是被人剥削的"手工业者"**了。但若除去手艺而只算商品生产,那么这种计算就会正确得多。手艺是一种非常古老的工业形式,甚至在那些常说落后是俄国的幸福的我国民粹派(如瓦·沃·先生和尤沙柯夫先生之流)当中,也找不到一个人敢于公开地和直接地保护它和把它奉为自己理想的"保证"。彼尔姆省的手艺与俄国中部比较起来,还是非常发达的。只要看一下印染业就足以说明这一点。这就是纯粹用手艺来印染农民的土布,而这种土布在俄国不太偏僻的地方早就让位于工厂印花布了。然而,就是在彼尔姆省,手艺也已经远远地被排挤到次要地位。在农村工业中,手艺人甚至只有 29.5%,即不到¹/₃。不算手艺人,我们得出 14 401 个为市场工作的人;其中有 29.3% 是雇佣工人,29.5% 是为包买主工作的家庭手工业者,就是说,有 58.8% 是依赖他人的"手工业者",再加上 7%—8% 是有雇佣工人的小业主,总共有 66％ 左右,这就是说,有**三分之二**的"手工业者"与资本主义有**两个基本共同点**,而不是差别。第一,他们都是商品生产者,而资本主义只不过是彻底发展了的商品经济;第二,他们有**很大一部分**是处在资本主义所特有的买卖劳动力的关系之中。《概述》的编著者们力图使读者确信,雇佣劳动在"手工业"生产中有其特殊的意义,并且用似乎是"正当的"理由来解释这一点;我们将在适当的地方(第七节)考察这种论断和他们所引证的例子。这里只须肯定这样一个事实,即在商品生产占优势以及雇佣劳动不是偶然而是经常使用的地方,那里就具备了资本主义的一切特征。可以谈论资本主义还不发达,还处于萌芽状态,以及它的各种特殊形式,但把实际上是**基本的共同点**说成是它们之间的"基本差别",这就是歪曲现实。

我们顺便再举出一个歪曲现实的例子。在《概述》第 5 页上说:"手工业者的制品……主要是用当地所取得的材料制成的。"关于这一点,在《概述》中恰好有可资检验的材料,这就是下面的对比:从事畜产品加工的手工业者在该省各县的分布,与畜产品和农产品的比较;从事植物产品加工的手工业者,与森林分布的比较;从事金属加工的手工业者与该省开采的生铁和熟铁分布的比较。从这些对比中可以看出:在 3 个县份中,畜产品加工业竟集中了这种手工业者的 68.9％,但这些县份中的牲畜头数只有 25.1％,播种面积亩数只有 29.5％,也就是说,事实正好相反,而《概述》也在这里肯定说:"从事畜产品加工的各生产部门的高度发展,主要靠外来原料作保证。例如,在昆古尔县和叶卡捷琳堡县,就是靠外来的生皮革作保证的,这些生皮革经过当地的制革厂和手工制革场加工以后,才能成为制鞋业(这两个县最主要的手工业)的材料。"(第 24—25 页)所以,在这里手工业不仅依靠各地做皮革生意的资本家之间的巨大流通,并且还依靠从厂主那里得来的半成品,就是说,手工业是发达的商品流通和资本主义皮革企业的产物和附属品。"在沙德林斯克县,作为该县主要手工业——毡靴业的材料的羊毛是外来原料。"其次,有61.3%从事植物产品加工的手工业者,集中在4个县份。但这4个县份只占有全省森林总亩数的20.7%。相反,在集中了全省森林51.7%的2个县中,却只有2.6%从事植物产品加工的手工业者(第25页),就是说,这里的情况也正好相反,在这里《概述》也肯定说,原料是外来的(第26页)①。因而,我们就看到一个极其重要的事实:在手工业发展以前,**商品流通**(它是手工业发展的条件)早已根深蒂固了。这一情况是非常重要的,因为第一,它表明了,商品经济早就形成,而手工业只不过是其中的一个组成部分。因而,把我国手工工业说成是一块白板[71],似乎它还"能"走各种不同的道路,这是非常荒诞无稽的。例如,据调查者报道,彼尔姆省的"手工工业仍然反映出一些交通线对它的影响,这些交通线不仅在建筑铁路以前,甚至还在改革以前,就决定了该边疆区的工商业面貌"(第39页)。确实,昆古尔城是西乌拉尔的交通枢纽:西伯利亚大道穿过昆古尔,把昆古尔同叶卡捷琳堡连接起来,其支线又同沙德林斯克相连;穿过昆古尔的还有另一条商业大道——戈罗布拉戈达特大道,它把昆古尔与奥萨连接起来。最后,还有比尔斯克大道把昆古尔与克拉斯诺乌菲姆斯克连接起来。"所以我们看到,该省的手工工业是集中在被交通枢纽所决定的地区内:在西乌拉尔是集中在昆古尔县、克拉斯诺乌菲姆斯克县和奥萨县;在外乌拉尔是集中在叶卡捷琳堡县和沙德林斯克县。"(第39页)我们提醒读者,正是这5个县构成了按手工工业发展程度划分的第一类县份,并且在那里集

---

① 这两种手工业者,即从事畜产品加工和植物材料加工的手工业者,共占手工业者总数的33%+28%=61%。从事金属加工的手工业者占25%。(第20页)

中了占总数70％的手工业者。第二,这种情况向我们表明,关心农民手工业的人们如此轻率地谈论的手工工业中的那种"交换组织",实际上**已经建立起来了**,并且建立它的不是别人,正是全俄的商界。下面我们还将看到不少关于这点的证明。只有在第三类手工业者(从事金属加工者)方面,原料开采和手工业者对原料加工的分布是相适应的:在生产70.6％的生铁与熟铁的4个县中,集中了这一类手工业者的70％。但是,在这里原料本身已是大采矿工业的产品,而我们将看到,这种工业对"手工业者"是有着"自己的见解"的。

二

"手工业者"和雇佣劳动

现在我们来谈谈彼尔姆省手工业中的雇佣劳动的材料。我们不再重复上面引证过的绝对数字,而只指出最重要的百分比:

		第 I 部 类				第 II 部 类				总计
		分 类			共计	分 类			共计	
		1	2	3		1	2	3		
作坊的百分比	有雇佣工人的·········	30.6	17.4	24.1	23.6	37.8	24.4	36.1	34.2	26.9
	只有雇佣工人的······	1.3	1.2	0.7	1.1	1.6	1.4	0.3	1.0	1.1
	有6个以上雇佣工人的·············	2.0	0.1	1.4	1.1	1.3	0.8	0.4	0.8	0.9
雇佣工人 ·············		29.4	14.1	23.2	22.7	31.2	29.3	27.4	28.3	24.5
平均每个作坊的工人数	本户工人·············	1.8	1.5	1.9	1.6	1.7	1.4	1.6	1.6	1.6
	雇佣工人·············	0.75	0.23	0.57	0.48	0.78	0.43	0.63	0.63	0.52
	共 计·············	2.6	1.7	2.5	2.1	2.5	1.8	2.2	2.2	2.1
有3个以上本户工人的作坊的百分比 ·········		20.3	7.8	20.9	15.1	18.5	8.6	14.3	14.6	14.9

由此可见,在非耕作者那里,雇佣工人的百分比**大于**耕作者那里的百分比,这一差别**主要**是由第2分类决定的:在种地的手艺人那里,雇佣工人的百分比为14.1％,而在非耕作者那里则为29.3％,即大1倍多。至于其他两个分类中雇佣工人的百分比,第Ⅱ部类的要比第Ⅰ部类的稍微高些。上面已经说过,这一现象的产生是资本主义在农业人口中比较不发达的结果。彼尔姆省的民粹派和所有其他的民粹派一样,当然会把这种现象说成是耕作者的优越性。这里,关于能否将这种社会经济关系的不发达和落后现象看做是优越性这个一般性问题,我们不去争论,我们只指出:从下面引证的材料中将会看到,所谓耕作者的优越性就是取得低微的工资。

值得注意的是,在雇佣劳动的使用方面,**部类间**的差别小于**一个部类中各分类间**的差别。换言之,工业中的经济构成(手艺人、商品生产者、包买主的工人)对雇佣劳动使用程度的影响,要比与农业有无联系方面的影响大得多。例如,种地的小商品生产者同不种地的小商品生产者比较接近,而同种地的手艺人则没有那样接近。第1分类中雇佣工人的百分比,在第Ⅰ部类中为29.4％,在第Ⅱ部类中为31.2％,而在第Ⅰ部类的第2分类中只占14.1％。同样,为包买主工作的耕作者同为包买主工作的非耕作者比较接近(他们的雇佣工人分别为23.2％和27.4％),而同种地的手艺人则没有那样接近。这告诉我们,资本主义商品关系在我国的普遍统治,竟使参加工业的耕作者和非耕作者之间变成没有什么差别了。关于手工业者收入的材料更突出地说明了这一情况。如上所述,第2分类是例外;但如果我们不用雇佣工人百分比的材料,而拿每个作坊的雇佣工人平均数的材料来看,那就能看到,种地的手艺人同不种地的手艺人比较接近(每一作坊的雇佣工人数分别为

0.23 和 0.43),而同其他分类的耕作者则没有那样接近。两个部类中平均每一作坊的手艺人数,几乎是相等的(每个作坊的人数分别为 1.7 和 1.8 人),然而每一部类的各分类间的平均人数,差异就非常大了(第 I 部类是 2.6 和 1.7;第 II 部类是 2.5 和 1.8)。

关于每一分类中每个作坊的平均人数的材料,还说明了下面这样一个重要事实:两部类中手艺人的平均人数最少,每个作坊分别只有 1.7 和 1.8 个工人。就是说,手艺人的生产是最分散的,他们是最孤立的个体生产者,他们在生产中最少采用协作。在采用协作方面,占首要地位的是两部类中的第 1 分类,即自做自卖的小业主。在这里,每一作坊的人数最多(2.6 人和 2.5 人);有很多本户工人的手工业者最多(有 3 个以上本户工人的作坊,分别占 20.3% 和 18.5%;但有一个小小的例外,这就是第 I 部类中的第 3 分类也占 20.9%);同时雇佣劳动的使用也最多(每个作坊的雇工分别为 0.75 和 0.78);大作坊也最多(有 6 个雇佣工人以上的作坊分别占 2.0% 和 1.3%)。因而,生产协作在这里也得到了最广泛的采用,而这是在本户工人最多的情况下(每个作坊的本户工人分别为 1.8 和 1.7;有一个小小的例外,这就是在第 I 部类的第 3 分类中也有 1.9 人)最多使用雇佣劳动的结果。

最后这一情况,使我们注意到了"手工业者"的本户劳动和雇佣劳动的相互关系这一非常重要的问题,使我们不得不对民粹派所谓雇佣劳动在手工业生产中只是本户劳动的"补充"这一流行理论的正确性产生怀疑。彼尔姆省的民粹派赞同这一见解,他们在第 55 页上断言:"把手工业者和盘剥者的利益等同起来",这已为最富裕的手工业者(第 I 部类)拥有最多的本户工人这一事实所驳倒,"如果手工业者只是想追逐暴利(这是实行盘剥的唯一动机),而不是利用全家力量去巩固和发展自己生产的话,那么我们完全可以预料,在这一分类的作坊中,把自己的劳动投入生产的家庭手工业者的百分比最小"(?!)。奇怪的结论!怎么能撇开有关雇佣劳动的材料,而作出关于"亲自参加劳动"(第55页)的作用的结论呢?如果有很多本户工人的手工业者的富裕,并不说明有盘剥倾向的话,那我们就会看到:在他们那里,雇佣工人的百分比最小,有雇佣工人的作坊的百分比最小,有很多工人(有5个以上)的作坊的百分比最小,每一作坊的平均工人数也最少。事实上,最富裕的手工业者(第1分类)**在所有这些方面都占首位而不是末位**,而且,他们的家庭人口和本户工人又是最多,有3个以上本户工人的手工业者的百分比最大!显然,事实所表明的恰恰与民粹派的臆造相反:手工业者正是要通过盘剥来追逐暴利,他们仰仗着自己的富足(其条件之一是本户劳力众多),**大量**使用雇佣劳动。他们利用在本户工人人数上比其他手工业者优越的条件,排挤其他手工业者,并雇用**最多**的工人。瓦·沃·先生和其他民粹派先生们说得天花乱坠的"家庭协作"(参看《手工工业》第1编第14页),其实是发展资本主义协作的保证。这种说法,在那些习惯于民粹派偏见的读者看来,当然是一种奇谈,但这是事实。要有关于这一问题的确切材料,就不仅要知道各作坊按本户工人和雇佣工人人数划分的情况(这在《概述》中已经有了),而且还要知道本户劳动和雇佣劳动的**综合**情况。根据按户调查的材料,完全能够进行这种综合,即完全能够在每类按本户工人数划分的作坊中,计算出有一个、两个等雇佣工人的作坊数目。可惜他们并没有这样做。为了稍稍弥补这一缺陷,我们就来参看上述《手工工业》这一著作。那里正引用了一些按本户工人和雇佣工人数划分的作坊的综合统计表。这些统计表涉及5种行业,共包括749个作坊,1 945 个工人(上述著作第 1 编第 59、78、160 页;第 3 编第 87 页和第 109 页)。为了分析关于本户劳动和雇佣劳动的相互关系这一我们所关心的问题的材料,我们应当把全部作坊按工人总数加以分类(因为只有工人总数才能表明作坊的大小和生产中采用协作的程度),并应确定本户劳动和雇佣劳动在每一类中的作用。我们把它们分为 4 类:(1)有 1 个工人的作坊;(2)有 2—4 个工人的作坊;(3)有 5—9 个工人的作坊;(4)有 10 个以上工人的作坊。这种按工人总数的分类,是非常必要的,因为有 1 个工人的作坊和有 10 个工人的作坊,显然是两种完全不同的经济类型。把它们加在一起得出"平均"数来,那是非常荒唐的做法,这一点我们在下面引用的《概述》的材料中就可以看到。根据以上分类得出下列材料:

按工人总数划分的作坊类别	作坊数	工 人 数			有雇佣工人的作坊数	它们的百分比	每 个 作 坊所 有 的 工 人		
		本户工人	雇佣工人	共计			本户工人	雇佣工人	共计
有 1 个工人的作坊	345	343	2	345	2	0.5	0.995	0.005	1.00
有 2—4 个工人的作坊	319	559	251	810	143	44.8	1.76	0.78	2.54
有 5—9 个工人的作坊	59	111	249	360	53	89.8	1.88	4.22	6.10
有 10 个以上工人的作坊	26	56	374	430	26	100	2.15	14.38	16.53
共 计	749	1 069	876	1 945	224	29.9	1.43	1.16	2.59

由此可见,这些详细的材料完全证实了上面所谈的骤然看来是荒谬的论点:作坊的工人总数越多,每一个作坊的本户工人也越多,因而其"家庭协作"的范围也越大,但与此同时,资本主义的协作也在扩大,并且扩大得无比迅速。比较富裕的手工业者,虽拥有大量的本户工人,但是还雇了许多雇佣工人:"家庭协作"是**资本主**

义协作的保证和基础。

我们现在来看看1894—1895年度关于本户劳动和雇佣劳动的调查材料。各作坊按本户工人人数划分如下：

		百分比
无本户工人的作坊	97	1.1
有1个本户工人的作坊	4 787	53.2
有2个本户工人的作坊	2 770	30.8
有3个本户工人的作坊	898	10.0
有4个本户工人的作坊	279	3.1
有5个以上本户工人的作坊	160	1.8
共　　计	8 991	100

应当指出，这里只有一个本户工人的作坊占多数，占一半以上。我们甚至假定：一切兼有本户劳动和雇佣劳动的作坊都只有一个本户工人，那么，真正只有一个本户工人的作坊尚且约有2 500个。这是些最分散的生产者，是些彼此最隔绝的小作坊，——这种彼此隔绝的现象是备受赞扬的"人民生产"所固有的。

现在我们来看看相反的一极，看看规模最大的作坊：

		百分比	雇佣工人数①	每个作坊的雇佣工人
无雇佣工人的作坊	6 567	73.1	—	—
有1个雇佣工人的作坊	1 537	17.2	1 537	1
有2个雇佣工人的作坊	457	5.1	914	2
有3个雇佣工人的作坊	213	2.3	639	3
有4个雇佣工人的作坊	88	0.9	352	4
有5个雇佣工人的作坊	44	0.5	220	5
有6—9个雇佣工人的作坊	41 }85	0.4 }0.9	290 }1 242	7.1 }14.6
有10个以上雇佣工人的作坊	44	0.5	952	21.7
共　　计	8 991	100	4 904	0.5

可见，手工业的"小"作坊有时竟达到很大的规模：在85个最

---

① 根据《概述》的材料（第54页和雇佣工人的总数）计算出来的。

大的作坊中,几乎集中了全部雇佣工人的四分之一;平均每个这样
的作坊有 14.6 个雇佣工人。这已是工厂主,已是资本主义作坊的
老板了。[①] 在资本主义基础上的协作,这里已得到了广泛的采用:
在每一作坊有 15 个工人的条件下,就能实行较大规模的分工;在
房舍和工具较富裕和较多样化的情况下,就能在这方面得到很大
的节省。采购原料和销售产品在这里必定是大规模进行的,这就
大大减低了原料的价格和运输的费用,使产品易于销售,并有可能
建立正常的商业关系。下面我们在引证关于收入的资料时,可以
看到,1894—1895 年度的调查就证实了这一点。这里只要将这些
众所周知的理论原理指出来就够了。由此可见,这些作坊的技术
状况和经济状况都与只有一个本户工人的作坊迥然不同,然而彼
尔姆省的统计学家们竟然还把它们**混合**在一起并得出总的“平均
数”来,这就不能不令人感到惊奇。可以预先这样说,这样的平均
数将完全是虚假的;在整理按户调查的材料时,除了把手工业者分
成部类和分类以外,还必须按作坊中本户工人和雇佣工人的总数,
把手工业者加以分类。如不进行这种分类,那么,关于收入,关于
原料采购和产品销售的条件,关于生产技术,关于雇佣工人与单干
的本户工人生活状况的对比,关于大作坊和小作坊的相互关系这
些问题的确实材料,就不能得到,而所有这些问题,对研究“手工
业”的经济说来,都是极其重要的。彼尔姆省的编著者们,显然企
图降低资本主义作坊的意义。他们断定:假如有一些作坊有本户
工人 5 人以上的话,那么,只有在该作坊有雇佣工人 5 人以上时,
“资本主义生产形式”和“手工业生产形式”(原文如此!)之间的竞

---

① 在我国官方统计所谓的“工厂”中,绝大多数,即在 21 000 个工厂中有 15 000
个,是不到 16 个工人的。见《1890 年工厂一览表》。

争才有意义,但这样的作坊总共只占1%。这种论断纯粹是杜撰:第一,有5个本户工人和5个雇佣工人的作坊,这是由于对材料整理不够而产生的一种空洞的抽象概念,因为这样便把雇佣劳动与本户劳动混合起来了。有3个本户工人的作坊再雇3个工人,就有5个以上的工人,这样的作坊同单干的本户工人相比,将具有非常特殊的竞争条件。第二,如果统计学家们真想研究在使用雇佣劳动方面各不相同的各个作坊间的"竞争"问题,那么为什么他们不去看看按户调查的材料呢?为什么不按工人人数对作坊加以分类并引用收入的数字呢?这些握有极其丰富的材料的统计学家,如能实际地研究问题,这岂不比把各种臆造的议论奉献给读者和忙于抛开事实去同民粹派的敌人"搏斗"来得更适宜吗?

"……在资本主义拥护者看来,也许以为有这样一个百分比,就足以预言手工业形式将必然退化为资本主义形式,但事实上,它在这方面并没有表现出任何可怕的预兆,特别是由于下列情况"(第56页)……

真是娓娓动听!作者不是设法从手头所有的资料中找出关于**资本主义**作坊的确切材料,而是把这些作坊同只有一个本户工人的作坊**混合**在一起来反驳什么"预言者"!我们不知道,这些使彼尔姆省的统计学家们感到不愉快的"资本主义的拥护者"究竟会"预言"些什么,但我们只能说,上述一切言论,无非是想掩盖规避事实的企图而已。事实说明,根本没有什么特殊的"手工业生产形式"(这是"手工业"经济学家的捏造),大资本主义作坊(在统计表中我们看到拥有65个雇佣工人的手工业者!第169页)是由小商品生产者发展起来的,而研究者的责任就是要把材料这样加以分类,使我们能研究这一发展过程,把各作坊**按其接近资本主义作坊**

的程度来加以比较。彼尔姆省的统计学家们不仅自己没有这样做,而且使我们也不能这样做,因为在统计表中,该分类的全部作坊都被混在一起,所以也就无法把工厂主和单干的本户工人加以区分。作者竟用一些无谓的说教来掩盖这一缺陷。你们可以看到,大作坊总共才占 1%,所以不算它们而根据 99% 所作出的结论是不会变样的。(第 56 页)但须知这个 1% 不同于别的 1%! 一个大作坊就抵得上 15 个以上的只有一个本户工人的作坊,而后者竟占作坊总数的"百分之"三十以上! 这是按工人人数计算的。而假如拿总产量或纯收入的材料计算,那就可以看到,1 个大作坊不是抵得上 15 个,而是可能抵得上 30 个只有一个本户工人的作坊。[①]在这个"1%"的作坊里,竟集中了全部雇佣工人的 ¼,平均每一作坊有 14.6 个工人。为了把这一数字向读者稍加说明,我们就来引用一下《俄国工厂工业材料汇编》(工商业司出版)中关于彼尔姆省的数字,因为这些数字每年起落很大,所以我们所引用的是 7 年(1885—1891 年)的平均数。得出的数字是这样:彼尔姆省有(我国官方统计所谓的)"工厂"885 个,生产总值为 22 645 000 卢布,工人有 13 006 人,"平均"每个工厂恰好有 14.6 个工人。

《概述》作者为了证实所谓大作坊没有重要意义这一见解,他们引用了下列事实:在手工业者的雇佣工人中年工很少(8%),大多数是计件工(37%)、季节工(30%)和日工(25%,第 51 页)。计

---

① 下面将引用各作坊按纯收入分类的材料。根据这些材料,在收入最低(不到 50 卢布)的 2 376 个作坊中,纯收入等于 77 900 卢布,而在收入最高的 80 个作坊中,纯收入等于 83 150 卢布。每个"作坊"的纯收入平均分别为 32 卢布和 1 039 卢布。

件工"通常在自己家里做工,用自己的工具,吃自己的饭",而日工则像农业工人一样,是"暂时"招雇的。在这种情况下,"我们认为雇佣工人较多并不标志着这些作坊就一定是资本主义类型的作坊"(第56页)……　"根据我们的信念,不论是计件工或日工,都根本不能造成西欧无产阶级那样的工人阶级基干;只有固定的年工才能成为这样的基干。"

我们不能不赞扬彼尔姆省的民粹派对俄国雇佣工人同"西欧无产阶级"的关系问题的关注。这确实是一个值得注意的问题! 但是,我们还是愿意听取统计学家们根据事实而不是根据"信念"作出的论断。然而,申明自己的"信念"并不总能说服别人……　他们若不向读者讲述某某先生某某先生的"信念",而多讲些事实,岂不是更好吗? 而实际上关于雇佣工人的状况、劳动条件、各类作坊的工作日、雇佣工人的家庭等等,《概述》却极少报道。如果发表关于俄国工人不同于西欧无产阶级的议论,仅仅是为了掩盖这一缺陷的话,那我们就不得不收回自己的赞扬了……

我们从《概述》中所知道的关于雇佣工人的一切,那就是把他们分为4类:年工、季节工、计件工和日工。要了解这些类别,就必须看一下散见于该书中的材料。在43种行业中,有29种行业载有每类工人的人数和他们的工资。在这29种行业中有雇佣工人4 795人,工资233 784卢布。而在全部43种行业中有雇佣工人4 904人,工资238 992卢布。就是说,我们的汇总包括了98％的雇佣工人和他们的工资。下面我们并列了《概述》的数字[①]和我们汇总的数字以供对照:

---

① 第50页。在《概述》中没有列出工资多少的材料。

	《概述》中所载雇佣工人数	百分比	**汇总的数字** 雇佣工人工资				
			雇佣工人数	百分比	总　数（单位卢布）	每个工人所得	百分比①
年　工	379	8	351	7.4	26 978	76.8	100
季节工	1 496	30	1 432	29.8	40 958	28.6	37
计件工	1 812	37	1 577	32.9	92 357	58.5	76.1
日　工	1 217	25	1 435	29.9	73 491	51.2	66.7
共　计	4 904	100	4 795	100	233 784	48.7	

看来,《概述》的汇总不是有错,就是有刊误。但这只是顺便提提。很值得注意的是关于工资的材料。计件工的工资——关于计件工,《概述》写道:"计件劳动实质上是走向经济独立的最近阶段"(第51页,大概这也是"根据我们的信念"吧?)——比年工的工资**低得多**。统计学家们说年工通常是吃老板的,计件工是吃自己的,如果他们这个论断不仅是根据自己的"信念",而且是根据事实作出的,那么这个差别还会更大些。彼尔姆省的业主手工业者以多么奇怪的方法来保证自己的工人"走向独立"! 这个保证竟是**降低工资……**　下面我们就会看到,工作时间的长短不足以说明这一差别。其次,非常值得指出的是,日工工资占年工工资的66.7%。可见,每个日工平均1年工作约8个月左右。显然,这里说"临时"离开工业(如果日工确实是自己离开工业,而不是老板使他们失业的话),要比说"雇佣劳动中占优势的临时成分"(第52页)正确得多。

---

① 把年工的工资当做100。

三

"村社式劳动的继承性"

　　手工业调查所收集的几乎述及全部被调查作坊的建立年代的资料,是很重要的。下面就是这方面的总的材料:

1845 年以前建立的作坊数	640
1845—1855 年建立的作坊数	251
1855—1865 年建立的作坊数	533
1865—1875 年建立的作坊数	1 339
1875—1885 年建立的作坊数	2 652
1885—1895 年建立的作坊数	3 469
共　　计	**8 884**

　　从这里我们可以看出,改革以后,手工工业发展得特别快。促使手工工业发展的条件,看来越是往后,发生的影响就越大,因为每隔 10 年,总有更多的作坊出现。这一现象清楚地证实这样一种力量,它使商品生产在农民中发展起来,使农业与工业分离,使整个工商业增长。我们之所以说"农业与工业分离",是因为这种分离比耕作者与工业者之间的分离开始得早:任何为市场生产产品的企业,都会引起耕作者与工业者之间的交换。因此,这种企业的出现,意味着耕作者再也不能在家制作产品,而要到市场上去购买产品了,而这种购买就要求农民出卖农产品。所以,工商业企业数目的增长,就标志着社会分工这一商品经济和资本主义的共同基础的发展。①

　　在民粹主义的著作中有一种意见,认为改革后工业中**小生产**

————————

　　①　所以尼·—逊先生对"工业与农业的分离"的责难如果不是浪漫主义者无谓的悲叹,那他一定对每个手工作坊的出现感到伤心。

迅速发展这一现象,不是资本主义的性质。他们断言,小生产的增长证明小生产比大生产富有活力和生气(瓦·沃·先生语)。这种论断是完全不正确的。农民中小生产的增长,意味着新的生产部门的出现,意味着新的原料加工部门分离出来成为独立的工业部门,这是社会分工中的一个进步,是资本主义的初级过程,而大作坊吞并小作坊,则意味着资本主义又前进了一步,导致资本主义的高级形式的胜利。小作坊在农民中的普遍建立,扩大了商品经济,并为资本主义准备了基地(造成了小业主和雇佣工人),而手工工场和工厂对小作坊的吞并,就是大资本对这一准备好了的基地的利用。在一个国家内,同时存在着这样两种看来是互相对立的过程,这其实并没有任何矛盾:资本主义在国内比较发达的地区或比较发达的工业部门日益发展,不断把小手工业者卷入使用机器的工厂;而在偏僻的地方,或在工业落后的部门,资本主义的发展过程才刚刚开始,新的生产部门和手工业还正在产生,这种情况是十分自然的。资本主义工场手工业"只占国民生产的很小一部分,它总是以城市手工业和农村家庭副业作为广阔的背景。它在某种形式下,在某些工业部门,在某些地方消灭城市手工业和农村家庭副业,同时又在其他地方使它们重新出现"(《资本论》第2版第1卷第779页①)。

《概述》中关于各作坊建立年代的材料,整理得也是不够好的:只有按县整理的资料,而没有按部类和按分类整理的关于各作坊建立年代的资料;也没有别的分类(如按作坊的大小,按作坊所在地点是在手工业中心还是在附近村庄等)。彼尔姆省的民粹派,甚至没有按照他们自己所采用的部类和分类来整理调查的材料,他

---

① 见《马克思恩格斯文集》第5卷第857—858页。——编者注

们还认为有必要在这里把一些由于极端民粹主义的甜言蜜语和……胡言乱语而令人吃惊的说教奉献给读者。彼尔姆省的统计学家们发现:在"手工业生产形式中",存在着一种特殊的作坊"继承形式",即"村社式劳动的继承形式",而在资本主义工业中,占统治的是"遗产继承";"村社式劳动的继承把雇佣工人有机地变成独立的业主"(原文如此!),这表现在当某个作坊主死了以后,假如在继承人中没有本户工人,那么该作坊就转给别的家庭,"可能转给该作坊中的某个雇佣工人";同时还表现在,"村社土地占有制对手工工业企业主和他的雇佣工人都一样保证工业劳动的独立性"(第7页、第68页以及其他各页)。

我们并不怀疑,彼尔姆省的民粹派杜撰的这一"手工业的村社式劳动的继承原则",将与瓦·沃·先生、尼·—逊先生之流十分美满的"人民生产"理论一起,在未来的文献史中占有适当的位置。理论虽然是两种,其性质是一样的:二者都是用马尼洛夫式的词句[72]来粉饰和歪曲事实真相。谁都知道:手工业者的作坊、原料、工具等,都是他们私人所有的**财产**,是按照**继承权**,而根本不是按照什么村社权转移的;村社不仅丝毫不能保证工业的独立性,甚至连农业的独立性也不能保证;在村社内也和在村社外一样存在着经济斗争和剥削。构成"村社式劳动原则"这一特殊理论的,是这样一种普通的事实:资本微薄的小业主自己也必须参加劳动;雇佣工人也**能够**变成小业主(当然,如果他能勤俭节约的话),在《概述》第69页上就举了一些这方面的例子……　一切市侩的理论家总是安慰自己说,工人在小生产中**能够**成为业主,而他们的最高理想不外乎要把工人变为业主。《概述》甚至列举了"证实村社式劳动继承原则的统计材料"(第45页)。这些材料是关于制革业的。在

129 个作坊中,有 90 个(即 70％)是在 1870 年以后建立的,可是在
1869 年,手工制革场计有 161 个(根据"居民区调查表"),而在
1895 年是 153 个。就是说,作坊从一些家庭转给了另一些家庭,
从这里也就看出了"村社式劳动的继承原则"。有人想把小作坊容
易开办也容易倒闭,容易从一些人手里转到另一些人手里等现象
看成是特殊的"原则",同这种看法去进行争论,自然是很可笑的。
我们只想对制革业作点补充:第一,关于制革业各作坊创办日期的
材料,说明制革业的发展在时间方面要比其他行业慢得多;第二,
把 1869 年同 1895 年比较是完全不可靠的,因为"手工制革场"的
概念常常同"制革厂"的概念相混淆。在 19 世纪 60 年代,彼尔姆
省绝大多数"鞣皮厂"(根据工厂统计)的生产总额不到 1 000 卢布
(见 1869 年圣彼得堡出版的《财政部年鉴》第 1 分册的统计表和注
释),但到了 19 世纪 90 年代,一方面,生产总额在 1 000 卢布以下
的作坊已不算做工厂了,而另一方面,有很多生产总额在 1 000 卢
布以上的作坊和生产总额在 5 000—10 000 卢布及以上的工厂,
都算做了"手工制革场"(《概述》第 70 页,统计表第 149 页和第
150 页)。既然手工制革场和制革厂之间的区别如此模糊不清,那
么把 1869 年的材料同 1895 年的材料加以比较会有什么意义呢?
第三,假定制革场的数目果真是减少了,那么,这难道不能说,很多
小作坊倒闭了,而代之以逐渐建立起来的比较大的作坊吗? 难道
这种"替换"也能证明"村社式劳动的继承原则"吗?

而最可笑的是,这一切关于"村社式劳动原则","村社劳动独
立性的保证"等等的甜言蜜语,讲的正是制革业,而制革业中种地
的手工业者,都是最纯粹的小资产者(见下面),而且制革业生产的
很大一部分都集中在 **3 个大作坊(工厂)**中,而这 3 个大作坊竟与

只有一个本户工人的手工业者和手艺人一起被列入手工业者的数目之内。下面就是叙述这种集中情况的材料。

制革业中共有作坊148个。工人439人（本户工人267人，雇佣工人172人）。生产总额为151 022卢布。纯收入为26 207卢布。其中3个作坊共有雇佣工人65人（无本户工人）。生产总额为44 275卢布。纯收入为3 391卢布。（正文第70页，统计表第149页和第150页）

也就是说，在148个作坊中，**3个作坊**（在《概述》第76页上却满不在乎地说，"只占2.1％"）**几乎**集中了"手工制革业"全部生产的⅓，而使本作坊中那些完全不参加生产的业主得到了成千的收入。下面我们会看到，别的行业中也有很多这种可笑的例子。但《概述》作者在描述这一行业时，对上述3个作坊是作为例外情况来谈的。关于其中的1个作坊，他们说，业主（耕作者！）"在别洛雅尔斯克村和叶卡捷琳堡市有自己的皮革店，显然他只是在经营商业"（第76—77页）。这是投入生产的资本与投入商业的资本相结合的一个小小的例子。这是那些把"盘剥"和经商描写成为一种外来的、与生产无关的东西的《概述》作者们应予注意的！在另一个作坊中，家里有男子5人，但是做工的一个也没有："父亲在做本行生意，儿子们（年龄从18岁到53岁）都是识字的，他们显然都走上了别的道路，比把皮革从一个桶里放到另一个桶里去洗刷更诱人的道路。"（第77页）作者们慷慨地承认，这些作坊"具有资本主义的性质"，"但是根据遗产继承的原则，这些企业的前途究竟能有多大保证，只有未来本身才能给予确切的回答"。（第76页）真是高见！"关于未来的问题，只有未来才能回答。"真是颠扑不破的真理！但这难道就是歪曲现在的充分根据吗？

第 二 篇

（四、"手工业者"的农业。

五、大作坊和小作坊。手工业者的收入）

四

"手工业者"的农业

对业主手工业者和小业主进行的按户调查,收集了有关他们农业情况的重要材料。《概述》已按各分类将这些材料综合如下:

分　类	每户所有播种面积和牛马数			无马无牛农户的百分比	
	播种面积 （单位俄亩）	马 （单位匹）	牛 （单位头）	无马的	无牛的
1. 商品生产者	7.1	2.1①	2.2①	7.4	5
2. 手艺人	6.2	1.9	2.1	9.0	6
3. 为包买主工作者	4.5	1.4	1.3	16.0	13
共　计	6.3	1.8	2.0	9.5	6

可见,手工业者作为工业者越是有钱,他们作为耕作者也越富裕。手工业者在生产中的地位越低,他们作为耕作者的地位也越低。所以,手工业调查的材料完全证实了书刊中发表过的一种见解,即手工业者在工业中的分化,与这些农民作为耕作者的分化是同时进行的。(**阿·沃尔金《对民粹主义的论证》**第

---

① 在《概述》中这些数字显然是印错了(见第58页),这里我们已加以纠正。

211页及以下各页)因为在手工业者那里工作的雇佣工人的地位比为包买主工作的手工业者的地位还要低(或者说不比他们高),所以我们可以断定,在雇佣工人中,破了产的耕作者还要更多一些。正如上面所说的,按户调查并未涉及雇佣工人。但无论如何,上面引证的材料很清楚地表明,《概述》所谓"村社土地占有制同样能保证手工业作坊主及其雇佣工人的工业劳动独立性"的论断是异常可笑的。

在上面所论述的材料中,显然缺少关于单干的本户工人和大小业主的农业的详细材料。为了稍稍弥补这一缺陷,我们应该参看关于各个行业的材料;有时我们会碰到关于各业主的农业工人数的资料①,但这些资料的总的综合,在《概述》中是没有的。

种地的制革匠——131户。他们有124个农业雇佣工人;每户有16.9俄亩播种面积,4.6匹马和4.1头牛。(第71页)这些农业雇佣工人(73个年工和51个季节工)所得工资为2 492卢布,即每人得20.1卢布,而制革业中每个工人的平均工资为52卢布。因此,在这里也可以看到农业工人生活水平低于工业工人这个一切资本主义国家所共有的现象。制革的"手工业者"显然是最纯粹的农民资产阶级,而备受民粹派赞扬的、颇负盛名的"手工业与农业的结合",只不过是富裕的工商企业业主把**资本**从工商业转用于农业,而付给自己的雇农以极低的工资而已。②

---

① 大家知道,在农民那里,甚至连工业工人也往往被迫去从事农业工作。参看《手工工业》第3编第7页。

② 在农业中,季节工一年工资常常占年工一年工资的一半以上。我们假定,这里季节工的工资只占年工工资的一半,那么年工的工资是$(2\,492:(73+\frac{51}{2}))=25.5$卢布。根据农业司的材料,彼尔姆省每一农业年工在由业主供给膳食的情况下,10年(1881—1891年)内的平均工资为50卢布。

榨油手工业者。他们当中经营农业的有173户。每户有10.1俄亩播种面积,3.5匹马,3.3头牛。没有无马户和无牛户。农业工人98人(包括年工和季节工),工资为3 438卢布,即每人35.1卢布。"榨油生产中所得的渣滓,如油饼豆渣之类,是牲畜的最好饲料,因此也就有可能对土地施加更多的肥料。这样,每个农户就可从手工业那里得到三重利益:直接从手工业那里得到的收入,从牲畜那里得到的收入和从耕地得到更好的收成。"(第164页)"他们〈榨油手工业者〉大规模地经营农业,并且很多人不满足于自己的份地,于是又从力量薄弱的农户那里租进土地。"(第168页)关于各县亚麻和大麻播种面积分布的材料,表明"亚麻和大麻播种面积的大小,与该省各县榨油业的发展情况是有某些联系的"(第170页)。

所以,工商业企业在这里也就成了所谓技术性的农业生产部门,它们的增长总是标志着商业性资本主义农业的发展。

磨坊主。他们大多数是耕作者:421户中有385户。每户有11.0俄亩播种面积,3.0匹马,3.5头牛。农业雇佣工人307人,工资为6 211卢布。像榨油业一样,"磨粉生产,是磨坊主销售自己农产品的最有利工具"(第178页)。

看来,这些例子足以说明,把"种地的手工业者"看成是单一的、没有差别的东西,是极其荒谬的。上面引证的所有耕作者,都是些小资产阶级农业的代表,如果把这几类人和包括破产农户在内的其余农民混在一起,那就是抹杀了现实的最根本特征。

作者们在描述榨油业的结论中,企图反对把农民分化看做是资本主义的发展这个"资本主义的学说"。这一论点的依据仿佛是下面这种"完全是随便作出的论断:上述的分化是最近的事实,并且是资本主义制度事实上在农民中迅速发展的明显标志,虽然村

社土地占有制在法律上是存在的"(第 176 页)。作者们反驳说,村
社无论过去和现在都不排斥财产的分化,但它"并未加强这一分
化,并未创造阶级";"这些变动性的分化并未随着时间的推移而加
剧,相反,却逐渐缓和了"。(第 177 页)自然,这种以劳动组合(关
于它们,留待下面第七节来谈)、分户(原文如此!)和土地重分(!)
作为论据的论断,只能令人发笑而已。把关于农民分化的发展和
扩大的论点,称之为"随便作出的"论点,那就是忽视下面这些人所
共知的事实:农民大量丧失马匹和抛弃土地的现象与"农民经济中
的技术进步"(参看瓦·沃·先生的《农民经济中的进步潮流》)同
时并存;出租和典押份地的发展与租地的增长同时并存;工商业企
业数量的增长与出外谋生的工业者这些四处流浪的雇佣工人人数
的增多同时并存,以及其他等等。

　　关于种地的手工业者的收入和进款与不种地的手工业者的收
入的比例这一极为重要的问题,手工业者的按户调查应当提供大
量材料。所有这方面的材料在统计表里是有的,但《概述》却没有
加以汇总,所以我们只好自己根据书上的材料来进行汇总。这样
的汇总,第一是以《概述》中关于个别行业的汇总为根据的。我们
只需要把有关各种行业的材料收集起来。但是这个用表格形式作
出的汇总并不包括所有的行业。有时候也必须承认,由于没有可
资检验的总计,其中错误或误印的地方在所难免。第二,这一汇总
是以选自某些手工业记载的数字材料为根据的。第三,没有上述
两种材料来源时,我们只好直接参照统计表(例如,最后一种行
业——"采矿业"就是如此)。不言而喻,我们的汇总中的材料既然
如此复杂多样,所以错误和不确切之处是难以避免的。然而我们认
为,虽然我们汇总的总计未能与统计表内的总计相一致,但是,由汇

总中所得出的结论也完全可以供我们使用，因为平均数和比例（我们只是用它们来作结论的）无论怎样修改，都不会有多大出入。例如，按《概述》中统计表的总计，每个工人的总收入等于 134.8 卢布，而按我们的汇总则为 133.3 卢布；每个本户工人的纯收入是 69.0 卢布和 68.0 卢布；每个雇佣工人的工资是 48.7 卢布和 48.6 卢布。

下面就是这一汇总的结果，它们表明了各部类和各分类的总收入、纯收入以及雇佣工人的工资额。[①]

从这一统计表中得出的主要结论如下：

(1)不经营农业的工业人口参加手工业的人数要比经营农业的工业人口参加手工业的人数多得多（与他们本身的人数相比）。就工人的人数来说，非耕作者比耕作者少一半。就生产总值来说，非耕作者占了将近一半：在 2 655 007 卢布中占 1 276 772 卢布，即占 48.1%。就生产收入来说，即业主的纯收入加上雇佣工人的工资，则非耕作者甚至超过了耕作者：在 1 260 335 卢布中非耕作者占 647 666 卢布，即占 51.4%。由此可见，不种地的工业者人数虽少，但他们的生产量却不比耕作者低。这一事实，对评价民粹派认为农业是所谓手工业的"主要基石"这一传统学说，是极为重要的。

从这一事实中自然也就得出了其他一些结论：

(2)非耕作者的生产总值（总收入），按每个工人计算，大大高于耕作者：192.2 卢布比 103.8 卢布，差不多高出**一倍**。我们在下面就会看到，非耕作者的工作时间比耕作者要长些，但相差不大，所以非耕作者有很高的劳动生产率，这是毫无疑问的。在第 3 分类中，即在为包买主工作的手工业者中，工作时间相差最小，这也

---

① 见第 268 页。——编者注

部类	分类	作坊数	工人数			总收入（单位卢布）		各户的纯收入（单位卢布）		工资（单位卢布）		纯收入和工资共计	欠债户数
			本户工人	雇佣工人	共计	共计	每个工人的收入	共计	每个本户工人的收入	共计	每个雇佣工人的收入		
I………	1………	2 239	4 122	1 726	5 848	758 493	129.7	204 004	49.5	74 558	43.2	278 562	225
I………	2………	2 841	4 249	712	4 961	383 441	77.3	186 719	43.9	34 937	49.0	221 656	93
I………	3………	1 016	1 878	586	2 464	236 301	95.9	91 916	48.9	20 535	35.0	112 451	304
第 I 部类总计………		6 096	10 249	3 024	13 273	1 378 235	103.8	482 639	47.1	130 030	43.0	612 669	622
II………	1………	959	1 672	738	2 410	605 509	251.2	220 713	132.0	45 949	62.2	266 662	176
II………	2………	595	876	272	1 148	178 916	155.8	90 203	102.9	18 404	67.6	108 607	51
II………	3………	1 320	2 231	852	3 083	492 347	159.7	229 108	102.7	43 289	50.8	272 397	262
第 II 部类总计………		2 874	4 779	1 862	6 641	1 276 772	192.2	540 024	113.0	107 642	57.8	647 666	489
共　计………		8 970	15 028	4 886	19 914	2 655 007	133.3	1 022 663	68.0	237 672	48.6	1 260 335	1 111

是很自然的。

（3）不种地的业主和小业主的纯收入**比**种地的高出**一倍多**：113.0 卢布比 47.1 卢布（将近一倍半）。这种差别各分类中都有，但相差最大的是第 1 分类，即自做自卖的手工业者。自然，这一差别不可能以工作时间的差别来解释。毫无疑问，这一差别是由于**与土地的联系降低了工业者的收入**造成的；市场削减着手工业者从农业中得到的收入，耕作者就只能得到低微的进款，此外大概还由于耕作者在销售方面的损失较大，在购买材料方面的费用较大，对商人的依赖性较大。总之事实是：**与土地的联系降低了手工业者的进款**。这一说明了"土地权力"在现代社会中的真正作用的事实具有何等重大的意义，无须我们多加宣扬。只要指出以下情况，事情就清楚了，微薄的进款在保留原始盘剥性的生产方式方面，在阻碍使用机器和降低工人生活水平方面[①]，起了多么巨大的作用。

（4）非耕作者那里的雇佣工人的工资到处都比耕作者那里的高，但这种差别远不如业主的收入那么大。从所有三个分类来看，在种地的业主那里每个雇佣工人的工资为 43.0 卢布，而在非耕作者那里则为 57.8 卢布，即多⅓。这一差别**可能**在很大程度上（**但也不完全**）是由工作时间的差别造成的。关于这一差别同与土地联系的关系，我们无法判断，因为我们没有关于耕作者和非耕作者那

---

① 讲到这最后（但是最重要的）一点时，我们要指出，很可惜，《概述》中没有关于耕作者和非耕作者的生活水平的材料，但是其他的编著者业已指出了彼尔姆省也很普通的一种现象，这就是不种地的工业者的生活水平大大高于"愚昧的"耕作者的生活水平。参看农业和国家产业部出版的《俄国手工业报告和研究》第 3 卷叶古诺夫的文章。作者说：在某些无地的村庄里，已完全达到了"城市的"生活水平，不种地的手工业者要"像人一样的"穿着和生活（从欧洲的服装到浆领的衬衫；茶炊；大量消费的茶叶，砂糖，白面包，牛肉等等）。作者依据的是地方自治机关统计出版物公布的家庭收支表。

里的雇佣工人的材料。这里除工人工作时间的影响外,当然还有需求水平不同的影响。

(5)业主的收入与雇佣工人的工资之间的差别,在非耕作者那里要比耕作者那里大得多:就所有三个分类来看,在非耕作者那里业主的收入几乎比雇佣工人的工资高1倍(113卢布比57.8卢布),而在耕作者那里业主的收入则高得不多——**4.1卢布**(47.1比43.0)!如果这些数字都已使人感到惊奇,那么关于种地的手艺人(第Ⅰ部类第2分类)就更是如此,因为在他们那里,业主的收入**低于**雇佣工人的工资!可是当我们在下面引证关于大作坊和小作坊在收入上的巨大差别的材料时,这一现象就完全可以理解了。大作坊提高了劳动生产率,就能使付给雇佣工人的工资超过贫苦的单干手工业者的收入,而这些单干手工业者受市场支配,他们的"独立性"完全是虚假的。这种大小作坊间在收入上的巨大差别,在两个部类中都可以看到,但在耕作者那里要显著得多(因为小手工业者所受的迫害更大)。小业主的收入和雇佣工人工资之间的微不足道的差别,清楚地表明:不使用雇工的种地的**小手工业者**的收入,不但**不高于,甚至往往低于**雇工的工资。事实上,业主的纯收入(每个本户工人有47.1卢布)是一切大作坊和小作坊、工厂主和单干者的**平均**数。显然,在大业主那里,业主的纯收入同雇佣工人的工资之间的差别就不会是4卢布,而要大上十倍百倍,这就是说,单干的小手工业者的收入要大大低于47卢布,也就是说,他们的收入不但**不高于,甚至往往低于**雇佣工人的工资。手工业调查关于各作坊按纯收入划分的材料(见下面第五节),完全证实了这一看来似乎是荒诞的结论。但是这些材料所涉及的是全部作坊,并没有区分耕作者和非耕作者,因此,从上引统计表中所作出的这一结论,对我们就显得格外重要,因为我们已经知道:收入最低的正是耕作者,"与土地的联系"大大降低了收入。

在谈到耕作者与非耕作者在收入上的差别时,我们已经说过不能以工作时间的差别来解释这种差别。现在我们就来看看手工业调查关于这一问题的材料。从"序言"中我们知道,在调查计划中还包括"根据各月从事生产的家庭手工业者和雇佣工人的人数对一年内生产强度"的研究(第14页)。因为这是按户调查,就是说对每一作坊都单独进行了调查(可惜《概述》并未附有按户调查的表格),所以可以设想,关于每个作坊都收集有各月工人数或一年工作月数的材料。这些材料在《概述》中被汇总成一张统计表(第57页和第58页),表内列有两部类中每一分类**一年各月在业的工人数**(家庭手工业者和雇佣工人)。

1894—1895年度手工业调查试图如此精确地确定手工业者的工作月数,是极有教益和极有意义的。确实,没有这样的资料,关于收入和进款的材料是不会完全的,统计出来的数目也只不过是一些近似数。但是很遗憾,关于工作时间的材料整理得非常不够:除了这一总的统计表以外,只有关于某些行业的各月工人数的资料,有些划分了部类,有些没有划分,而按分类划分的行业则一种也没有。在这个问题上把大作坊划分出来特别重要,因为我们完全可以断定,而且是预先根据其他手工工业研究者的材料断定,大小手工业者的工作时间是不相同的。此外,第57页上的统计表本身,看来也不是没有错误或刊误(如在月份方面有:2月,8月,11月;第Ⅱ部类中的第2行和第3行看来是弄错了,因为第3分类中的工人数大于第2分类)。甚至在纠正了这些不确切的地方以后(这种修正有时是粗略的),这一统计表还令人感到有不少疑问,因此使用这个统计表是一种冒险。其实,我们看一下该表关于各分类的材料就知道:在第3分类(第 I 部类)中,12月份的在业工人最多,有 2 911 人,而《概述》认为第 3 分类的工人总共有 2 551 人。在第 II 部类的第 3 分类中,情况也是一样,工人最多时有 3 221 人,而实际工人数为 3 077 人。反之,有些分类一个月的在业工人**最高额少于**实际工人数。怎样解释这种现象呢? 是否因为关于这一问题所收集的资料,并未包括全部作坊呢? 这是非常可能的,但《概述》关于这点却只字未提。在第 II 部类的第 2 分类中,不仅工人的最高额(2月份)多于实际工人数(1 882 比 1 163),而且一个月的在业工人**平均数**(即以 12 个月在业工人总数除以 12 得出的商数)也**多于**实际工人数(1 265 比 1 163)!! 试问,统计家们认为,什么样的工人数才是实际工人数呢? 是一年的平均数吗? 是某一时期(比如说冬季)的平均数,还是某一固定月份的在业工人数呢? 即便去参阅关于个别手工业每月工人数的材料,也无助于解决这一切疑问。因为在有这些材料的 23 种行业中,大多数行业一个月最高的在业工人数**低于**实际工人数。只有两种行业的这一最高额**高于**实际工人数,即铜器业(239 人比 233 人)和打铁业(第 II 部类——1 811 人比 1 269 人)。有两种行业的最高额等于实际工人数(绳索业和榨油业中的第 II 部类)。

在这种情况下,要利用关于每月工人分布的材料,以便把工人与工资总数,与实际工人数等相比较,这是不可能的。所以只有单独地把这些材料拿来,把各月在业工人的最高额和最低额加以比较。《概述》中就是这样做的,并且还把各个月份作了比较。我们认为把冬季与夏季比较更正确,因为这样我们就能考察农业吸引工人离开手工业的程度如何。我们以冬季(10 月到 3 月)在业工人的平均数作为标准数,并用这个标准数去除夏季在业工人数,就得出夏季的工作月数。冬季工作月数和夏季工作月数的总数,就等于一年的工作月数。兹举例说明。在第 I 部类第 1 分类中,6 个冬季月份共有工人18 060 人,就是说冬季平均每一个月有工人(18 060÷6＝)3 010 人。夏季有工人 12 345 人,就是说夏季工作时间为(12 345÷3 010)4.1 个月。所以,第 I 部类第 1 分类在一年内的工作时间为 10.1 个月。

我们觉得,这种整理材料的方法是最正确和最适当的。其所以最正确,是因为它是以冬季和夏季各月相比较为依据的,因而也就是以农业吸引工人离开手工业的程度如何这一确切原则为依据的。采用冬季月份是正确的,这一点已得到了证实,因为正是从10 月到 3 月两部类中的工人数高于一年的平均数。正是从 9 月到 10 月工人数增长最快,正是从 3 月到 4 月工人数下降最速。其实,就是选取其他月份,结论也不会有多大改变。我们所以认为采用的方法是最适当的,是因为它以精确的数字表明了工作时间,从而使各部类和各分类在这方面可以进行比较。

下面就是根据这种方法所得出的材料:

	第 I 部 类				第 II 部 类				两部类的平 均 数
	分	类		共计	分	类		共计	
	1	2	3		1	2	3		
工作月数	10.1	9.6	10.5	10.0	10.0	10.4	10.9	10.5	10.2

由这些材料得出的结论是,耕作者和非耕作者在工作时间上的差别**非常小**:非耕作者的工作时间一共只长 5％。差别如此微小,使人怀疑数字是否正确。我们将散见于书中的材料作了若干计算与汇总来检验这些数字,并得出了下列结论:

《概述》对 43 种行业中的 23 种行业提供了关于每月工人分布

情况的资料,其中有 12(13)①种行业的资料划分了部类,而其余
10 种则并未划分。我们看到,有三种行业(树脂焦油炼制业、印染
业和烧砖业)的夏季工人数比冬季多:在这三种行业中,冬季 6 个
月共有工人 1 953 人,而夏季 6 个月则有 4 918 人。在这三种行业
中耕作者的数目大大超过了非耕作者,占工人总数 85.9%。显
然,将这些可说是夏季手工业和其他的手工业加在一起得出这两
个部类的总计,是完全不正确的,因为这就等于将种类不同的东西
混在一起而人为地提高全部行业中的夏季工人数。要纠正由此所
产生的错误,其方法有二。第一,从《概述》的第 I 部类和第 II 部类
的总计中除去这三种行业的材料②。这样就得出第 I 部类的工作
时间是 9.6 个月,第 II 部类是 10.4 个月。这里,两个部类之间的差
别虽然大一些,但毕竟还是非常小的:8.3%。纠正错误的第二种方
法是,对《概述》已经分别提供了第 I 部类和第 II 部类每月工人分布
情况的资料的 12 种行业的材料加以汇总。这样的汇总将包括全部
手工业者的 70%,并且第 I 部类和第 II 部类之间的比较也将更为确
切。我们看到,这 12 种行业的工作时间在第 I 部类只等于 8.9 个
月,而在第 II 部类则等于 10.7 个月,两个部类加在一起平均等于
9.7 个月。这里非耕作者的工作时间比耕作者长 20.2%。耕作者
在夏季停工 3.1 个月,而非耕作者只停工 1.3 个月。即使我们把第
II 部类和第 I 部类在工作时间上的最大差别作为标准,那也可看出,
不仅第 I 部类和第 II 部类的工人在总产量上或在它们的作坊纯收
入上的差别,甚至耕作者和非耕作者的雇佣工人在工资上的差别,

---

① 角制品业只有第 I 部类。
② 这三种行业中的工人在第 I 部类和第 II 部类之间的分布是拿 85.9%作为第 I
部类的标准大致作出的。

也**不能以工作时间的差别来解释**。因此,上面所作出的与土地的联系降低了手工业者的收入这一结论,是具有充分说服力的。

所以,《概述》作者认为耕作者和非耕作者在收入上的差别是由工作时间上的差别造成的这种见解,应该说是错误的。这种错误的产生,是由于他们没有设法以确切的数字来表明工作时间的差别,因此也就陷入了糊涂的境地。例如,在《概述》第106页上谈到,种地的熟制毛皮匠和不种地的熟制毛皮匠在收入上的差别,"主要是由花费在这一行业中的工作日数决定的"。可是,这一行业的非耕作者的收入超过耕作者的收入1倍到3倍(在第1分类中,每个本户工人的收入为65和280卢布;在第2分类中为27和62卢布),而非耕作者的工作时间总共只长28.7%(8.5个月比6.6个月)。

由于与土地的联系而降低了收入这一事实,《概述》作者也是看到了的,但他们以手工业方式比资本主义方式"优越"这一民粹派所惯用的公式来加以表述:"手工业者把农业和手工业联合起来……能使自己的产品卖得比工厂的便宜"(第4页),换句话说,只能满足于较少的收入。既然市场对国内一切生产部门的统治达到了削弱与土地的联系,降低种地的手工业者的收入的程度;既然资本善于利用这种"联系"大肆压迫那些不大能够自卫和选择其他老板、其他顾客、其他职业的种地的手工业者,那么,与土地联系的"优越性"究竟在哪里呢? 有小块土地的工人(和小工业者)降低了工资(和一切工业上的收入),这是一切资本主义国家共有的现象,那些早已认为与土地有联系的工人具有莫大"优越性"的所有企业主,对这种现象非常清楚。只有在腐朽的西方对事情是直言不讳的,而在我国却将降低收入,降低劳动者的生活水平,阻碍采用机器,加强各种盘剥,说成是"将农业与手工业结合起来的""人民生产的""优越性"……

在结束考察 1894—1895 年度手工业调查关于工作时间的材料时,仍然不能不对所得材料的整理不足表示遗憾,并且不能不希望,这个缺陷不至于使其他研究这个重要问题的人感到惶惑。不能不承认,确定每月劳动力分布的这种研究方法,选择得非常成功。上面我们引证了关于各部类和各分类的工作时间的材料。关于各部类的材料我们还可略加检验。而关于各分类的材料则完全无法检验,因为书中根本没有任何关于各分类间工作时间的差别的资料。因此,在叙述这些材料时我们要预先说明:我们不能担保这些材料是完全可靠的,我们作出下面结论,只是为了提出问题并使研究者注意这个问题。最重要的结论是,第 I 部类和第 II 部类在工作时间上的差别以第 1 分类为最小(总共相差 1‰:10.1 个月和 10.0 个月),就是说,**脱离农业最少的是最富裕的手工业者和最大最殷实的耕作者**。差别最大的是手艺人(第 2 分类:9.5 个月和 10.4 个月),即那些受商品经济影响最少的手工业者和**中等**耕作者。由此似乎可以看出,富裕的耕作者之所以很少脱离农业,或者是由于他们的家庭人口较多,或者是由于他们在手工业中剥削雇佣劳动较多,或者是由于他们雇用了农业工人;而手艺人之所以脱离农业最多,是由于他们作为耕作者来说分化程度最小,是由于他们保留的宗法关系最多,是由于他们直接为那些在夏季缩减订货①的种地的消费者工作。

就调查的材料看来,"与农业的联系"对手工业者**识字程度**的

---

① 有一个例外:纯粹是手工的印染业,其夏季工作多于冬季工作。

影响非常显著，——**可惜对雇佣工人的识字程度没有调查**。我们看到，不种地的居民①比种地的居民的**识字程度高得多**，并且在所有各个分类中，无论男女都是如此，毫无例外。下面就是关于这个问题的百分比的全部调查材料（第 62 页）：

	第 I 部 类（耕 作 者）				第 II 部 类（非 耕 作 者）				两部类的平均数
	分 类			总计	分 类			总计	
	1	2	3		1	2	3		
"识字者与现有人数的百分比" 〔男	32	33	20	31	41	45	33	39	33
〔女	9	6	4	7	17	22	14	17	9
"亲自参加劳动生产的人数中识字者的百分比" 〔男	39	37	26	36	44	57	51	49	40
〔女	13	17	4	10	53	21	23	30	19
识字者户数的百分比	49	43	34	44	55	63	50	55	47

值得注意的是，在不种地的居民中，识字程度的普及在妇女中比在男子中快得多。第 II 部类识字男子的百分比要比第 I 部类大 $50\%—100\%$，而识字妇女的百分比则大 $150\%—475\%$。

我们在概括 1894—1895 年度手工业调查所提供的关于"农业与手工业的联系"的那些结论时，可以肯定下列几点：

---

① 我们提醒一下，例外地列入其中的只有一个城市（而且是个县城）：在第 II 部类的 4 762 个本户工人中，城市居民只有 1 412 人，即占 29.6%。

（1）与农业的联系保留了最落后的工业形式和阻碍了经济的发展；

（2）与农业的联系降低了手工业者的进款和收入，所以**最富裕**的种地的业主所得，一般和平均说来都少于非耕作者那里的状况**最坏**的**雇佣工人**，更不必说少于不种地的业主了。甚至将第Ⅰ部类的业主与该部类的雇佣工人相比较，他们的收入也是非常低的，只略高于雇佣工人的工资，有时甚至比他们还低；

（3）与农业的联系阻碍了那些需求水平较低和识字程度远远落后于非耕作者的居民的文化发展。

这些结论在下面评价民粹派的工业政策纲领时，对我们是有用处的。

（4）在种地的手工业者当中所存在的分化，是与工业者的分化同时进行的。并且，上层的（按富裕程度）耕作者是纯粹的农民资产阶级，他们的经济是以雇用农村雇农和日工为基础的。

（5）耕作者的工作时间比非耕作者短，但这个差别是非常小的（5%—20%）。

五
大作坊和小作坊。手工业者的收入

必须较为详细地谈谈1894—1895年度手工业调查中关于手工业者**收入**的材料。企图收集关于收入的按户调查材料这种愿望是很好的，但只采用各分类的总"平均数"（如上面所引证的）这种方法却是完全错误的。我们已不止一次地谈过，由单干手工业者与大作坊主加起来的数目除以总和所得出的"平均数"是荒谬的。

我们极力设法收集《概述》中所有关于这个问题的材料，以便清楚地表明和证明这种荒谬性，证明在科学研究和整理按户调查材料时，必须将手工业者按作坊内的工人数（包括本户工人和雇佣工人）加以分类，并将全部调查材料按这些分类加以整理。

《概述》的作者们不能不看到大作坊收入很多这一明显的事实，于是他们就竭力设法贬低它的意义。他们不去整理关于大作坊的确切调查材料（将这些材料分出来是并不困难的），而又用一般的推论、见解、论据来反对那些使民粹派感到不愉快的结论。现在我们就来看看这些论据吧。

"如果我们看到，在这种作坊〈大作坊〉中每户的收入比小作坊大得无可比拟，那么不应忘记，这种收入的很大部分主要是：第一，某些业已变为产品的固定资本的价值再生产；第二，与生产无关的劳动和商业运输费用的价值再生产；第三，那些由业主供给膳食的雇佣工人的食物给养的价值再生产。这些事实〈绝妙的事实！〉限制了对雇佣劳动即资本主义因素在手工业生产中的种种好处这种夸张的见解产生某些错觉的可能性。"（第15页）"限制"产生错觉的可能性，这对研究是非常有益的，对此当然谁也不会怀疑，但为此恰恰需要用按户调查所收集的**事实**，而不是用有时完全是"错觉"的想法来同"错觉"进行对比。事实上，作者关于商业运输支出的论断，不正是错觉吗？谁不知道大工业者耗费在每个单位产品上的这些支出比小工业者①少得不可计量呢？谁不知道大工业者善于（并且能够）选择时机和地点，低价收购原料，高价出卖产品呢？手工业调查也指出了这些众所周知的事实。——参看第204

---

① 当然只能比较**同一分类**的手工业者，而不是将商品生产者与手艺人或与为包买主工作的人加以比较。

页和第 263 页,但不能不使人感到遗憾的是,在《概述》中没有关于大工业者和小工业者、手工业者和包买主在收购原料和销售产品方面的支出的**事实**。其次,至于谈到固定资本的耗损部分,那作者又在反对错觉时陷入了错觉。理论告诉我们,固定资本的巨大支出,降低了每一单位产品所包含的、业已耗损并变成了产品的那部分价值。"比较分析一下手工业或工场手工业生产的商品的价格和机器生产的同种商品的价格,一般可以得出这样的结论:在机器产品中,由劳动资料转来的价值组成部分相对地说是增大了,但绝对地说是减少了。这就是说,它的绝对量是减少了,但它同产品(如一磅棉纱)的总价值相比较的量是增大了。"(《资本论》第 2 版第 1 卷第 406 页)①手工业调查也计算了生产的支出,其中包括(第 14 页第 7 点)"工具与设备的修理费"。有什么根据认为统计这种支出时的疏漏在大业主那里比在小业主那里多呢? 情况不是恰恰相反吗? 至于谈到对雇佣工人的膳食供给,在《概述》中没有举出这方面的任何**事实**。所以我们不知道:究竟有多少工人是由业主供给膳食的;在作这方面的调查时疏漏之处有多少;种地的业主向雇工提供自己所经营的产品有多少;业主负担工人的膳食在生产支出中占多少。同样,也没有任何关于大小作坊工作时间长短不同的**事实**。我们丝毫不否认,大作坊的工作时间完全可能比小作坊长些,但是第一,收入上的差别比工作时间上的差别大得无比;第二,应该肯定,彼尔姆省的统计学家们在反对按户调查的确凿**事实**(这些事实将在下面引证)时,并未能提出一个基于确切材料的有力的反驳意见来维护民粹派的"错觉"。

---

① 见《马克思恩格斯文集》第 5 卷第 448 页。——编者注

　　关于大作坊和小作坊的材料我们是这样得出来的:考察了附录在《概述》中的统计表,列出了大作坊(在能够将它们分列出来时,即当它们没有和大批作坊融合在总计中时),并将它们与《概述》中关于同一部类和同一分类的全部作坊的总计加以比较。问题非常重要,所以我们希望读者不要抱怨我们下面引用的统计表太多,因为材料在统计表中显得更集中醒目。

　　毡靴业:

第Ⅰ部类 第1分类	作坊数	工 人 数			总 收 入		雇佣工人的 工 资		纯 收 入		引自《概述》的页码
		本户工人	雇佣工人	共计	共计	每一工人所得	共计	每一雇佣工人所得	共计	每一本户工人所得	
					（单位卢布）						
共　　　计	58	99	95	194	22 769	117.3	4 338	45.6	7 410	75.0	正文第112页
大 作 坊	10	14	65	79	13 291	168.0	3 481	53.5	3 107	222.0	统计表 第214、215、154 页
其余作坊	48	85	30	115	9 478	82.4	857	28.5	4 303	41.2	

　　可见,每一本户工人"平均"75 卢布的收入,是由 222 卢布和 41 卢布的收入加在一起而得出来的。我们看到,除去有 14 个本户工人的 10 个大作坊外[①],其余作坊的**纯收入比不上雇佣工人的工资**(41.2 卢布比 45.6 卢布),而大作坊中的工资还要高。大作坊中的劳动生产率要高 1 倍多(168.0 和 82.4),雇佣工人的工资

----

① 然而这还远不是最大的作坊。根据各作坊按雇佣工人数的分配(第 113 页)可以计算出,在 3 个作坊中有 163 个雇佣工人,即平均每个作坊有 54 个雇佣工人。竟将这种"手工业者"与单干的本户工人(单干的本户工人在该行业中不下 460 人)放在一起而得出总的"平均数"来!

几乎高 1 倍(53 和 28),纯收入高 4 倍(222 和 41)。显然,无论用工作时间的差别或其他任何理由都不能推翻下一事实:大作坊的劳动生产率高①,收入也高;小手工业者由于他的完全"独立"(第 1 分类:独立地为市场工作)以及和土地的联系(第 I 部类),收入少于雇佣工人。

在细木业的第 I 部类第 1 分类中,每一本户劳力的"纯收入""平均"为 37.4 卢布,该分类中每一雇佣工人的平均工资却为 56.9 卢布。(第 131 页)根据统计表是无法将大作坊分列出来的,但毋庸置疑的是,每个本户工人这一"平均"收入,是由收入很多并雇有雇佣工人(要付给他们每人 56 卢布)的作坊和收入大大少于雇佣工人的"独立"小手工业者的极小作坊加在一起得出来的。

其次是椴皮席业:

第 I 部类 第 1 分类	作坊数	工 人 数			总 收 入		工 资		纯 收 入		引自《概述》的页码
		本户工人	雇佣工人	共计	共计	每人一所工得	共计	每一工人雇佣所得	共计	每一本户工人所得	
共　　计	99	206	252	458	38 681	84.4	6 664	26.4	10 244	49.7	正文第 151 页
大 作 坊	11	11	95	106	18 170	171.4	2 520	26.5	3 597	327.0	统计表 第 95、97、 136 页
其余作坊	88	195	157	352	20 511	58.2	4 144	26.4	6 647	34.0	

可见,在 99 个作坊中,有 11 个作坊几乎集中了全部生产的一半。它们那里劳动生产率要高 1 倍多;雇佣工人的工资也是如此;纯收入比"平均数"高 5 倍多,比其余的作坊,即较小的手工业者的

---

① "有一个作坊"已采用了弹毛机(第 119 页)。

收入几乎高 9 倍。后者的收入已略高于雇工的工资（34 和 26）。

绳索业①：

第Ⅰ部类 第1分类	作坊数	工 人 数			总 收 入		工 资		纯 收 入		引自《概述》的页码
		本户工人	雇佣工人	共计	共计	每人一所得	共计	每一雇佣工人所得	共计	每一本户工人所得	
共　计	58	179	106	285	81 672	286	6 946	65.6	16 127	90.1	正文① 第 158 页
大 作 坊	4	5	56	61	48 912	800	4 695	83.8	5 599	1 119.0	统计表 第 40 页和 第 188 页
其余作坊	54	174	50	224	32 760	146	2 251	45.0	10 528	60.5	

可见，总的"平均数"在这里也说明本户工人的收入高于雇佣工人（90 比 65.6）。但是在 58 个作坊中，有 4 个作坊集中了全部生产的**一半以上**。在这些作坊（纯粹的资本主义手工工场）②中，劳动生产率几乎比平均数高 2 倍（800 和 286），比其余作坊，即较小的作坊高 4 倍多（800 和 146）。在这些工厂中，雇佣工人的工资比小业主那里的高得多（84 和 45）。工厂主的纯收入每户为 1 000 多卢布，而在小手工业者那里则"平均"为 90 卢布和 60.5 卢布。这样，小手工业者的收入就比不上雇工的工资（60.5 和 65.6）。

---

① 在第 158 页的统计表中，显然有一个印错的地方或者是一个错误，因为在伊尔比特县，纯收入要多于总计中所指出的 9 827 卢布。所以只得根据附录在《概述》中的统计表材料，把这个统计表修订了一下。

② 参看《手工工业》第 46—47 页，亦可参看《概述》第 162 页及以下各页关于生产的描述。最典型的一句话是："这些企业主有一个时候曾是真正的手工业者，因此他们总是……喜欢把自己叫做手工业者。"

树脂焦油炼制业：

第Ⅰ部类 第1分类	作坊数	工 人 数			总 收 入		工 资		纯 收 入		引自《概述》的页码
		本户工人	雇佣工人	共计	共计	每人一所工得	共计	每一工人雇佣所得	共计	每一工人本户所得	
共　计	167	319	80	399	22 076	55.3	2 150	26.8	10 979	34.4	正文第 189 页
大 作 坊	9	10	16	26	4 440	170.7	654	40.8	2 697	269.7	统计表 第 100、101、 137、160、 161、220 页
其余作坊	158	309	64	373	17 636	47.3	1 496	23.2	8 282	26.8	

可见，就是在这种规模很小、雇佣工人很少（20％）的行业中，也能在经营农业的独立手工业者那一类里，看见大（较大）作坊具有优越性这一纯粹资本主义的现象。而树脂焦油炼制业是一种典型农民的手工业，即"人民的"手工业！这里大作坊中的劳动生产率比"平均数"高 2 倍多，雇佣工人的工资高 50％，纯收入高 7 倍，而比其余家庭手工业者的收入高 9 倍，这些家庭手工业者所赚的钱并不比雇佣工人的平均收入多，而且比**较大作坊中的雇佣工人少**。我们要指出，树脂焦油炼制业主要是在夏季进行生产的，所以在工作时间上不可能有多大差别。①

这里又一次说明，整个分类的平均数字完全是虚假的。小资本家的大作坊集中了全部生产的一大半。它们的纯收入比平均数

---

① 从《概述》中可以看到，在树脂焦油炼制业中既采用着原始的**坑穴蒸馏焦油法**，也采用着比较完善的方法——使用**锅炉**，甚至还**带有筒状储油池**（第 195 页）。按户调查提供了关于这两种方法的分布材料，但是这份材料无法加以利用，因为它没有把大作坊分列出来。

面包业：

第I部类 第1分类	作坊数	工 人 数			总 收 入		工 资		纯 收 入		引自《概述》的页码
		本户工人	雇佣工人	共计	共计	每人一所工得	共计	每一雇工人佣所得	共计	每一本户工人所得	
共　计	27	63	55	118	44 619	378.1	2 497	45.4	7 484	118.8	正文第 215 页
大 作 坊	4	7	42	49	25 740	525	2 050	48.8	4 859	694	统计表第 68 页和第 229 页
其余作坊	23	56	13	69	18 879	273		447	34.4	2 625	46.8	

高5倍，比小业主的纯收入高13倍；他们付给雇佣工人的**工资超过了小手工业者的收入**。我们不谈劳动生产率，在这3—4个大作坊中生产着比较贵重的产品——糖浆。

陶器业。这也是一种典型的小农手工业，它的雇佣工人极少（13％），作坊规模极小（每个作坊不到2个工人），大多数是耕作者。就在这里我们也看到了同样的情况：

第I部类 第1分类	作坊数	工 人 数			总 收 入		工 资		纯 收 入		引自《概述》的页码
		本户工人	雇佣工人	共计	共计	每人一所工得	共计	每一雇工人佣所得	共计	每一本户工人所得	
共　计	97	163	31	194	12 414	63.9	1 830	59	6 657	41	正文第 291 页
大 作 坊	7	9	17	26	4 187	161.0	1 400	80.2	1 372	152	统计表第 168 页和第 206 页
其余作坊	90	154	14	168	8 227	48.9	430	30.0	5 285	34.3	

这里当然立刻就能看出，雇佣工人的"平均"工资**高于本户工**

人的"平均"收入。把大作坊分列出来就能说明我们在前面根据大量材料加以确认的这一矛盾。在大作坊中，无论劳动生产率、工资、或业主的收入都极高，而小手工业者的收入却比雇佣工人还**少，并且比条件最好的作坊中的雇佣工人要少一半以上。**

烧砖业：

第Ⅰ部类 第1分类	作坊数	工 人 数			总 收 入		工 资		纯 收 入		引自《概述》的页码
		本户工人	雇佣工人	共计	共计	每人一所得	共计	每一工人雇佣所得	共计	每一工人本户所得	
共　　计	229	558	218	776	17 606	22.6	4 560	20.9	10 126	18.1	正文第 299 页
大 作 坊	8	9	45	54	3 130	57.9	1 415	31.4	1 298	144	统计表 第46、 120、169、 183 页
其余作坊	221	549	173	722	14 476	20.0	3 145	18.2	8 828	16.0	

可见，在这里每一本户工人的"平均"收入也低于雇工的工资。在这里，这种现象也是由于把大作坊同小作坊混在一起造成的。大作坊的劳动生产率极高，雇佣工人的工资较高和收入很多（比较而言）；小作坊主的收入比大作坊中雇佣工人的工资几乎少一半。

我们还可以引证一些关于其他行业的材料[①]，但我们认为，就是这些材料也已经足够了。

现在我们将从上述材料中得出的结论综合如下：

[①]　参看马车制造业，正文第 308 页、统计表第 11 页和第 12 页；制箱业，第 335 页；缝纫业，第 344 页，等等。

(1)将大小作坊混合在一起而得出的"平均"数字是完全虚假的,这些数字丝毫不能说明实际情况,抹杀了最根本的差别,并把种类根本不同、成分完全相异的东西描述为同类的东西。

(2)许多行业的材料证明,大作坊(按工人总数而言)不同于中小作坊的地方是:

(a)劳动生产率极高;

(b)雇佣工人的工资较高;

(c)纯收入极高。

(3)被我们分列出来的所有大作坊,毫无例外,都非常大规模地使用着雇佣劳动(与本行业的中等作坊相比),而这种雇佣劳动的作用比本户劳动要大得多。大作坊的生产率高达上万卢布,每个作坊的雇佣工人竟达 10 个或 10 个以上。可见这些大作坊是资本主义的作坊。所以,手工业调查的材料证明,在颇负盛名的"手工业"生产中,**存在着纯粹的资本主义规律和关系**;以雇佣工人协作为基础的资本主义作坊,无论在劳动生产率方面或者甚至在雇佣工人的劳动报酬方面,都比单干的本户工人和小手工业者占绝对优势。

(4)从许多行业看来,**独立的**小手工业者的收入并不高于、甚至往往低于同一行业中的雇佣工人的工资。如果把某些雇工所得到的膳食供给加到他们的工资上去,那么这一差别就更大了。

我们把最后这个结论与前三个区别开来,因为前三个结论表明的是商品生产规律所引起的普遍而必然的现象,而后一个结论我们就不能把它看成是普遍而必然的现象了。所以,我们可以这样来表述:在小作坊的劳动生产率较低和小作坊主(尤其是耕作者)在市场上毫无保障的情况下,独立手工业者的收入低于雇工的工资这种现象是完全可能产生的,而材料也说明,这种现象在实际生活中是常有的。

毫无疑问,前面列举的统计材料是具有说服力的,因为我们引用了许多行业,并且选择这些行业并不是偶然的,而是列举了统计表内能够把大作坊分列出来的全部行业;我们引用的并不是个别作坊,而是该类的全部作坊,并且总是把它们同各县的若干大作坊相比较。但最好能对上述现象作出更全面和更确切的说明。幸好《概述》中有这种能使我们**部分地**实现这个愿望的材料。这就是**各作坊按纯收入划分**的材料。《概述》按各个行业指出了纯收入达50卢布、100卢布、200卢布等等的作坊数。我们就把这些材料加以汇总。可以看出,有这种材料的有28个行业①,包括8 364个作坊,即占总数(8 991)的93.2%。在这28个行业中共有8 377个作坊(有13个作坊并未按收入划分),14 135个本户工人+4 625个雇佣工人,共为18 760个工人,即占工人总数的93.9%。显然,根据关于93%手工业者的这些材料,我们完全可以断定所有手工业者的情况,因为没有任何根据认为其余的7%与这93%是不相同的。在引证我们汇总的材料之前,必须指出下列几点:

(1)《概述》作者在进行这种分类时,并不都能严格地保持每一部类的名称的统一和一致。例如他们说:"100卢布以下","少于100卢布",有时甚至是:"按100卢布"。并不总能指出每类起点和终点的界限,即:分类的起点有时从"100卢布以下"开始,有时又从"50卢布以下"、"10卢布以下"等开始;分类的终点有时以"1 000卢布以上"为止,有时又以"2 000—3 000卢布"等为止。所

----

① 花边业、五金业和手风琴业也都有这方面的材料,但我们没有引用这些行业,因为它们没有关于各作坊按本户工人数划分的材料。

有这些不确切之处,都不会产生任何重大影响。我们汇总了《概述》中所引用的全部类别(有 15 类:10 卢布以下,20 卢布以下,50 卢布以下,100 卢布以下,200 卢布以下,300 卢布以下,400 卢布以下,500 卢布以下,600 卢布以下,700 卢布以下,800 卢布以下,900 卢布以下,1 000 卢布以下,1 000 卢布以上,2 000—3 000 卢布),我们对所有那些不太确切和稍有怀疑的地方的处理办法是,把它们分别列入其中的一个类别。

(2)在《概述》中只提供有这类或那类收入的**作坊数**,而并未表明每一类中全部作坊的**收入量**。而我们所必需的正是关于后者的材料。因此,我们假定以每一类中的作坊数去乘收入量的平均数,即乘该类中最高额和最低额的算术平均数(例如:在 100—200 卢布这一类中,是乘 150 卢布等等),就相当准确地得出了该类全部作坊的收入量。只有最低的两类(10 卢布以下的和 20 卢布以下的)没有采用平均数,而采用了最高的收入量(10 卢布和 20 卢布)。检验的结果证明,用这种方法(在统计计算中一般是许可这样做的)所得出的数字,与实际数字极其接近。根据《概述》的材料,这 28 个行业的手工业户的全部纯收入为 951 653 卢布,而根据我们按收入分类计算出来的粗略材料则为 955 150 卢布,即多 3 497 卢布=0.36%。可见在 10 个卢布中,相差和错误不到 4 个戈比。

(3)从我们的汇总中,我们只能知道每一类中每户的平均收入,而不知道每一本户工人的平均收入。为了确定后者的数目,就必须再作一次粗略的计算。我们已经知道各户按本户工人数(有的按雇佣工人数)的划分,所以我们就假定:每户的收入愈少,其家庭人口(即每一作坊的本户工人数)也愈少,有雇佣工人的作坊也愈少。反之,每户的收入愈多,有雇佣工人的作坊也愈多,其家庭人口,即每一作坊的本户工人数也愈多。显然,这种假定在那些想要推翻我们的结论的人看来,是再好不过的了。换句话说:**任何别的假定**,都只能加强我们的这一结论。

现在我们引证关于手工业者按作坊收入划分的汇总材料。[①]

这些材料过于零散,所以应当把它们合并成为更加简明的项目。我们按收入把手工业者合并为五类:(一)贫穷者——每户收入在50卢布以下;(二)资财不多者——每户收入为50—100卢布;(三)中产者——每户收入为100—300卢布;(四)富裕者——每户收入为300—500卢布;(五)富有者——每户收入500卢布以上。

根据关于各作坊收入的材料,我们把各作坊按本户工人和雇佣工人人数的大致划分[②]与这些类别合并起来,就得出下列统计表:[③]

从这些材料中可以得出非常重要的结论,现在我们就按照这几类手工业者来对这些结论加以考察。

(一)有四分之一以上的手工业户(28.4%)是**贫穷者**,平均每户收入约33卢布。假如这全部收入都为一个本户劳力所得,即假定在这类中全部都是单干的本户工人,那么这些手工业者的收入无论如何还是**大大低于**手工业者那里的雇佣工人的平均工资(45

---

① 统计表见第293页。——编者注
② 28个行业中的8 377个作坊,按本户工人和雇佣工人人数的划分如下:无本户工人的——95个作坊;有1个本户工人的——4 362个作坊;有2个本户工人的——2 632个;有3个的——870个;有4个的——275个;有5个以上的——143个。有雇佣工人的作坊共2 228个,其中有1个雇佣工人的——1 359个作坊;有2个的——447个;有3个的——201个;有4个的——96个;有5个以上的——125个。共有雇佣工人4 625人,其工资为212 096卢布(每一工人为45.85卢布)。
③ 统计表见第294页。——编者注

类　别	作坊数	平均每一作坊的收入	全部作坊的收入（约计）	类　别	作坊数	平均每一作坊的收入	全部作坊的收入（约计）	类　别	作坊数	平均每一作坊的收入	全部作坊的收入（约计）
10卢布以下	127	10	1 270	300卢布以下	602	250	150 050	800卢布以下	22	750	16 500
20卢布以下	139	20	2 780	400卢布以下	208	350	72 800	900卢布以下	20	850	17 000
50卢布以下	2 110	35	73 850	500卢布以下	112	450	50 400	1 000卢布以下	17	950	16 150
100卢布以下	3 494	75	262 050	600卢布以下	40	550	22 000	1 000卢布以上	19	1 500	28 500
200卢布以下	1 414	150	212 100	700卢布以下	38	650	24 700	2 000—3 000卢布	2	2 500	5 000

共有作坊……　8 364　　—　　955 150

按收入量划分的手工业者类别	户数	纯收入 百分比	纯收入 其所得卢布	平均收入 每一户	平均收入 每人约计（本工户）	各户的大致分配 按本户工人数 有一个的	有两个的	有三个的	有四个的	有五个以上的	没有的	按雇佣工人数 有一个的	有两个的	有三个的	有四个的	有五个以上的
（一）贫劳者	2 376	8.2	77 900	32.7	32.7	2 376	—	—	—	—	—	—	—	—	—	—
（二）资财不多者	3 494	27.4	262 050	75.0	50	1 986	1 508	—	—	—	—	—	—	—	—	—
（三）中产者	2 016	37.9	362 150	179.6	72.0	—	1 124	870	22	—	—	1 359	392	—	—	—
（四）富裕者	320	12.9	123 200	385.0	100.0	—	—	—	253	67	—	—	55	201	64	—
（五）富有者	158	13.6	129 850	821.8	348	—	—	—	—	76	82	—	—	—	32	125
共　计	8 364	100	955 150	114.2	67.5	4 362	2 632	870	275	143	82	1 359	447	201	96	125

表中"户数"栏百分比：28.4、41.8、24.1、3.8、1.9，共计100。

卢布85戈比）。假如这些单干的本户工人大多数属于最低的一个（第3）分类，即为包买主工作的那一类，那么这就是说，"业主"付给在家中工作者的工资比付给作坊中的雇佣工人要少。即使我们假定这类手工业者的工作时间最短，那他们的收入仍然是极其微少的。

（二）占总数五分之二以上的手工业者（41.8％）是资财不多者，平均每户收入为75卢布。这些手工业者并不都是单干的本户工人（如果前一类都是单干的本户工人的话），其中将近一半的家庭有2个本户劳力，因而每一本户劳力的平均收入仅为50卢布左右，**就是说并不多于或甚至少于手工业者那里的雇佣工人的工资**（除了货币工资45卢布85戈比以外，部分雇佣工人还由业主供给膳食）。所以，**占总数十分之七的手工业者的收入等于手工业者那里的雇佣工人的工资，有的甚至低于他们。**无论这个结论是多么令人惊异，但它是完全符合于上引关于大作坊比小作坊占优势的材料的。这些手工业者的收入水平究竟低到什么程度，可根据下面一个事实来判断：在彼尔姆省，由业主供给膳食的[1]常年农业工人的平均工资是50卢布。由此可见，十分之七的"独立"手工业者的生活水平并不高于雇农！

民粹派当然会说，这只不过是经营农业的额外收入。但是，第一，只有少数农民的农业在扣除捐税、租金和经营支出以后还能养家糊口，这不是早已确定的事实吗？而且我们是把手工业者的收入拿来同由业主供给膳食的雇农的工资作比较。第二，在占总数十分之七的手工业者中，必然包括非耕作者在内。第三，就算农业

---

①　膳食费一年为45卢布。根据农业司的统计资料得出的10年（1881—1891年）平均数。（见谢·亚·柯罗连科《自由雇佣劳动》）

能供养这两类种地的手工业者,那么,由于与土地的联系而使收入大大降低这一事实,仍然是无可置疑的。

再作一次比较:在克拉斯诺乌菲姆斯克县,在手工业者那里一个雇佣工人的平均工资为 33.2 卢布(统计表第 149 页),而一个在自己受制约的工厂里工作的人,即从前隶属工厂的农民中的一个采矿工人的平均工资,根据地方自治局的统计为 78.7 卢布(根据《彼尔姆省的统计材料。克拉斯诺乌菲姆斯克县。工厂区》1894年喀山版),即高 1 倍多。而在自己受制约的工厂里工作的采矿工人的工资,大家知道总是低于工厂中"自由"工人的工资。因此可以断定,"以手工业与农业的有机联系为基础"的颇负盛名的俄国手工业者的"独立性",是以降低需求,把生活程度降低到乞丐的水平为代价的!

(三)我们把收入为 100—300 卢布的家庭算做"中产的"手工业者,每户平均收入约为 180 卢布。这类家庭约占手工业者总数的 1/4(24.1%)。他们的收入肯定是不会很多的:按每个作坊有 2个半本户劳力计,则每一本户劳力的收入约为 72 卢布。这个数目是很少的,任何工厂工人都不会羡慕。但是,和大批的手工业者相比,这个数目却是够大的了! 由此可见,就连这一点微薄的"资财"也只有靠牺牲别人才能取得,因为在这一类手工业者当中,大多数都雇有雇佣工人(大约 85% 左右的业主都有雇工,在 2 016 个作坊中,平均每个作坊都有 1 个以上的雇佣工人)。要从大批为贫困所迫的手工业者中挣脱出去,就必须在目前资本主义商品关系的基础上,把别人的"资财"夺为己有,参加经济斗争,把大批小工业者排挤到更后面去,而使自己变为小资产者。或者是遭受贫困和极度降低生活水平,或者是**(对少数人来说)**靠牺牲他人来为自己创造(绝对是极其有限的)幸福:这就是商品生产摆在小工业者面前的两条道路。事实就是如此。

(四)属于富裕的手工业者这一类的,只有3.8%户,平均每户收入为385卢布左右,每一本户劳力平均为100卢布左右(这里按每个作坊主有4个和5个本户劳力计)。这个收入比雇佣工人的货币收入要高一倍左右,是建筑在大量使用雇佣劳动的基础上的,因为这一类中的全部作坊都雇有雇佣工人,平均每个作坊有3个左右。

(五)富有的手工业者共占1.9%,平均每户收入为820卢布。列入这一类的一部分是有5个本户工人的作坊,一部分是根本没有本户工人的作坊,即纯粹依靠雇佣劳动的作坊。据计算,每个本户劳力的收入是350卢布左右。这些"手工业者"得到高额收入,是由于大量使用雇佣工人,平均每个作坊约有10个雇佣工人。①他们已经是小工厂主,即资本主义的作坊主了,把他们同单干的工业者,同农村的手艺人,甚至同在自己家里为厂主干活(下面我们看到,有时就是为这些最富有的手工业者干活!)的人一起算做"手工业者",如上所述,这只能表明"手工业者"这一术语的涵意非常模糊不清。

在结束叙述手工业调查关于手工业者收入的材料时,还必须指出下列几点。有人会说,手工业中收入的集中程度不是很高:5.7%的作坊占收入的26.5%;29.8%的作坊占收入的64.4%。我们对这种说法的回答是:第一,就是这样的集中程度已经证明,关于"手工业者"的笼统论断和"平均"数字是完全不适当的和不科

---

① 在这28个行业中的2 228个有雇佣工人的作坊中,有10个以上雇佣工人的作坊有46个,共有887个雇佣工人,即平均每个作坊有19.2个雇佣工人。

学的。第二,不应忘记,这些材料**并未包括包买主在内**,因此上述的收入分配是极不确切的。我们看到,有 2 346 户和 5 628 个工人在为包买主工作(第 3 分类),可见这里得到主要收入的是包买主。不把包买主算做工业者,这是一种完全人为的和毫无根据的做法。在描述大工厂工业的经济关系时,不说明工厂主的收入数量,这是不正确的,同样,在描述"手工"工业的经济时,不说明包买主的收入(这种收入是从手工业者也参加的同一种生产中得来的,它是手工业者所制造的产品的价值的一部分),这也是不正确的。因此我们可以并且应该断定,在手工工业中,收入的实际分配的不平衡要比上面所说的严重得多,因为在上述收入分配中缺少了最大的工业者这一类别。

第 三 篇

（六、什么是包买主？ 七、手工工业中的"可喜现象"。
八、民粹派的工业政策纲领）

六
什么是包买主？

我们在上面把包买主称之为最大的工业者。从通常的民粹派的观点看来，这简直是胡说。在我国，人们习惯于把包买主描绘成一种处于生产之外的、外来的、与工业本身无关而"仅仅"依赖于交换的人物。

我们不想在这里详细谈论这种观点的理论错误，这种观点的产生，是由于不了解现代工业（也包括手工工业）共同的和主要的根底、基础和背景，也就是不了解**商品经济**，不了解在商品经济中，商业资本是必要的组成部分，而不是偶然的和外来的东西。我们应该在这里依据事实和手工业调查的材料，而我们现在的任务就是要对这些关于包买主的材料进行研究和分析。把为包买主干活的手工业者单独列为一类（第3分类），是进行这种研究的有利条件。但在这一问题上，还有很多的缺陷和未经考察的地方，所以研究这一问题是相当困难的。没有关于包买主的数目、关于大小包买主、关于包买主同富裕手工业者之间的关系（在身世方面的关系;包买主的商业活动同他作坊中生产的关系等)、关于包买主的**经济**等等方面的材料。民粹派把包买主当做外在物这种偏见,妨碍了大多数研究手工业的人提出包买主经济的问题,可是很明显,对于经济学家说来,这是一个头等重要的问题。必须详尽而周密地研究:包买主是如何**经营**的;他们的资本是如何积累起来的;这种资本在购买原料和销售产品方面是如何运用的;资本在这些方面活动的条件(社会经济条件)是怎样的;包买主在组织购销方面的开支是多少;这些开支是怎样根据商业资本的大小和购销的多少而使用的;有时包买主先在自己作坊里对原料进行部分加工,然后再交给工人在家里继续加工(有时还要由包买主最后加工),有时包买主先把原料卖给小工业者,然后再在市场上购买他们的制成品,造成这种情况的条件是什么。必须比较一下小手工业者、把若干雇佣工人联合在一个工场里的大工业家和把原料分给各家庭去加工的包买主这三者的产品生产价值。必须把每个**企业**,即每个包买主作为研究的单位,确定他的周转量有多少,在作坊中或在家庭里为他工作的人有多少,他在采购原料、保管原料和产品以及在销售方面雇用的工人有多少。必须比较一下小业主、有雇佣工人的作坊主以及包买主的生产技术(工具和设备的数量和质量以及**分工情况**等等)。只有这样的**经济研究**,才能对下列问题作出确切而科学的回答:什么是包买主,包买主在经济上的意义,包买主在商品生产工业形式的历史发展中的意义。所有这些问题,按户调查都对每个手工业者详细地调查过,而在总结中却没有这些材料,这不能不认为是个很大的缺陷。即使对每个包买主的经济不能进行(由于各种原因)统计和调查,那么,从为包买主工作的手工业者的按户调查的材料中,也可得出大量上面所说的资料。可是,我们在《概述》中所看到的全是一些民粹派的陈词滥调:"盘剥者""实质上与生产本身无关"(第 7 页),而且把包买主、装配作坊以及高利贷者都算做盘剥者;"控制雇佣劳动的,并不是雇佣劳动在技术上的集中,如工厂那样〈?〉,而是手工业者在金钱上的依赖性……盘剥的一种方式"(第 309 — 310 页);"剥削劳动的根源……不在于生产的职能,而在于交换的职能"(第 101 页);在手工业中常见的不是"生产的资本化",而是"交换过程的资本化"(第 265 页)。我们当然不会责难《概述》的编著者们标新立异,因为他们只不过是原封不动地抄袭了例如在"我国著名的"瓦·沃·先生的著作里比比皆是的那种箴言而已。

　　要评价这些话的真正意义,只要回想一下我国工业的一个主要部门,即纺织工业就行了,在那里,"包买主"是进行机器大生产的大工厂主的直接先驱者,是他们的前辈。把棉纱分给手工业者,让他们拿到家里加工,这就是我国所有纺织生产昨天的景象。这当然就是在为"包买主",即为"盘剥者"工作,而这些"包买主"自己并没有作坊("与生产无关"),"只是"分发棉纱、收集成品而已。我们的善良的民粹派并没有打算研究这些包买主的身世,他们同小作坊主之间的前后相承的关系,他们作为采购原料与销售产品的组织者的作用,他们的资本的作用——集中生产资料,把大批分散的小手工业者聚在一起,实行分工,并准备着也是大生产但已是机器生产的因素。善良的民粹派对于这种"可悲的"、"人为的"等等现象,只是抱怨、发牢骚,用"资本化"的不是生产,而"只是"交换过程这种论调来自我安慰,发表一些"祖国走另外道路"的娓娓动听的议论,而这个时候"人为的"和"毫无根基的""盘剥者"却沿着自己的老路往前走,续继集中资本,"聚集"生产资料和生产者,扩大原料采购的规模,使生产更细致地分为许多单个工序(整经、纺织、染色和整理等等),并把分散的、技术落后的、以手工劳动和盘剥为基础的**资本主义工场手工业**逐渐改变为**资本主义机器工业**。

目前在我国很多所谓"手工"业中,也在进行着完全同样的过程,而民粹派也同样不去研究发展中的现实;也同样不谈目前各种关系的起源和发展的问题,而只谈可能**会**怎样的问题(**如果现在的情况不是这样的话**),也同样以眼下这"不过是"包买主来自我安慰,也同样把最坏的资本主义形式(就技术落后、经济不完善以及劳动群众的社会地位和文化状况而言)加以美化和粉饰。

现在我们来看看彼尔姆省的手工业调查材料。这些材料中所存在的上述缺陷,我们根据需要设法用上面引用的《彼尔姆省手工业》一书中的材料来弥补。我们首先把那些拥有极大多数为包买主工作的手工业者(第3分类)的行业划分出来。同时我们还必须依靠我们自己的汇总,这一汇总的结果(如上所述)同《概述》中的数字是不一致的。

行　　业：	为包买主工作的户数		
	第Ⅰ部类	第Ⅱ部类	总计
制鞋业 ……………………………	31	605	636
毡靴业 ……………………………	607	12	619
打铁业 ……………………………	70	412	482
椴皮席业 …………………………	132	10	142
家具业 ……………………………	38	49	87
马车制造业 ………………………	32	28	60
缝纫业 ……………………………	4	42	46
7个行业共计…………………	914	1 158	2 072
第3分类的手工业者共计 ………	1 016	1 320	2 336

可见,在上述7个行业中,大约集中了 $^9/_{10}$ 为包买主工作的手

工业者。我们首先来谈谈这些行业。

　　先谈制鞋业。为包买主工作的鞋匠绝大多数集中在昆古尔县，该县是彼尔姆省皮革生产的中心。大量的手工业者在为皮革厂主工作：《概述》第87页指出了8个包买主，而为他们工作的就有445个作坊①。所有这些包买主都是"历来的"皮革厂主，他们的名字在1890年和1879年的《工厂一览表》中，以及在1869年的《财政部年鉴》第1分册的注释中，都可找到。皮革厂主先把皮革裁好，然后把裁好的皮革分发给"手工业者"去缝制。按照厂主的要求，有些家庭专门拉伸鞋面。有很多"手工"业完全是同工厂的皮革生产联系在一起的，就是说有很多工序是在家中完成的，这就是：(1)修饰皮革；(2)缝鞋；(3)胶合碎皮做鞋跟；(4)洗濯鞋用螺丝钉；(5)制造鞋用双帽钉；(6)制造鞋楦；(7)制作皮革厂用的灰；(8)制作皮革厂用的"櫞树皮"(柳树皮)。皮革生产中的废料由毡靴业与制胶业去加工(《手工工业》第3编第3—4页及其他各页)。除了细致的分工(即把一件物品的生产分成若干工序，由不同的人去完成)以外，按货品的分工也在这种生产部门中发展起来：每一户(有时甚至是手工业村的每一条街)制作一种皮鞋。可笑的是，在《手工工业》一书中竟说："昆古尔县的皮革业"是"工厂工业与手工工业的有机联系对双方都有利这种思想的典型体现"(原文如此!)……工厂同手工工业实行了正确的(原文如此!)结合，目的是为了自己的利益(正是这样!)不去摧残……而去发展手工工业的力量。(第3编第3页)例如，厂主佛敏斯基在1887年叶卡捷琳堡展览会上得到了一枚金质奖章，这不仅是因为他制出了优良的皮革，并且还"因为他的生

----

① 其中有217个作坊只为2个包买主(波诺马廖夫和佛敏斯基)工作。昆古尔全县为包买主工作的制鞋作坊共有470个。

产规模庞大，**使邻近的居民能够挣到工钱**"（同上，第4页，黑体是原作者用的）。就是说：在他的1 450个工人中，就有1 300个工人在家里干活。在另一个厂主萨尔塔科夫的120个工人中，就有100人在家里干活，如此等等。由此可见，彼尔姆省的厂主在培植和发展手工业方面，大大胜过民粹派的知识分子……

　　克拉斯诺乌菲姆斯克县的制鞋业的组织情况与此十分类似（《手工工业》第1编第148—149页）：皮革厂主缝制皮鞋，也是一部分在自己的缝鞋铺里做，一部分分给各个家庭做；有一个大皮革制鞋作坊主，拥有将近200名固定工人。

　　现在，我们能够很清楚地了解到制鞋业以及同制鞋业有联系的其他许多"手工"业的经济组织了。这不过是资本主义大作坊（按我国官方统计的术语来说就是"工厂"）的一个**部分**，不过是资本主义大规模制革作业中的**局部操作**。企业主组织大规模的原料购买，开办制革厂并建立了对皮革继续进行加工的完整体系——这种体系是建筑在分工（作为技术条件）和雇佣劳动（作为经济条件）之上的：他们在自己的作坊中只完成一种工序（剪裁鞋面），其他工序则由为他们干活的"手工业者"在自己家里完成；企业主规定了生产的数量、计件工资的数额、商品的式样以及每种产品的数量。他们也组织了产品的批发。显然，按科学的术语来说，这是一种**资本主义的手工工场**，其中有些部分已经变成了高级形式——**工厂**（因为生产中采用了机器与机器体系，大制革厂有了蒸汽发动机）。把这种手工工场中的某些部分列为一种特殊的"手工业"生产形式，这显然是很荒谬的，它抹杀了雇佣劳动占优势和**整个**皮革制鞋业都服从于大资本这一基本事实。不用去发表什么这一行业成立"交换的合作组织"（《概述》第93页）是合宜的这种可笑的议论，最好还是更详细地去研究实际的生产组织,研究那些使工厂主宁肯把工作分到家里去做的条件。毫无疑问,工厂主认为这样做对自己更为有利,如果我们回想一下手工业者,尤其是种地的手工业者和第3分类的手工业者的工资微薄这种情况,也就会了解这种利害所在了。企业主把原料分到家里,这样就减少了工资支出,节省了厂房、部分工具和监督等方面的开支,摆脱了向厂主(他们不是厂主,是商人!)提出的并不总是愉快的各种要求,获得了更加零星分散、更加无力自卫的工人,获得了义务看管这些工人的监工,即类似“包工”或“小场主”(这是我国纺织工业在实行把棉纱分到家里的制度时出现的两个名词)这样的人,就是那些为企业主工作,而**自己还去雇用工人**(636 户为包买主工作的鞋匠中就拥有 278 个雇佣工人)的手工业者。我们在总的统计表上已经看到,这些雇佣工人(第 3 分类中的)得到的工资最低。这也没有什么奇怪的,因为他们受着双重的剥削:从工人身上榨取“薄利”的雇主的剥削和分配原料给小业主的皮革厂主的剥削。大家知道,这些小场主熟悉当地的情况和每个工人的特点,他们在发明各种压榨手段、使用盘剥性的雇佣劳动和实行实物工资制[73]等等方面是有无穷智慧的。在上述作坊和“手工业的窝棚”里,工作日无比漫长是人所共知的,而不能不使人感到遗憾的是,1894—1895 年度的手工业调查,却几乎完全没有提供关于这些最重要问题的材料,来说明我国独特的榨取血汗制度及其加重对工人压榨的大批中间人和毫无监督、肆无忌惮的剥削。

关于毡靴业(按为包买主工作的家庭的绝对数来说,它占第二位)的组织情况,遗憾得很,《概述》几乎没有提供任何资料。我们看到,在这一行业中有些手工业者拥有几十个雇佣工人,但他们是否把工作分到家里去做,是否把一部分工序拿到自己作坊以外去完成①，我们就不知道了。我们只能指出一个为调查者们所确认的事实，就是毡靴业的卫生条件是极其不能令人满意的(《概述》第119页，《手工工业》第3编第16页)：酷热难忍，灰尘弥漫，空气闷人。这就是手工业者的住房情况！其必然结果就是：手工业者干不了15年，就要患肺病死去。伊·伊·莫列桑调查了劳动的卫生条件后说："13岁到30岁的工人是毡靴工人中的主要成员。他们几乎都是脸色苍白，皮肤没有光泽，精神萎靡，**好像病得很虚弱的样子**。"(第3编第145页，黑体是原作者用的)于是调查者作出了这样的实际结论："必须责成业主修建相当宽敞的作坊〈毡靴制作坊〉，使每个工人能经常呼吸到一定量的空气"；"作坊应该专门用来做工，绝对禁止工人在里面过夜"。(同上)总之，保健医生们要求为这些手工业者建立工厂，禁止在家里干活。不能不希望这一措施能够实现，它将推动技术进步，排除大批中间人，为调整工作日和改善劳动条件扫清道路：一句话，它将消除我国"人民"工业中最惊人的罪恶现象。

在椴皮席业的包买主中，有一个奥萨的商人布塔科夫，根据1879年的调查资料，他在奥萨城有一个拥有180名工人的椴皮席厂。②难道因为这位厂主认为把工作分到家里去做更为有利，就必须把他看成是"与生产本身无关"的吗？我们也很想知道，被排斥在手工业者之外的包买主，同那些没有本户工人、"买了韧皮交给计件工人去加工，让计件工人用自己的工具把它做成席子和草

---

①　下诺夫哥罗德省的阿尔扎马斯县和谢苗诺夫县的制毡业的组织情况就是如此。见《手工工业调查委员会的报告》和下诺夫哥罗德地方自治局统计机关的《土地估价材料》。

②　1879年《工厂一览表》。为包买主工作的椴皮席工人大多集中在奥萨县。

包"(《概述》第152页)的"手工业者"之间,究竟有什么区别呢?这是民粹派的偏见使研究的人陷入混乱的一个明显例子。这一行业中的卫生条件也是很糟糕的。拥挤、肮脏、灰尘、潮湿、臭气和漫长的工作日(一昼夜做12—15小时):这一切竟使手工业的中心成了真正的"斑疹伤寒的发源地"[1],斑疹伤寒在这里经常发生。

关于打铁业中为包买主工作的组织情况,我们从《概述》中也无法弄清,只好去查考《手工业》一书,该书对下塔吉尔的打铁业作了很有意义的记述。托盘和其他产品的生产是在几个作坊中分别进行的:**铆钉作坊**打铁,**镀锡**作坊镀锡,**油漆**作坊上油漆。有些业主手工业者这几种作坊都有,所以他们是纯粹的手工工场主。有些业主手工业者只在自己作坊中完成一项工序,然后将半成品分给手工业者到家里去镀锡和上油漆。因此,这里已非常清楚地表明,把工作分到家里去做和一个业主拥有若干局部作坊这两种手工业经济组织是一样的。把工作分到家里去做的包买主手工业者是最大的业主(共25人),他们最有利地组织大规模的原料采购和产品销售。这25个手工业者(也只有他们)常常上集市或开设店铺。除他们以外,那些大"商人工厂主"也是包买主,他们在叶卡捷琳堡展览会的工厂馆中展览过自己的产品。该书作者把他们列入"工厂手工〈原文如此!〉工业"中(《手工工业》第1编第98—99页)。总之,这样我们就看到一幅极其典型的、通过各种各样稀奇古怪的方法同小作坊交织在一起的资本主义手工工场的图画。为了清楚地说明,把工业者分为"手工业者"和"厂主"、生产者和"包买主"这种做法对于了解这些复杂的关系很少有所帮助,我们就利

---

[1] 《概述》第157页。

用上述一书中所引证的数字,并用统计表来表明手工业的经济关系:

独　立　为　市　场　生　产　的					为　包　买　主　工　作　的			
作　坊	工　人			生　产　总　额 (单位:千卢布)	作　坊	工　人		
	本工户人	雇工佣人	共计			本工户人	雇工佣人	共计
一、"工厂手工工业"								
?	?	?	?	60+7				
("商人工厂主")					(一)29	51	39	90
					(二)39	53	79	132
二、"手工工业"								
25	(包买主手工业者)			95+30	68	104	118	222
16	88	161	249	8 163+37				

20万卢布=下塔吉尔的手工业的全部生产总额。

(一)销售不独立的手工业者。
(二)销售和生产都不独立的手工业者。

现在有人会对我们说,包买主同高利贷者一样,"是与生产本身无关的",他们的统治只是说明"交换过程的资本化",而不是"生产的资本化"!

制箱业(《概述》第334—339页;《手工工业》第1编第31—40页)也是一个极其典型的资本主义手工工场的例子。它的组织是这样的:若干有使用雇佣工人的作坊的大业主采购材料,自己**部分地**制造产品,但主要是把材料分给小的局部作坊,而在自己的作坊里组装箱子的各个部件,最后加一道工,就把货物运到市场上去。分工这个手工工场的典型条件和技术基础在生产中有了广泛的运用:制造一只完整的箱子要分10—12道工序,每道工序都由局部手工业者分别去做。该行业的组织就是局部工人(在《资本论》中叫做Teilarbeiter①)在**资本**指挥下的联合。为什么资本宁愿把工作分到家里去做而不愿交给作坊中的雇佣工人去做,关于这一点,1894—1895年度手工业调查关于叶卡捷琳堡县(手工业中心之一)涅维扬斯克工厂所属各作坊的材料给了明确的回答,在那里我们能**同时**看到装配作坊和局部手工业者。因而把这二者加以比较是完全可能的。现在我们把统计表中的对比材料列举如下(统计表第173页):

涅维扬斯克工厂所属的箱子制造者	部类	分类	作坊数	工人数			总收入		工资		纯收入	
				本户工人	雇佣工人	共计	共计	每所一工人得	共计	每工人所雇佣	共计	每一本户工人所得
"包买主"	II	1	2	1	13	14	5 850	418	1 300	100	1 617	808.5②
"手工业者"	II	3	8	11	8	19	1 315	70.3	351	44	984	89.4

在研究这个统计表时,首先说明一下,假如我们不单独引用涅维扬斯克工厂的材料,而引用整个第1分类和第3分类的材料(《概述》第335页),结论还是一样的。这两个分类的总收入额显然不能相比,因为经过各种局部工人和装配作坊的同是这些原料。但是,关于收入和工资的材料很能说明问题。可以看出,装配作坊的雇佣工人的工资高于不独立的手工业者的收入(100卢布比89卢布),虽然后者也剥削雇佣工人。这些雇佣工人的工资还**不到**装配作坊工人的工资的**一半**。既然"手工"工业赋予我国的企业主这么大的"优越性",那企业主怎么会不认为"手工"工业比工厂工业

---

① 参看《马克思恩格斯文集》第5卷第393—396页。——编者注

② 每一作坊所得。

好呢！在马车制造业中，为包买主工作的组织情况也完全相似（《概述》第 308 页及以下各页，《手工工业》第 1 编第 42 页及以下各页）；也是这样一些装配作坊，其业主是局部手工业者的"包买主"（分配工作者，给予工作者），作坊中的雇工的工资也超过不独立的手工业者的收入（更不用说他们的雇佣工人了）。这种情况在耕作者（第 I 部类）或非耕作者（第 II 部类）那里都是存在的。在家具业中，彼尔姆市的家具店就是包买主（《概述》第 133 页，《手工工业》第 2 编第 11 页），他们在订货时，给手工业者提供了样品，从而也就"逐渐提高了生产技术"。

在缝纫业中，彼尔姆和叶卡捷琳堡两地的服装店是把衣料分给手工业者去缝制的。大家知道，在西欧和美洲的其他资本主义国家里，缝纫业和成衣业的组织情况也完全相同。"资本主义"的西欧同"人民生产"的俄国之间的差别就在于：在西欧，人们把这种制度称做榨取血汗的制度，并且寻求各种方法来反对这种最坏的剥削制度，例如，德国的裁缝正在设法要老板建立工厂（就像俄国民粹派所说的，"人为地培植资本主义"），而在我国却把这种"榨取血汗的制度"悠然自得地称为"手工工业"，而且还去讨论它比资本主义的优越性。

————

现在我们已经考察了绝大多数手工业者为包买主工作的全部行业。这一考察的结果怎样呢？我们深信，民粹派所谓包买主甚至装配作坊都是高利贷者，都是同生产无关的成分等等之类的论点，是完全站不住脚的。尽管《概述》中的材料有上述缺陷，尽管调查计划中并没有关于包买主经济的问题，根据大多数行业的情况我们还是可以断定，包买主同生产有极为密切的联系，他们甚至直

接参加了生产,就像有雇佣工人的作坊主"参加"生产一样。认为
为包买主工作,只不过是一种不正当行为,一种偶然事件,一种"交
换过程资本化"的结果,而不是生产的结果,这种看法是最荒唐不
过的。恰恰相反,为包买主工作,正是**一种特殊的生产形式**,是生
产中经济关系的一种特殊的组织;这种直接从小商品生产(在我国
好心肠的书刊中常称之为"人民的小生产")中产生出来的组织,直
到现在还同小商品生产有千丝万缕的联系,因为当最富裕的小业
主、最先进的"手工业者"通过把工作分到家里去做的方法扩大其
周转时,就给这一制度打下了基础。为包买主工作,直接隶属于有
雇佣工人的资本主义作坊,往往只是它的继续或一个部分,所以这
种工作不过是**工厂的附属物**(对这一用语不能从科学意义上而只
能从口语的意义上来理解)。按工业形式的科学分类来说,在工业
形式的顺序发展中,为包买主工作多半可以算做是**资本主义工场
手工业**。因为,(1)它是建筑在手工生产和小作坊的广阔基础上
的;(2)它在这些作坊之间实行分工,并在作坊内部发展分工;(3)
它把商人置于领导生产的地位,就同大规模进行生产、大批购买原
料和销售产品的工场手工业的通常情况一样;(4)它把劳动者降低
到在业主作坊或在自己家里干活的雇佣工人的地位。大家知道,
正是这些特征表明了作为工业资本主义一个特殊发展阶段的工场
手工业的科学概念(见《资本论》第 1 卷第 12 章①)。大家知道,这
一工业形式意味着资本主义的深刻统治,它是资本主义最后和最
高的形式,即大机器工业的直接先驱者。由此可见,为包买主工作
是资本主义的一种落后形式,在现代社会中,这种落后现象使为包

①　参看《马克思恩格斯文集》第 5 卷第 390—426 页。——编者注

买主工作的劳动者的生活状况极度恶化,使他们遭受一系列中间人(榨取血汗的制度)的剥削,使他们零星分散,只能得到最低的工资,只能在最不卫生、工作日极长的条件下工作,而最主要的是,他们只能在极难对生产实行社会监督的条件下工作。

————

　　我们现在对 1894—1895 年度的手工业调查材料考察完了。这一考察完全证实了"手工业"这个概念极其空泛这一上述论断。我们看到,这一概念包括各种各样的工业形式,甚至可以说包括**几乎科学上的一切工业形式**。事实上,这里包括用消费者的原料为他们(消费者)定做物品、取得实物或货币报酬的宗法式手艺人;包括完全是另一种工业形式的人物———一家都劳动的小商品生产者;包括拥有雇佣工人的资本主义作坊主及其在一个作坊里可达几十人之多的雇佣工人;包括拥有大量资本、控制着一系列局部作坊的手工工场企业主;也包括为资本家工作的家庭工人。在所有这些类别中,无论是耕作者或非耕作者,是农民或是市民,都同样地被看做是"手工业者"。这种混乱现象,决不是这次关于彼尔姆省手工业者的调查所特有的。决不是的。这种混乱现象在讲到或写到"手工"工业时**随时随地**都可遇到。例如,凡是看过《手工工业调查委员会的报告》的人都知道,那里同样也把所有这些类别列为手工业者。我国民粹派经济学所惯用的方法,就是把所有这些五花八门的工业形式搅在一起,统统称之为"人民的""手工"工业,并且——朋友们,请别笑!——把这种毫无意思的东西同"资本主义",即"工厂工业"**进行对比**。这种巧妙的方法证明其首创者的思想和认识是出奇的深奥,而"论证"这种方法的,如果我们没有弄错的话,就是瓦·沃·先生,他在自己那本《手工工业概述》的头几页里,就举出了莫斯科、弗拉基米尔等省"工厂"工人的官方数字,并且拿来同"手工业者"的数字相比较,结果当然是,在神圣的俄罗斯,"人民工业"要比"资本主义"发达得多,但是对研究者们多次肯定的事实①,即这些"手工业者"的绝大多数**也是在为那些工厂主工作**,我们这位"权威的"经济学家却很知趣地不作声了。《概述》的作者紧紧跟着民粹派的偏见走,重复着同样的方法。虽然在彼尔姆省,"手工"工业的全年生产总额只有 500 万卢布②,而"工厂"工业则有 3 000 万卢布,但是,"从事工厂工业的工人数只有 19 000 人,而从事手工工业的却有26 000 人"(第 364 页)。请看,这一分类简单得惊人:

```
(一)工厂工人 ……………………………… 19 000
(二)手工业者 ……………………………… 26 000
```
　　　　　　　　　共　　计　　　　　　45 000

　　显然,这种分类给"祖国可能走另外道路"的议论大开方便之门!

　　但是,我们面前的这些研究工业形式的手工业按户调查材料,还是有点用处的。我们现在打算**根据**调查材料(民粹派的分类简直是在嘲笑这些材料)和各种工业形式来分类。我们把调查中关于 20 000 工人的百分比,归到作者们根据别的材料而增大了的 26 000 这一数字上来:

---

① 例如见 1883 年《法学通报》杂志**74**第 11 期和第 12 期所载哈里佐勉诺夫先生的《手工业的意义》一文,该文把当时所有的统计材料作了汇总。

② 我们更不必谈这一数字的确定是多么可笑了。例如,面粉业的生产总额最高,达 120 万卢布,因为这里把磨坊主加工的全部粮食的价值都算在里面了!而在统计表和《概述》的叙述中,却只有 143 000 卢布的总收入(见第 358 页及附注)。制鞋业的生产总额为 93 万卢布,其中有相当大一部分是昆古尔**工厂主**的流转资金,如此等等。

一、商品生产　　　　　　　　　　　　　　　　　　工人数

(一)以资本主义方式使用的工人。

(1)"工厂"工人(根据1885—1891年这7

　　年的材料,平均每个作坊有14.6名工

　　人)……………………………… 19 000

　　　　　　　　　　　　　　　　42.2%

(2)"手工业者"那里的雇佣工人(占总数

　　的25%)。(其中有1/4在平均每个作坊有

　　14.6个工人的作坊中)…………… 6 500　　30 700

　　　　　　　　　　　　　　　　14.4%　　**68.2%**

(3)在家中为包买主工作者,即第3分类

　　中的家庭手工业者,他们占20%。

　　(其中很多**就是在**为(1)(2)两类工

　　人为其工作的**那些工厂主**工作)…… 5 200

　　　　　　　　　　　　　　　　11.6%

(二)小商品生产者,即第1分类中的

　　家庭手工业者,他们占30%。

　　(其中将近1/3有雇佣工人)………… 7 800

　　　　　　　　　　　　　　　　17.4%

二、手艺

农村(一部分是城市的)手艺人,即第2分

　　类中的家庭手工业者,他们占25%。

　　(其中一小部分也有雇佣工人)…… 6 500

　　　　　　　　　　　　　　　　14.4%

　　　　　　　　　　　　　　共计　　45 000

　　　　　　　　　　　　　　　　100%

我们深知,这一分类也有错误:其中没有工厂主,却有雇有数十个雇佣工人的手工业者;偶然地包括了一部分没有被特别划分出来的手工工场主,而另一部分被算做"包买主"的手工工场主又没有包括进去;只包括了 1 个城市的城市手艺人,而未包括 11 个城市的手艺人等等。但是不管怎样,这一分类是以手工业调查中关于**工业形式的材料**为依据的,因此,上述的错误都是这些材料的错误,而不是分类的错误。① 无论如何,这一分类使我们确切地认识到实际情况,说明了参加工业的各种人之间的真正的社会经济关系,因而也说明了他们的状况和他们的利害关系,——而这样的说明正是一切科学经济研究的首要任务。

七
手工工业中的"可喜现象"

《概述》中列举的那些应当表明手工工业中的"光明面"和"可喜现象"的事实,如果我们避而不谈,那有人就会责备我们片面,责备我们只知道暴露手工工业的黑暗面了。

例如,有人告诉我们,雇佣劳动在手工业生产中有某种特殊意义,因为这里的雇佣工人有所不同,他们"在生活上接近"于业主,并且本人也"可能"变成业主。可见,这里竟把使所有的工人都变成小业主这一善良的愿望,当做"可喜现象"!② 但不是使所有的

---

① 也许有人反驳说,手艺手工业者那里的雇佣工人(占手工业者的雇佣工人总数的 20％)不应列入商品生产,而应列入手艺中去。可是劳动力在这里本身就是商品,而买卖劳动力就是资本主义的本质特征。

② 至于这种"在生活上接近"对支付工资的制度和办法,对雇用的方法、盘剥工人的手段以及对实物工资制产生怎样的影响,就一点也没有讲了。

工人,而是使某些工人会变成小业主,因为,"剥削他人劳动的意向,无疑是所有的人都有的,其中也包括手工业者"(《概述》第6页)。这种说法简直是无比的幼稚,它竟直截了当地把"所有的人"都与小资产者等同起来!毫不奇怪,谁要是戴上小资产者的眼镜去看整个世界,谁就会发现这种绝妙的真理。在第268页上,把一个拥有8个雇佣工人、产值为1万卢布的小工厂,说成"就其劳动状况〈原文如此!〉说来,是一个实实在在的手工业企业"。在第272—274页上,描写了另外一个小厂主(拥有7个雇佣工人和5个学徒;产值为7000卢布),说他在从农民村团租来的土地上,修建了一座高炉,并向手工业银行申请5000卢布的贷款,来安装一座熔铁炉,并解释说,"他的整个企业只涉及地方的利益,因为采矿将由当地农民在村团份地上进行"。银行根据某些手续上的理由拒绝了他的申请。《概述》在这里给我们描绘了一幅把这个企业变为合作制的即村团的企业的诱人图画:这"无疑是很合"业主的"心意的,他不但成了生产利益的关怀者,而且成了他周围同一村团成员的利益的关怀者"。企业"关系到同一村团成员许许多多的劳动利益,他们会为工厂采伐和运送矿石和木材"。"户主们会把矿石、煤等物送到工厂中去,就像主妇们会把牛奶送到村团的干酪制造场去一样。当然,这里的组织比村团的干酪制造场想来要复杂得多,特别是在使用本地的技工和小工干活即把矿石炼成铁的情况下。"啊,多么惬意呀!小工("同一村团的成员")会把矿石、木柴等物"送到工厂中去",就像农妇们会把牛奶送到干酪制造场去一样!!我们并不否认,手工业银行在发展商品经济和资本主义时,会(如果官僚主义的组织不妨碍它的话)像其他银行一样提供同样的服务,但如果它同时还要发展申请贷款的企业主那种伪善行为和马尼洛夫式的废话，那就非常可悲了。

　　我们已经知道：把拥有大量雇佣工人的企业说成是"手工业"企业的根据，就是业主亲自参加劳动。但是，这一条件会使小资产者感到有些束缚，于是，《概述》就竭力加以扩大："完全使用雇佣劳动"的企业也可能是手工业企业，只要企业的"成就"依靠了业主的"亲自参加"（第295页），甚至只要业主"不得不把这种亲自参加局限于经营方面的种种操劳"（第301页）。难道彼尔姆省的民粹派的"进展"不是很顺利吗？"亲自劳动"，"亲自参加"，"种种操劳"。亲爱的，你还想要什么呢？[①] 烧砖业中的雇佣劳动给雇佣工人带来了"特殊的利益"（第302页），他们在烧砖厂中找到"额外的收入"；同时，这些工厂的厂主经常感到"需要钱来雇用工人"。《概述》于是推断说，手工业银行应该答应贷款给这样的业主，"根据手工业银行章程第7条第3款的附注，这些企业是应当特别重视的事件"（第302页）。这句话虽然有些欠通，但却非常感人和意味深长！在描写烧砖业的结尾部分我们读到这样的话："最后我们认为有充分的理由说，在农民当中，烧砖业的业主和雇佣工人的利益在很大程度上是共同的，虽然这个行业在形式上并没有过什么劳动组合，但在事实上，业主和雇佣工人之间却存在着牢固的协作关系。"（第305页）请读者参看一下上面统计表上对这种"协作关系"的描绘。还有一个怪论，可说是民粹派经济概念混乱的一个典型例子，这就是《概述》在维护和粉饰雇佣劳动的同时，硬说拥有雇佣工人的业主决不是盘剥者，货币资本的占有者才是盘剥者，因为他们"剥削着手工业者业主及其雇佣工人的劳动"（！），同时，《概述》

―――――――――――

　　① 　这句话出自德国诗人亨利希·海涅的诗《你有钻石和珍珠……》。——编者注

又极其不恰当地、毫无分寸地为盘剥行为辩护:"不管人们把盘剥描绘得如何阴暗,但它暂时还是手工业生产交换机器上必不可少的一个齿轮……　如果没有盘剥者,没有任何资金,手工业者就只好陷于失业,相比之下,盘剥对手工工业取得的成就来说,无疑应当认为是有益的。"(第8页)①这个暂时到什么时候为止呢?如果说,商业资本和高利贷资本是资本主义发展的必要因素,是资本主义**不大发达的**社会(比如我们的社会)机器上的必要齿轮,这是对的。根据这个解释,"暂时"一词应该这样理解:当我国还保持着最落后和最坏的资本主义形式的时候,工业自由和竞争自由(特别是在农民中)**暂时**要受到无数的限制。只怕这样的解释,不合彼尔姆省和其他地方的民粹派的心意!

现在我们来谈谈劳动组合,谈谈这些所谓村社原则的最直接和最重要的体现,这些原则民粹派认定存在于手工业中。考察一下全省手工业者的**按户调查**材料是很有意义的,因为这个调查把对劳动组合的统计和研究直接列入了计划(第14页第2点)。因此,我们不但能认识各种类型的劳动组合,而且还能了解它们推广的情况。

榨油业。"一个日常生活上的真正劳动组合":在波克罗夫斯克镇和加夫里亚塔村,弟兄五个有两个油坊,他们虽已分了家,油坊却是轮流使用的。这些事实有"深刻的意义",因为"它们说明了手工业中村社式劳动的继续性的契约条件"。显然,这种日常生活

---

① 在《手工工业》一书第1编第39页及以下各页中,也有这样的见解,那里不同意《实业记者报》75所说的不应当把盘剥者(制箱业中的装配作坊主)列入手工业部门。该书对这一点回答道:"我国全部手工工业都受着私人资本的束缚,因此,如果只把自己出卖自己产品的手工业者列入手工业部门,那我们的手工业部门就空空如也了。"这样的供认不是极其典型的吗?这种控制着手工业的"私人资本的束缚",我们已经根据调查材料在上面说明了。

上的"劳动组合,对于在手工业中以合作原则推广工厂式生产这一问题来说,是一个重要的先例"(第 175—176 页)。由此可见,作为合作制的先例和村社精神的体现的真正劳动组合,原来就是**没有分家的继承人的共有财产!!** 这样说来,罗马的民法和关于共同占有制即关于继承人和非继承人之间的共有财产制的我国法律汇编第 10 卷[76],显然都成了"村社精神"和"合作制"的真正捍卫者了!

"在面粉业中……农民对劳动组合的热情,最明显不过地表现在一些独特的日常生活方式上。"很多磨坊是由协作社甚至整个村庄公共使用的。使用磨坊的方法,最普通的是轮流制;其次是根据每一磨坊主的支出,把纯收入按比例分成的方法;"在这种情况下,合伙的业主自己很少参加生产劳动,通常都是由雇用劳动来进行"(第 181 页;树脂坊的劳动组合情况也是如此。——第 197 页)。惊人的独特性和劳动组合,实际上就是那些共同雇用工人的业主的共有财产!而手工业者**轮流**使用磨坊、树脂坊和铁铺这一事实,恰恰相反,证明生产者极其分散,连共有财产也不能促使他们走向合作。

"劳动组合铁铺"是"劳动组合组织的形式之一"。(第 239 页)铁铺老板们为了节省燃料,就合并成一个铁铺,雇用一个风箱手(为了节省人手!)并向一个铁铺老板出资租用房子和铁锤。这样一来,把一个人私有的东西出租给别人,就是"劳动组合的组织"!真该把罗马法称之为"劳动组合组织"的法典啊!…… "在劳动组合的组织中……我们找到了新的说明:在手工业者的生产中,阶级并没有形成;在农业和手工业中,存在着我们在劳动组合磨坊中已经看到的情况,这就是分化已经复合。"(第 239 页)这样一来,还有什么蛮横的人敢来谈论农民的分化呢!

总之,到现在为止,手工业者**联合**购买原料和销售产品的事实一件也没有,更不必谈生产中的联合了!但是,这样的联合还是有的。根据彼尔姆省手工业者按户调查的登记,这种联合**一共有4个**,而且**全都是**在手工业银行的帮助下办起来的:马车制造业中有3个,农业机器制造业中有1个。其中一个劳动组合有雇佣工人(两个学徒和两个雇用的"帮"工),在另一个劳动组合中,有两个伙计出资租用属于第三个伙计的一个铁铺和一个作坊。大家一起购买原料和销售产品,而工作则在各人的作坊中进行(除上述出资租用铁铺和作坊的情况以外)。这4个劳动组合联合了21个本户劳力。彼尔姆省手工业银行已经开业好几年了。假定这个银行现在**每年**能够"联合"(为了租用邻近的铁铺)的本户工人不是20个而是50个,那么,要把所有15 000个手工业者本户工人都"联合成""劳动组合的组织",就需要整整300年。等这件事完了,再来开始"联合"手工业者那里的雇佣工人……　而彼尔姆省的民粹派却得意扬扬地说:"手工业界要独立工作这一思想所创造的如此重要的经济主张,乃是以劳动不依赖资本为基础的手工业生产在经济上进步的可靠保证,因为当前这些事实说明,手工业者渴望劳动独立不仅是自发的,而且完全是自觉的。"(第333页)先生们,请你们发点慈悲吧!当然,民粹派不讲马尼洛夫式的词句,是不能设想的,但也该有个限度!正如我们所看到的,**没有一个**劳动组合表现出"劳动不依赖资本的原则":它们都是大小业主的劳动组合,很多劳动组合拥有雇佣工人。在这些劳动组合中,并没有什么协作,甚至连共同采购原料和销售产品的事情也少得可怜,所联合的业主也少得惊人。可以肯定地说,没有哪一个资本主义国家会有这样的情况:在对拥有20 000工人的将近9 000个小作坊的调查中,会发

现生产者竟**如此惊人的分散和落后**,共有财产的事例只有几十个,
3—5个小业主联合起来购买原料和销售产品的事例还**不到10
个!** 这种分散性也许会成为可悲的、**经济上和文化上停滞不前的
最可靠保证**,可是我们幸而看到,资本主义在一天天地摧毁着宗法
式的手艺及其自给自足的小业主的地方局限性,一天天地破坏着
狭小的地方市场(它们支持着小生产),而代之以全国的和全世界
的市场,**迫使**不只是什么加夫里亚塔村的生产者,而是全国甚至各
国的生产者联合起来,使这种联合超出大小业主的范围,向这些联
合提出了比更便宜地购买木材和铁或更有利地出卖钉子和大车的
问题更为广泛的问题。

八
民粹派的工业政策纲领

因为人们的实际打算和措施总和他们在现实中认为是"可喜
的"和令人鼓舞的现象相联系,所以,把一切"可喜的现象"都用来
粉饰小经济中的雇佣劳动,用来颂扬小业主的极少数极片面的联
合的《概述》,它对手工工业抱着一些什么样的愿望,是可想而知
的。这些愿望就是通常民粹派方策的重复,它们的特点一方面是
自相矛盾,另一方面是无限地夸大用空谈来解决重大问题的平凡
"措施"。在《概述》的开头,即在序言里,还在叙述调查材料以前,
我们就碰到了一些浮夸的议论,说什么"手工业信贷的任务"是"消
除〈原文如此!〉缺钱状况",建立"生产与消费之间的交换的合作组
织"(第8页),"普及劳动组合组织",建立手工业仓库,成立技术质
询处,开办技术学校等等(第9页)。这些议论在该书中一再重复。

"需要改组手工业经济,使手工业者手头有钱,简单些说,就是要使手工业者从盘剥者那里解脱出来。"(第119页)"现代的任务"就是要"用信贷"来实现"手工业的解放"等等。(第267页)"必须使交换过程合理化",设法"在农民的农业经济中实行合理的信贷、交换和生产的原则"(第362页),必须建立"劳动的经济组织"(原文如此!!第363页),"必须使国民经济有一个合理的经济结构"如此等等。你们知道,这就是调查材料中大家所熟悉的民粹派的万应灵药。好像是为了彻底证实自己对民粹主义的信仰,作者们从不放过机会斥责整个货币经济,他们教导读者说:手艺"对国民经济有很大的好处,保证国民经济能够避免从自然经济变为货币经济"。"国民经济的迫切利益,是要求出产的原料就地加工,尽可能不让货币参与交换过程。"(第360页)

民粹派的纲领在这里叙述得淋漓尽致,真是再好也不过的了!我们说"民粹派的纲领",是因为我们感兴趣的并不是《概述》的作者同其他民粹派的区别,恰恰相反,是他们的共同点。我们感兴趣的是民粹派关于整个手工业的实际纲领。不难看出,《概述》里最突出的恰好是这个纲领的基本点:(1)斥责货币经济,同情自然经济和原始的手艺;(2)用各种措施支持小农生产,如发放信贷,发展技术等等;(3)在大小业主之间建立各种联合组织和协作社,如原料供应社,仓库协作社,存放款协作社,信贷社,消费社,生产社;(4)"劳动组织"——这是民粹派各种各样美好愿望当中的惯用语。现在我们就来看看这个纲领吧!

首先谈谈对货币经济的斥责,对工业说来,货币经济尚带有十分虚幻的性质。甚至在彼尔姆省,手艺也早已被商品生产排挤到很次要的地位,处境非常可怜,在《概述》里我们就看到作者希望

"手工业者摆脱从属地位",也就是"设法使销售的范围扩大到当地消费需求之外"(第33页),以消除手艺人对订货的消费者的依赖。换言之:在理论上斥责货币经济,而在实践中却竭力把手艺变为商品经济! 这种矛盾决不是《概述》所独有,而是一切民粹派空洞计划的共同特点:不管他们怎样固执地反对商品(货币)经济,但从门口赶出去,又从窗口飞进来的现实和他们所主张的措施,却正好在发展商品经济。信贷就是一个例子。民粹派在自己的计划和愿望中并不排除商品经济本身。例如,《概述》一句话也没有说过,他们提出的改革不应该建立在商品经济的基础上。相反,《概述》只希望建立**交换**的合理原则,**交换**的合作组织。商品经济还是存在,只是应当按照**合理**原则加以改善。这种空想一点也不新鲜,一些最有名的人物在旧的经济著作中已经谈到过了。它在理论上的荒谬,早就暴露出来,所以不必再去谈论这个问题。要是不去妄谈什么必须使经济"合理化",而首先使自己对**现实的**经济的看法,对种类繁多、成分复杂的大批"手工业者"——他们的命运,我国的民粹派竟想如此官僚主义地和轻率地从上面来加以决定——中的现实的社会经济关系的看法"合理化",岂不是更好吗? 根据关于"劳动组织"等等这种似乎是"纯粹"思想的方策而臆造出来的民粹派的实际措施,事实上只是帮助和促进了"善于经营的农夫"、小厂主或包买主,帮助和促进了所有一切小资产阶级分子,实际情况岂不正是这样吗? 这决不是偶然现象,也不是个别措施的不完善或不成功所造成的结果。相反,在商品经济的总的基础上,首先并且最多地利用信贷、仓库、银行、技术指导等等的,必然是而且一定是小资产者。

有人会反驳我们说,假如是这样,假如民粹派在自己的实际措施中,违背自己的意志,不自觉地去为小资产阶级的发展,因而也是为整个资本主义的发展效劳,那么,原则上承认资本主义的发展是一种进步过程的人们,为什么还要抨击民粹派的纲领呢? 由于思想外衣有错误或者——说得温和些——值得争论,就去抨击实际上是有益的纲领,这是否有道理呢? 要知道谁也不会否认技术教育、信贷、生产者的协作社和联合组织的"好处"。

这种反驳意见并不是虚构的。它们常以这种或那种形式、这种或那种理由,来回答我们对民粹派的论战。就假定这些反驳意见是对的,那也丝毫不能驳倒下面这一点:单是给小资产阶级的空洞计划披上极为崇高的、医治社会的万应灵药的外衣,就会给社会带来极大的害处。关于这一点我们不准备在这里谈论。我们想把问题提到现时最迫切最紧急需要的实际基础上来,并且从这个**故意缩小了**的角度来评价民粹派的纲领。

虽然民粹派的许多措施有实际的好处,有助于资本主义的发展,但是总起来说,这些措施是:(1)极其不彻底的;(2)学究式的和毫无生命力的;(3)同正在发展的资本主义向我国工业提出的实际任务相比是微不足道的。现在我们来加以说明。第一,我们指出了作为**实践者**的民粹派的不彻底性。除上述那些通常被看成是自由派的经济政策、经常写在西欧资产阶级领导者的旗帜上的措施以外,民粹派还异想天开地打算**阻止**目前经济的发展,**妨碍**资本主义的进步,**援助**在同大生产战斗中已经疲惫不堪的小生产。他们维护那些限制土地转移自由、限制流动自由、保持农民等级制闭塞状态等等的法令和制度。试问,是否有什么合理的根据来**阻止**资本主义和大工业的发展呢? 我们从调查材料中看到:颇负盛名的手工业者的"独立性",丝毫也不能保证他们不从属于商业资本,摆脱最残酷的剥削;**实际上**,大批这种"独立"手工业者的处境往往比手工业者那里的雇佣工人**还要可怜**。他们的收入少得惊人,劳动条件(就环境卫生和工作日之长而言)极其不能令人满意,生产分散,技术原始、落后。试问,是否有什么合理的根据来保持那些巩固"同土地的联系"并**禁止破坏**这一使民粹派感到欣慰的联系的警察法呢?① 1894—1895 年彼尔姆省的"手工业调查"材料清楚地证明,人为地把农民束缚在土地上是十分荒谬的。这只会降低他们的收入,——在"同土地有联系"的情况下,比非耕作者少一半多,降低他们的生活水平,使散居在农村中的生产者更加孤立和分散,使他们在每个包买主和作坊主面前更加软弱无力。农民被束缚在土地上同时也阻碍了农业的发展,但并不能防止农村小资产阶级的出现。民粹派回避这样提问题:是阻止还是不阻止资本主义的发展? 他们宁愿议论"祖国走另外道路的可能性"。但是既然谈到当前的实际措施,那任何活动家都应该立足于**当前的道路**②上。你们尽可设法把祖国"拖到"另外的道路上去! 这种活动不会引起任何批评(除了讥笑的批评)。但是请你们不要替人为地**阻止**目前的发展辩护,不要用"走另外道路"的空话来掩盖消除目前道路上的障碍的问题。

在评价民粹派的实际纲领时,还必须注意另一种情况。我们已经看到,民粹派竭力想把自己的愿望表述得抽象些,把它们说成为一种"纯粹"科学、"纯粹"正义的抽象要求,而不是具有一定利害

---

① 《概述》也满腔热诚地谈到村社的好处和地产"转移自由"的害处,据说这会引起"无产阶级"的出现(第 6 页)。转移自由同村社的对立,清楚地说明了"村社"的最反动和最有害的特点。我们倒很想知道,哪一个资本主义国家有每年挣 33 或 50 卢布而不算**赤贫者**的"无产者"?
② 当前的道路就是资本主义的发展,这一点,据我们所知,就连民粹派自己,无论是尼·—逊先生、瓦·沃·先生或者是尤沙柯夫先生等等,都没有否认过。

关系的现实阶级的现实需要。民粹派把资本主义社会中每个大小业主所迫切需要的信贷，说成是劳动组织系统中的一种要素；把业主的协作社和联合组织描写成是合作思想、"手工业解放"思想等等的萌芽表现，其实谁都知道，所有这些协作社实际上所追求的目的，与这些高论毫无共同之处，只不过同这些小业主的收入量、同巩固他们的地位和增加他们的利润有关。把资产阶级和小资产阶级的普通愿望变成为某种医治社会的万应灵药，只会使这些愿望**软弱无力**，使它们失去生机，不能保证它们是迫切需要的和可能实现的。民粹派力图把每个业主、包买主和商人的迫切问题（信贷、协作社、技术帮助）当做凌驾于某些个别利益之上的共同问题提出来。民粹派认为，这样就能加强它们的意义，增加它们的影响，而事实上却把这类或那类居民**所关心的**活生生的事情，变成了庸俗的愿望、脱离实际的空想和官僚式的"关于利益的议论"。与此直接有关的还有第三种情况。民粹派不懂得，信贷、劳动组合和技术协助等等这些实际措施，反映了正在发展的资本主义的要求，所以他们不会提出这种发展的总的和基本的要求，而代之以细小的、偶然抓住的、不彻底的措施，这些个别措施不能产生任何重大影响，而且必然会遭到失败。假如民粹派能公开和彻底地从一个要求社会按资本主义道路发展的人的观点出发，那么，他们就会看到这一发展的**总的条件和总的要求**，就会看到，有了这些总的条件（其中使我们关心的，主要是工业自由），他们的一切微小计划和措施自然都会实现，就是说，有关人物的活动就能使它们实现，但是，忽视这些总的条件，而只提出一些完全是局部性的实际措施，那只不过是臼中捣水罢了。我们就把工业自由这个问题，作为一个例子来谈谈。一方面，这是工业政策问题中一个极其普遍的基本问题，因而考察这个问题是特别适宜的;另一方面,彼尔姆边疆区的生活特点饶有趣味地证实了这个问题的极端重要性。

大家知道,采矿工业是这个地区经济生活中的主要现象,它使这个地区具有十分独特的特征。无论是这个地区的开发史或目前状况,都同乌拉尔采矿工业的情形和利益相联系。"农民在乌拉尔居住的目的,是想替工厂主做工",——这是一个住在下谢尔金斯克工厂里的人巴布什金的一封信中所说的话,见《手工工业调查委员会的报告》①。这句老实话非常正确地说明了工厂主在这个地区生活中的巨大作用,说明了他们作为地主兼工厂主的意义,说明了他们习惯于完全的和无限制的统治,习惯于垄断者的地位,把自己的工业建筑在自己的所有权上,而不是建筑在资本和竞争上。《法律汇编》第7卷中人所共知的第394条(采矿章程),就反映了乌拉尔采矿工业的垄断原则,——这一条在有关乌拉尔的文献中经常提到。这条1806年颁布的法律规定:第一,在矿业城市中开设任何工厂,均须得到矿业当局的批准;第二,禁止在工厂区开设"任何主要依靠煤和木柴的火力来进行其全部生产的手工工场和工厂"。乌拉尔的矿厂主在1861年特别坚持要把这条法律列为农民解放的条件,而采矿工人规章第11条又重申了这样的禁令②。

---

① 第16编第594—595页。在《手工工业》第1编第140页上引证过。

② 见《手工工业》第1编第18—19页,《概述》第222、223、244页,以及国家产业和农业部出版的《俄国手工工业报告和研究》第3卷中叶古诺夫的文章。该部在刊载叶古诺夫文章的同时在注释中说明:作者的观点"同矿业管理局的观点和材料是根本不符合的"。例如,在克拉斯诺乌菲姆斯克县,根据上述法律关闭了将近400个铁铺。参看《手工工业调查委员会的报告》第16编中 В.Д.别洛夫的《乌拉尔的手工工业同矿业的关系》一文。作者说道,手工业者害怕严厉的法律,就把机器藏起来。有一个手工业者给熔铁炉安上**轮子**,以便藏起来省事!(上引文章,第18页)

手工工业银行董事会1895年的报告也提到:"然而,人们经常抱怨矿业管理局的官员和使用农奴的工厂主,抱怨他们禁止在他们所管辖的地区内**开设**火力作坊,以及对金属加工业生产的种种限制。"(《概述》第223页)这样看来,乌拉尔直到现在还保留着"美好昔日"的稳固传统,并且对农民小工业的态度在这里同保证工厂拥有被束缚在本地的工厂工人的"劳动组织"完全一致。1896年《彼尔姆省新闻》[77]第183号上的一篇通讯十分清楚地描述了这些传统,《概述》引用了这篇通讯,并正确地说它具有"重大的意义"。通讯是这样说的:"农业和国家产业部建议乌拉尔的矿业主们讨论一下矿厂能否采取措施来发展乌拉尔手工业的问题。矿业主报告该部说,在乌拉尔发展手工业对大工业不利,因为甚至在目前,在乌拉尔的手工业还不发达的时候,那里的居民就已经不能供给工厂以必要数量的工人[①];一旦居民能在家里找到收入,那工厂就有完全停工的危险。"(《概述》第244页)这篇通讯引起了《概述》作者们的叫喊:"当然,任何一种工业,无论是**大型、中型或小型的**,其首要条件就是工业自由……   要有工业自由,就应该让**所有工业部门**在法律上一律平等……   乌拉尔的金属手工加工业,应该摆脱工厂规章所造成的一切旨在限制其**自然**发展的**特殊束缚**。"(同上,黑体是我们用的)读了这番捍卫"工业自由"的真挚的和极其公正的议论之后,我们想起了一则关于形而上学者的著名寓言:有一个形而上学者慢腾腾地从坑里爬出来,问道,扔给他的是什么绳

---

① 我们要向读者说明一下:我国采矿工业的统计已多次地肯定了一个事实,就是同所得产品相比乌拉尔的在业工人数,比南方矿区或波兰矿区高得多。低微的工资——这是把工人束缚在土地上的结果——使乌拉尔停留在比南方和波兰低得多的技术水平上。

子，——"一根普通的绳子"①！现在彼尔姆省的民粹派在讲到工业自由、资本主义发展自由、竞争自由时，也轻蔑地问道，什么是工业自由——是普通的资产阶级要求！他们的愿望要高得多；他们希望的，不是竞争自由（多么卑鄙的、狭隘的、资产阶级的愿望！），而是"劳动组织"……　但是这些马尼洛夫式的空想，一旦"面对面地"碰到赤裸裸的平淡无奇的现实，立刻就感到需要这样的**劳动组织**，竟使民粹派忘记了资本主义的"害处"和"危险"，忘记了"祖国走另外道路的可能性"，而呼吁起**工业自由**来了。

再说一遍，我们觉得这样的愿望是非常公正的，并且认为这种观点（不仅《概述》同意，而且几乎所有论述这一问题的作者都是同意的）会给民粹派增光。但是……　——有什么办法呢！在称赞民粹派的时候，不得不马上来一个大写的"但是"，——但是，关于这点我们要作两点重要说明。

第一点。可以深信，我们把"工业自由"同"资本主义自由"看成是一个东西，绝大多数民粹派一定会愤愤地否认这种看法的正确性。他们会说，消灭垄断和农奴制的残余"不过是"要求平等，不过代表"整个"国民经济尤其是农民经济的利益，而根本不代表资本主义的利益。我们知道民粹派是会这样说的。但这是不正确的。自从有人唯心地和抽象地看待"工业自由"，把它看成是基本的和自然的（参看《概述》中用黑体标出的话）"人权"以来，已经有一百多年了。从那时起，"工业自由"的要求及其实现已经历了若干国家，并且，无论在哪里，这个要求都是发展着的资本主义同独占和规章的残余相抵触的反映，无论在哪里它都成了先进资产阶

---

① 见俄国寓言作家伊·伊·赫姆尼采的寓言《形而上学者》。——编者注

级的口号,无论在哪里它总是使资本主义得到完全胜利。从那时起,理论就已完全说明,所谓"工业自由"是"纯粹理性"的要求、是抽象的"平等"要求这种想法是十分幼稚的,它指明,工业自由的问题就是资本主义的问题。实现"工业自由"决不仅仅是"法律上的"改革;这是深刻的经济改革。要求"工业自由",这就表明法律规范(它反映着已经过时的生产关系)与**新的生产关系**常常不相适应,新的生产关系的发展是同旧的规范相违背的,它们从旧的规范中产生,但要求取消旧的规范。乌拉尔的制度现在引起"工业自由"的普遍呼吁,这就是说,那些为了地主兼工厂主的利益而继承下来的规章、独占和特权限制了**目前的经济关系**和**目前的**经济力量。这究竟是些什么样的关系和力量呢? 这就是**商品经济的关系**。这就是领导商品经济的**资本**的力量。只要回顾一下上引彼尔姆省民粹派的"供认"就明白了:"我国全部手工工业都受着私人资本的束缚。"其实就是没有这个供认,手工业调查材料本身也已经十分清楚地说明问题了。

第二点说明。我们欢迎民粹派捍卫工业自由。但是,我们的欢迎要看这种捍卫是否**得到贯彻**。难道"工业自由"就仅仅在于取消乌拉尔对开设火力作坊的禁令吗? 农民无权退出村社,无权从事别种行业或工作,难道不是更严重地限制了"工业自由"吗? 没有流动的自由,法律不承认每个公民有选择在国内任何城市公社或村社居住的权利,难道不限制工业自由吗? 农民村社的等级制闭塞状态,工商界人士不能加入村社,难道不限制工业自由吗? 如此等等。我们所列举的这些对工业自由的限制,要重要得多,普遍得多,广泛得多,它们影响着整个俄国,尤其影响着全体农民群众。如果"大中小"工业应该是平等的,那么后者难道就不应当得到前二者所享有的转让土地的权利吗？如果乌拉尔的采矿法是"限制自然发展的特殊束缚"，那么连环保，禁止转让份地，特殊的等级法令和关于迁徙、转移、行业、职业的规章，难道不是"特殊束缚"吗？难道它们不在"限制自然发展"吗？

原来问题就在于，民粹派在这个问题上也表现出了任何小资产阶级意识形态所特有的不彻底性和两面性。一方面，民粹派并不否认，在我国生活中还存在着大量起源于采邑时代的"劳动组织"的残余，这种劳动组织同现代经济结构，同国家整个经济和文化发展存在着极大的矛盾。另一方面，民粹派不能不看到，这个经济结构和这种发展有毁灭小生产者的危险，所以，为这位维护自己"理想"的保卫者的命运担心的民粹派，就极力设法拖住历史，阻止发展，苦苦哀求"禁止"发展，"不准"发展，并且以"劳动组织"这种不能不令人苦笑的词句，来掩饰这种可怜而又反动的哀告。

当然，读者们现在已经很清楚，我们对民粹派在现代工业问题上的**实际**纲领所提出的主要而基本的反驳是什么。由于民粹派的措施是亚当·斯密时代就称之为**工业自由**（广义的）的那种改革的一部分或者同它相一致，就这一点来说，它们是进步的。但是，第一，其中应该没有任何"民粹派的"东西，没有任何专门维护小生产和祖国的"特殊道路"的东西。第二，由于民粹派提出局部性的和细小的计划和措施来代替工业自由这个总的和基本的问题，所以民粹派纲领中的这个积极部分也就被削弱、被歪曲了。由于民粹派的愿望和工业自由背道而驰，竭力阻止现代的发展，就这一点来说，它们是反动的、荒谬的，而它们的实现，除了危害之外是什么也不会带来的。举几个例子来说。先谈信贷。信贷是最发达的商品流通、最发达的国内周转所具有的一种制度。实现"工业自由"必然会建立起作为商业业务的信贷制度,消除农民的等级制闭塞状态,使他们接近那些利用信贷最多的阶级,使有关人物独立组织信贷社等等。反之,如果法律和制度使农民处于**排除**正常的和发达的商品流通的境地,即**工役制**比财产保证(信贷的基础)更方便,更容易实行,更行得通,更适用……　那么地方自治人士和其他"知识分子"贡献给"农夫"的信贷措施能有什么意义! 在这种条件下,信贷措施就往往成为一种从别处移植到完全不适宜的土壤上来的异地植物,成为一种只有空想的马尼洛夫式的知识分子和好心肠的官员们才会制订出来的根本不能实现的计划,而这个计划不论现在或将来都会遭到真正**运用货币资本的商人**的讥笑。为了言之有据,我们引用一下叶古诺夫的意见(上引文章),这个人谁也不会怀疑他是主张……　"唯物主义"的。关于手工业仓库他说:"即使在当地最好的条件下,一个不能活动的、而又是全县唯一的仓库,决不会代替而且也不能代替永远活动的和关心个人利益的商人。"关于彼尔姆省的手工业银行,我们读到这样的话:手工业者要得到贷款,就得向银行或银行代办员递交申请书并找到保人。然后代办员来审查手工业者的申请,收集关于生产的详细资料等等,"所有这一大堆文件,都得由手工业者出钱寄到银行董事会去"。银行批准贷款后,就把借款书寄来(通过代办员或乡公所)。债务人在借款书上签了字(经乡长签字证明)寄到银行去以后,银行才把钱给他寄来。假如劳动组合要贷款的话,那还要一份合作契约的副本。代办员必须进行监督,使贷款正好用在贷款规定的用途上,使贷款户的生意不致垮台等等。"显然,决不能认为银行信贷是手工业者所能接受的;可以肯定地说,手工业者宁愿去找当地的财主借钱,也不愿去找上述种种麻烦,付邮费、公证人费和乡公所方面的费用,从要求贷款到收到贷款要等上好几个月,而且在整个贷款期内一直处于被监视状态。"(上引文章,第 170 页)。民粹派反资本主义信贷的见解非常荒谬,而他们企图用"知识分子"和官员的力量(用不适当的手段)去做到处都是商人所真正要做的事情,也同样荒唐、笨拙和收效不大。其次谈技术教育。似乎这点可以不谈了……　只要把我国有名的进步作家尤沙柯夫先生值得"永远纪念"的计划提一下就可以了,这个计划就是要在俄国开办农业中学,让贫穷的男女农民当伙夫和洗衣妇来**偿付**自己的学费①……再谈劳动组合。但是,谁不知道,推广劳动组合的主要障碍就是乌拉尔采矿法中所反映的那种"劳动组织"的传统呢?谁不知道,充分实现工业自由,就会使各种协作社和联合组织到处都空前繁荣和发展起来呢?看起来非常可笑,民粹派常常企图把自己的论敌说成是一切劳动组合和协作社等等的反对者。这真是颠倒是非!问题只在于,在寻求协作社制思想及其实现的手段时,不应当向后看,只看过去,只看造成生产者极端孤立、分散和落后的宗法式手艺和小生产,而应当向前看,看将来,看资本主义大工业的发展。

我们很清楚,民粹派多么鄙视这样一个与他们自己的纲领相对立的工业政策纲领。"工业自由"!多么陈腐、狭隘、曼彻斯特派的②资产阶级愿望!民粹派深信,对他们来说,这是一种过了时的观点,他们能够超越作为这种愿望的基础的那些暂时的和片面的利益,他们能够上升到更深刻和更纯洁的关于"劳动组织"的思

---

① 见下一篇文章。(见本卷第 452—481 页。——编者注)

② 大概有人会认为,"工业自由"是排斥诸如工厂法之类的措施的。其实,"工业自由"意味着消除**旧时遗留下来的**阻挠资本主义发展的障碍。而工厂立法正如现今所谓的社会政策的其他措施一样,是以资本主义的深刻发展**为前提的**,并且它本身也**推进**资本主义的发展。

想……　其实,他们不过是从进步的资产阶级意识形态**堕落到**反动的小资产阶级意识形态,无可奈何地摇摆于加速或阻止现代经济发展这两种愿望之间,摇摆于小业主的利益和劳动的利益之间。而后一种利益,在这个问题上是同大工业资本的利益相一致的。

载于 1898 年圣彼得堡出版的
弗拉基米尔·伊林《经济评论集》

译自《列宁全集》俄文第 5 版
第 2 卷第 317—424 页

新 工 厂 法[78]

（1897年夏）

一

什么东西促成了新工厂法的颁布？

1897年6月2日颁布了缩短工厂工作日和规定节日休假的新工厂法。彼得堡的工人对这一法律已经盼望多时了，被1896年春季工人大罢工吓坏了的政府早在1896年就答应要颁布这样一个法律。紧接着那次棉纺织厂的工人大罢工，又爆发了许多次罢工，各地工人都纷纷要求缩短工作日。政府用野蛮的迫害手段对付罢工，逮捕大批工人，并且不经审讯就流放他们；政府被吓坏了，想用蠢得有趣的话来感化工人，说什么工厂主对工人怀有基督的博爱（1895—1896年大臣维特给工厂视察员的通令①）。但是工人对这些蠢话只是置之一笑，而且无论什么样的迫害都不能阻止这种已经把几万和几十万工人卷进去的罢工运动。政府这才明白，必须让步，至少也要答应工人的部分要求。于是政府除了对罢工者进行残酷的迫害和说些伪善的谎话以外，还向彼得堡的工人许下诺言，答应颁布缩短工作日的法律。这个诺言是在

---

① 见本卷第95页。——编者注

一张特别的布告[79]中空前隆重地向工人宣布的,布告张贴在工
厂中,由财政大臣签署。工人焦急地等着履行诺言,等着颁布法
律,一直等到 1897 年 4 月 19 日,这时他们已经认为,政府的这
个诺言又和它的许多声明一样,也是个弥天大谎。但是这一次
政府却履行了诺言,颁布了法律。可是我们将在下面看到,这是
一个**怎样**的法律。现在我们应该来研究一下迫使政府履行诺言
的那些情况。

我们的政府研究缩短工作日的问题,不是从 1896 年才开始
的,那要早得多。问题在 15 年前就提出来了:早在 1883 年,彼得
堡的厂主就曾经申请颁布这样的法律。其他的厂主(即波兰的厂
主)也申请过几次。但是所有这些申请也和大批改善工人处境的
其他法律草案一样,都被束之高阁。俄国政府并不忙于研究这些
草案,这些草案一搁就是几十年。事情如果牵涉到要赏赐几百万
卢布给那些"申请"得到老百姓金钱救济的俄国善良的地主老爷
们,或者要规定津贴或奖金给那些"受难的"厂主先生们,那么俄国
政府就会忙起来,官员和各部办公室的轮子就会像"涂上了"一种
特殊的"油"似的飞快转动起来。至于有关工人的事,那么不仅法
律草案一搁就是几年、几十年(例如,关于企业主责任的草案似乎
已经拖了十几年了,现在仍然在"拟制中"),就是已经颁布的法律
也不实行,因为帝国政府的官员们不好意思为难厂主先生(例如,
1886 年规定由厂主办医院的法律,到现在绝大多数工厂还没有实
行)。试问,这个早已提出的问题这一次为什么一下子就有了进展
呢? 为什么一下子就解决了,而且优先在内阁和国务会议中通过
了呢? 为什么一下子就具有了法律草案的形式而且接着又成了法
律呢? 显然有一种力量推动了官员,震动了他们,克服了他们不肯

НОВЫЙ
Фабричный Законъ

ИЗДАНІЕ РОССІЙСКОЙ СОЦІАЛЬДЕМОКРАТИЧЕСКОЙ РАБОЧЕЙ ПАРТІИ.

ЖЕНЕВА
Типографія „Союза Русскихъ Соціальдемократовъ"
1899

1899 年列宁《新工厂法》小册子封面

以新要求来"纠缠"本国厂主的顽强愿望。这个力量就是彼得堡的工人和他们在 1895—1896 年举行的大罢工;在罢工期间,由于社会民主党人(通过"斗争协会")对工人的帮助,还向政府提出了明确的要求,并在工人中散发了社会主义的宣言和传单。政府明白了,任何的警察迫害都不能压服工人群众,因为他们已经认识到自己的利益,因为他们已经联合起来进行斗争,并且还有了维护工人事业的社会民主党的领导。政府被迫让步了。和 11 年前即 1886年 6 月 3 日颁布的关于厂规、罚款、工资标准等等的法令完全一样,新工厂法是工人**迫使**政府颁布的,是工人从他们最凶恶的敌人那里**夺取**来的。那时的工人斗争在莫斯科和弗拉基米尔两省表现得最激烈。这种斗争也表现为多次罢工,当时工人也向政府提出直截了当的明确要求。在有名的莫罗佐夫工厂罢工期间,一群工人还向工厂视察员提出了一些工人自己拟订的条件。这些条件中提到工人要求减少罚款。此后不久颁布的 1886 年 6 月 3 日的法令,就是直接**答复**工人的这些要求的,这个法令里包括了罚款条例①。

现在也是这样。工人在 1896 年提出了缩短工作日的要求,并且以大罢工来支持自己的要求。现在政府**答复了**这个要求,颁布了关于缩短工作日的法令。过去,在 1886 年,政府在工潮的压力下向工人作了让步,但是竭力把让步缩小到最低限度,竭力给厂主留下后路,拖延新条例的执行,一有机会就赖掉工人的某些要求。现在,在 1897 年,政府也同样只是向工潮的压力让步,同样千方百计地减少对工人的让步,拼命**压低价钱**,多骗取工人一两个钟头,甚至延长厂主提出的工作日,拼命替厂主多取消几个节日,不把它

---

① 关于这一点,可参看小册子《对工厂工人罚款法的解释》(见本卷第 25—64页。——编者注)。

们列入必须休息的假日之内,拼命拖延新制度的实行,把主要的条例留待日后由大臣处理。可见,1886年6月3日的法令和1897年6月2日的法令,俄国的这两个主要工厂法,都是俄国工人从警察政府那里夺得的被迫的让步。这两个法令都表明,俄国政府是**如何**对待工人的最正当要求的。

二

什么应该算做工作时间?

现在我们来详细研究一下1897年6月2日的法令①。我们已经说过,新法令,第一,限制了所有工人的工作日;第二,规定了星期日和节日必须休息。在制定有关工作时间数字的条款以前,法令应该确定,究竟应该怎样理解工作时间。因此新法令规定了这样一条:"按照雇佣合同工人必须留在厂内并在工厂经理支配下进行工作之时间,均算做每一工人一昼夜之工作时间或工作时数。"总之,工人根据作息时间表或经理要求而留在厂内的全部时间都应该算做工作时间。

在这段时间内,不论工人是做本职工作还是做日常工作,不论经理让他做别的工作还是让他闲着**等待**,反正都是一样,工人在工厂中度过的全部时间都应该算做工作时间。例如,有些工厂的工人在星期六下工后要擦机器;按照法律,擦机器也应该算做**工作时间的一部分**。因此,如果厂主不付给工人擦机器的工钱,那就是厂

---

① 这个法令于1898年11月开始实行。

主**白白利用雇工的工作时间**。如果厂主按计件工资雇用工人,又让他们闲着等待,或者要他们搁下工作去做一些不另付工资的其他事情(任何工人都知道这是常有的事情),这就是厂主**白白利用雇工的工作时间**。工人应该记住新法令中关于工作时间的这个规定,并据以抵制厂主白白使用劳动力的任何企图。当然,这种工作时间的规定自然应当来自雇佣合同,所以有些工人会觉得,这是清楚得不用再谈的事情。但是政府为了讨好资本家,故意把每一个工人认为不言自明的许多事情弄得模糊起来。在这一件事情上政府也是竭力给厂主先生留下一条小小的后路。法令中说,工人**按照雇佣合同必须**留在工厂内的时间算做工作时间。如果雇佣合同根本没有提到工人每天必须留在工厂中几小时,那又该怎么办呢?例如在使用机器的工厂中就常有这样的事情,工人和厂主之间的合同只提到工人生产某种东西(某种机器零件、一定数量的螺丝钉或螺丝帽等)得若干工资,而工人应该用在工作上的时间却**一个字也没有提到**。在这种情况下,关于每昼夜工作时数的新法令是否适用呢?照常识来判断,当然是适用的,工人的确是在工厂里做工,怎么能不算工作时间呢?但是资本家先生和为他们撑腰的政府的"常识"极为特殊。根据我们所引证的条文字句,要使缩短工作时间的法令不适用于这种情况,也不是难以办到的。厂主只要借口说,按照合同,他并没有要工人**必须**留在工厂里,这就行了。然而并不是每一个厂主都是老练的讼棍,能够看出这个诡计,所以财政部的官员连忙预先向全俄国的商界人士指出新法令中这个对他们有好处的小小漏洞。财政部早就出版的一种专业报纸《财政与工商业通报》[80],也是这样的一种官方报纸,它们除了公布政府的命令以外,就是竭力赞美俄国资本家的成就,并颂扬政府对银行家、厂主、商人、地主的钱袋的关怀,而美其名曰关怀人民。新法令颁布后,该报马上登载了一篇有关新法令的文章(1897年《财政通报》第 26 号),文中详细地说明了新法令的意义,并且证明,关心工人的健康正是政府的职责。也就是在这篇文章中,官员们竭力向厂主指出规避新法令的门道。这篇文章直截了当地说,如果合同中根本没有谈到工作时间,那么新法令是不适用的,因为承包一定工作的工人,**"已不是雇佣工人,而是接受订货者。"**这就是说,厂主要摆脱讨厌的法令并不太难,只要不称工人为工人,而称之为"接受订货者"就行了! 不说**工人留在工厂内**受厂主支配的时间算做工作时间,而说工人**按照合同必须**留在厂内的时间算做工作时间,可见法令是**故意**含糊其词。看起来好像都是一样,其实在这里也是毫无顾忌地有意使用含混不清的词句来损害工人!

三

新法令把工作时间缩短了多少?

1897 年 6 月 2 日的法令,限定日班每昼夜的工作时间为 11 个半小时,星期六和节日前夕每昼夜为 10 小时。可见新法令对工作日的缩短是微不足道的。对于一些工人,这个法令**一点**也没有**缩短**工作时间,相反地甚至有延长工作时间的危险。这样的工人并不少,在彼得堡也许还占大多数。圣彼得堡各工厂的工作时间一般是 10—10 个半小时。法令规定的这种过长的工作日很清楚地表明,这个法令是答复彼得堡各个棉纺织厂工人的要求的。**对于这些**工人,新法令也许缩短了工作日,因为他们大多数每天要工作12—14小时(我们将在下面解释为什么我们在这里说"也许")。法律对手工业者和陆军部所辖各工厂规定了十小时工作制。然而政府决定,还可以强迫工厂工人多干一些!甚至彼得堡的厂主都曾请求政府把工作日缩短到11小时!政府却决定再加上半小时,以讨好莫斯科的厂主,这些厂主强迫工人分两班干整整一昼夜的活,看来工人给他们的教训还不够。夸耀自己关心工人的俄国政府,事实上却像小商人一样地吝啬。它比那些从增加的半小时工作中可以从工人身上多榨取几千卢布的厂主本人还要吝啬。工人从这一个例子可以清楚地看出,政府不只是保护厂主的利益,而且是保护**最坏的**厂主的利益;它是工人的敌人,是比资本家阶级还要凶恶得多的敌人。如果**政府不出面干预**,彼得堡的工人本来可以替自己和全体俄国工人争取到**更短的工作日**。联合起来的工人曾迫使厂主让步;彼得堡的厂主已经准备满足工人的要求;但是政府不准厂主让步,不给工人开这样一个先例。后来彼得堡的大多数厂主都深信必须向工人让步,请求政府把工作日缩短到11小时。然而政府不仅要保护彼得堡厂主的利益,而且还要保护全俄国厂主的利益;因为在神圣的俄罗斯有不少厂主比彼得堡的厂主吝啬得多,所以政府为了表示"公正",就不能允许彼得堡的厂主对自己的工人掠夺得**太少**:彼得堡的厂主不应该比俄国其他厂主跑得太远;于是,政府把资本家请求的那个工作日延长了半小时。很明显,工人从政府的这种行动上可以吸取三个教训:

第一个教训:先进的俄国工人应该尽一切力量把比较落后的工人吸引到运动中来。如果不吸引俄国全体工人群众来为工人的事业奋斗,先进的首都工人即使能迫使**自己的**厂主让步,也是得不到多少东西的,因为政府高度的"公正"不允许比较好的厂主向工人作重大的让步。第二个教训:俄国政府是俄国工人的敌人,是比俄国厂主还要凶恶得多的敌人,因为政府不仅保护厂主的利益,不仅因此而残酷地迫害工人,逮捕、流放、用军队袭击赤手空拳的工人,而且它还保护**最吝啬的**厂主的利益,阻止比较好的厂主向工人让步。第三个教训:为了替自己争取到**人的**工作条件,争取到目前全世界工人都渴望的八小时工作制,俄国工人应该只依靠自己团结的力量,并且不断地从政府那里争得一个又一个的让步。政府似乎在和工人讲价钱,看看是不是可以再增加半小时;但是工人会向它表明,他们是能够坚持自己的要求的。政府仿佛是在考验工人的耐性,看看可不可以用微小的让步敷衍过去;但是工人会向它表明,他们有足够的耐性进行最顽强的斗争,因为,对于他们来说,这是争生存的斗争,是反对极端侮辱工人、压迫工人的斗争。

四

法令认为什么是工人的“夜班”?

新法令声称:“开工一班者,晚9时至晨5时算做夜班,开工两班或两班以上者,晚10时至晨4时算做夜班。”终生为他人工作的粗鄙小民的“夜”和可以靠别人劳动过活的纯洁老爷的“夜”,在“法律”上是截然不同的东西。在圣彼得堡也罢,在莫斯科也罢,有大半年在早晨4点钟的时候还是一片漆黑,还完全是黑夜。但是俄国的法律规定,工人应该时时刻刻适应资本家的利益;工人必须相信,白天**一定**在4点多钟开始,虽然离开日出还有好几个小时。工人要是不住在厂里,就不得不在3点钟起床,也许还得早一些,才能在 4 点钟以前赶到工厂！对彼得堡的官老爷们来说，"白天"是从正午 12 点，甚至是 1 点开始的，不过官老爷本来就是极特殊的人物……对工人来说，"白天"直到晚上 10 点钟才结束，工人从工厂走到漆黑的街上，他不应当对这种黑暗惶惑不安，他应当记得并且相信，"白天"刚刚结束，因为法律是这样规定的。为什么法律不规定，工人的"白天"是在工厂汽笛叫他上工的时候开始，而在汽笛叫另外一班来上工的时候结束，这样岂不更坦白、更公正些！瑞士已经有了规定什么是工人夜班的法律，但是瑞士人哪能想出俄国警官的种种诡计，这些可怕的瑞士人给工人规定的"夜"和其他人的夜是一样的，都是从晚上 8 点起至早晨 5 点（或 6 点）止。在新法令中对"夜班"的唯一限制是：工人只要做了一部分夜班，一昼夜的工作就不得超过 10 小时。如此而已。法令中并没有禁止夜班。在这一方面法令也落后于彼得堡厂主的**申请**，这些厂主早在 14 年前（1883 年）就已经申请禁止成年工人做夜班了。**如果不是政府干预**，彼得堡的工人在这方面本来也会从厂主那里争得更多的东西，但是政府要维护俄国最落后的厂主的利益。政府没有听彼得堡厂主的话，因为它不愿意得罪大部分都强迫工人做夜班的莫斯科厂主。政府照例用虚伪的言词和空洞的保证来竭力掩盖自己效忠于**最坏**厂主的利益这种行为。财政部出版的《财政通报》在一篇解释新法令的文章中指出，在别的国家（例如法国）是禁止夜班的。但是我国的法律，该报说，是不能如此规定的。"限制工厂昼夜开工不尽可能，有许多生产部门因其本身的特点而要求不间断地开工。"

显然，这是毫无根据的遁辞。因为我们所谈的并不是那些需要不间断地开工的特殊生产部门，而是所有一切生产部门。就是按照现行法令的规定,如果实行两班制而不加班的话,不间断地生产也是不可能的,因为规定的日班是 11 个半小时,夜班是 10 个小时,加在一起是 21 个半小时。所以,关于需要不间断地开工的生产部门,新法令也还是规定了例外(即由大臣们颁布特殊的条例,这在下面我们还要谈到)。就是说,决不是"不可能"禁止夜班。我们已经说过,政府总想摆出一付关心工人健康的样子。请看财政部是怎样谈夜班的:"毋庸争论,夜班较之借日光工作,更令人疲劳,对健康更有害,而且确实不大合乎自然;这种工作时间愈长,愈带经常性,为害也愈大。那么,鉴于夜班的害处,似乎最好连成年工人也禁止做夜班(就像绝对禁止童工做夜班并在某些生产部门中禁止女工和男女未成年工做夜班一样),但是,即使从工人的一般福利方面来看,这也是没有任何根据的;适度的夜间劳动,对工人来说,比时间过长而报酬相同的日班害处要少。"俄国政府的官员是多么善于转移人民的视线啊!连保护最坏的厂主的利益,也说成是关怀"工人的福利"了。财政部想出来的辩护词是多么无耻,请看吧,"适度的夜间劳动""比时间过长而报酬相同的日班害处要少"。财政部是想说,低额的工资迫使工人去做夜班,在这种工资很低的情况下,**工人**不做时间过长的工作就不行。财政部深信这种情况是永远不变的,工人不会争取到更好的报酬,所以厚颜无耻地宣称:既然工人必须做极长时间的工作才能养活一家人,那么白天多做几小时工或者夜里多做几小时工,对他不都是一样吗?当然,如果俄国大部分工人的工资今后仍然这样微薄,那么贫困是会迫使他们多做几小时工的。但是,把工人的受压抑处境当做准许做夜班的理由,这要厚颜无耻到什么程度才做得出来啊!在资本家的奴仆看来,实质就在这里:"将来工资还是照旧","而现在的工资报酬工人不多做几小时工作就不行"。这批替谷嗇的厂主编造富农式论据的官员，居然还敢说什么"从工人的一般福利方面来看"。他们希望工人永远像现在这样受压抑，永远同意拿"同样的工资"，拿原来那样微薄的工资，这岂不是枉费心机？低微的工资和漫长的工作日始终是并存的，彼此不能或缺的。只要工资低，工人就不得不多做几小时工作，就要做夜班，挣的钱才能糊口。工作时间过长，工资就总是低的，因为在工作时间很长的情况下工人每小时生产出来的产品要比工作日较短时所生产的少些，而且还坏得多；因为被过度的工作压得喘不过气来的工人，总是受压抑的，无力反对资本的压迫。所以说，如果俄国厂主的财政部打算永远保持俄国工人现在这种极度低微的工资，同时又谈论"工人的福利"，这再明显不过地说明了财政部的口是心非。

五
财政部怎样证明限制加班
对工人是"不公正"的？

我们把新法令叫做关于缩短工作日的法令。上面我们已经说过，新法令把工作日限定为 11 个半小时（夜班是 10 小时）。但是实际情况并不是这样，而是要坏得多。法令所规定的一切限制都只涉及平常的、正常的、规定时间内的工作，和**加班**无关。因此，事实上厂主的"权利"**一点也没有受到限制**，他还是可以强迫工人干时间长得不受限制的工作，即使一昼夜 24 小时也行。请看法令是怎样谈加班的："在按照厂规工人已无需工作之时间内而在工厂中进行之工作即称为加班。实行加班,必须根据工厂经理与工人之特殊协定。生产技术条件所必需的加班的条件,始得列入雇佣合同。"这是新法令中非常重要的一条,整个这一条完全为了反对工人而给厂主以胡作非为的充分自由。以前加班是依惯例处理,法律对加班没有什么规定。现在政府却把这种加班**合法化了**。法律补充的一句,加班要有工人和厂主的"特殊协定",是毫无意义的空话。工人所做的一切工作都是"根据"和厂主的"协定"进行的;工人又不是农奴(虽然很多俄国官员极力想把工人变成农奴),他们是受雇用即按协定做工的。又何必说什么加班要有协定呢? 政府把这句空话放进法律里,是要装出一副姿态,好像政府也想限制加班似的。事实上,这里对加班没有任何限制,以前厂主对工人说:"想干就加班,不想干就滚蛋!"现在还是会这样说。只是从前这么做是根据习惯,而现在却是根据**法律**了。从前厂主不能根据法律来解雇不肯加班的工人,而现在法律公然示意厂主可以怎样压迫工人。这一条法律不但没有限制加班,反而容易引起更广泛地利用加班。法律甚至还给予厂主把加班的要求列入合同的权利,只要这种加班是"生产技术条件所必需的"就行。这个附带条件一点也不会限制厂主。怎样来判别哪些加班是"生产技术条件所必需的",哪些加班不是必需的呢? 由谁来判别呢? 如果厂主说,他派工人加班是"生产技术条件所必需的",那怎样才能驳斥厂主的话呢? 没有人来判别这一点,没有谁审查厂主的话。法律只是**助长**了厂主的胡作非为,因为它暗示给厂主一种**特别可靠的**压迫工人的方法。

　　现在,厂主只要在合同条件内加进工人无权拒绝"生产技术条件所必需的"加班这样一条,就万事大吉! 试试看,工人如不肯加班,就要被赶走。就让(厂主想)工人待在那里去证明这种加班不是"生产技术条件所必需的"吧！以为工人会提出这样的申诉也是可笑的。不用说,这种申诉永远不会有,而且也永远不会有什么结果。这样一来,政府就把厂主在加班上的胡作非为完全合法化了。财政部如何急于巴结厂主,教给厂主用新法令来掩护更广泛地实行加班,这从《财政通报》的下述议论中看得特别明显:"遇到厂主完全不能预料①而又要在某一短时期内完工的紧急订货时,如果厂主不可能或者很难增雇工人,加班也是必需的。"

看吧,厂主的那些坐在财政部里的热心走狗们是多么有成效地"解释"法令！法令中只讲到技术条件所必需的加班,而财政部赶紧承认在有"预料不到的"(?!)订货的时候,甚至在厂主"很难"增雇工人的时候,加班也是"必需的"！这简直是在戏弄工人！要知道,每个狡猾的厂主随时都可以说他有"困难"。增雇工人,就是雇用新工人,就是减少群集在工厂大门口的失业者,也就是缓和工人之间的竞争,使工人变得要求更高,也许要给他较高的工资他才同意受雇。不言而喻,没有一个厂主会不认为这是自己的"困难"。厂主可以如此专横地决定加班,这就使关于缩短工作日的法令失去了任何意义。广大工人的工作时间一点不会减少,他们还是要像从前一样地工作15—18个小时,甚至更多一些,夜里还是要留在厂里加班。缩短工作日而又不禁止(或至少是不限制)加班的法令显然是十分荒谬的,在这个法令的全部初步草案中都曾经提出要限制加班。圣彼得堡的厂主(厂主自己！)早在1883年就申请把

① 陈词滥调！每一年在下诺夫哥罗德的集市期前,俄国工厂——特别是中部地区的工厂——总要接到紧急订货,而每一年厂主们总要郑重其事地对所有那些相信或假装相信他们的傻瓜们说,这是他们不能预料的！……

加班限制为每天 **1** 小时。被 1895—1896 年的彼得堡大罢工吓坏了的政府曾立即任命一个委员会来起草缩短工作日的法令,这个委员会也提议限制加班,即一年的加班时间以 120 小时为限①。政府拒绝了任何限制加班的建议,从而直接保护了最坏厂主的利益,直接用法律确定了工人的完全从属地位,十分明显地表明了它要把一切照旧保留的意图,用毫无意义的空话来敷衍了事。财政部拼命为厂主的利益张罗,甚至去证明,限制加班"对工人自己"也是"不公正的"。每一个工人都想一想这种论调,是有好处的。"剥夺工人在工厂内做超过一昼夜规定时间的工作的权利,实际执行起来是有困难的"(为什么呢? 是因为工厂视察员怕得罪厂主先生们比怕洪水猛兽还厉害,所以太不尽职吗? 是因为俄国工人无权无势,所以一切有利于他们的改革都难于实行吗? 财政部自己不自觉地说出了真话:真的,只要俄国工人以及全体俄国人民在警察政府面前还处于无权地位,只要他们还是没有政治权利,任何改革都不会实现。)……"而且对工人也是不公正的,不能把一个谋取糊口之资而竭尽全力劳动(有时甚至过分到有损健康的程度)的人加以惩办"。请看俄国政府是多么人道,多么博爱啊! 俄国工人们,你们叩头谢恩吧! 政府是多么仁慈,它甚至"不剥夺"你们一昼夜做工 18 小时以至 24 小时的"权利";政府是多么公正,它甚至不肯为了厂主强迫你们过度工作而惩办你们! 在所有其他国家,因为在工厂内做工超过规定时间而受到**惩办**的不是工人,而是厂主……我们的官老爷忘掉了这一点。俄国的官老爷怎么敢**惩办**厂主先生呢! 别这么想! 这怎么可能呢! 我们马上就会看到,厂主

---

① 甚至财政部自己在解释新法令时,也不能不承认:"准许加班似有不妥之处。"(《财政通报》)

先生就是违反了整个新法令也不会受到惩办的。在所有其他国家，为了"谋取糊口之资"，工人有权结社，组织储金会，公开和厂主对抗并向他提出自己的条件和组织罢工。在我国却不行。但是我国的工人却被赋予一昼夜间做工无论"超过"多少小时都可以的"权利"。这些仁慈的官员为什么不添上一条说，公正的政府也"不剥夺"俄国工人不经审讯就坐监牢的"权利"，以及稍有反抗资本家压迫的企图就受任何一个警察局暴徒鞭打的"权利"呢？

六
新工厂法给了大臣们怎样的权利？

我们在前面已经指出，从最主要的几条看来，新法令根本没有订出必需共同遵守的、确切的和不可改变的条文，政府当然愿意给行政机关（即大臣们）更多的权利，让它们能够作出各种各样的决定，给厂主以各种各样的特权，阻挠新法令的实行等等。新法令给予大臣们的权力是极其广泛、极其重大的。大臣们（即财政大臣或者交通大臣等和内务大臣取得协议后）"受权"颁发新法令执行细则。涉及新法令中有关**各个**领域的一切条款的一大批问题，都留待大臣们全权处理。大臣们的权力非常之大，他们实质上是新法令的全权执行者；他们想怎么干就怎么干，可以颁布一些条例使法令真正实行起来，也可以使法令几乎根本不能实行。请看，实际上大臣们究竟可以颁布哪些"发展现行法令"（法令上就是这么说的。我们已经看到，财政部多么机智地"发展"法令。它认为，像这样发展法令，工人必需感谢政府不以工作过度的罪名惩办工人，也不

"剥夺工人"一昼夜甚至做 24 小时的"权利")的条例。我们本来很想把这些条例分门别类地列举出来,但是办不到,因为除了法令规定应由大臣颁布的条例解决的问题以外,法令又给了他们不受任何限制地颁布**其他条例**的权利。大臣有权颁布规定工作时间的条例。这就是说,有了规定工作时间的法令是一回事,将来还会有大臣颁布的规定工作时间的条例。大臣可以颁布换班制度的条例,当然也可以不颁布,以免约束厂主。大臣有权颁布关于班数(即一昼夜可以分几班)、关于休息以及其他等等的条例。**法令**附加了**以及其他等等**这几个字,这就是说,爱颁布什么就颁布什么。大臣们要是不高兴的话,就不会有任何关于工间休息的条例,厂主就将和现在一样地压迫工人,不让工人有空回家吃午饭,不让母亲去给孩子喂奶。大臣们有权颁布关于加班的条例,即关于加班的实行、分配和计算的条例。可见大臣们在这方面是有充分的自由的。他们在下列三种情况下都能够直接**改变**法律的要求,就是说,可以提高也可以**降低**法律的要求(法律蓄意留下的伏笔,正是给大臣以降低新法律对厂主的要求的权利):第一,"由于生产特点(不能中断等等)而认为有必要时"。法令附加的这个"等等",就给了大臣们可以用随便什么"生产特点"为借口的权利。第二,"由于工作特点(照料锅炉和传动装置,日常修理和紧急修理以及其他等等)"。又是一个"以及其他等等"! 第三,"以及其他非常重要的、特殊的情况"。其次,大臣们能够规定哪些生产部门对工人的健康特别有害(他们也可以不规定,因为法令并没有责成他们必须规定,而只是给了他们这种权利……虽然这种权利他们早就有了,只不过是不愿意使用罢了!),并且为这些生产部门颁布特殊的条例。工人们现在应该明白,我们为什么说不可能把大臣们有权解决的问题都一一列举出来,因为法令中到处都是"以及其他等等"和"等等"。
俄国的法律大体上可以分成两类:一类是赋予工人和平民百姓某
种权利的法律,另一类是禁止什么或允许官员去禁止什么的法律。
在前一类法律中,工人的一切最小的权利都**十分明确地列举出来**
(甚至像工人因正当理由不上工的权利),但**稍有**不轨即会受到最
严厉的惩处。在这类法律中,连一个"以及其他等等"或"等等"都
永远碰不到。在第二类法律中,却**永远**只规定一般的禁令,**绝不明
确列举**,这样,行政机关就可以**随意**禁止**一切**了;在这类法律中总
有一些很重要的小小几个字的补充:"以及其他等等","等等"。这
小小几个字清楚地表明,俄国官员有莫大的权力,而老百姓在这些
官员面前却完全没有权利;表明浸透俄罗斯帝国政府一切机关的
讨厌的文牍主义和拖拉作风是荒谬的、野蛮的。凡是可能有一点
好处的法律,总要受到这种文牍主义的拖累,使法律的实行无限期
地拖延下去。此外,法律的实行是由官员们全权决定的,任何人都
知道,这批人甘愿为任何一个大腹贾"效劳",一有可能就危害平民
百姓。要知道只是授权大臣颁布所有这些"发展现行法令"的条
例,就是说,他们可以颁布,也可以不颁布。法律并没有责成他们
去做什么。法律没有规定期限,所以他们可以立即颁布,也可以过
10年再颁布。显然,列举出法律中已经指明的**某些**条例,在这种
情况下是没有任何意义的。这是空话,它们只是用来掩盖政府想
削弱法律在实行时所起的作用的意图。几乎一切涉及工人生活的
法律,都给了我们的大臣们极大的权力。我们也完全懂得政府为
什么这样做:它想尽量讨好厂主先生。厂主左右执行法律的官员,
本来要比左右法律的颁布本身容易得多。谁都知道,我们的资本
家大亨要到大臣先生的客厅中去彼此畅谈是多么方便,他们在宴

会上往返酬酢是多么融洽;他们在奉送帝国政府的贪官污吏几万、几十万卢布的时候又是多么殷勤(可以直接送,也就是行贿;可以间接送,也就是给公司"创办人"一些股票,或者把这些公司里一些荣誉的而又有油水可捞的位置送给他们)。所以,新法令赋予官员执行这一法令的权力越大,它对**官员**、对**厂主**就越有利:官员可以更多地勒索;厂主可以更轻易地得到特权和默许。我们请工人回想一下可以作为例子的两件事,这两件事说明了大臣颁布的"**发展法令**"的条例在实际上起了什么作用。1886年6月3日的法令规定:罚款是工人的钱,应当用于工人的需要。大臣却"发展了"这条法令,结果,例如在圣彼得堡,这条法令整整10年没有实行,而实行以后,厂主又掌握了全权,工人要用自己的钱,倒要向厂主乞讨。还有一个例子,同一法令(1886年6月3日的法令)规定,每月发工资的次数不得少于两次,而大臣却"发展了"这条法令,结果,厂主有权对新到厂工人迟发工资一个半月。因此,每一个工人都很懂得,为什么这一次又授权大臣"发展"法令。厂主也很懂得这一点,而且已经在耍他们的手段了。前面我们已经看到,大臣们已"受权"颁布关于加班的条例。厂主已经开始对政府施加压力,叫它**不要限制**加班。《莫斯科新闻》这家一贯热心维护最坏的厂主的利益、顽固地唆使政府采取最野蛮和最残酷的手段、而在"上流社会"(即在高级官员、大臣等等中间)中很有影响的报纸,已经展开了一个大规模的运动,坚持主张不应当限制加班。厂主有很多对政府施加压力的方法:他们有自己的团体和机关,他们出席许多政府专门委员会以及其他会议(例如工厂管理局等等),他们可以亲自去见大臣,他们可以把自己的希望和要求随意刊印出来,而印刷品在现时是有很大意义的。工人没有**任何**对政府施加压力的合法手段。工人只有一个办法：团结起来，使全体工人都认识到工人自己作为一个阶级的利益，并且用团结一致的力量来反击政府和厂主。现在每一个工人都知道，新法令是否实行完全取决于谁对政府的压力更大：是厂主还是工人。只是用斗争，用自觉的、坚强的斗争，工人才争取到了**颁布**这个法令。他们也只有用斗争才能争取到真正实行这个法令，并且实行得对工人有利。没有团结一致的工人进行顽强的斗争，没有他们给厂主的每一个野心以坚决的回击，新法令还是一纸空文，是一块漂亮而虚伪的招牌，我们的政府正竭力用这样的招牌来粉饰那幢充满了警察暴力而工人则没有权利和受尽压迫的已经完全腐朽的建筑物。

七

我们"信奉基督的"政府
怎样削减工人的节日

新法令中除了关于工作时间的条例以外，还有星期日和节日工厂工人必须休息的条例。在俄国报刊工作者中比比皆是的奴颜婢膝的下流作家，为了这个条例，早已急急忙忙地把我们的政府和它的人道行为捧得比天还高。我们马上就会看到，这个人道的法令实际上是在竭力**削减**工人的节日。但是我们先要研究一下关于星期日和节日休息的一般条例。首先要指出，14年前（即1883年）彼得堡的厂主曾经申请以法律规定星期日和节日休息。这就是说，俄国政府在这件事上也只是竭尽其阻挠和拖延之能事，竭力**抗拒**改革。法令规定，勿需做工的节日必须包括所有的星期日和

14 个节日(关于这些节日,我们在下面还要详细谈到)。对于在节日工作,法令并没有绝对禁止,但是作了如下的限制:第一,必须有厂主和工人们"双方的协议";第二,节日工作必须"在非节日补假";第三,在取得以非节日替换节日的协议后,必须立即通知工厂视察机关。可见,照法令规定,节日工作在任何情况下都不应减少休息日的天数,因为厂主必须拿一个不工作的非节日来替换一个工作的节日。工人应该经常注意这一点,同时也要注意:法令要求进行这样的替换必须有厂主和工人们双方的协议。这就是说,工人随时都可以根据完全合法的理由**拒绝**这样的替换,厂主是**无权**强迫他们的。事实上厂主在这里自然也会用下面这种方法来强迫工人,他会一个一个地问工人是否同意,于是每一个工人都不敢拒绝,怕不同意会被解雇;厂主的这种办法当然是不合法的,因为法令要求的是**工人们的同意**,即全体工人的同意。但是一个工厂的全体工人(他们往往有好几百人,甚至有好几千人,而且分散在许多地方)怎样才能申述自己的共同意见呢? 法令没有指出这一点,因此又给了厂主一个压榨工人的方法。要使这种压榨不能得逞,工人只有一个办法:一碰到这种情况就要求选出工人代表把全体工人的**共同决定**转告厂主。工人可以根据法令提出这种要求,因为法令讲的是全体**工人**的同意,而全体工人是不可能同时和厂主谈的。选举工人代表的办法对工人说来总是很有利的,而且也便于和厂主或工厂当局办理其他一切交涉,因为个别工人很难、往往甚至根本不可能把自己的要求、愿望等等说出来。其次,法令在谈到"非正教"的工人时说,凡是他们的教会不举行宗教仪式的日子"可以"不列为他们的节日。可是要知道,也有一些节日是天主教徒举行宗教仪式而正教徒不举行宗教仪式的。法令对这点一字不提,显而易见,这是想给非正教工人一点压力。对非基督教工人的压迫那就更重了,法令规定"可以"用一星期中的其他日子代替星期日列入节日。只有"可以"两个字! 我们的信奉基督的政府如此野蛮地迫害不信国教的人,很可能在这里也企图用法令上的含糊其词来压迫非基督徒。法令在这里写得非常模糊,对它应当这样理解:每星期中一定要有一天休息,只是可以用别的日子替换星期日。但就是"国"教也只是纵容"老爷们",对工人是不会放过玩弄种种诡计的机会的。我们现在来看看,法令规定一定要列为假日的是**哪些节日**。规定星期日及节日休息,讲得倒是很好;事实上在大多数情况下,工人不论在星期日或节日一向是照例不工作的。法令很可以把**必须放假的**节日规定得比**习惯上放假的**节日少得多。**我们的信奉基督的政府在新法令中正是这样做的。**新法令规定一年中必须放假的节日是 66 天,即 52 个星期日、8 个日期固定的节日(1 月 1 日和 6 日、3 月 25 日、8 月 6 日和 15 日、9 月 8 日、12 月 25 日和 26 日)和 6 个日期不固定的节日(耶稣受难周的星期五和星期六、复活节的星期一和星期二、耶稣升天日和圣灵降临日)。那么,以前我国工厂中每年**习惯上放假的**节日有多少呢? 关于这方面的确切资料,我们手头只有莫斯科省和斯摩棱斯克省的,而且只是若干工厂的。但是各工厂之间,甚至两省之间的差别并不太大,所以完全可以用这些资料来判断新法令的真实意义。在莫斯科省收集了共有 2 万多工人的 47 个大工厂的资料。从这些资料中可以看出,每年习惯上放假的节日,手工工厂是 97 天,使用机器的工厂是 98 天。节日最少的是每年 78 天,这 78 天,所有被调查过的工厂**无一例外**都放假。关于斯摩棱斯克省的资料是有关总共约有 5 000—6 000 工人的 15 个工厂的。每年平均节日数是

86 天,就是说几乎和莫斯科省一样;最低的节日数是 75 天,这样的工厂只有一个。隶属军事部门的各工厂所规定的节日数和俄国工厂中这种**习惯上放假的**每年节日数差不多相等:它们规定一年 88 个节日。经我国法律承认的政府机关的假日差不多也是这些(每年 87 天)。可见工人们每年**习惯上放假的**节日数,一向和其他公民一样。我们那个"信奉基督的政府"为了照顾工人的健康,把这些习惯上的节日取消了¼,整整 22 天,只保留了 66 天必须放假的节日。现在我们把政府在新法令中取消的习惯上放假的节日列举出来。日期固定的节日被取消的有:2 月 2 日的主进堂日;5 月 9 日的圣主教尼阔赖日;6 月 29 日的宗徒致命日;7 月 8 日的喀山圣母显圣日;7 月 20 日的先知伊利亚日;8 月 29 日的授洗的伊望致命日;9 月 14 日的举荣圣架日;10 月 1 日的圣母帡幪日(政府甚至把这个节日也当做多余的无需放假的。可以确信,不会有一个厂主敢在这一天强迫工人做工。政府在这里又在保护最坏的厂主的利益,包庇他们压榨工人);11 月 21 日的圣母进堂日;12 月 6 日的圣主教尼阔赖逝世日。共计取消了 10 个日期固定的节日。①其次,从日期不固定的节日中,取消了小斋占礼七日和大斋后周七占礼日,即取消了两个节日。就是说,在依照惯例工人一向可以得到休息的**最低限度的**节日中一共被取消了 12 个。政府那么喜欢自命为"信奉基督的"政府;大臣和其他官员对工人们讲起话来,往往甜言蜜语地大谈其厂主对工人、政府对工人的"基督的博爱"和"基督式的情感"等等。但是刚刚开始以行动代替空话,所有这些

---

① 我们列举的只是**一切**工厂向来都放假的那些节日。此外还有许多**绝大部分**工厂都放假的节日,例如:查普斯特,小斋周的星期五,复活周的星期四、五、六及许多其他节日。

假仁假义的言词都不知飞到什么鬼地方去了,政府也变成了一心只想从工人身上尽可能多得点东西的小商人。很久很久以前,厂主自己,也就是厂主中比较好一些的人,已经申请以法律规定星期日和节日休息了。政府拖延了 15 年,终于颁布了这样一个法令,规定星期日及节日**必须**放假,但是政府不放过再压榨一下工人的机会,以补偿对工人的这个让步,它把习惯上必须放假的节日取消了¼。所以说,政府的行动正像一个道地的高利贷者:它作了一个让步,就费尽心机用另外一种压榨来补偿这个让步。在颁布了这个法令之后,很可能会发生这样的事情:某些厂主试图**减少**工人的假日,试图迫使工人在一向放假但这个法令并没有规定必须放假的那些节日中工作。要使自己的处境不致恶化,工人在这方面也应当随时准备给任何减少节日的企图以反击。法令指出的只是必须放假的节日;但是工人有权要求在这些节日以外的其他节日也放假。必须争取把所有的节日都列到厂规里去,不要听信口头的允诺。只有把节日列到厂规里去,工人才可以相信在这个节日不会被人逼着做工。也像对节日一样,新法令对半节日也打算保持老样子,甚至在某种程度上比老样子还糟。法令中规定的半节日只有一个,即圣诞节前一天:在这一天,工作应该在中午以前结束。其实大多数工厂一向如此,如果某一个工厂圣诞节前一天没有在中午散工,多半会在另一个大节日前一天放半天假的。总之,大多数工厂一向规定每年有一天放半天假。其次,新法令限定星期六和节日前一天的工作日是 10 小时,即比平常少一个半小时。在这里法令也并没有改善工人的处境,甚至还可能使它恶化了,因为**几乎所有的工厂**每逢星期六一向要比平日收工早些。有一个做调查工作的人收集了有关这个问题的许多资料,他很熟悉工厂生活,他断言:按平均数计算,可以肯定,每逢星期六比规定的时间早下工两小时。这就是说,法令在这里也是那样,一面把**习惯上的休息**变成了**法定的休息**,一面又不放过机会侵占工人的时间来补偿这个让步,哪怕侵占半小时也好。每星期半小时,一年(假定是 46 个工作周)就是 23 小时,也就是给厂主多做了两天工……这对我们可怜的穷厂主真是一份不坏的礼物啊! 可以相信,这批钱包骑士不会不好意思接受这份礼物,并且会尽力用这种方法来补偿新法令使他们蒙受的"牺牲"(这是他们所乐用的说法),因此,工人在这方面也只能指靠自己,指靠自己团结的力量。尽管颁布了新法令,但是工人阶级如果不进行顽强的斗争,他们在这方面也不能指望改善自己的处境。

八
用什么来保证新法令的执行?

究竟用什么来保证法令的执行呢? 第一,对法令的执行加以监督。第二,对不执行法令加以惩罚。我们现在来看一下,关于新工厂法的情形是怎样的。监督法令的执行委托给工厂视察员。1886 年颁布的工厂监督条例到现在为止还远没有在全俄国普遍实行,而只是在几个省份,即工业最发达的省份实行着。随着工人运动和工人罢工的扩大,实行工厂监督的范围也不断扩大了。现在,在颁布关于缩短工作日法令的同时,也颁布了(也在 1897 年 6 月 2 日)在全俄国和全波兰王国推行工厂监督的法律。在全俄国推行工厂监督条例和设立工厂视察员,这当然是前进了一步。工

人将利用这一点,使更多的兄弟了解自己的处境,了解有关工人的
法律,了解政府及其官员怎样对待工人等等。所有的俄国工厂工
人和先进的工人(彼得堡、莫斯科、弗拉基米尔等省的)都遵从同样
的条例,这当然有助于更快地把所有的俄国工人囊括到工人运动
中来。至于由工厂视察员来监督法令的执行,其**效果**如何,我们不
详细研究了。研究这个问题要专门写一本书(因为这个题目太
大),也许我们下一次可以和工人谈谈关于工厂视察机关的事情。
我们只简单地指出,俄国任命的工厂视察员那么少,他们极难得在
工厂中露面。工厂视察员完全听命于财政部,财政部把他们变为
厂主的奴仆,要他们向警察局告发罢工和风潮的情况,要他们追究
离厂工人,甚至在厂主都不加追究的时候,总之,财政部把工厂视
察员变为警察局的小职员,变为工厂里的警官。厂主有许多办法
左右工厂视察员,迫使他们按厂主的意愿办事。而工人没有任何
办法可以左右工厂视察机关,当工人还不能享受自由集会、结社、
刊印自己的书籍、出版自己的报纸的权利时,他们也不可能有这样
的办法。在工人没有这些权利的时候,根本不可能有官员对厂主
的监督,这样的监督永远也不会是认真的和有效的。要使法律付
诸实行,仅仅靠监督是不够的。为此还必须规定,不执行法律要受
严厉的惩罚。否则,工厂视察员指出厂主的越轨行为又有什么用
处呢? 厂主会不管这一套,依然故我。所以在颁布新的法律时,总
要规定不执行法律的人将受到什么惩罚。**但是 1897 年 6 月 2 日
关于缩短工作时间和规定节日休息的新法令并没有规定不执行法
令要受什么惩罚。**工人由此可以看出,政府对待厂主和工人是多
么不同。例如,颁布工人不得提前离厂的法令时,马上就规定了离
厂的惩罚,甚至还规定了像逮捕这样严厉的惩罚。再如法律规定,

工人罢工有被逮捕甚至监禁的危险,而厂主违背条例引起罢工,只不过罚款而已。现在的情况也是如此。法令要求厂主在星期日和节日让工人休息,一昼夜不得要工人工作11个半小时以上,但是没有规定不履行这些要求要受什么惩罚。厂主破坏这一法令要负什么责任呢? 至多是被拉到治安法官那里,课以50卢布以下的罚款,或者由工厂管理局自己决定惩罚,那也只是罚款而已。难道50卢布的罚款就会吓住厂主吗? 他强迫全体工人为他多做一夜或者一个节日的工,所得的利润何止50卢布! 违反法律而交付罚款对厂主更有利。法律没有专门规定厂主不执行法律要受什么惩罚,这是不能容忍的不公平,这直接说明了我们的政府想尽量延缓法律的实行,说明了政府不肯严格要求厂主遵守法律。其他国家在很早以前也有过这个情况,政府颁布了工厂法,但是没有规定不执行法律要受什么惩罚。这样的法律实际上根本没有执行,只是一纸空文。因此其他国家早已把这种制定法律而又不保证其实行的陋习抛弃了。现在俄国政府又重施故伎,希望工人不会发觉。但是这种希望是会落空的。只要工人知道了新法令,他们自己就会严格监督法令的执行,决不允许对它有丝毫违反,法令的要求达不到,就拒绝工作。工人自己的监督要比任何工厂警官的监督更有效些。没有这种监督,法律就不会执行。

九

新法令是否会改善工人的处境?

我们问这样一个问题,初看起来甚至会使人感到奇怪。法令缩短了工作时间并且规定星期日和节日必须休息,怎么会没有改善工人的处境呢?但是前面我们已经详细指出,新法令的条文是多么含糊不清,它一方面制定了改善工人处境的条例,同时又听凭厂主胡作非为,或者把必须放假的节日规定得比习惯放假的节日少得多,这样就往往使这个条例起不了什么作用。

我们试计算一下,如果休息日数不超出法令的规定,也就是说,如果只是在法令规定必须放假的节日才让工人休息,而在其余的习惯上放假的节日厂主可以强迫工人上工,那么实行新法令是否缩短了工作时间。至于厂主是否能够做到这一点,当然还是个问题。这取决于工人的反抗如何。但是厂主会竭力减少节日以补偿缩短的工作日,这是没有疑问的。法令会尽一切力量帮助资本家这种压迫工人的高贵意图,这也是没有疑问的。现在我们来看一下,在这种情况下会产生什么结果。为了比较旧制度和新制度(即 1897 年 6 月 2 日的法令规定的制度)下的工作时间,必须举出**全年的工作时数**,因为只有这样计算,才能既考虑到全部节日,也考虑到节日前一天所减少的工作时间。现在,即在 1897 年 6 月 2 日的法令实行以前,俄国的工厂工人通常每年要工作多少小时呢?自然,这方面十分准确的资料是没有的,因为不可能统计每一个工人的工作时数。应当利用从**几个**工厂中收集来的资料,其他工厂的工作时数想必也和这些经过调查的工厂差不多。我们来看看莫斯科省收集的资料。曾精确计算了 45 个大工厂一年的工作日数。这 45 个工厂一年的工作日共计 12 010 天,平均每一个工厂一年是 267 个工作日①。每

---

① 如果一年的工作日是 267 天,那就是说不工作的节日是 98 天。前面我们已经说过,节日数是 89 天,但我们引以为据的,第一,只是一些使用机器的工厂,第二,并不是所有工厂的节日平均数,而是最常见的节日数。

周的平均工作时数(根据几百个工厂的资料)是 74 小时,即每天
$12\frac{1}{3}$ 小时。就是说,一年共有 $267 \times 12\frac{1}{3} = 3\ 293$ 工时,或以整数
计,算它是 3 300 个工时。在敖德萨市,我们计算了 54 个大工厂
的资料,这些工厂一年的工作日数和工作时数我们是知道的。所
有这些工厂平均每年的工作时数是 3 139 小时,就是说比莫斯科
省少很多。敖德萨的工作日比较短,最普通的是 10 个半小时,而
这 54 个工厂的平均数是 10.7 小时。因此,尽管节日较少,一年的
工作时数也还是比较少的。我们再看,按新法令会有多少工时。
我们先来确定一年的工作日数。要确定这个数目,应该从 365 天
中先减去 66 个节日,再减去圣诞节前一天的半天,再减去节日前
一天工人因提前一个半小时结束工作而得到的空闲时间。节日前
一天的日子共 60 个(不是 66 个,因为约有 6 个节日是和其他节日
相连的)。就是说,节日前一天减少的工作相当于 $60 \times 1\frac{1}{2} = 90$
工时或 8 个工作日。365 天中总共应减去 $74\frac{1}{2}$ 个节日($66 +$
$\frac{1}{2} + 8 = 74\frac{1}{2}$)。我们得到的数目是 $290\frac{1}{2}$ 个工作日,或 $290\frac{1}{2} \times$
$11\frac{1}{2} = 3\ 340$ 工时。由此可见,如果节日数减少到像法令规定的
必须放假的节日数那样,**那么实行新法令对工人的处境非但不会
改善,甚至会更加恶化**,因为整个说来,工人一年中的工作时间还
像从前一样,甚至有了**增加**! 当然,这不过是大致的计算,要十分
精确地计算出这个数目是不可能的。但是这一计算是以十分适用
的资料为依据的,它清楚地向我们表明,政府使用了多么狡猾的手
段来欺压工人,把必须放假的节日数规定得比习惯上放假的节日
数要少。这一计算清楚地表明,如果工人不紧密地互相支援并共
同给厂主以反击,他们的处境就可能因为实行新法令而更加恶化!
同时要注意,这些计算只涉及**日班工作**,即**规定时间内**的工作。而

加班呢? 对于加班法令没有规定任何限制,不知道大臣先生们在
"受权"颁布的那些条例中会不会作出什么限制。这种对加班不加
限制的做法,是使人怀疑新法令是否会改善工人处境的主要原因。
如果缩短了正常的(规定时间之内的)工作日而大多数俄国工人的
工资仍然像现在这样低得不像话,**那么工人迫于贫困就不得不同
意加班,而他的处境也就得不到改善**。工人需要的是,他一昼夜的
工作不超过 8 小时,他可以有时间休息,有时间进修,有时间像一
个人、像一个有家室的人、像一个公民那样享受自己的权利。工人
需要的是,他拿的工资要够糊口,要够过人的生活,他自己也能享
受到改进工作的好处,而不是把全部利润交给他的剥削者。如果
拿同样工资还是要做和以前同样时间的工作,那么把过度的工作
叫做规定时间内的工作或加班对工人来说不都是一样吗? 这样,
关于缩短工作日的法令也就**形同虚设**,成了**一纸空文**了。这样,新
法令就一点也不会触动厂主,一点也不会迫使他们向工人群众让
步。财政部的官员们为了巴结资本家,**已经在明显地暗示这一点**。
就在《财政通报》的那篇文章里,他们安慰厂主先生说:"新法令虽
然限制了订立通常工作雇佣合同的自由,但是并没有排除厂主在
日间和夜晚的任何时候都开工的可能,甚至在需要时"(对啊! 对
啊! 我们的可怜的、受压迫的厂主正是经常感觉到"需要"俄国工
人无代价的劳动!)……"在节日也开工的可能,不过节日开工要和
工人订立特别协定〈加班协定〉"。

　　看吧,大腹贾的奴才们多么卖力啊! 他们说,厂主先生,请你
们不要太担心,你们可以"在日间和夜晚的任何时候都开工",只不
过要把以前称为规定时间内的工作叫做**加班**就是了。**只要改变一
下工作的名称就万事大吉了!**

官员们说出这一番话来,其厚颜无耻是十分令人惊异的。他们事先就确信,对加班是不会有任何限制的(如果要限制加班,那厂主就不可能在日间和夜晚的任何时候都开工了!)。他们事先就确信,他们无耻而露骨地劝告厂主不要客气,工人是不会知道的! 在这一点上财政部的官员们似乎是太出色了! 工人们要是知道官员们同厂主是**怎么谈的**,对厂主劝告了些**什么**,那会得到很大的教益。工人知道了这些,就会懂得,他们的宿敌还像过去一样怀着"**根据法律**"奴役工人的意图,要在新法令的庇护下压迫工人。

十

新法令有什么意义?

我们现在已经熟悉了新法令的一切细节。还要研究的一点是,这一法令对俄国的工人和工人运动有**什么意义**。

新工厂法的意义就在于:一方面,它是政府迫不得已的让步,它是联合起来的觉悟工人从警察政府那里**夺取来的**。这一法令的颁布表明了俄国工人运动的**成就**,表明了工人群众的自觉的和强硬的要求具有多么巨大的力量。任何迫害,不论是大批地逮捕和流放,不论是大规模的政治审判,不论是对工人的陷害,都无济于事。政府把一切手段和全部力量都使出来了。它用它掌握的强大政权的一切严厉手段来对付彼得堡工人。它不作任何审判就用闻所未闻的残暴手段来迫害工人,不顾一切地竭力**摧残**工人的反抗精神和斗争精神,拼命**镇压**正在兴起的反对厂主、反对政府的工人社会主义运动。然而都无济于事，政府不得不相信，无论怎样迫害个别的工人都不能根除**工人运动**，必须采取让步。一向被认为是无所不能的不依赖老百姓的不受限制的政府，必须向数万彼得堡工人提出的要求让步了。我们看到，这些让步是多么微不足道，多么含糊。但这只是第一步。工人运动早已越出圣彼得堡，它在日益广泛地发展着，日益深入地扩展到**全国各地**的产业工人群众中去，当所有这些群众在一个社会主义政党的领导下共同提出自己要求的时候，政府就不能用这种微小的让步来搪塞了！

另一方面，新法令的意义在于：它必不可免地**要进一步推动俄国的工人运动**。我们已经看到，法令如何竭力给厂主到处留下后路，如何竭力把最重要的问题弄得模糊不清。厂主和工人将因这一法令的实行而在各地发生斗争；这一斗争将席卷广大得多的地区，因为法令将推行于全俄国。工人一定能够自觉地、坚定地进行这一斗争，一定能够坚持自己的要求，一定能够避开我们那些警察式的反对罢工的法令给工人布下的陷阱。实行新的工厂制度，改变全俄国绝大多数工厂通行的规定的工作时间，将带来极大的好处：它将使最落后的工人阶层振奋起来，在各地引起大家对有关工厂生活的问题和条例的最密切注意；工人将把它当做最好的、方便的、**合法的**根据来提出自己的**要求**，坚持**自己对法令的理解**，坚持对工人较为有利的**旧的惯例**（例如，坚持习惯上放假的节日，坚持每星期六下工不是提前一个半小时，而是提前两小时或两小时以上），争取在订立有关加班的**新协定**时得到更有利的条件，争取得到**较高的工资**，使工作日的缩短给工人带来真正的好处而无任何损害。

附　　录

一

　　财政部同内务部协商后于 1897 年 9 月 20 日批准的新工厂法（即 1897 年 6 月 2 日的法令）**实施条例**是在 10 月初颁布的，这时论述这一法律的小册子已经写好了。这些条例对于整个法令会有多么巨大的意义，我们以前已经谈过了。这一次财政部在新法令实行以前就急急忙忙地颁布这些条例，是因为条例（我们马上就要谈到）指出了在什么情况下准许违反新法令的要求，即准许厂主在法令规定的时间之外"开工"。要不是厂主迫切需要这些条例的话，工人当然还要等好久才会颁布。紧接在"条例"之后，又以专向工厂视察员**解释**实行法令的方法为借口，公布了关于实行 1897 年 6 月 2 日法令的"致工厂视察机关官员之训令"；这一训令把官员的恣意专断合法化，它的矛头是完全**指向工人**的，而准许厂主用各种方法来规避法令。帝国政府非常喜欢在法律中写上一些冠冕堂皇的词句，然后又准许规避这些法律，用一些**训令**来代替这些法律。把这些条例详细分析一下，我们就可以看出新训令正是这样的。我们还可以看出，这一"训令"大部分是**逐字逐句地抄袭**我们在论述新法令的小册子中一再指出过的《财政通报》上的那篇文章①。例如我们在那本小册子中曾经指出，《财政通报》怎样暗示给厂主一个强词夺理的办法：《财政通报》解释说，如果工人和厂主签订的合同中根本没有提到工作时间，那么新法令是不适用的，因

---

　　① 见本卷第 340 页。——编者注

为据说在这种情况下工人"已不是雇佣工人,而是接受订货者"。"训令"逐字逐句地重复了这一强词夺理的解释。条例共有22条,但是其中很多条是完全重复1897年6月2日的法令的条文。我们可以看出,这些条例只和"属财政部管辖的"那些厂主有关,而和矿山工厂、铁路工厂、官办工厂没有关系。应该把这些条例和法令本身严格地区别开来,因为颁布条例只是**为了发展**法令,颁布条例的大臣可以补充和修改条例,或颁布新条例。这些条例谈到下列5个问题:(1)关于工间休息的问题;(2)关于星期日和节日休息的问题;(3)关于违反新法令的问题;(4)关于分班的问题;(5)关于加班的问题。现在我们按每个问题来详细研究一下这些条例,并指出财政部在自己的训令中是怎样建议运用这些条例的。

二

关于工间休息的问题规定了这样一些条例:第一,工间休息不包括在工作时数内,工间休息时工人可以自由活动,工间休息应该在厂规中写明;第二,只有在一昼夜的工作时间超过10小时的情况下才必须规定工间休息,工间休息不得少于1小时。这一条例丝毫没有改善工人的处境。甚至是相反的。1小时的工间休息太少了,大多数工厂都规定午餐有1个半小时的工间休息,有时早餐还有半小时的工间休息。大臣们死抓住最短的工间休息时间!只有1小时,工人经常连回家吃午饭也来不及。

工人当然不会允许把工间休息规定得这么短,他们将要求工间休息长一些。另一个关于必须规定工间休息的附带条件也有可能使工人受到欺压:根据大臣们颁布的条例,只有工作日超过10小时才**必须**规定工间休息!这就是说,如果工作日是10小时,厂主就有权不给工人工间休息了！这又得工人自己设法，使厂主不能也不敢使用这样的权利。工人可以不同意这些条例（如果这些条例被列入厂规），可以要求更多的工间休息。在大臣们看来，甚至这些压榨还是少了。在这一条的"附注"中又说，"如有重大困难，**准许违反这一要求**"，也就是说，**准许**厂主先生完全不给工人工间休息！大臣们倒是准许了，工人却未必**准许**。此外，如果工间休息的要求被认为对工人是繁重的负担，大臣也**准许违反这一要求**。啊，关怀备至的大臣先生们！中断工作对工人将是"繁重的负担"，我们的大臣们考虑到了。可是要在一小时内吃完午饭对工人是"繁重的负担"，要不休息地接连工作 **10 小时** 对工人更是"繁重的负担"，大臣先生们却不吭一声了！关于工间休息的第三条要求，最多每隔 6 小时要让工人吃一次饭，但是条例并没有要求每隔 6 小时有一次**工间休息**；这样的条文有什么意义呢？没有工间休息，工人怎么好吃饭呢？在这一点上大臣先生们并不感到为难。如果没有工间休息（条例中说的），工人"就应该可以在工作时间吃饭，而且厂规中应该规定吃饭的地点"。整个这一条荒谬透顶，真叫人啼笑皆非！二者必居其一：或者规定的"吃饭地点"**不是工人做工的地方**，那么必然要有**工间休息**；或者规定的吃饭地点就是**工人做工的地方**，那么要求规定地点又有什么意义呢？工人没有权利中断工作，**不中断**工作，他又怎么好吃饭呢？大臣先生们把工人当做机器；机器不是可以一面开动一面加油吗，那么为什么（我们"关怀备至的"大臣，资本的奴仆们这么想）工人就不能一面工作一面填肚子呢？工人只有希望，这种荒谬的条例只在俄国官员的办公室里才能想出来，而实际上是不会实行的。工人将要求**不把"吃饭地点"规定在他们做工的地方**；工人将要求每隔 6 小时有一次**工间休**

息。这些就是关于工间休息的全部条例。大臣们把法令发展到了这样的地步,如果工人自己不捍卫自己,不共同坚持自己的要求,不拒绝大臣们所颁布的条例,那么法令只会恶化工人的处境。

三

关于星期日和节日休息的问题,只规定了这样短短的一条:星期日或节日工人至少应有连续 24 小时的休息时间。这是为了"发展"关于星期日和节日休息的法令所能规定的**最低限度**。不能规定得比这再少了。至于给工人规定得更多一点(例如 36 小时,像其他一些国家规定的那样),那大臣们连想都不曾想过。关于非基督徒的假日问题,条例中一字未提。

四

关于违反法令的问题规定了许多条例,条例很多,而且很详细。我们提醒工人,法令授权大臣在他们颁布的条例中准许违反法令,**提高法令的要求**(即替工人向厂主多要求一些)或**降低法令的要求**(即替工人向厂主少要求一些)。我们且看大臣是怎么做的。第一条。如果"工人所从事的是**不能间断的**工作,即在生产期间停顿必然损坏工具、器材或成品的工作",准许违反法令。在这种情况下厂主先生可以超过法令所规定的时间"开工"。这时,条例只要求:第一,在相连的两昼夜内工人的工作时间不得超过 24 小时(而在班次更动时不得超过 30 小时)。至于为什么说两昼夜 24 小时而不说一昼夜 12 小时,我们在谈到分班问题那一节时就会明白。第二,条例要求,如果是做不能间断的工作,而工作日又超过 8 小时,那么每一个工人每月要有 4 昼夜的休息。这就是说,在**不能间断的**生产部门中，工人的放假日数是**大大减少了**：每月 4 天，一年是 48 天，然而**就是**法令（虽然已经削减了假日）也还在一年中留下了 66 个必须放假的日子。大臣们削减假日，到底有什么合理的根据呢？一点没有；就是每月放 4 天假，**不能间断的工作**还是要打断，也就是说，厂主在放假期间还是得雇用别的工人（如果生产**的确**是不能间断的，即不能**停止生产**）。这就是说，大臣先生们又一次削减工人的假日，**不过是为了少"为难"厂主**，减少他们雇用**别的**工人的次数！还不止此，"训令"甚至还准许工厂视察员批准那些**给工人规定更少的休息时间**的厂规！只不过工厂视察员要把这一点向工商业司报告一下。这个例子再清楚不过地说明，为什么我们的政府喜欢什么也说明不了的法令和详细的条例和训令：要修改令人不快的条例，只要向……受贿的工商业司请求一下就行了！！工厂视察员同样能（按照训令！）准许把训令所附清单中没有指出的工作列为不能间断的工作，也只要向工商业司报告一下就行了……　　在这一条的附注中说，厂规中应**特别注明**哪些是不能间断的工作。"只有在确实必要的时候才容许违反本法令"（大臣颁布的条例这样说）。由谁来监督什么是**确实必要或**不确实必要呢？除了工人就没有别的人。工人应当不允许把关于没有**确实必要**的不能间断的工作的附带条件列入厂规。第二条。如果工人做的是各种生产部门的辅助工作（日常修理，照料锅炉、发动机和传动装置，做取暖、照明、供水、警卫和消防等项工作），也容许违反法令。在这些方面违反法令也要在厂规中加以**特别注明**。关于这类工人的放假日数，**条例中一字不提**。这又得工人自己留心有无放假的问题，就是说，不要同意那些没有给这类工人规定放假日数的厂规。第三条。在下列两种情况下也可以违反关于工作日、关于星期日和节日休息的条例以及厂规。第一，机器、工具等受到意外的损坏以致工厂全部或部分停工。在这种情况下进行必要的**修理**工作，可以不受条例及厂规的限制。第二，"如发生火灾、机器损坏等不能预见之情况，以致企业中某一部分之工作暂时部分停顿或完全停顿，而其他部分又必须全部开工时，该部分之临时工作"可以不受条例及厂规的限制。（在这种情况下，厂主应在当天通知工厂视察员，由工厂视察员**批准**这种工作。）这一条表明，大臣们对厂主"关怀备至"，不让他多花一个钱。工厂的某一部分发生了火灾。工作停顿了。修复以后，厂主想弥补损失的时间。**因此**大臣准许他随便榨取工人的额外劳动，即使强迫工人一昼夜做工18小时也行。但是这和工人又有什么相干呢？厂主多得利润，难道他会分给工人吗？难道这样他就会缩短工作日吗？为什么厂主受到损失工人就应该**延长**工作日呢？这就是：利润自己拿，损失转嫁给工人。如果一定要把已失去的东西捞回，那为什么不雇用别的工人呢？俄国的大臣们对厂主先生的荷包如此"关怀备至"，令人吃惊！第四条。"在其他特别重要的非常情况下"也可以违反新法令。（还有什么情况呢？已经列举了这么多特别重要的非常情况，似乎再没有其他情况了吧？）在这种情况下违反法令，每一次都须经财政大臣和内务大臣个别批准。就是说，厂主请求，大臣批准，这就行了。用不着问工人：怎么能要"大人先生"征求粗鄙小民的意见呢！卑贱的小民的本份是给资本家做工，而不是去议论促使厂主再三请求的是"非常"情况还是最平常的发财欲。这就是大臣颁布的准许违反新法令的条例。我们看到，这些条例都是说怎样和什么时候可以不执行法令，可以降低法令为工人向厂主提出的要求。至于提高法令为工人向厂主提出的要求，大臣们就**只字**

不提了。工人们,你们回想一下,在论述新工厂法的小册子中谈到法令为什么给大臣们这么大的权利时是怎么讲的吧!

五

关于分班问题只规定了短短的一条,如果实行两班制共开工18小时,准许将工作时数**延长**到一昼夜12小时,每个工人的工作时间按两周平均计算不超过一昼夜9小时。因此,这一条又是准许**延长**工作日的。**延长**工作日的条例有那么多,缩短工作日的却一条都没有,而且将来也不会有!按照这一条可以强迫工人整个星期每昼夜工作12小时,而且"训令"又作了补充:工厂视察员还可以准许在其他方面违反法令,只要呈报工商业司司长……　其次,前面提到的规定从事不能间断的工作的工作时间是每**两昼夜24小时**的那一条,也和分班问题有关。训令解释了为什么说两昼夜24小时,而不说一昼夜12小时。这样说是为了不改变某些工厂进行不能间断的工作所采取的很不像话的办法,即实行两**班**制,**每隔8小时**接一班的办法。实行这种分班制,工人第一天工作16小时,第二天工作8小时,永远没有正常的休息,也没有正常的睡眠。很难想象还有比这更不像话的分班办法了;但是大臣们对这些很不像话的事情非但丝毫不加限制,居然还在"训令"中厚颜无耻地说,这样分班在许多场合下对工人更方便些!!请看大臣们是怎样关心**工人的方便**啊!

六

初看起来,条例对加班的问题似乎作了最明确的规定。限制加班不仅在大臣颁布的条例中是最重要的内容,而且在整个新法令中也是最重要的内容。我们在前面已经说过,法令本身在这个问题上说得非常含糊,财政部最初并不打算对加班问题作出任何补充条例。现在大臣们总算是限制了加班,他们规定的限制也和起草新法令的委员会的建议一样,即一年以 120 小时为限。然而财政大臣在"训令"中训示工厂视察员时重复了我们在论新法令的书里从《财政通报》中引证的那些**对付工人**的诡计和狡辩。我们再说一遍,"训令"是从《财政通报》照抄下来的。

第一条涉及新法令的一个规定,即厂主可以把生产技术条件所必需的加班条件列入和工人订立的合同。我们已经说过这个规定很含糊。然而这一条法令却极其重要:如果关于加班的条件列入厂规,那么加班就成了工人**应尽的义务,在这种情况下整个法令也就没有实行**。现在大臣颁布的条例把这句话解释成这样:只有"极偶然的而且是由生产本身的特点所决定的生产过程反常现象"所引起的工作,才能看做"生产技术条件所必需的"工作。这就是说,例如订货增加所引起的反常现象就不在此列(因为订货和生产的特点无关)。火灾、机器损坏等等所引起的反常现象也不在此列,因为这也和生产本身的特点无关。**按照常识**,就应该这样理解条例。但是在这里"训令"又来帮厂主的忙了。在某种场合下可以把加班列入雇佣条件(即列入厂规)并当做工人应尽的义务,这一点被"训令"出色地发展了,以致现在**简直随便什么都可以算做**这种场合了。真的,请工人们回想一下《财政通报》的那篇文章是怎样**发展**法令的,然后再拿"训令"来和它对照一下。"训令"起先说的是"生产技术条件所必需的"工作,以后又偷偷地换了另一种说法:"绝对必需的工作"(原来是这样啊! 那由谁来判断是否必需呢?),再下面训令又举了几个"绝对必需"的小例子,原来下述场合

也在此列：如果厂主"不可能或者很难〈老一套!〉增雇工人"；如果
工作非常紧急（如季节性的工作）；如果印刷厂必须每天印出报纸；
如果有了无法预知的工作等等。总之，要什么就申请什么。坐在
财政部里的资本家的无耻走狗这样**发展了**法令，使得厂主**有权把
随便什么样的加班**要求都列入厂规。**一旦这种要求列入厂规，那
全部新法令也就完蛋了，而一切将依然如故。**工人应当不允许把
这些要求列入厂规，否则他们的处境非但不能改善，甚至还会恶
化。工人从这个例子可以看出，厂主和官员们如何勾结在一起，商
量怎样以合法的根据再来奴役工人。"训令"清楚地表明了这种勾
结，表明了财政部对资本家利益的效忠。

关于加班的第二条，规定每一个工人每年的加班时间不得超
过 120 小时，但是这个数字**不包括**：第一，合同规定的"由于生产技
术条件"而对工人是必须的加班，我们刚才看到，大臣们已经准许
把那些和"生产技术条件"毫无共同之点的**随便什么情况**都算到这
里面来了；第二，不包括因火灾、机器损坏等原因，或弥补某一车间
过去停工所受的损失而进行的加班。

把关于加班的所有这些条例放在一起，就同下面这个有名的
寓言极其相似。狮子和一道打猎的伙伴们"平"分猎物：第一份它
拿了，因为它有权拿；第二份它拿了，因为它是百兽之王；第三份它
拿了，因为它比谁都强大；而第四份谁想伸一伸爪子就别想活
命。[①] 现在我国的厂主在谈到加班问题时也会发表完全相同的论
调。第一，厂主"有权"榨取工人的"生产技术条件所必需的"加班
工作，即随便什么工作，只要这种工作是列在厂规里的。第二，他

---

① 见俄国作家伊·安·克雷洛夫的寓言《狮子打猎》。——编者注

们在"特殊情况"下,即在想把自己的损失转嫁到工人身上去的时候,可以榨取工人的工作。第三,他们一年还可以再榨取工人 120小时,理由是他们富有,工人贫穷。第四,在"非常情况"下他们还可以从大臣那里得到特权。好了,扣除这一切以后,一昼夜 24 小时中余下的时间工人就可以"自由"支配了,他们要牢牢记住,公平的政府决不会"剥夺工人"一昼夜做工 24 小时的"权利"的……

为了**合法**榨取工人的加班工作,规定厂主要把所有这些种类的加班登记在专用的**本子**上。一本登记他们"有权"从工人身上榨取来的;另一本登记在"特殊情况"下榨取来的;第三本登记按"特殊协定"榨取来的(一年不超过 120 小时);第四本登记在"非常情况"下榨取来的。结果不是工人境况得到改善,而是一味的拖延和公文的往返(不受限制的俄国政府的一切改革,其结果总是这样)。工厂警官会常到工厂里来"审查"……这些本子(本子乱得一塌糊涂),而在这种有益的工作之暇,就向工商业司司长报告给厂主的新礼物,向警察司密报工人的罢工。这批手段高明的生意人和组成我国政府的那帮强盗原是一丘之貉!他们现在还会廉价雇用国外的代理人,让这些人在"欧洲"所有的十字街头吹嘘,说我们已经有了多么关心工人的法律。

七

最后,我们对大臣颁布的条例作一个总的考察。试回想一下,新法令授权大臣先生们颁布的是些什么样的条例? 有三类条例:

(1)解释法令的条例;(2)提高或降低新法令对厂主的要求的条例;(3)关于特别有害工人健康的生产部门的条例。大臣们又是怎样利用法令给他们的权利呢?

关于第一类,他们只颁布了几个最必需的、少到不可再少的、非有不可的条例。他们准许了大量的有弹性的加班——一年120小时,同时还通过训令规定了数不胜数的例外,从而使条例失去任何意义。他们竭力减少工人的工间休息,很不像话的分班制度原封未动,甚至比原来还糟。

关于第二类条例,大臣们在降低新法令对厂主的要求方面**竭尽全力**,就是说,**为厂主竭尽全力,为工人丝毫不出力**,条例丝毫没有提高新法令对厂主提出的、有利于工人的要求。

关于第三类条例(即对那些被迫在极有害健康的生产部门中工作的工人有利的条例),大臣们什么都没有做,一个字也没有说。只是在训令中提了一下,工厂视察员可以向工商业司报告关于特别有害健康的生产!工厂视察员以前也随便什么都可以"报告"。只是由于某种无法理解的原因,工厂警官总是"报告"工人罢工的事件和迫害工人的办法,而不报告如何保护在最有害健康的生产部门中工作的工人。

工人自己由此可以知道,他们从警察政府的官员那里能等到些什么。要争得八小时工作制和完全禁止加班,俄国工人还要进行许多顽强的斗争。

1899年在日内瓦印成单行本　　　　　译自《列宁全集》俄文第5版
　　　　　　　　　　　　　　　　　　第2卷第263—314页

论报纸上的一篇短文

（1897年9月）

《俄罗斯新闻》[81]（8月30日）第239号登载了尼·列维茨基先生的一篇短文《谈谈有关人民生活的几个问题》。作者"住在乡间，和人民经常来往"，"早就碰到了"人民生活中的一些问题，采取适当的"办法"来解决这些问题，现在已经是"刻不容缓"和"迫切需要"的了。作者相信，他这篇主题如此重要的"短文"，"一定会在关心人民需要的人们中间得到反应"，他还希望就他提出的问题交换意见。

尼·列维茨基先生这篇短文所使用的"崇高文体"及其丰富的崇高词句已经使人预感到，他谈的是现代生活中一些真正重要、刻不容缓和迫切的问题。实际上，作者的倡议只是又提供了一个（而且是异常突出的一个）民粹派政论家已经使俄国公众见惯不惊的真正马尼洛夫式的空想计划的实例而已。因此我们认为，对尼·列维茨基先生提出的问题提出自己的看法，并不是没有益处的。

尼·列维茨基先生列出的"问题"共有5个（5项），同时，作者不仅对每个"问题"作了"答复"，而且十分明确地提出了相应的"办法"。每一个问题是实行"低利的、可行的"信贷，消除高利贷者、"富农和各式各样的土豪、掠夺者"的任意剥削。办法是"建立比较简单的乡村农民信用互助会",按作者的设想,国家银行储蓄部的存折不发给个人,而是发给专门成立的互助会,由互助会通过一个会计办理交款和接受贷款手续。

可见,作者长期"和人民来往",竟使他在如此陈腐的信贷问题上得出了这样的结论:"建立"新型的信用互助会!显然作者以为我们在制定无穷无尽的"形式"、"样式"、"章程"、"模范章程"、"标准章程"等等上面耗费的笔墨纸张还太少了。我们的这位实践家"住在乡间",却没有发现由于希望以"低利的、可行的信贷"来代替"富农"而产生的任何更加重要的问题。我们当然不准备在这里谈论信贷的意义,我们假定作者的目的是**清楚**的,我们只从纯粹实际的方面来观察一下作者谈得天花乱坠的那些方法。信贷是一种发达的商品流通制度。试问,既然等级法律和等级禁令的无数残余使我国农民的处境**排斥**正常的、自由的、广泛的和发达的商品流通,那么在他们中间建立这样的制度是不是可能呢? 在谈论人民迫切的、刻不容缓的需要时,竟把信贷问题归结为制定新型的"章程",而闭口不谈必须**废除**成堆的"章程",即**废除**那些阻碍农民的正常商品流通、阻碍动产和不动产的自由转移、阻碍农民自由地从一个地方迁到另一个地方、从一个行业转到另一个行业、阻碍其他阶级和等级出身的人自由加入农民村团的"章程",这难道不可笑吗? 通过改进信用互助会"章程"的办法来跟"富农、高利贷者、土豪、掠夺者"进行斗争,有什么能比这种做法更滑稽呢? 我国农村所以能够极其牢固地保存最恶劣的高利贷行为,正是由于农村存在着等级制的闭塞状态,正是由于有成千种羁绊束缚着商品流通的发展。但是我们这位讲求实际的作者却只字不提这些羁绊,反而把制定**新的**章程说成是农村信贷中的迫切问题。在发达的资本主义国家中,农村早已具备了适应商品流通的条件,因而信贷得到了广泛的发展。这些国家取得这样的成就,想必是由于好心肠的官吏们拟定了许多"章程"的缘故吧!

第二个问题是"农民家庭因家长死亡而处于生活无法维持的境地",以及"迫切需要""采取一切可能采取的措施和办法,保护和保存农民中做工的农业人口"。请看,尼·列维茨基先生的"问题"越来越广泛、越来越宏伟了! 如果第一个问题所涉及的是极其普通的资产阶级制度,而且只有加上许多附带条件我们才能承认这个制度有些益处,那么现在在我们面前提出的已经是如此重大的问题,以及"原则上"我们完全承认这个问题是刻不容缓的,并且不能不因为作者**提出**这样的问题而对他表示同情。但是民粹主义者提出的同这个重大问题相适应的"措施"却是很……(怎样说得更婉转些呢?)……不聪明的。请听吧:"……迫切需要组织和实行义务的〈原文如此!〉**群众性的、费用减到最低限度的全体农民互助人寿保险**①(通过村团、互助会、劳动组合等形式)。同时必须弄清(1)私营保险公司、(2)地方自治机关和(3)国家在此项事业中的地位和比重。"

原来是我们这些农夫的头脑太迟钝了! 他们没有想到,家长一死,全家就得去讨饭;打不下粮食,就要饿死,甚至有时打下了粮食,如果找不到"外水"空手而归,还是免不了要去讨饭。这些愚蠢的农夫没有想到,世界上还有一种"人寿保险",并且许多好人早已在享用这种保险,而其他一些好人(保险公司的股东)则从中赚钱。挨饿的"塞索伊卡"没有想到,他只要和也在挨饿的"米加伊"**82**组

_____

① 黑体是原作者用的。

织一个互助人寿保险会（缴纳最低限度的、最低最低限度的费用！），他们家庭的生活在家长死亡后就可以得到保证！幸而替这些头脑迟钝的农夫设想的有我们学识渊博的民粹派知识分子，其中一位代表人物"住在乡间、和人民经常来往"，"早就碰到了"这种宏伟的、异常宏伟的"计划"！

　　第三个问题。"由于这个问题，必须提出和讨论关于设立**全帝国农民人寿保险基金**①的问题，正像现有的全帝国粮食基金和火灾基金一样。"不言而喻，要实行保险，就必须讨论基金问题。但是我们觉得，最可敬的作者在这里有一个重大的疏漏之处。难道关于筹划的机构归哪一部、哪一司管理的问题，就不"必须提出和讨论"了吗？第一，毫无疑问，内务部社会经济司应当管理这个机构；第二，内务部地方局也有密切关系；第三，财政部也应当管理保险事业。因此，筹划单独成立一个像**国家种马场管理总局**那样的"全体农民国家义务互助人寿保险管理总局"，不是更合适些吗？

　　第四个问题。"其次，由于各种劳动组合在俄国极为普遍，并且由于它们对国民经济具有明显的好处和意义，因此迫切需要(4)组织一个单独的、专门的**农业劳动组合和其他劳动组合促进协会**。"各种劳动组合给建立这些劳动组合的那些居民阶级带来好处，这是毫无疑问的。同样毫无疑问的是，不同阶级代表的联合也会给整个国民经济带来很大好处。只是作者对此过于入迷，说"各种劳动组合在俄国极为普遍"，这是不对的。谁都知道，与西欧任何一个国家比较起来，俄国的"各种劳动组合"是**太少了，少得异乎寻常**……　除了空想的马尼洛夫以外，这是"谁都知道"的。例如，

----

　　①　黑体是原作者用的。

《俄罗斯新闻》编辑部也知道这一点,它**在**尼·列维茨基先生这篇文章的**前面**,登载了一篇很有意义很有内容的文章《法国的辛迪加》。尼·列维茨基先生本应从这篇文章中看出"**各种劳动组合**"在资本主义的法国得到了无限广阔的发展(与非资本主义的俄国相比)。我强调"各种"二字,是因为从这篇文章中很容易看出,法国的辛迪加有四种:(1)工人辛迪加(2 163 个,参加者 419 172人);(2)老板辛迪加(1 622 个,参加者 130 752 人);(3)农业辛迪加(1 188 个,398 048 人);(4)混合辛迪加(173 个,31 126 人)。列维茨基先生,请您算一下总数吧! 您会得出通过"各种劳动组合"联合起来的人数有将近 100 万人(979 000)这个数字,现在就请您坦白地说,难道您不为您信口说出"各种〈原文如此!!!〉劳动组合在俄国极为普遍"这句话感到不好意思吗? 难道您没有发觉,同关于"法国辛迪加"的赤裸裸的数字登在一起的您的这篇文章,给人留下了多么滑稽、多么令人啼笑皆非的印象吗? 这些不幸的法国人看来是由于资本主义的脓疮而没有达到"各种劳动组合极为普遍"的程度,他们也许会对关于设立"单独的、专门的协会"……来促进各种劳动组合的建立的建议捧腹大笑吧! 但是不言而喻,这种嘲笑不过是法国人有名的轻率态度的表现,他们不能理解俄国人的持重。这些轻率的法国人在成立"各种劳动组合"以前,不但没有预先成立"劳动组合促进协会",而且(说起来真是可怕!)没有预先制定各种协会的"模范"章程、"标准"章程及其"简化形式"!

第五个问题……(迫切需要)"这个协会出版(或单独出版)一种……**专门研究俄国和外国合作事业的专门刊物**……" 是的,是的,列维茨基先生! 当一个人的胃有了毛病不能照常吃饭的时候,他就只好阅读一些别人怎样吃饭的材料。但是一个人病到了这种程度,医生大概也不会让他阅读有关别人怎样吃饭的材料,因为这种阅读会引起与病人饮食规定不相适应的过度食欲……　医生这样做是完全有理由的。

我们相当详细地叙述了尼·列维茨基先生的短文。读者也许会问:对这样一篇肤浅的报纸短文,是否值得作这样长时间的论述,是否值得作这样长篇的评论? 一个人(总的说来,是一个充满了极其善良愿望的人)偶尔胡诌一通全体农民义务互助人寿保险的谬论,又有什么了不起呢? 在类似问题上我们偶尔也听到过完全相同的意见。但这些意见是毫无根据的。我们"先进的政论家"有时呕吐出这样一些荒唐透顶、只能令人惊讶的"农奴社会主义"式的"计划",难道这真是偶然的吗?《俄国财富》杂志、《俄罗斯新闻》是一些绝对不属于极端民粹派的刊物,它们始终反对民粹派的过激言行,反对民粹派中类似瓦·沃·先生的结论,甚至同意用"伦理社会学学派"之类新标签的外衣来掩盖其民粹主义的破烂衣衫。甚至像这样一些刊物,都定期地、极有系统地向俄国公众时而奉献谢·尤沙柯夫先生的什么"教育的空想",即在贫苦农民必须为补偿自己所受的教育而服工役的农业中学中实行中等义务教育的计划,时而奉献尼·列维茨基先生的全体农民义务互助人寿保险的计划[1],难道这是偶然的吗?

如果把这种现象说成是偶然的,那未免太天真了。每个民粹派分子身上都有马尼洛夫精神。忽视实际的现实情况和实际的经济发展,不愿分析俄国社会各个阶级在其相互关系中的现实利益,

----

① 把民粹派政论界这两位制定空想计划的专家比较一下,那么不能不承认,尼·列维茨基先生要高明一些,因为他的计划比谢·尤沙柯夫先生的计划要**聪明一点**。

习惯于**从上面**来议论和处理祖国的"需要"和"命运",轻视比较发达的资本主义所特有的、发达得多的联合而大肆吹嘘俄国村社和劳动组合中保留着的中世纪联合的些许残余,——所有这些特点,在**每个**民粹派分子身上都可以看得出来,只是程度有所不同而已。因此,当某个不十分聪明、却十分天真的著作家,以一种理应取得较好成效的无畏精神,使这些特点得到充分的合乎逻辑的发展并在某一"计划"的鲜明图画中体现出来时,进行观察常常是颇有裨益的。这类计划总是鲜明的,只要把这些计划给读者**看一下**,就足以**证明**现代小资产阶级民粹主义给我们的社会思想和我们的社会发展带来的危害。这类计划总是有许多滑稽可笑的地方。如果您粗略地看一下,那您除了想发笑而外,多半不会有什么其他的印象。但是您一深入分析,您就会说:"这一切是可笑的,甚至是可悲的!"①

载于 1897 年 10 月《新言论》杂志　　　译自《列宁全集》俄文第 5 版
第 1 期　　　　　　　　　　　　　　　第 2 卷第 425—432 页

---

① 见俄国诗人米·尤·莱蒙托夫的短诗《致亚·奥·斯米尔诺娃》。——编者注

我们拒绝什么遗产？[83]

（1897年底）

在1897年《俄国财富》杂志第10期上，米海洛夫斯基先生在转述明斯基先生对"辩证唯物论者"的批判时写道："他〈明斯基先生〉一定知道，这些人根本不愿意与过去有任何继承性的联系，并且坚决拒绝遗产"（第179页），也就是说，拒绝瓦·罗扎诺夫先生1891年在《莫斯科新闻》上郑重拒绝了的"60—70年代的遗产"（第178页）。

在米海洛夫斯基先生对"俄国学生们"①的这个批评中，有很多谎话。诚然，米海洛夫斯基先生并不是"俄国学生们拒绝遗产"这种谎话的唯一制造者，也不是这种谎话的第一个制造者，——这种谎话很早就由几乎所有的自由主义民粹派刊物代表者攻击"学生们"时反复说过了。我记得，米海洛夫斯基先生在开始与"学生们"激烈作战时还没有想到这种谎话，别人在他以前就捏造出来了。后来他才认为必须附和这种谎话。"学生们"在俄文书刊中把自己的观点发挥得愈彻底，他们对许多理论问题和实践问题讲得愈周详，则在敌对刊物上就会愈少见到有人切实反驳新派别的基本论点。这些基本论点是：俄国资本主义发展是进步的，民粹派把小生产者理想化是荒谬的，必须到俄国社会各个阶级的物质利益

---

① 这是19世纪90年代俄国马克思主义者的代称。——编者注

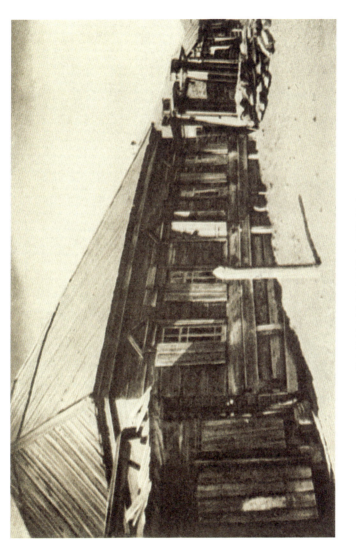

列宁流放舒申斯克村期间所住的房子
最左面的两扇窗子是列宁的房间的窗子

中去寻找对于社会思想流派和法律政治制度的解释。人们不提这些基本论点，无论过去和现在都宁愿不谈这些基本论点，同时却编造出越来越多的谎言来诋毁新派别。在这类谎话——"拙劣的谎话"中，也有这样一种流行说法，说什么"俄国学生们拒绝遗产"，说什么他们同俄国社会中优秀先进部分的优秀传统脱离了关系，说什么他们割断了民主主义的线索，以及诸如此类的胡说八道。由于这类流言蜚语广为传播，我们不得不对它们详加考察并予以驳斥。为了使我们的论述不致使人觉得毫无根据，我们一开始就从历史和著述方面把两个"农村政论家"作一对比，以说明"遗产"问题。我们附带声明一下：我们的论述只限于经济学和政论方面的问题，在全部"遗产"中只考察这些问题，而把哲学、文学、美学等方面的问题撇开不谈。

一

"遗产"代表之一

30 年前，即在 1867 年，《祖国纪事》杂志[84]开始刊载斯卡尔金所写的标题为《在穷乡僻壤和在首都》的一些政论性特写。这些特写在 1867—1869 年这三年当中陆续发表出来。1870 年，作者把这些特写收集起来，以同样的标题出了单行本。① 读一读这本现在几乎完全被人忘却了的书，对于我们要探讨的问题即"遗产"代表同民粹派分子和"俄国学生们"的关系问题，是很有益处的。这

---

① 斯卡尔金《在穷乡僻壤和在首都》1870 年圣彼得堡版（共 451 页）。我们没有能找到这几年的《祖国纪事》杂志，所以只能利用这个单行本[85]。

本书的书名是不确切的。作者自己看到了这一点，所以他在该书的前言中解释说，这本书的主题是"首都"同"乡村"的关系问题，即关于乡村的政论性特写，他没有打算专门谈论首都。这就是说，他也许打算过，不过认为这不方便：像我所能够的那样去做，我不愿意，像我所愿意的那样去做，我又不能够，——斯卡尔金引证一个希腊作家的话来说明这种不方便。

让我们简短地叙述一下斯卡尔金的观点。

我们从农民改革[86]开始谈起，因为直到现在每个愿意叙述自己关于经济学问题和政论问题的一般观点的人，都必定要把这个问题作为起点。在斯卡尔金的书中，农民改革问题占有很大篇幅。斯卡尔金大概是第一个这样的作家，他根据广泛的事实和对整个农村生活的详细考察，系统地表明农民**在**实行改革**后**的穷困状况，他们生活恶化的情形，以及他们在经济、法律和生活方面的新的依赖形式，一句话，表明一切从那时以来为许多研究与记述所十分周密而又详尽地指出和证明过的东西。现在这一切真实情况已不是什么新东西了。但在当时它们不仅是新的，而且还引起自由派一帮人的猜疑，因为他们担心：指出这些所谓"改革的缺点"，是否意味着对改革以及对被掩盖着的农奴制的谴责。斯卡尔金的见解所以更加值得注意，还因为作者是改革时期的人（他也许甚至还参加了改革。我们手头没有任何关于斯卡尔金的历史文献资料和传记材料）。因此，他的见解是根据对当时的"首都"和当时的"乡村"的直接观察，而不是根据书斋里对书本材料的研究。

在斯卡尔金对农民改革的见解中，首先使听惯了民粹派关于这个题目的甜言蜜语的现代读者特别注意的，是作者的头脑非常

清醒。斯卡尔金在观察改革时一点也不欺骗自己,一点也不把改革理想化,他把改革看做是地主和农民双方之间的一种协定,因为在此以前他们是在某种条件下共同享用土地,而现在他们分开了,与此同时双方的法律地位也改变了。决定分开的方式和每方所得土地的数量的因素,是双方的利益。这些利益决定了双方的意愿,而哪一方有可能直接参加改革和实际发挥实现改革的各种问题,也就决定了这一方占有优势。斯卡尔金对改革的了解正是如此。关于改革的主要问题,即关于份地和缴款的问题,斯卡尔金谈得特别详细,他在自己的许多特写中屡次谈到这些问题(斯卡尔金的书包括 11 篇具有独立内容的特写,在形式上很像单篇的农村通信。第一篇特写是 1866 年写的,最后一篇是 1869 年写的)。斯卡尔金的书中关于所谓"少地的"农民的说明,对于现代读者来说当然没有什么新颖的地方,但是在 60 年代末,他的论证则是既新鲜又可贵的。当然,我们不去重述这些论证,我们只指出斯卡尔金在说明现象方面的特点,这个特点使他胜过了民粹派。斯卡尔金不是说"地少",而是说"农民份地被割去的太多"(第 213、214 页及其他许多页;参看第三篇特写的标题),说法令所规定的最大份地要少于实有的份地(第 257 页),并且举出农民对改革的这一方面的非常突出和典型的意见①。斯卡尔金对这一事实的解释和论证是非常详细、有力的,对于一位非常温和、冷静、按其一般观点来看无疑是资产阶级著作家说来甚至是很激烈的。像斯卡尔金这样一个著作

---

① "**他**〈黑体是原作者用的〉这样割去了我们一部分土地,使我们没有这块割地就活不下去;他的田地从四面八方包围住了我们的土地,使我们连牲口都赶不出去;现在你还得为份地特别付钱,也要为割地特别付钱,并且要多少就得付多少。"一个以前缴纳代役租的有经验和识字的农夫对我说:"这算什么改善生活! 加在我们身上的代役租和以前一样,而土地却被割去了一部分。"

家也这样坚决地谈论这个现象,可见这个现象非常刺目。关于缴款太重,斯卡尔金也谈论得非常坚决和详细,并用大量事实来证明自己的论点。我们在第三篇特写(1867年)的副标题下面读到:"过高的赋税是他们〈农民〉穷困的主要原因",而且斯卡尔金指出赋税高于农民种地所得,他引证《税务委员会报告》中关于俄国赋税在上层阶级和下层阶级间的分配材料,原来下层阶级担负了全部赋税的76%,上层阶级只担负了17%,而西欧赋税分配的比例无论在什么地方对于下层阶级都要有利得多。在第七篇特写(1868年)的副标题下我们读到:"过重的货币税是农民贫困的主要原因之一"。作者表明,新的生活条件是如何立刻要求农民出钱、出钱、再出钱,《法令》是如何把废除农奴制需要农民补偿地主这一条规定下来(第252页),代役租的最高数额是如何"根据地主及其管事和村长所提供的原本材料,即完全任意编造出来的和一点也不可靠的材料而规定的"(第255页)。因此,委员会算出的平均代役租,要高于实际的平均代役租。"农民除缴纳沉重的税款以外,还丧失了几百年来所享用的土地。"(第258页)"如果土地的赎金不是根据代役租的资本化,而是根据土地在解放时期的真正价值来估计,那么赎金就会很容易交付,甚至不需要政府协助,也不需要发行信贷券了。"(第264页)"按照2月19日法令的精神,赎金应当减轻农民的负担和改善农民的生活,实际上却往往使农民受到更大的压迫。"(第269页)我们引证这些话——它们本身并没有多大意思,而且一部分已经陈旧了——是为了表明,一个敌视村社并在很多问题上像十足的曼彻斯特派分子那样发表意见的著作家,是多么慷慨激昂地为农民的利益说话。指出如下一点很有益处,即民粹派的几乎所有有益而不反动的论点与这位曼彻斯特派分子的论点是完全吻合的。不言而喻,既然斯卡尔金对改革抱有这种观点,那他无论如何也不会像民粹派分子过去和现在那样醉心于把改革甜蜜地理想化,说什么改革批准了人民生产,说它超过了西欧的农民改革,说它把俄国好像变成了一块白板等等。斯卡尔金不仅没有说也不会说这一类话,而且甚至直接说,我国农民改革比之西欧是在对农民更加不利的条件下实行的,它所带来的好处也少于西欧。斯卡尔金写道:"如果我们问一问自己,那就会直接提出一个问题:为什么农奴解放在我国就不像本世纪头25年在普鲁士和萨克森那样迅速、那样与日俱增地表现出良好结果来呢?"(第221页)"在普鲁士,和在德国各地一样,要赎的不是农民早已依据法律成为其财产的份地,而是农民必须向地主尽的义务。"(第272页)

我们现在从斯卡尔金所评价的改革的经济方面转而来谈法律方面。斯卡尔金坚决反对连环保、身份证制度以及农民"村社"(和小市民社团)对其成员们的宗法式权力。在第三篇特写中(1867年),他坚决主张废除连环保、人头税和身份证制度,主张必须实行平等的财产税制度,用免费的和无期限的证明来代替身份证。"其他任何一个文明国家都没有在国内实行身份证税的。"(第109页)大家知道,这种税只是在1897年才被废除了。我们在第四篇特写的标题下读到:"村团和城市杜马在发送身份证和征收外出税方面是十分专横的……""连环保是宽裕的业主和正经的庄稼人必须替游手好闲的人和懒汉拖着的沉重枷锁。"(第126页)对于当时就已经看得出来的农民分化现象,斯卡尔金想以上升者和下降者的个人品质来解释。作者详尽地描写住在圣彼得堡的农民在领取身份证和延长身份证期限方面的困难,并且驳斥一些人的如下异议:

"谢天谢地，这一大群无地的农民没有登记要到城市里来，没有使没有不动产的城市居民的人数增加……"（第130页）"野蛮的连环保……"（第131页）……　"试问，能否把身处这种地位的人叫做有公民自由权利的人呢？这不也就是被固定在土地上的农民（glebae adscripti）[87]吗？"（第132页）人们把罪过归到农民改革上去。"但是立法把农民从地主的羁绊下面解放出来以后，没有想出什么办法来使农民摆脱村团和注册处的羁绊，这难道应归罪于农民改革吗？……　农民既不能决定自己居住的地方，又不能选择自己的职业，公民自由的标志何在呢？"（第132页）斯卡尔金十分正确和中肯地把我们的农民称为"定居的无产者"①（第231页）。在第八篇特写（1868年）的标题下我们读到："把农民束缚在村团中和份地上，就阻碍他们生活的改善……　阻碍外出做零工现象的发展。""除农民无知和受不断增加的赋税压榨外，阻碍农民生产发展、因而阻碍农民福利提高的原因之一，是农民被束缚在村团中和份地上。把人手束缚在一个地方并用坚固的纽带把土地村社束缚起来，这本身就是对劳动、个人进取心和小土地所有制的发展非常不利的条件。"（第284页）"农民被束缚在份地上和村团中，没有可能把自己的劳动应用到生产效能更高和对自己更有利的地方，他们好像停留在从农奴制度挣脱出来就走了进去的那种拥挤不堪的、像牲畜一样混杂在一起的、不生产什么东西的生活方式中。"

---

① 斯卡尔金非常详细地表明了这个定义（无产者）不仅第一部分是正确的，而且第二部分也是正确的。他在自己的特写中把大量篇幅用于对农民的附属地位及其穷困情况的描述，用于对雇农的艰苦状况的描述，用于"对1868年饥荒情况的描述"（第五篇特写的标题），以及用于对农民受盘剥受侮辱的种种表现的描述。就像在90年代一样，在60年代也曾有闭口不谈和否认饥荒的人。斯卡尔金激烈地反对这种人。自然，这里没有必要详细引证关于这个问题的言论。

(第285页)由此可见,作者是从纯粹资产阶级的观点来考察农民生活的这些问题的,虽然如此(更确切些说:正因为如此),他非常正确地估计了把农民束缚起来对于整个社会发展和农民本身的害处。这个害处(我们补充一句)对于最下层农民,对于农村无产阶级,是特别大的。斯卡尔金很中肯地说道:"法律关心不使农民仍旧没有土地,是很好的,但是不要忘记,农民自身对于这个问题的关心,比任何立法者都要强烈得多。"(第286页)"农民除被束缚于自己的份地和村团以外,即使临时外出做些零工,也由于连环保和身份证制度而要受到许多限制,支付许多花费。"(第298页)"据我看来,如果采取……一些措施使农民易于离开土地,很多农民就会摆脱当前的困境。"(第294页)在这里斯卡尔金所表示的愿望是与民粹派的种种方案截然相反的,民粹派的那些方案就是要把村社固定下来,禁止转让份地等等。从那时起,许多事实充分证明斯卡尔金是完全正确的:继续把农民束缚在土地上和保持农民村社的等级制的闭塞状态,只能使农村无产阶级的状况恶化,阻碍全国的经济发展,丝毫也不能保卫"定居的无产者"避免最坏的盘剥和依赖地位,避免工资和生活水平下降到最低限度。

从上面的引证中读者已经能够看出,斯卡尔金是反对村社的。他从个人财产、个人进取心等等角度出发反对村社与重分制(第142页及以下各页)。斯卡尔金反驳拥护村社的人说,"古来的习惯法"已经过时了:"在一切国家里,随着农村居民与文明环境的接近,习惯法便丧失其原始的纯洁性,遭到毁损和歪曲。我们这里也可以看到同样的现象,村社的权力渐渐变成豪绅和乡村文书的权力,结果这个权力不但不去保护农民,反而成了束缚他们的沉重的羁绊。"(第143页)——这个意见是非常正确的,它已为30年来的无数事实所证实。斯卡尔金认为，"父权制的家庭，村社的土地占有制，习惯法"，已经被历史无可挽回地判决了。"谁愿意永远给我们留下这些过去几世纪的可敬纪念物，谁就因此证明，他们更善于空想，而不能深入现实和了解不可抵挡的历史进程。"（第162页）斯卡尔金在发表了这个事实上是正确的意见之后，接着又进行了一些带有曼彻斯特派气味的激烈抨击。他在另外一个地方写道："村社的土地使用制使每个农民陷入对整个村团奴隶般的依赖地位。"（第222页）这样，斯卡尔金便把从纯粹资产阶级观点对村社的极端仇视与对农民利益的坚定保护结合在一起了。斯卡尔金决没有把对村社的仇视与那些主张用暴力消灭村社并强制实行另外的土地占有制度的愚蠢方案结合在一起，——这些方案通常是现代反对村社的人编造出来的，他们主张粗暴地干涉农民生活，并且完全不从农民利益出发来反对村社。相反，斯卡尔金强烈抗议把他算做拥护"用暴力消灭村社土地使用制"（第144页）的人。他写道："2月19日的法令非常英明地让农民自己……从村社土地使用制过渡到……分户耕种制。的确，除农民自己外，谁也不能真正决定这种过渡要在什么时候实行。"因此，斯卡尔金反对村社，只是由于他认为村社阻碍经济发展，阻碍农民退出村团和离开土地，这与"俄国学生们"现在仇视村社的原因是一致的。这种仇视，与捍卫地主自私的利益，与捍卫农奴制度的残余和精神，与捍卫对农民生活的干涉，没有任何共同之处。注意到这个区别很重要，因为现代民粹派习惯于只把《莫斯科新闻》这个阵营看做村社的敌人，而很愿意装做不懂得有**另一种**对村社的仇视。

斯卡尔金对农民穷困状况的原因的总看法，是认为所有这些原因都在于农奴制度的残余。斯卡尔金描写了1868年的饥荒情况后指出:农奴制度的拥护者幸灾乐祸地谈论着这次饥荒,说饥荒的原因在于农民放荡,在于废除了地主的保护等等。斯卡尔金激烈地反对这些观点。他说:"农民穷困的原因是**农奴制度遗留下来的**〈第212页〉,而不是废除农奴制度的结果;这是使我国大多数农民处于接近无产阶级的地位的一般原因";接着斯卡尔金把上述对改革的意见又讲了一遍。攻击分户是荒谬的:"分户虽然给农民的物质利益带来暂时的损失,但它却拯救了农民的个人自由和农民家庭的尊严,即人的最高福利,没有这种福利,任何文明成就都不可能达到"(第217页)。接着斯卡尔金正确地指出了人们攻击分户的真正原因:"许多地主过分夸大分户所产生的害处,把农民穷困的某些原因所产生的结果都归到分户上面,正如归到酗酒上面一样,而地主们自己却不愿意承认这些原因是由于他们才产生的。"(第218页)有人说,现在人们对农民的贫困大写特写起来,而以前却没有人写过,可见农民的状况是恶化了;斯卡尔金回答这些人说:"要想通过对农民状况的今昔对比来判断农民从地主权力下面解放出来的结果,那就应该在农奴制度统治的情况下,把农民的份地分割得像现在所分割的一样,并且把改革后的一切赋役加在农民身上,然后再来看一看他们怎样忍受这种状况。"(第219页)这是斯卡尔金见解中极其突出和重要的特点,他把农民状况恶化的**一切**原因都归结为农奴制度的残余,即农奴制度遗留下来的工役、代役租、割地、农民无人身权利和不能更换住所。至于新的社会经济关系制度本身、改革后的经济制度本身可能包含农民贫困的原因,这一点斯卡尔金不仅没有看到,而且也根本不会想到,因为他深信,只要把农奴制度的这一切残余彻底铲除,普遍幸福就会到来。他的观点正好是否定的观点;只要铲除农民自由发展的障碍，只要铲除农奴制度遗留下来的束缚，我们这个美好世界上的一切就会更加美好。斯卡尔金说："在这里〈即在对待农民方面〉国家政权只有一条路：逐渐地和始终不懈地把**那些**使我国农民陷入现在这样愚钝和贫困的境地并且不让他们站立起来的**原因铲除干净**。"（第224页，黑体是我用的）对于那些为"村社"辩护（即主张把农民束缚在村团中或份地上），认为不然就会"产生农村无产阶级"的人，斯卡尔金的答复在这方面是极其值得注意的。斯卡尔金说："只要我们回想一下我国有多么广阔的土地因为没有人耕种而荒废起来，这个反驳就不攻自破了。如果法律对我国劳动力的自然分配不加限制，那么在俄国只有那些职业乞丐或者是不可救药的堕落分子和酒鬼才会成为真正的无产者。"（第144页）——这是18世纪经济学者和"启蒙者"的典型观点，他们相信，只要农奴制及其一切残余一废除，就会在大地上建立起普遍幸福的王国。也许民粹派分子会蔑视斯卡尔金，说他不过是一个资产者。不错，斯卡尔金固然是一个资产者，但他是进步的资产阶级意识形态的代表，而民粹派分子的意识形态则是小资产阶级的，在许多方面是反动的。至于农民那些与整个社会发展要求始终一致的实际的和现实的利益，这个"资产者"却比民粹派分子捍卫得更好些！①

　　为了结束对斯卡尔金观点的评述，我们要补充几句。他反对等级制度，主张一切等级只有一个法庭，"在理论上"同情不分等级的乡政权，热烈拥护国民教育、特别是普遍教育，拥护自治和地方

---

① 反过来说，凡是我们在民粹派那里遇到的具有进步意义的实际措施，就其内容说来，**完全是资产阶级性质的**措施，即正好对资本主义发展而不是对其他什么发展有利的措施。只有小资产者才能捏造理论，说扩大农民占有的土地，减少赋税，实行移民，发放信贷，提高技术，整顿销售等等措施，是为什么"人民生产"服务的。

自治机关,拥护广泛的土地信贷,特别是小额信贷,因为农民极其需要购买土地。"曼彻斯特派"在这里又出现了:例如,斯卡尔金说,地方自治局的和城市的银行是"宗法式的或原始的银行形式",这些银行应当让位于具有"一切优越性"的私人银行(第80页)。提高土地价值,"只能在我们各省的工商业活动十分活跃的情况下才能办到"(第71页)等等。

我们来作总结。就斯卡尔金观点的性质说来,可以把他叫做资产者-启蒙者。他的观点很像18世纪经济学家的观点(当然是经过俄国条件的三棱镜而有相应的折射),而且他把60年代"遗产"的一般"启蒙"性质表达得相当清楚。像西欧的启蒙者和60年代的大多数著作家一样,斯卡尔金对于农奴制度及**其**在经济、社会和法律方面的**一切**产物充满着强烈的仇恨。这是"启蒙者"的第一个特征。俄国的一切启蒙者所共有的第二个特征,就是热烈拥护教育、自治、自由、西欧生活方式和整个俄国全盘欧化。最后,"启蒙者"的第三个特征就是坚持人民群众的利益,主要是农民的利益(农民在启蒙者时代还没有完全解放,或者刚刚得到解放),他们真诚相信农奴制度及其残余一经废除就会有普遍幸福,而且衷心想要促进这一事业。这三个特征就是我们所说的"60年代遗产"的本质。重要的是要着重指出,**在这个遗产里没有任何民粹派的东西**。俄国有不少著作家,就其观点说来,是符合上述特征的,而且与民粹派根本没有任何共同之处。只要一个著作家的世界观中有上述特征,人们总公认他是"保持了60年代传统"的著作家,完全不管他对民粹主义采取什么态度。当然,谁也不会想到要说,例如,不久前才举行过寿辰庆祝会的米·斯塔秀列维奇先生由于反对民粹派或对民粹派提出的问题采取了冷淡态度,便是"拒绝了遗产"。我们所以拿斯卡尔金作例子①，正因为他**毫无疑问**是"遗产"的代表，同时又是民粹派捍卫的旧制度的死敌。

我们在上面已经说过，斯卡尔金是一个资产者。关于这个评语，我们在上面已经举出相当多的证明，但是必须附带说明一下，我们往往极端不正确地、狭隘地、反历史地了解这个词，把它（**不区分历史时代**）同自私地保护少数人的利益联系在一起。不应忘记，在18世纪启蒙者（他们被公认为资产阶级的先驱）写作的时候，在我们的40年代至60年代的启蒙者写作的时候，**一切**社会问题都归结为与农奴制度及其残余作斗争。新的社会经济关系及其矛盾，当时还处于萌芽状态。因此，资产阶级的思想家在当时并没有表现出任何自私的观念；相反，不论在西欧或俄国，他们完全真诚地相信共同的幸福生活，而且真诚地期望共同的幸福生活，他们确实没有看出（从某种程度上说还不可能看出）从农奴制度产生出来的那个制度中的各种矛盾。难怪斯卡尔金在其书中的一个地方引证了亚当·斯密的话。我们看到，他的观点以及他的论据的性质在许多方面都在重复这位先进资产阶级的伟大思想家的论点。

―――――――――

① 也许有人会反驳我们说，斯卡尔金在对村社的敌视态度上和声调上都不是60年代的典型人物。但是这里的问题决不仅仅在于村社。问题在于一切启蒙者所共有的而斯卡尔金也赞同的那些观点。至于他的声调，也许的确不是典型的，因为它是稳健的，温和的，渐进的，等等。难怪恩格斯把斯卡尔金叫做**温和的保守分子**（参看《马克思恩格斯文集》第3卷第398页脚注。——编者注）。然而如果拿一位具有更典型的声调的遗产代表来考察，那么，第一，由于种种原因这样做会是不方便的，第二，拿他来同现代民粹主义比较，会使人产生误会。**88**按我们任务的性质说，**声调**（与一句谚语说的相反）**不构成音乐**，而且因为斯卡尔金的声调不典型，所以他的"音乐"，即他的观点的内容，就更加突出。我们感到兴趣的正是这个内容。我们也只打算在观点的内容方面（决不是在作者的声调方面），把遗产代表和现代民粹派分子作一个比较。

如果我们把斯卡尔金的实际愿望一方面和现代民粹派分子的观点作比较，另一方面和"俄国学生们"对它们的态度作比较，那么我们就会看到"学生们"将始终支持斯卡尔金的愿望，因为这些愿望代表着进步社会阶级的利益，代表着整个社会在目前道路即资本主义道路上发展的迫切利益。而民粹派对斯卡尔金的这些实际愿望或者对他的问题提法所作的修改都很**糟糕**，都遭到"学生们"的反对。学生们"攻击"的不是"遗产"（这是荒谬的捏造），而是民粹派分子加到遗产上面的浪漫主义的和小资产阶级的东西。现在我们就来谈谈这些加上去的东西。

二

民粹派加到"遗产"上的东西

现在我们就从斯卡尔金转到恩格尔哈特吧。他的《农村来信》也是关于农村的政论性质的特写，所以他的书在内容上甚至在形式上都很像斯卡尔金的那本书。恩格尔哈特比斯卡尔金有才能得多，他的农村来信写的也生动得多、形象得多。他这本书里没有像《在穷乡僻壤和在首都》一书的饱学的作者那样的长篇大论，但是却有更多中肯的评述和其他一些形象。无怪乎恩格尔哈特的书在广大读者中受到如此持久的欢迎，并在不久以前还再版过，而斯卡尔金的书则几乎完全被人忘却了，虽然恩格尔哈特的信在《祖国纪事》杂志上开始发表只不过是在斯卡尔金的书出版两年以后。因此，我们根本不需要向读者介绍恩格尔哈特这本书的内容，我们只简要地说明他的观点的两个方面：第一，整个"遗产"所特有的，尤其是恩格尔哈特和斯卡尔金所共有的观点;第二,民粹派所特有的观点。恩格尔哈特**已经是一个民粹派分子**,但是他的观点中还有这么多一切启蒙者所共有的特点,这么多被现代民粹派所抛弃或改变了的东西,以致很难把他归到哪一边,是归到没有民粹派色彩的整个"遗产"代表一边呢,还是归到民粹派分子一边。

　　使恩格尔哈特与"遗产"代表相接近的,首先是他那十分清醒的见解,对现实的简单而直接的说明,对一切坏东西———一般是"基础"的坏东西,特别是农民的坏东西——的无情揭露,而把"基础"加以虚伪的理想化和掩饰,则是民粹主义必不可少的组成部分。因此,恩格尔哈特的民粹主义,虽然表现得很微弱和胆怯,但与他以巨大的才能所描绘的农村**现实**的图景还是发生了直接的尖锐的矛盾;如果一个经济学家或政论家把恩格尔哈特所举出的**材料和观察结果**拿来论证自己关于农村的判断①,那么从这种材料中是不可能得出民粹派的结论的。把农民及其村社理想化,是民粹主义必不可少的组成部分之一,而各种各样的民粹派分子,从瓦·沃·先生起到米海洛夫斯基先生止,都非常卖力地要对"村社"加以理想化和粉饰。恩格尔哈特则丝毫没有进行这种粉饰。与关于我国农民的村社倾向的流行说法相反,与拿这种"村社倾向"来反对城市的个人主义、反对资本主义经济中的竞争现象等等流行做法相反,恩格尔哈特毫不留情地揭露了小农的惊人的**个人主义**。他详细地表明,我们的"农民在财产问题上是最极端的私有

①　附带讲一下:这不仅是非常有意义的和有教益的,而且也是一个经济学家-研究者的完全正当的方法。如果学者们相信调查表的材料,即相信许多往往带有成见,很少了解情况,没有形成自己完整见解,没有搞通自己观点的业主们所写的答复和意见,那么有什么理由不相信一个观察精细,绝对诚实,很好研究了自己所讲的东西的人在整整11年中所收集的材料呢?

者"(第62页,引自1885年版),他们忍受不了"大伙一起工作",他们由于狭隘的个人动机和利己打算而仇视这种工作,因为在大伙一起工作的时候,每个人都"怕多干活"(第206页)。这种害怕多干活的情形,简直到了十分可笑的程度(可以说甚至到了令人啼笑皆非的程度),例如,作者说:住在一个房间里、共同操持家务并有亲属关系的一些农妇,每个人只擦自己用过饭的那一小块桌面,或者每个人轮流为**自己的**婴儿挤牛奶(怕别人把牛奶藏起来),每个人单独给自己的婴儿煮粥。(第323页)恩格尔哈特这样详细地说明了这些特点,用这样多的例子证实了这些特点,因此不能说这些事实是偶然发生的。二者必居其一:或者恩格尔哈特是一个根本不行的和不值得相信的观察者,或者关于我国农夫的村社倾向和村社品质的奇谈是把从**土地占有**形式中抽象出来的特点(而且还把从这种土地占有形式中抽象出来的它的国库-行政方面)都搬到**经济**上去的空洞捏造。恩格尔哈特说明,农夫在其经济活动方面的趋向是当富农:"每个农民都有某种程度上的富农倾向"(第491页),"农民中间充满着富农理想"……"我不止一次地指出:在农民身上个人主义、利己主义、剥削倾向很严重"……"每个人都以当狗鱼而骄傲,并力图吞掉鲫鱼。"农民的趋向决不在于"村社"制度,决不在于"人民生产",而在于最普通的、为一切资本主义社会所特有的小资产阶级制度。这一点恩格尔哈特作了很好的说明。富裕农民的趋向是做生意(第363页),以粮换工,购买贫穷农夫的劳动力(第457、492页及其他各页),用经济学的语言来说,就是善于经营的农夫变为农村资产阶级,——这是恩格尔哈特作了描写并且十分确凿地证明了的。恩格尔哈特说:"如果农民不转向劳动组合的经济,而是每户单独进行经营,那么即使是在土地很多的条件下,种地的农民当中也会有无土地者和雇农。我还要说,我认为将来农民贫富的差别比现在还要大。虽然是在村社的土地占有制之下,但还会有许多实际上没有土地的雇农与'富人'同时存在。我虽有土地所有权,但是我既没有资本也没有农具来耕种,那么它对于我和我的孩子们又有什么用呢? 这等于把土地交给瞎子,向他说,吃吧!"(第 370 页)"劳动组合的经济"带着一种可悲的讽刺孤零零地呈现在这里,就像一种善良的无罪的愿望,它不仅不是从关于农民的材料中产生出来的,而且甚至是为这些材料所直接驳斥和排除的。

使恩格尔哈特与没有任何民粹派色彩的遗产代表接近的另一个特点,就是他相信农民贫困的主要和根本原因是农奴制度的残余以及它所特有的法规。只要扫除了这些残余和这种法规,事情就好办了。恩格尔哈特对法规持坚决否定的态度,他无情地嘲笑想凭借上面的法规来造福于农夫的任何企图,他的这种态度与民粹派对"领导阶级的理性和良心、知识和爱国主义"(尤沙柯夫先生在 1896 年《俄国财富》杂志第 12 期第 106 页上的话)的期望,与民粹派关于"组织生产"的空洞计划等等形成了极其尖锐的对立。我们提醒一下:对于在磨房里不准出卖伏特加酒这项关心农夫"利益"的规则,恩格尔哈特进行了多么辛辣的讽刺;对于 1880 年几个地方自治机关所颁布的不准在 8 月 15 日以前种黑麦的强制性决定,——这项决定也是因为考虑到农夫的利益而制订出来的,——他是多么愤怒,说这是坐在书斋里的"学者"对"千百万庄稼汉"的经济的粗暴干涉(第 424 页)。恩格尔哈特指出了禁止在针叶树林中吸烟,禁止在春天打狗鱼,禁止在"5 月"砍白桦树,禁止捣毁鸟窠等等规则和命令,然后讽刺地说道:"……关心农夫始终是知识分子主要操心的事。谁是为自己而生活呢？大家都是为农夫而生活呀！……　农夫是愚蠢的，不会处理自己的事情。如果谁也不去关心他们，那他们就会把所有的树林都烧光，把所有的鸟都打死，把所有的鱼都捕光，把土地毁坏，连自己也整个死掉。"（第398页）读者，请您说，这个著作家会不会至少同情一下民粹派分子所喜爱的关于禁止转让份地的法律呢？他会不会像《俄国财富》杂志的一位台柱那样说出上述那一类话来呢？他会不会赞成同一杂志的另一位台柱尼·卡雷舍夫先生责难我们的省地方自治机关（是在90年代呀！）"找不到地方""为组织农业劳动而进行不断的、大规模的、大量的投资"[①]这种观点呢？

我们再指出一个使恩格尔哈特和斯卡尔金相接近的特点，这就是恩格尔哈特对许多纯粹资产阶级的愿望和措施所采取的那种不自觉的态度。不是说恩格尔哈特力图粉饰小资产者，捏造出某种借口（类似瓦·沃·先生那样）来反对把这种称号应用到某些企业主身上去，——完全不是。恩格尔哈特是一个实践农业主，他只醉心于经济上的各种进步和改良，根本没有注意到这些改良的社会形式最好不过地推翻了他自己关于资本主义在我国不可能发展的理论。例如，我们回忆一下，他如何醉心于在自己的经济中对工人实行**计件工资**制（揉麻、脱粒等等）而获得的成绩。恩格尔哈特仿佛也没有料想到，用计件工资代替计时工资是日益发展的资本主义经济所采取的最流行的方法之一，资本主义经济用这个方法可以加强劳动强度和增加额外价值额。再举一个例子。恩格尔哈特嘲笑了《农业报》[89]的"停止轮流出租田地，利用雇农劳动组织经

---

① 1896年5月《俄国财富》杂志第5期。卡雷舍夫先生所著关于省地方自治机关在经济措施上的开支一文，第20页。

济,采用改良的机器、工具、畜种,实行多圃制,改善草地和牧场等等"这一纲领。恩格尔哈特大叫道:"其实这一切不过是老生常谈!"(第128页)。然而恩格尔哈特在自己的经营实践中所实行的正是这个纲领,他正是由于利用雇农劳动组织经济才在自己的经济中取得了技术改进。还有,我们看到,恩格尔哈特是多么直率、多么正确地揭露了善于经营的农夫的真正趋向;但这丝毫也没有妨碍他肯定说:"所需要的不是各种工厂,而是**小规模的**〈黑体是恩格尔哈特用的〉农村酒坊和油坊"以及其他等等(第336页)。这就是说,"所需要的"是使农村资产阶级向技术性农业生产过渡,——这种过渡无论何时何地都是农业资本主义最重要的征兆之一。这就表明,恩格尔哈特不是一个理论家,而是一个实践农业主。议论不要资本主义也可能进步是一回事,亲自经营是另外一回事。恩格尔哈特既抱定合理组织自己的经济的目的,就为周围环境的力量所迫而**不得不**采取纯粹资本主义的方法来达到这个目的,并且把自己关于"雇农"的一切理论上的抽象的疑问搁在一边。斯卡尔金在理论上是作为一个典型的曼彻斯特派分子来发议论的,他既根本看不见自己议论的这种性质,也根本看不见自己的议论是与俄国资本主义演进的需要相适应的。恩格尔哈特在实践中不得不作为一个典型的曼彻斯特派分子来行动,这与他在理论上对资本主义的抗议和他相信祖国将走一条特殊的道路的热望背道而驰。

　　然而恩格尔哈特确实是这么相信的,因此我们不得不把他叫做民粹派分子。恩格尔哈特已经很清楚地看到了俄国经济发展的**真正趋向**,并且开始**否认**这个发展的矛盾。他竭力证明农业资本主义在俄国不可能发展,证明"我国没有雇农"(第556页),——然而他自己却十分详尽地推翻了我国工人工资很高的说法,他自己表明在他那里做工要养活全家的牧工彼得所领得的工资是多么微薄,除了吃饭以外一年只领得 6 个卢布来"购买油、盐、衣服"(第 10 页)。"即使这样,人家还很羡慕他,我如果不要他,马上就会有 50 个人愿意来顶替。"(第 11 页)恩格尔哈特在指出自己经营的成绩和工人熟练地使用耕犁时扬扬得意地叫喊道:"耕地的究竟是些什么人呢? 就是那些愚昧无知、不好好干的俄国农民。"(第 225 页)

恩格尔哈特虽然用自己的经营和自己对农民个人主义的揭露推翻了关于"村社倾向"的一切幻想,但他却不仅"相信"农民可能向劳动组合经济过渡,而且还表示"确信"事情将来一定会这样,我们俄国人正是要完成这个伟大事业,要采用新的经营方法。"我国经济的独特性或独创性就表现在这里。"(第 349 页)现实主义者恩格尔哈特变成了浪漫主义者恩格尔哈特,这个浪漫主义者以对未来的"独特性"的**"信心"**来补偿自己经营方法中和他所观察到的农民经营方法中完全不存在的"独特性"! 从这样的信心到恩格尔哈特身上所具有的(虽然是极个别的)极端民粹主义的特点,到与沙文主义近似的狭隘民族主义(恩格尔哈特在战争问题上对一个地主证明说:"连欧洲我们也能打垮","而且欧洲的农夫将会拥护我们"(第 387 页)),甚至到把工役制理想化,其间只有一步之差! 是的,恩格尔哈特曾经把自己书中这样多的美好篇章用来描写农民受压制和受侮辱的状况,用来描写农民以劳动作抵押去借贷钱粮而不得不在最坏的人身依附的条件下几乎无偿地给人家劳动的情形。① ——就是这个恩格尔哈特甚至这样说:"如果医生〈这里说

---

① 请回忆一下这样一个情景:村长(即地主的管事)在农民自己的麦子熟得快要落地的时候叫他去做工,只要一提不去做工就要在乡里"脱裤子",农民就不得不去。

的是医生对农村有好处，农村需要医生。——**弗·伊·注**〉有自己
的庄园，农夫可以靠做工来抵偿医药费，那就好了。"（第 41 页）这
用不着解释了。

　　整个说来，把上述恩格尔哈特世界观中正面的特点（即与没有
一点民粹派色彩的"遗产"代表所共有的特点）与反面的特点（即民
粹派的特点）加以比较，那么我们应当承认，前者在《农村来信》的
作者那里占绝对优势，后者则仿佛是外来的、偶然加进去的、从外
面吹进去而与该书的基调不合的东西。

三

"遗产"从与民粹主义的联系中
是否得到了好处？

　　也许读者会问：你们把民粹主义理解为什么东西呢？"遗产"
这个概念包含什么内容，上面已经下过定义，而"民粹主义"这个概
念，则还没有下过任何定义。

　　我们把民粹主义理解为一种观点体系，它包含以下三个特
点：(1)**认为资本主义在俄国是一种衰落，退步**。因此便有"遏
止"、"阻止"、"制止"资本主义"破坏"历代基石的意图和愿望以
及诸如此类的反动狂叫。(2)**认为整个俄国经济制度有独特性，
特别是农民及其村社、劳动组合等等有独特性**。人们并不认为
必须把现代科学所制定的关于各个社会阶级及其冲突的概念应
用于俄国经济关系。农民村社被看做是一种比资本主义更高、
更好的东西，因此便产生了对"基石"的理想化。在农民中间否
认和抹杀任何商品经济和资本主义经济所固有的矛盾，否认这

些矛盾与它们在资本主义工农业中的更发展的形式有联系。
(3)忽视"知识分子"和全国法律政治制度与一定社会阶级的物质利益有联系。 否认这种联系,对这些社会因素不作唯物主义的解释,这就使人把这些因素看做是一种能"把历史拖到另一条路线上去"(瓦·沃·先生)、"越出轨道"(尼·—逊、尤沙柯夫诸位先生)等等的力量。

我们所理解的"民粹主义"就是这样。因此读者可以看到,我们是在广义上使用这个术语的,正如一切"俄国学生们"使用它一样,他们反对的是整个观点体系,而不是这一观点体系的个别代表。当然,这些个别代表之间有差别,有时是不小的差别。这些差别谁也没有忽视。但是,上述世界观方面的特点则是民粹主义一切极不相同的代表,比方说,从……尤佐夫先生起到米海洛夫斯基先生止所共有的。尤佐夫、萨宗诺夫、瓦·沃·和其他先生们,在自己观点中除了上述否定的特点而外,还有其他一些否定的特点,而这些否定的特点,例如米海洛夫斯基先生和现在《俄国财富》杂志的其他撰稿人则是没有的。当然,否定狭义的民粹派分子与一般的民粹派分子之间的差别是不对的,但是忽视所有一切民粹派分子的**基本**社会经济观点在上述基本要点方面相一致,那就更不对了。既然"俄国学生们"所驳斥的正是这些基本观点,而不只是离开这些基本观点走到更坏方面去的"可悲的偏向",那么他们显然完全有权利在广义上使用"民粹主义"这个概念,他们不仅有权利这样做,而且也不能不这样做。

当我们讲到民粹主义上述基本观点的时候,我们应当首先确认,"遗产"与这些观点毫不相干。有许多毋庸置疑的"遗产"代表和继承者,他们与民粹主义毫无共同之处,他们根本没有提出资本主义问题。根本不相信俄国和农民村社等等的独特性，根本不认为知识界和法律政治制度是一种能够使历史"越出轨道"的因素。我们在上面拿《欧洲通报》杂志**90**的出版者兼编辑作例子，可以在别的方面指责他，但决不能责备他破坏了遗产的传统。相反，有些人的观点是符合上述民粹主义基本原则的，并且直接公开地"拒绝遗产"，——至少米海洛夫斯基先生也指出过的那位雅·阿布拉莫夫先生，或者尤佐夫先生都是这样的人。"俄国学生们"所反对的民粹主义，在（以法律用语来说）"发现"遗产的时候，即在 60 年代，甚至是根本不存在的。当然，民粹主义的胚胎、萌芽，不仅在 60 年代，而且在 40 年代甚至更早一些时候就已经有了[①]，——不过我们现在对民粹主义的历史一点也不感兴趣。我们认为重要的，再说一遍，只是确定：上述意义上的 60 年代的"遗产"与民粹主义没有任何共同之处，这就是说，就观点的实质说来，它们之间没有共同之处，因为它们提出的问题各不相同。有非民粹派分子的"遗产"继承者，也有"拒绝遗产的"民粹派分子。当然，也有继承"遗产"或自命为继承"遗产"的民粹派分子。正因为如此，所以我们才谈到遗产与民粹主义的联系，现在我们来看一看这种联系提供了什么东西。

第一，民粹主义比遗产**前进了**很大**一步**，因为民粹主义把遗产继承者部分地还不能（在当时）提出，部分地由于他们所固有的狭小眼界而一直都没有提出的问题**提到了**社会思想界面前来解决。**提出**这些问题是民粹主义的巨大**历史**功绩，并且由于民粹主义对这些问题作了（不管是什么样的）解答，**从而**在进步的俄国社会思

---

① 不妨参看一下杜冈-巴拉诺夫斯基所著《俄国工厂》一书（1898 年圣彼得堡版）。

想流派中占据先进的地位,这也是十分自然和完全可以理解的。

然而民粹主义对这些问题的解答毫无用处,因为这种解答所根据的是西欧早就抛弃了的落后理论,是对资本主义所进行的浪漫主义的和小资产阶级的批判,是对俄国历史和现实中最重要事实的忽视。当俄国资本主义及其固有的矛盾还不够发展的时候,这种对资本主义的粗浅批判还能站得住。但是民粹主义绝对不能满足俄国资本主义当前的发展,不能满足我们关于俄国经济历史和现实的知识的现状,不能满足当前对社会学理论提出的要求。民粹主义在当时是一种进步现象,因为它第一次提出了资本主义问题,而现在则成为一种**反动的和有害的**理论,因为它使社会思想发生混乱,助长停滞现象和各种亚洲式的东西。民粹主义对资本主义的批判的反动性质,使现在的民粹主义甚至具有这样一些特点,这些特点使它连那种只限于忠实地保持遗产的世界观**都不如**。① 我们现在力求通过对上述民粹主义世界观的三大特点的逐一分析,来说明情况确实如此。

第一个特点,就是认为资本主义在俄国是一种衰落,退步。俄国资本主义的问题一提出来,人们很快就弄清楚了我国的经济发展是资本主义性质的,而民粹派分子则宣布这种发展是退步,是错误,是偏离了仿佛为民族全部历史生活所规定的道路,偏离了仿佛为历代基石所视为神圣的道路等等。启蒙者热诚地相信当前的社会发展,民粹派却不相信;启蒙者满怀历史乐观主义和蓬蓬勃勃的精神,民粹派则悲观失望和垂头丧气,因为他们认为,事情愈像现

---

① 在上面评经济浪漫主义的文章中我已经指出,我们的论敌表现出惊人的近视,他们把**反动的、小资产阶级的**这些用语理解为论战性抨击,其实这些用语具有完全确定的哲学历史意义。(见本卷第185页。——编者注)

在这样下去，就愈糟糕，新的发展所提出来的任务就愈难完成，于是他们便号召"遏止"和"阻止"这个发展，提出落后便是俄国的幸福这种理论等等。民粹派世界观的这一切特点，不仅与"遗产"毫无共同之处，而且是和它正相抵触的，认为俄国资本主义是"偏离道路"，是衰落等等，就会歪曲俄国整个经济的演进过程，歪曲我们眼前所发生的"更替"现象。民粹派分子一心要遏止和制止资本主义对历代基石的破坏，便干出了历史上惊人的荒唐行为，他们忘记了：**在这个资本主义后面**，除了同样的剥削，再加上使劳动人民的状况恶化的各种各样的盘剥和人身依附而外，除了社会生产方面乃至社会生活各个领域的因循守旧和停滞不前而外，是没有别的什么东西的。民粹派分子从自己浪漫主义的、小资产阶级的观点出发同资本主义作战，便把任何历史现实主义都抛弃了，总是把资本主义的**现实**同对前资本主义制度的**虚构**加以比较。60 年代的"遗产"热诚地相信当时社会发展的进步性，把无情的仇恨倾注在旧时代的残余上，确信只要把这些残余扫除干净，一切都会尽如人意，——这个"遗产"不仅与上述民粹派的观点毫不相干，而且是正相抵触的。

民粹主义的第二个特点，就是相信俄国的独特性，把农民和村社理想化等等。关于俄国的独特性的学说，使民粹派分子抓住西欧的一些过时的理论不放，使他们以惊人的轻率态度对待西欧文化的许多成就；民粹派分子安慰自己说，虽然我们没有文明人类的某些特点，但是"我们命中注定要"向世界表明新的经营方法等等。民粹派分子不仅不把西欧进步思想界对资本主义及其一切现象的分析用之于神圣的俄罗斯，反而竭力想出一些借口不对俄国资本主义作出人们曾对欧洲资本主义作出过的结论，民粹派分子奉承从事这种分析的人，同时……同时却始终心安理得地当这些人毕生所反对的浪漫主义者。一切民粹派分子共同主张的关于俄国独特性的学说，也是不仅与"遗产"毫无共同之处，甚至和它正相抵触。相反，"60年代"力图欧化俄国，相信俄国会吸收全欧的文化，关心把这个文化的各种设施移植到我们这个一点也不独特的土地上来。任何关于俄国独特性的学说，都完全不符合60年代的精神和传统。民粹派对农村的理想化和粉饰，更不符合这个传统。这种虚伪的理想化不顾一切地要把我们的农村看做某种特别的东西，看做某种与前资本主义关系时期任何其他国家的任何其他农村制度根本不同的东西；这种理想化与清醒的、现实主义的遗产的传统处于极端矛盾之中。资本主义愈往前愈深入地发展，任何资本主义商品社会所共有的矛盾在农村中表现得愈厉害，则民粹派分子关于农民的"村社倾向"、"劳动组合心理"这类甜言蜜语与农民分化为农村资产阶级和农村无产阶级这一事实之间的对立就愈尖锐，继续用农民眼光观察事物的民粹派分子就愈加迅速地从感伤的浪漫主义者变成小资产阶级的思想家，因为小生产者在现代社会中正在变成商品生产者。对农村的虚伪的理想化与关于"村社倾向"的浪漫主义的梦想，使民粹派分子对于农民在当前经济发展下的真正需要采取了极其轻率的态度。在理论上尽可以大谈基石的力量，但是在实践中每个民粹派分子都清楚地感觉到：扫除旧事物的残余，扫除至今还把我国农民从头到脚紧紧束缚住的改革前的制度的残余，正是给资本主义的发展而不是给其他什么发展开辟道路。宁肯停滞，也不要资本主义的进步，——这实质上就是每个民粹派分子对农村的看法，当然，远不是每个民粹派分子都像瓦·沃·先生那样天真直率，敢于公开直接地说出这个意思。"农民被束缚在份地上和村团中,没有可能把自己的劳动应用到生产效能更高和对自己更有利的地方,他们好像停留在从农奴制度挣脱出来就走了进去的那种拥挤不堪的、像牲畜一样混杂在一起的、不生产什么东西的生活方式中。""遗产"代表之一就是这样从他所特有的"启蒙者"的观点来看问题的。[91]"宁肯让农民继续停留在他们因循守旧的宗法式的生活方式中,也不要在农村中给资本主义扫清道路",——每个民粹派分子实质上就是这样看问题的。事实上,大概没有一个民粹派分子敢于否认农民村社的等级制闭塞状态、连环保、禁止出卖土地和抛弃份地是与现代经济**现实**、是与现代资本主义商品关系及其发展处于最尖锐的矛盾中。否认这个矛盾是不可能的,但问题的全部实质在于民粹派分子像害怕火一样地害怕这样提出问题,害怕这样把农民的法律状况与经济现实、与当前的经济发展加以对比。民粹派分子顽固地相信并不存在的、由他们浪漫主义地空想出来的没有资本主义的发展,因此……因此他们打算阻止现在这个循着资本主义道路前进的发展。对农民村社的等级制闭塞状态、连环保、农民有权出卖土地和抛弃份地等问题,民粹派分子不仅采取极其谨慎的态度,十分担心"基石"(因循守旧和停滞不前的基石)的命运;不仅如此,民粹派分子甚至堕落到这样卑鄙的地步,竟对警察禁止农民出卖土地的措施表示欢迎。对这样的民粹派分子可以用恩格尔哈特的话来说:"农夫是愚蠢的,不会处理自己的事情。如果谁也不去关心他们,那他们就会把所有的树林都烧光,把所有的鸟都打死,把所有的鱼都捕光,把土地毁坏,连自己也整个死掉。"民粹派分子在这里已经是直接"拒绝遗产",变成反动的了。同时请注意一下:随着经济的发展,摧毁农民村社的等级制闭塞状态,日益成为农村无产阶级的迫切需要,然而对于农民资产阶级来说,由此产生的不方便却决不是太大的。"善于经营的农夫"很容易在别的地方租到土地,在别的村庄开设店铺,随时都可以到任何地方去做买卖。但是对于主要靠出卖自己劳动力为生的"农民"来说,被束缚在份地上和村团中,就等于大大地限制了他们的经济活动,就等于不可能找到较有利的雇主,就等于不得不把自己的劳动力出卖给当地总是出价较低并想尽一切盘剥方法的买主。民粹派分子既然沉醉于浪漫主义的梦想,不顾经济的发展而一心要支持和保护基石,于是他们自己便不知不觉地沿着这个斜坡滑了下去,一直滑到那些全心全意渴望保持和巩固"农民与土地的联系"的大地主的身边。只要回忆一下农民村社的这种等级制闭塞状态怎样产生了雇用工人的特殊方法就够了:工厂主和农庄主把自己的管事派到各个农村去,特别是派到欠了很多债的农村去,以便最便宜地雇到工人。幸而农业资本主义的发展,破坏了无产者的"定居生活"(所谓外出做农业零工的作用就是这样),逐渐地以自由雇用来排斥这种盘剥。

民粹派中间的一个普遍现象是**把工役理想化**,这个事实也同样明显地证实了我们认为现代民粹派理论是有害的这个论点。我们在上面曾经举出了一个例子,说明恩格尔哈特如何犯了一个民粹主义的罪过,竟写出要是能在农村发展工役"那就好了"这样的话来!我们在尤沙柯夫先生著名的农业中学计划中也看到了同样的情况。(1895年《俄国财富》杂志第5期)①与恩格尔哈特一同办杂志的瓦·沃·先生,在一些严肃的经济论文中也同样沉醉于这种理想化,他断言:农民战胜了似乎愿意实行资本主义的地主;但

----

① 见本卷第18—24、452—481页。——编者注

糟糕的是农民给地主耕种土地，所得的报酬是从地主那里"租到"土地，——这就是说，他完全恢复了农奴制度下所采用的那种经营方法。这是民粹派分子对我国农业问题持反动态度的最突出例子。你们在每个民粹派分子那里都可以看到这种思想，只不过表达得不那么突出罢了。每个民粹派分子都在讲我国农业中的资本主义的害处和危险，因为，你们瞧，资本主义用雇农来代替独立的农民。资本主义的**现实**（"雇农"）与关于"独立"农民的**虚构**是对立的，因为虚构建立在前资本主义时代的农民占有生产资料这一点上，可是却谦虚地闭口不谈占有这些生产资料要付出比这些生产资料的成本多一倍的代价；这些生产资料是为工役服务的；这种"独立"农民的生活水平极低，任何一个资本主义国家都会把他们算做赤贫者；这种"独立"农民除了绝望的贫穷生活和智力迟钝而外，还有前资本主义经济形式所必然带来的人身依附。

民粹主义的第三个特点是忽视"知识分子"和全国法律政治制度与一定社会阶级的物质利益的联系。这个特点与上述两个特点有着不可分割的联系，因为只有在社会学问题上缺乏现实主义才能产生关于俄国资本主义的"错误性"和"越出轨道"的可能性的学说。民粹主义的这个观点也是与60年代的"遗产"和传统没有丝毫联系的，相反，而是**与这些传统正相抵触的**。从这个观点自然便产生出民粹派分子对于改革前的俄国生活法规的许多残余所持的态度，而这种态度是"遗产"代表者所绝对不能同意的。为了说明这种态度，让我们利用一下维·伊万诺夫先生在《笨拙的捏造》（1897年9月《新言论》杂志）一文中所发表的精彩意见。作者讲到博博雷金先生的著名小说《改弦易辙》，并且揭穿他不了解民粹派分子与"学生们"之间的争论。博博雷金先生借自己小说中的主

人公,一个民粹派分子的口来斥责"学生们",说他们梦想建立"具有不堪忍受的专制法规的兵营"。维·伊万诺夫先生就此指出:

"他们〈民粹派分子〉不仅没有把不堪忍受的专制'法规'当做自己论敌的'梦想'来谈论,**而且只要他们依然是民粹派分子,就不能而且也不会这样谈论**。他们**在这方面**与'经济唯物主义者'的争论的实质就在于:我们这里所保存下来的旧法规残余,据民粹派分子看来,可以作为法规进一步发展的基础。民粹派分子所以看不见这种旧法规是不堪忍受的,一方面是因为他们以为'农民的灵魂(统一而不可分的灵魂)'正在向法规方面'进化',另一方面是因为他们确信'知识界'、'社会'或'领导阶级'已经具备或定将具备完美的道德。他们责备经济唯物主义者不去偏爱'法规',而相反地去偏爱以没有法规为基础的西欧制度。经济唯物主义者的确断言:在自然经济基础上生长起来的旧法规残余,在一个已经转入货币经济的国家里,变得日益'不堪忍受',因为货币经济无论在全国各个居民阶层的实际状况方面,还是在它们的智力和道德方面,都引起了无数的变化。因此他们深信:产生国家经济生活中有益的新'法规'所必需的条件,不可能从适合于自然经济和农奴制度的法规残余中发展起来,而只能在西欧和美洲先进国家那样广泛和普遍地没有这种旧法规的环境中发展起来。民粹派分子与他们的论敌所争论的'法规'问题就是这样。"(上引书第11—12页)民粹派分子这种对"旧法规残余"的态度,可说是民粹派对"遗产"传统的最明显的背离。正如我们所看见的,这种遗产的代表的特点是对旧法规的所有一切残余进行坚决无情的谴责。因此,从这一方面看来,"学生们"同60年代的"传统"和"遗产"要比民粹派分子接近得多。

　　民粹派除了上述非常严重的错误之外，在社会学方面缺乏现实主义这一点，也使得他们在思考和议论社会事务和问题时，采取一种特别的思维方式，这种思维方式可说是知识分子狭隘的自以为是，或者甚至可说是官僚主义的思维。民粹派总是这样议论："我们"应当给祖国选择什么道路；如果"我们"让祖国走这样的道路，那就会遇到什么样的灾祸；如果我们避开欧洲老婆婆所走的那条危险道路，如果我们既从欧洲又从我们历来的村社制度中"吸收好的东西"，那"我们"就能保证使自己获得什么样的出路，以及其他等等。因此，民粹派分子对于各个根据自己的利益来创造历史的社会阶级的独立趋向采取完全不信任和轻视的态度。因此，民粹派分子以惊人的轻率态度大谈（忘记了他们的周围环境）各种各样空洞的社会计划，从什么"组织农业劳动"起到使我们的"社会"努力于"生产村社化"为止。"历史活动是群众的活动，随着历史活动的深入，必将是群众队伍的扩大"①，——这些话表达了哲学历史理论最深刻最重要的原理之一，对这种哲学历史理论，我们的民粹派分子是无论如何也不愿意了解和不能了解的。随着人们历史创造活动的扩大和深入，作为自觉的历史活动家的人民群众在数量上也必定增多起来。然而民粹派分子在议论一般居民，特别是议论劳动居民时，总是把他们看做是采取某些比较合理的措施的对象，看做是应当听命走这一条或那一条道路的材料，而从来没有把各个居民阶级看做是在既定道路上独立的历史活动家，从来也没有提出过在既定道路上可以发展（或者相反，可以削弱）这些历史创造者独立和自觉活动的条件这样一个问题。

---

　　①　马克思《神圣家族》第 120 页，别尔托夫的译本，第 235 页。（见《马克思恩格斯文集》第 1 卷第 287 页。——编者注）

这样,虽然民粹派比启蒙者的"遗产"前进了一大步,**提出了俄国的资本主义问题**,但是由于他们的小资产阶级观点以及对资本主义的感伤的批判,他们对这个问题提出的**解决办法**非常不能令人满意,以致在一系列有关社会生活的最重要问题上民粹派都**落后于"启蒙者"**。把民粹主义归入我国启蒙者的遗产和传统,归根到底是**不好的**:改革后的俄国经济发展向俄国社会思想界所提出的那些新问题,民粹派并没有解决,而仅仅在这些问题上发出了一些感伤的和反动的悲叹,至于那些还是由启蒙者所提出来的旧问题,民粹派却用自己的浪漫主义堵塞了解决的道路,从而拖延了这些问题的彻底解决。

四

"启蒙者"、民粹派分子和"学生们"

现在我们可以给我们的上述比较作一总结。我们试图扼要地说明标题中所指出的各个社会思想流派的相互关系。

启蒙者相信当前的社会发展,因为他们看不见它所固有的矛盾。民粹派分子害怕当前的社会发展,因为他们已经看到了这些矛盾。"学生们"相信当前的社会发展,因为他们认为只有这些矛盾充分发展,美好的未来才有保证。因此,第一个派别和最后一个派别都竭力支持、加速和促进循着这条道路往前发展,扫除一切妨碍和阻止这个发展的障碍。相反,民粹派则竭力遏止和阻止这个发展,害怕把资本主义发展的某些障碍消灭掉。第一个派别和最后一个派别都具有可以叫做历史乐观主义的特点:事情愈是像现在这样快地进行下去，那就愈好。相反，民粹派则自然会陷入历史悲观主义：事情愈是像现在这样进行下去，那就愈糟。"启蒙者"根本没有提出改革后发展的性质问题，仅仅限于向改革前制度的残余作斗争，仅仅限于给俄国的西欧式发展扫清道路这一消极任务。民粹派提出了俄国的资本主义问题，但它是从资本主义具有反动性的观点出发来解决这个问题的，因此不能完全接受启蒙者的遗产：民粹派分子总是反对那些从"文明统一"的观点出发力求使俄国全盘欧化的人。他们之所以反对，不仅是因为他们不能局限于这些人的理想（这样的反对倒是正确的），而是因为他们不愿意在当前的即资本主义的文明的发展方面走得这样远。"学生们"是从资本主义具有进步性的观点出发来解决俄国资本主义问题的，因此他们不仅能够而且应当全部接受启蒙者的遗产，并且从无家产的生产者的观点出发分析了资本主义的矛盾，从而对这个遗产作了补充。启蒙者没有挑出任何一个居民阶级作为自己特别注意的对象，他们不仅一般地谈论人民，甚至一般地谈论民族。民粹派分子希望代表劳动者的利益，然而没有指出现代经济体系中的特定集团；事实上他们总是站在小生产者的观点上，而资本主义则使小生产者变为商品生产者，"学生们"不仅以劳动者的利益为标准，而且还指出了资本主义经济中完全特定的经济集团，即无家产的生产者。第一个派别和最后一个派别在其愿望的内容上与资本主义所创造和发展的那些阶级的利益相适应；民粹主义在其内容上则与小生产者阶级即在现代社会其他阶级中占据中间地位的小资阶级的利益相适应。因此，民粹主义对"遗产"的矛盾态度，并不是偶然现象，而是民粹派观点内容本身的必然结果。我们曾经看到，启蒙者观点的主要特点之一是热烈追求俄国欧化，而民粹派分子只要依然是民粹派分子,就无论如何也不能完全同意这种追求。

因此,归根到底我们就得出了我们在上面个别场合曾不止一次指出过的结论:**学生们是比民粹派分子彻底得多、忠实得多的遗产保存者**。他们不仅不拒绝遗产,相反,他们认为自己最主要的任务之一是驳斥那些浪漫主义的和小资产阶级的顾虑,这些顾虑使民粹派分子在很多十分重要的问题上拒绝接受启蒙者的欧洲理想。当然,"学生们"保存遗产,不同于档案保管员保存旧的文件。保存遗产,还决不等于局限于遗产,所以"学生们"除了捍卫欧洲主义的一般理想而外,还分析了我国资本主义发展所包含的各种矛盾,并从上述特有的观点出发评价了这个发展。

五

米海洛夫斯基先生论"学生们"拒绝遗产

最后我们再回过来谈谈米海洛夫斯基先生并考察一下他对我们关心的问题所作的论断。米海洛夫斯基先生不仅声称这些人(学生们)"根本不愿意与过去有任何继承性的联系,并且坚决拒绝遗产"(上引书第 179 页),而且还宣称"他们〈同各种极不相同的流派的其他人物一起,连阿布拉莫夫先生、沃伦斯基先生、罗扎诺夫先生也在内〉非常凶恶地攻击遗产"(第 180 页)。米海洛夫斯基先生讲的是哪一种遗产? 是《莫斯科新闻》过去和现在都郑重表示拒绝的 60—70 年代的遗产(第 178 页)。

我们已经表明:如果谈的是现代人所承受的"遗产",那就要区别**两种遗产**:一种遗产是启蒙者的遗产,是绝对敌视改革前的一切的人的遗产，是拥护欧洲理想和广大群众利益的人的遗产。另一种遗产是民粹派的遗产。我们已经表明，把这两种不同的东西混淆起来是非常错误的，因为任何一个人都知道，过去和现在都有一些人保存了"60年代的传统"并与民粹主义毫无共同之处。米海洛夫斯基先生所发表的种种意见完完全全是以混淆这两种根本不同的遗产为根据的。因为米海洛夫斯基先生不会不知道这个区别，所以他的做法不仅完全肯定是荒唐的，而且是诽谤性的。《莫斯科新闻》是不是专门攻击了民粹主义呢？根本没有：它同样地甚至更厉害地攻击了启蒙者，而与民粹主义格格不入的《欧洲通报》杂志对于它来说，则是和民粹派的《俄国财富》杂志一样的敌人。当然，同那些最坚决地拒绝遗产的民粹派分子，例如同尤佐夫先生，《莫斯科新闻》当然在许多方面是会有意见分歧的，但是它未必会去凶恶地攻击他，而且终究会因为他与愿意保持遗产的民粹派分子不同而称赞他。阿布拉莫夫先生或者沃伦斯基先生是否攻击过民粹主义呢？根本没有。前者本人就是民粹派分子；他们两人都攻击过启蒙者。"俄国学生们"是否攻击过启蒙者呢？他们是否曾经拒绝过嘱咐我们绝对仇视改革前的生活方式及其残余的那种遗产呢？不仅没有攻击过，反而揭露过民粹派分子因对资本主义怀有小资产阶级的恐怖心理而力求支持这些残余中的若干东西的企图。他们是否曾经攻击过把一切欧洲理想遗留给我们的遗产呢？不仅没有攻击过，反而揭露过民粹派分子为代替全欧理想而在许多极其重要的问题上编造各种古怪的蠢话。他们是否曾经攻击过嘱咐我们要关心劳动居民群众利益的那种遗产呢？不仅没有攻击过，反而对民粹派分子进行了如下的揭露：民粹派分子对这些利益的关心是不彻底的（因为他们竭力把农民资产阶级与农村无产阶级混淆起来);民粹派分子不是注意现有的东西,而是幻想也许会有的东西,所以这些关心就变得没有什么用处了;民粹派分子的关心是极端狭隘的,因为他们从来就不能够正确地评价使这些人易于或难于获得自己关心自己的可能性的条件(经济条件和其他条件)。

米海洛夫斯基先生可以不同意这些揭露是正确的,而且他既然是个民粹派分子,自然不同意这些揭露。但是,说那些事实上**仅仅**"凶恶地"攻击了**民粹主义**的人是"凶恶地"攻击了"60—70年代的遗产",却不知道他们之所以攻击民粹主义是因为它不能**按照这个遗产的精神并且与它毫无矛盾地**来解决改革后的历史所提出来的新问题,——说这样的话就是直接歪曲事实。

米海洛夫斯基先生极其可笑地愤慨说,"学生们"很乐意地把"我们"(即《俄国财富》杂志的政论家们)同"民粹派分子"及其他与《俄国财富》杂志无关的人们混为一谈(第180页)。这个想把自己从"民粹派分子"当中划分出来同时却又保存民粹主义一切基本观点的奇怪企图,只能引人发笑。谁都知道,一切"俄国学生"都在广义上使用"民粹派分子"和"民粹主义"这两个名词。至于各个民粹派分子之间有许多不同的色彩,这是谁也不曾忘记和否定的:例如,不论是彼·司徒卢威也好,或恩·别尔托夫也好,他们在自己的著作中不仅没有把尼·米海洛夫斯基先生同瓦·沃·先生"混为一谈",而且就是同尤沙柯夫先生也没有"混为一谈",这就是说,没有抹杀他们观点上的差别,没有把一个人的观点硬加在另一个人的身上。彼·伯·司徒卢威甚至直接指出了尤沙柯夫先生的观点与米海洛夫斯基先生的观点的区别。把各种不同的观点混为一谈,这是一回事;把虽然在许多问题的看法上有所不同但在"学生们"所反对的基本和主要论点上意见一致的著作家们概括起来归入一类，这是另一回事。对于"学生们"来说，重要的根本不是指出那些使一位尤佐夫先生与其他民粹派分子有所不同的观点的毫无用处，对于他们来说重要的是驳斥**尤佐夫先生、米海洛夫斯基先生以及所有民粹派分子共同的**观点，这就是说，要驳斥他们对俄国资本主义演进的态度，驳斥他们从小生产者观点出发对经济问题和政论性问题的议论，驳斥他们对社会的（或历史的）唯物主义的不理解。**这些特点**是曾经起过很大历史作用的那一个社会思想流派的共同财产。在这个广大的思想流派中有各种极不相同的色彩，有右翼和左翼，有堕落到民族主义和反犹太主义等等的人，也有未犯这种罪过的人；有对"遗产"的许多遗训抱轻视态度的人，也有尽可能（即在民粹派分子看来是尽可能）捍卫这些遗训的人。没有一个"俄国学生"否认过各种色彩之间的这些区别，米海洛夫斯基先生不能揭露他们中间有任何人把一种色彩的民粹派分子的观点硬加在另一种色彩的民粹派分子身上。但是，既然我们反对的是这一切不同色彩所**共有的**基本观点，那我们有什么必要去谈论整个流派中的局部差别呢？这真是毫无道理的要求！一些著作家虽然远不是在一切方面都意见一致，但对俄国资本主义、对农民"村社"、对所谓"村团"万能的看法却是一致的。这一点早在"学生们"出现之前很久就在我国书刊中不只一次地指出过了，不仅指出过，而且还赞美为俄国的幸福特征。广义的"民粹主义"一词，也在"学生们"出现之前很久就在我国书刊中使用了。米海洛夫斯基先生不仅在一个杂志社中与"民粹派分子"（狭义的）瓦·沃·先生共事多年，而且和他共同具有上述见解的基本要点。米海洛夫斯基先生虽然在80年代和90年代反对过瓦·沃·先生的个别结论，否认他对抽象社会学领域的探索的正确性，可是无论是在80年代还是在90

年代,他都附带声明说,他的批判决不针对瓦·沃·先生的经济著作,他同意这些著作对俄国资本主义的基本看法。因此,现在在发展、巩固和传播民粹主义(广义的)观点方面做了很多工作的《俄国财富》杂志的台柱们,以为只要简单声明一下,说他们不是"民粹派分子"(狭义的),说他们完全是一种特殊的"伦理社会学学派",就可以摆脱"俄国学生们"的批判,那么,这样的手法当然只能引起大家对这些如此勇敢同时又如此爱耍外交手腕的人的公正嘲笑。

米海洛夫斯基先生在其论文的第182页上还提出了如下一个反对"学生们"的罕见论据:卡缅斯基先生恶毒地攻击民粹派分子**92**;这原来"证明他生气了,而他是不应该这样的〈原文如此!!〉。我们'主观主义的老头子'和'主观主义的青年'一样,可以允许自己犯这个毛病,而不至于自相矛盾。但是'完全可以因其严峻的客观态度而自豪'〈一个"学生"的话〉的学说,其代表则是另外一种情况"。

这是什么东西啊?! 如果人们要求对社会现象的看法要根据对**现实**和实际发展进行严峻客观的分析,——那就应该由此得出这些人不该生气的结论吗?! 这简直是胡说八道,荒唐之极! 米海洛夫斯基先生,您是否听说过《资本论》这一名著被公正地认为是社会现象研究中采取严峻客观态度的出色典范之一? 许多学者和经济学家认为这一著作的主要的、基本的缺点就在于它的严峻的客观态度。然而在这部罕见的科学著作中你们却能够找到这样多的"热忱",这样多的反对落后观点代表者、反对作者深信是阻碍社会发展的各社会阶级的代表者的热烈而又激昂的论战性文字。这位作者虽然以严峻的客观态度指明,例如,蒲鲁东的观点是法国小资产者的见解和情绪的自然的、明白的、必然的反映,但是他还是以极大的热情和强烈的愤怒"攻击了"这个小资产阶级思想家。米海洛夫斯基先生是否认为马克思在这里是"自相矛盾"呢？如果某种学说要求每个社会活动家要以严峻的客观态度分析现实以及在这个现实的基础上所形成的各阶级间的关系，那怎么能够由此作出结论，说社会活动家不应当同情这个或那个阶级，说他"不应该"这样做呢？在这里谈应该不应该，简直是可笑的，因为没有一个活着的人**能够不站到**这个或那个阶级**方面**来（既然他已经了解它们的相互关系），能够不为这个或那个阶级的胜利而高兴，为其失败而悲伤，能够不对敌视这个阶级的人和散布落后观点来妨碍这个阶级发展的人表示愤怒，等等，等等。米海洛夫斯基先生所使用的这个微不足道的手法只是表明，他到现在为止对于决定论和宿命论之间有什么区别这个极其起码的问题都没有弄清楚。

　　米海洛夫斯基先生写道："'资本正在走来'！这是毫无疑问的，但是〈原文如此!!〉问题在于怎样去迎接它。"（第189页）

　　米海洛夫斯基先生发现了新大陆，他指出了"俄国学生们"显然根本就没有想过的一个"问题"。"俄国学生们"与民粹派分子可以说根本不是在这个问题上发生了意见分歧！"迎接"俄国发展着的资本主义，只能有两种态度：或者认为它是一种进步现象，或者认为它是一种退步现象；或者认为它是在真正的道路上前进了一步，或者认为它偏离了真正的道路；或者从被资本主义摧毁的小生产者阶级的观点来评价它，或者从资本主义所创造的无家产的生产者阶级的观点来评价它，在这里中间路线是没有的。[①] 因此，既

---

① 我们自然不是讲这样一种迎接态度，即根本不认为必须遵循劳动的利益，或者不懂得和弄不清楚"资本主义"一词所表现的概括。不管这里所说的社会思想流派在俄国生活中多么重要，但它们同民粹派分子与其论敌的争论毫不相干，所以不应当把他们牵涉进来。

然米海洛夫斯基先生驳斥"学生们"所坚持的那种对资本主义的态度的正确性,那就是说,他采取了民粹派的态度,这种态度他在自己以前的文章中多次十分明确地表达过。米海洛夫斯基先生以前和现在都丝毫没有补充和改变自己对这个问题的旧观点,他仍然像以前一样是一个民粹派分子。根本不是那么一回事!天呀,他可不是民粹派分子!他是"伦理社会学学派"的代表……

米海洛夫斯基先生继续说:"请不要谈资本主义的进一步发展将要带来的〈?〉未来的〈??〉福利吧。"

米海洛夫斯基先生可不是民粹派分子。他只是完全重复了民粹派分子的错误和他们不正确的议论方法。我们已经向民粹派分子反复讲过多少次:这种"关于未来"的问题的提法是不正确的,因为问题不在于"未来",而在于前资本主义关系的现实的、已经发生的、具有进步意义的变化,俄国资本主义的发展正在带来的(而不是将要带来的)变化。米海洛夫斯基先生把问题搬到了"未来",因而实质上就恰好承认"学生们"所反对的论点已经得到证实。他认为下面一点已经得到证实,即在我们眼前所发生的事实中,资本主义的发展实际上并**没有**给旧的社会经济关系**带来**任何具有进步意义的变化。这正是民粹派的观点,"俄国学生们"所反对的也正是这个观点,他们证明情形恰好相反。没有一本"俄国学生们"所出版的书不谈到或不指明:在农业中以自由雇佣劳动来代替工役,以工厂工业来代替所谓"手工"工业,是在我们眼前发生的(并且发生得非常快的)现实现象,而根本不只是"未来"现象;这种代替在各方面说来都是一种进步现象,它摧毁着墨守陈规的、长期停滞不前的、分散的小手工生产;它在提高社会劳动生产率,从而创造提高劳动人民生活水平的可能性;它在创造把这种可能性变成必然性的条件，也就是使那些被抛掷到"穷乡僻壤"的"定居的无产者"，使那些无论在肉体上还是在精神上都是定居的无产者变成流动的无产者，使那些盘剥极其残酷，人身依附形式繁多的亚洲劳动形式变成欧洲劳动形式；"欧洲的思想情感方式，对于顺利使用机器来说，是和蒸汽、煤炭和技术同样必需的〈请注意：必需的。——**弗·伊**·注〉"①等等。我们再说一遍，这一切每个"学生"都谈过和证明过，但这一切同米海洛夫斯基先生"及其同志们"大概毫无关系，这一切写出来完全是为了反对与《俄国财富》杂志"无关的""民粹派分子"。要知道《俄国财富》杂志是一个"伦理社会学学派"，其实质是打着新幌子偷运旧垃圾。

我们在上面已经指出，我们这篇文章的任务是驳斥在自由主义民粹派刊物上十分流行的捏造，说什么"俄国学生们"摒弃了"遗产"，与俄国社会优秀部分的优秀传统断绝了关系，等等。值得指出的是，米海洛夫斯基先生在重复这种陈词滥调时，他所说的实质同那个与《俄国财富》杂志"无关的""民粹派分子"瓦·沃·先生所说的一模一样，但后者说的要比他早得多和坚决得多。读者，您是否读过这位作家3年以前即在1894年底在《星期周报》[94]上为答复彼·伯·司徒卢威所著的一本书而发表的那些文章？应当承认，据我看来，您如果没有读过，那也毫无所失。这些文章的基本思想就是：似乎"俄国学生们"割断了贯穿着一切进步的俄国社会思想流派的民主主义的线索。现在，当米海洛夫斯基先生斥责"学生们"背弃了《莫斯科新闻》所恶毒攻击的"遗产"时，他不是在重复着同样的东西吗？只不过在说法上稍微有些不同而已。事实上，

---

① 这是舒尔采-格弗尼茨在1896年《施穆勒年鉴》[93]上发表的论莫斯科-弗拉基米尔的棉纺工业一文中的话。

正如我们所看见的,从事这种捏造的人是在颠倒是非,他们硬说"学生们"与**民粹主义**的彻底决裂,就表明他们与俄国社会优秀部分的优秀传统决裂。先生们,事情不是恰恰相反吗? 这种决裂不是表明把**民粹主义**从这些优秀传统中**清洗出去**吗?

载于 1898 年圣彼得堡出版的
弗拉基米尔·伊林《经济评论集》

译自《列宁全集》俄文第 5 版
第 2 卷第 505—550 页

俄国社会民主党人的任务[95]

(1897 年底)

90 年代后半期的特点,是在提出和解决俄国革命问题方面呈现异常活跃的气象。新的革命党民权党[96]的出现,社会民主党人的影响和成绩的增长,民意党内部的发展,所有这一切,都在社会主义的知识分子和工人小组中以及秘密宣传中,引起了对纲领问题的热烈讨论。在秘密宣传中值得指出的有:"民权党"的《迫切的问题》和《宣言》(1894 年),《"民意社"快报》[97],"俄国社会民主党人联合会"[98]在国外出版的《工作者》文集,在俄国国内出版主要供工人阅读的革命小册子的紧张活动,圣彼得堡社会民主党人的"工人阶级解放斗争协会"在 1896 年著名的彼得堡罢工时所进行的鼓动工作等等。

在我们看来,现在(1897 年底)最迫切的问题,是社会民主党人的**实践**活动问题。我们着重指出社会民主党的**实践**方面,是因为它的理论方面,看来已经度过了最紧张的时期;当时,它根本不为对手们所了解,又有种种势力力图在新派别一出现时就把它压下去,这是一方面;另一方面,社会民主党则热烈捍卫自己的基本原则。现在,社会民主党人的理论观点,**在其主要的与基本的方面**,已经充分阐明了。而关于社会民主党的**实践**方面,关于它的政治**纲领**,关于它的活动方法,它的策略,却还不能这样说。我们觉

ПРОЛЕТАРІИ ВСѢХЪ СТРАНЪ, СОЕДИНЯЙТЕСЬ!

РОССІЙСКАЯ СОЦІАЛЬДЕМОКРАТИЧЕСКАЯ РАБОЧАЯ ПАРТІЯ.

Н. ЛЕНИНЪ.

ЗАДАЧИ
РУССКИХЪ
СОЦІАЛЬДЕМОКРАТОВЪ

Изданіе 2-е.

СЪ ПРЕДИСЛОВІЯМИ

АВТОРА

И

П. Б. АКСЕЛЬРОДА.

Изданіе Загран. Лиги Русск. Революціонной Соціальдемократіи.

ЖЕНЕВА
Типографія Лиги, Route Caroline, 27.
1902 г.

1902 年列宁《俄国社会民主党人的任务》
小册子第 2 版封面

得,正是在这些方面,存在着很多误会和隔阂,妨碍着某些革命者与社会民主党充分接近,这些革命者在理论上已经完全离开民意主义,而在实践上,或是由于客观力量所迫,到工人中间进行宣传鼓动,甚至把自己在工人中间的活动放到**阶级斗争**的基础上,或者力图把**民主主义**任务当做全部纲领和全部革命活动的基础。如果我们没有弄错的话,后一评语是适用于目前在俄国与社会民主党人同时活动的两个革命团体,即民意党和民权党的。

因此,我们认为,现在把社会民主党人的**实践**任务解释清楚,把我们下述看法的根据加以说明是特别适时的:我们认为社会民主党人的纲领是现有三个纲领中最合理的纲领,反对意见多半是由于了解不够。

大家知道,社会民主党人在实践活动方面给自己提出的任务是,领导无产阶级的阶级斗争,并把这一斗争的两种具体表现组织起来:一种是社会主义的表现(反对资本家阶级,目标是破坏阶级制度,组织社会主义社会[99]);另一种是民主主义的表现(反对专制制度,目标是在俄国争得政治自由,并使俄国政治制度和社会制度民主化)。我们刚才说**大家知道**。的确,俄国社会民主党人自从作为一个特别的社会革命派别出现时起,就始终十分明确地指出他们这一活动任务,始终强调无产阶级阶级斗争的两种表现与内容,始终坚持他们的社会主义任务与民主主义任务的不可分割的联系,而这一联系在他们所采用的名称上就已清楚地表现出来了。然而直到现在,你们还往往看见,有些社会主义者对于社会民主党人抱着一种极端谬误的观念,责难社会民主党人忽略政治斗争等等。我们现在就来稍微谈谈俄国社会民主党实践活动的这两个方面。

我们从社会主义活动谈起。自从圣彼得堡社会民主党人的"工人阶级解放斗争协会"开始在彼得堡工人中间活动时起,社会民主党在这方面活动的性质,看来应当是十分清楚的。俄国社会民主党人的社会主义工作,就是在工人中间**宣传科学社会主义学说**,使工人正确了解现代社会经济制度及其基础与发展,了解俄国社会各个**阶级**及其相互关系,了解这些阶级相互的斗争,了解工人阶级在这个斗争中的作用,了解工人阶级对于正在没落的阶级和正在发展的阶级、对于资本主义的过去和将来所应采取的态度,了解各国社会民主党和俄国工人阶级的历史任务。同宣传工作紧密相联的,就是在工人中间进行**鼓动工作**,这个鼓动工作在俄国目前的政治条件和工人群众的发展水平下,自然成为首要的工作。在工人中间进行鼓动工作,这就是说社会民主党人要参加工人阶级的一切自发斗争,参加工人为工作日、工资、劳动条件等等问题而和资本家发生的一切冲突。我们的任务,就是要把自己的活动和工人的实际日常生活问题结合起来,帮助工人理解这些问题,使工人注意到各种极严重的舞弊行为,帮助他们把他们向厂主提出的要求表述得更明确、更切实,提高工人对自身团结的认识,提高作为一个统一的工人阶级,作为全世界无产阶级大军的一部分的全体俄国工人对自己共同利益和共同事业的认识。在工人中间成立小组,使它们与社会民主党人中心小组建立经常的秘密联系,印发工人书刊,组织各工人运动中心地点的通信工作,印发鼓动传单和宣言,训练有经验的鼓动员,——俄国社会民主党的社会主义活动方式大致就是这样。

我们的工作首先和主要是针对城市工厂工人的。俄国社会民主党不应当分散自己的力量,而应当集中力量在工业无产阶级中间进行活动,因为工业无产阶级最能接受社会民主主义思想,在智力上和政治上最发展,并且按其数量以及在国内巨大政治中心的集中程度来说,又是最重要的。因此,在城市工厂工人中间建立坚固的革命组织,是社会民主党首要的迫切任务,现在放弃这个任务是极不恰当的。然而,我们虽然认为必须集中自己力量在工厂工人中间进行工作,反对分散力量,但我们丝毫无意说,俄国社会民主党可以忽略俄国无产阶级和工人阶级中的其他阶层。根本不是这样。俄国工厂工人的生活条件本身,使他们往往要同那些散布在城市和乡村的、生活条件更恶劣得多的厂外工业无产阶级即手工业者发生十分密切的关系。俄国工厂工人同农村居民也有直接联系(工厂工人往往有家在农村),所以他们也不能不同农村无产阶级即千百万的雇农和日工,以及那些拘守一小块土地,从事工役和寻求各种偶然"外水",即同样是从事雇佣劳动的破产农民接近。俄国社会民主党人认为,现在**把**自己的力量**派**到手工业者和农业工人中间去工作,是不合时宜的,但他们决不想忽视这些阶层,而要努力教育先进工人了解手工业者和农业工人的日常生活情形,使这些工人在同无产阶级中比较落后的阶层接近时,把阶级斗争、社会主义的思想以及俄国民主派,特别是俄国无产阶级的政治任务也带给这些阶层。当在城市工厂工人中间还有这么多的工作要做的时候,派遣鼓动员到手工业者和农业工人中去是不实际的,但是社会主义的工人既然有很多机会不知不觉地接触这些人,那就应该善于利用这种机会并了解俄国社会民主党的一般任务。因此,那些责难俄国社会民主党狭隘,说他们因为只注重工厂工人而有意忽视广大劳动群众的人,是极端错误的。恰恰相反,在无产阶级的先进阶层中间进行鼓动,是把整个俄国无产阶级唤醒起来(随着运动的扩大)的最可靠手段。在城市工人中间传播社会主义与阶级斗争的思想,就必然会使这些思想经过比较细小分散的渠道传播开来:为此必须使这些思想在较有锻炼的人们中间扎下较深的根,使俄国工人运动与俄国革命的这个先锋队完全领会。俄国社会民主党运用自己全部力量在工厂工人中间进行活动,同时决定支持俄国那些在实践上把社会主义工作放到无产阶级阶级斗争基地上来的革命者,但他们毫不隐讳,无论与其他革命派别订立什么样的实际联盟,都不能而且不应当在理论上、纲领上、旗帜上实行妥协或让步。俄国社会民主党人深信,现在只有科学社会主义和阶级斗争的学说,才是革命理论,才能作为革命运动的旗帜,他们将用全力来传播这个学说,使它不受曲解,反对任何想把还年轻的俄国工人运动同那些不确定的学说联系起来的行为。理论的判断证明,而社会民主党人的实践活动则表明:俄国一切**社会主义者**都应该成为**社会民主党人**。

现在我们来谈谈社会民主党人的**民主主义**任务和民主主义工作。我们再说一遍:这个工作与社会主义工作有**不可分割**的联系。社会民主党人在工人中间进行**宣传**的时候,**不能避开政治问题**,并且认为,想避开政治问题或者把它们搁置一边的任何做法,都是极大的错误,都是背离全世界社会民主主义的基本原理的。俄国社会民主党人除了宣传科学社会主义以外,同时还要在工人群众中间广泛宣传**民主主义思想**,竭力使工人认识专制制度的一切活动表现,专制制度的阶级内容,推翻专制制度的必要性,如果不争得政治自由并使俄国政治社会制度民主化,就不可能为工人事业进行胜利的斗争。社会民主党人根据当前的**经济**要求在工人中间进行**鼓动**的时候,把这种鼓动与根据工人阶级当前的政治需要、政治困苦和政治要求进行的鼓动密切联系起来,例如进行鼓动反对那种在每次罢工、每次劳资冲突中都出现的警察压迫,反对对工人,作为俄国公民,特别是作为最受压迫最无权的阶级的工人所实施的权利限制,反对每一个与工人直接接触并使工人阶级明显地感觉到自己处于政治奴隶地位的专制制度的重要人物和走狗。在经济方面,没有一个工人生活问题不可以利用来进行经济鼓动,同样,在政治方面,也没有一个问题不可以当做政治鼓动的对象。这两种鼓动在社会民主党人的活动中是互为表里,密切联系的。无论经济鼓动或政治鼓动,都是为发展无产阶级的阶级自觉所必需的;无论经济鼓动或政治鼓动,都是为领导俄国工人的阶级斗争所必需的,因为任何阶级斗争都是政治斗争。无论前一种鼓动或后一种鼓动,都能唤起工人觉悟,组织他们,使他们遵守纪律,教育他们进行一致活动并为社会民主主义理想而斗争,因而也就使工人有可能在解决迫切问题和迫切需要方面试验自己的力量,使工人们有可能从敌人方面争得局部的让步,改善自己的经济状况,使资本家不能不考虑有组织的工人的力量,使政府不能不扩大工人的权利和接受工人的要求,使政府在怀有敌对情绪并由坚强的社会民主党组织所领导的工人群众面前经常胆战心惊。

我们已经指明**社会主义的**与**民主主义的**宣传和鼓动有不可分割的联系,指明革命工作在这两方面是完全并行的。然而这两种活动和斗争也有重大的差别。这个差别就是,在经济斗争中,无产阶级完全是孤立的,要同时反对地主-贵族和资产阶级,至多也只能得到(而且也远远不是时常都能得到)小资产阶级中间那些趋向于无产阶级的分子的帮助。而在民主主义的**政治**斗争中,俄国工人阶级却不是孤立的;所有一切持反政府态度的分子、阶层和阶级，都是与它站在一起的，因为他们也仇视专制制度，并用这种或那种形式进行反对专制制度的斗争。在这里与无产阶级站在**一起的**，还有资产阶级、有教养的阶级、小资产阶级以及受专制制度迫害的民族或宗教和教派等等的持反政府态度的分子。这里自然就发生一个问题：工人阶级对于这些分子应该抱什么态度？其次，工人阶级是否应当与他们联合起来进行反对专制制度的共同斗争？既然一切社会民主党人都认为政治革命在俄国应当先于社会主义革命，那么岂不是应当与一切持反政府态度的分子联合起来进行反专制制度的斗争，而暂时把社会主义搁置起来，这不是为加强反专制制度的斗争所必需的吗？

我们来分析这两个问题。

工人阶级这个反专制制度的战士对其他一切持反政府态度的社会阶级和集团所采取的态度，早已由著名的《共产党宣言》中所叙述的社会民主主义基本原则十分确切地规定出来了。[①] 社会民主党人支持进步的社会阶级去反对反动的社会阶级，支持资产阶级去反对那些特权等级土地占有制的代表人物，反对官吏，支持大资产阶级去反对小资产阶级的反动妄想。这种支持并不打算也不要求同非社会民主主义的纲领和原则作任何妥协，这是支持同盟者去反对**特定的**敌人，而社会民主党人给予这种支持，是为了更快地推翻共同的敌人，但他们并不打算从这些暂时的同盟者那里**为自己**取得什么，也不会让与什么。社会民主党人支持一切反对现存任何社会制度的革命运动，支持一切被压迫的民族、被迫害的宗教、被贱视的等级等等去争取平等权利。

---

① 参看《马克思恩格斯文集》第2卷第65—66页。——编者注

在宣传方面,社会民主党人对一切持反政府态度的分子的**支持**,表现在社会民主党人证明专制制度敌视工人事业时,将指明专制制度也敌视其他某些社会集团,将指明**在某些问题上,在某些任务上**,工人阶级和这些集团是一致的,等等。在鼓动方面,这种支持表现在社会民主党人将利用专制制度警察压迫的每一表现向工人们指明,这种压迫如何落在**一切**俄国公民头上,尤其是落在特别受压迫的等级、民族、宗教和教派等等的头上,这种压迫如何特别影响到**工人阶级**。最后,在实践方面,这种支持表现在俄国社会民主党人决心同其他派别的革命者结成同盟,以便达到某些局部目的,而这种决心已用事实多次证明过了。

这里我们也就谈到第二个问题。社会民主党人指出某些反政府集团与工人之间的一致时,始终要把工人划分出来,始终要解释这种一致的暂时性与相对性,始终要着重指出无产阶级的阶级独立性,因为它可能在明天就成为今天同盟者的敌人。也许有人会对我们说:"指出这点,就会**减弱**现在所有争取政治自由的战士的力量。"我们回答说:指出这点,只会**加强**所有争取政治自由的战士的力量。只有那些立足于**已被认识的**一定**阶级**的实际利益的战士,才是强而有力的;凡是把这些在现代社会中已经起着主要作用的阶级利益蒙蔽起来,都只会削弱战士的力量。这是第一。第二,在反对专制制度的斗争中,工人阶级应当使自己划分出来,因为**只有**它才是专制制度的彻底的势不两立的敌人,**只有**它才不可能和专制制度妥协,**只有**工人阶级才毫无保留、毫不犹豫、毫不返顾地拥护民主主义。其他一切阶级、集团和阶层,**都不是绝对**敌视专制制度,他们的民主主义始终是向后返顾的。资产阶级不能不意识到专制制度阻碍工业与社会的发展,但它害怕政治和社会制度完全民主化,随时都能与专制制度结成联盟来反对无产阶级。小资产阶级就其本性来说具有两面性:一方面,它趋向无产阶级与民主主义;另一方面,它又趋向反动阶级,企图阻止历史行程,会折服于专制制度的种种试探和诱惑手段(例如亚历山大三世所实行的"人民政策"[100]),为了巩固自己**小私有者**的地位而会和统治阶级结成同盟反对无产阶级。有教养的人,整个"知识界",不能不起来反对专制制度摧残思想和知识的野蛮的警察压迫,但是这个知识界的物质利益把它同专制制度和资产阶级联系起来,使它的态度不彻底,使它为求得官家俸禄,或为分得利润或股息而实行妥协,出卖其反政府的和革命的狂热。至于被压迫民族和受迫害宗教中间的民主分子,那么谁都知道,谁都看得见,这几类居民内部的阶级矛盾,要比每一类中的各个阶级共同反对专制制度和争取民主制度的一致性深刻得多,强烈得多。只有无产阶级,才能成为——而且按其阶级地位来说不能不成为——彻底的民主主义者,坚决反对专制制度的战士,而不会作任何让步和妥协。只有无产阶级,才能成为争取政治自由与民主制度的**先进战士**,因为第一,无产阶级受到的政治压迫最厉害,这个阶级的地位不可能有丝毫改变,它既没有接近最高当局的机会,甚至也没有接近官吏的机会,也无法影响社会舆论。第二,只有无产阶级才能**彻底**实现政治社会制度的民主化,因为实行这种民主化,就会使工人成为这个制度的主人。因此,把工人阶级的民主主义活动与其他各个阶级和集团的民主主义**融合起来**,就会削弱民主运动的力量,就会**削弱**政治斗争,就会使这一斗争不是那样坚决,不是那样彻底,而是比较容易妥协。反过来,把工人阶级作为争取民主制度的先进战士**划分出来**,就会**加强民主运动,加强**争取政治自由的斗争,因为工人阶级将**带动**其他一切民主分子和持反政府态度的分子,将推动自由派去与政治激进派接近,将推动激进派去同当前社会整个政治社会制度坚决断绝关系。我们在上面已经说过,俄国一切**社会主义者**,都应当成为**社会民主党人**。我们现在还要补充说:俄国一切真正的和彻底的**民主主义者**,都应当成为**社会民主党人**。

　　让我们举例来说明我们的意思。我们就拿官僚这个专干行政事务并在人民面前处于特权地位的特殊阶层的机关来说,从专制的、半亚洲式的俄国起,到有文化的、自由的、文明的英国止,我们到处都可以看到这种资产阶级社会不可或缺的官僚机关。与俄国的落后性及其专制制度相适应的,是人民在官吏面前**完全无权**,特权官僚**完全**不受监督。在英国,人民对行政机关实行强有力的监督,然而即使在那里,这种监督也**远不是完全的**,官僚仍然保持着不少特权,他们往往是人民的主人,而不是人民的公仆。即使在英国,我们也看到,有势力的社会集团总是支持官僚特权地位,不让这个机关完全民主化。这是由于什么原因呢? 由于这个机关的**完全民主化**仅仅有利于一个无产阶级;于是连资产阶级最先进的阶层,也维护官吏的某些特权,反对一切官吏由选举产生,反对完全废除资格限制,反对官吏对人民直接负责等等,因为他们感觉到,这种彻底的民主化将被无产阶级利用来**反对**资产阶级。俄国的情况也是这样。俄国人民中许多各不相同的阶层,都反对专权独断、不对任何人负责、贪赃受贿、野蛮昏聩、过着寄生生活的俄国官吏,可是,除了无产阶级以外,**没有一个**阶层会容许官吏机构完全民主化,因为其他一切阶层(资产阶级,小资产阶级,整个"知识界")都与官吏有联系,都与俄国官吏有**亲属**关系。谁不知道,在神圣的俄罗斯,激进派的知识分子,社会主义者知识分子很容易变为帝国政府的官吏，他们以在官场范围内有所"裨益"而聊以自慰，他们以这种"裨益"来替自己的政治冷淡态度辩护，来替自己向刑棍和皮鞭的政府献媚辩护。只有**无产阶级**，才绝对敌视专制制度和俄国官吏；只有**无产阶级**，才与贵族资产阶级社会中的这些机关没有任何**联系**；只有无产阶级，才能根本敌视并坚决反对它们。

我们证明在社会民主党领导下进行阶级斗争的无产阶级是俄国民主运动的先进战士的时候，竟遇见一种十分流行而又十分奇怪的意见，似乎俄国社会民主党拖延政治任务和政治斗争。我们知道，这种意见与真实情况截然相反。社会民主党的原则曾多次阐述过，而且早在最初的俄国社会民主主义出版物中，即"劳动解放社"[101]在国外出版的小册子和书籍中就已经阐述过，为什么有人竟如此惊人地不了解呢？我们觉得，这一奇怪事实是由于下面三个原因产生的：

第一，是因为旧的革命理论的代表人物根本不懂得社会民主主义的原则，他们拟定纲领和行动计划，总是根据抽象的观念，而不是根据对各个在国内活动、而其相互关系已由历史决定的现实阶级的估计。正因为人们没有用这种现实主义态度来讨论那些支持俄国民主运动的**利益**，才能发生这种认为俄国社会民主党忽略俄国革命者的民主主义任务的意见。

第二，是因为他们不懂得，把经济问题与政治问题，社会主义活动与民主主义活动结合为一个整体，结合为统一的**无产阶级的阶级斗争**，这不仅不会削弱，反而会加强民主运动和政治斗争，使它接近人民群众的实际利益，把政治问题从"知识界的狭小书房"拿到街上去，拿到工人和劳动阶级中间去，把关于政治压迫的抽象观念，换成最使无产阶级痛苦的那些政治压迫的实际表现，而社会民主党就是根据这些表现来进行鼓动工作的。俄国激进派分子往往觉得,社会民主党人不直接号召先进工人进行政治斗争,而提出了发展工人运动和组织无产阶级阶级斗争的任务,社会民主党人这样就是从自己的民主主义立场往后退,就是拖延政治斗争。可是,如果这里真有所谓**后退**,那就不过是法国俗语所说的那种后退:"为要远跳,必须后退!"

第三,误会所以发生,是因为民意党人和民权党人同社会民主党人对于"政治斗争"概念本身的理解,是各不相同的。社会民主党人对于政治斗争有另一种理解,比旧的革命理论代表人物的理解**广泛得多**。1895年12月9日《"民意社"快报》第4号,就具体证明了这个似乎不近情理的说法。我们衷心欢迎这个刊物,因为它表明在现代民意党人中间进行着一种很有成效的深刻的思想工作,但是我们不能不指出,彼·拉·拉甫罗夫的《论纲领问题》一文(第19—22页)显然表明老民意党人对于政治斗争有另一种理解①。彼·拉·拉甫罗夫谈到民意党人的纲领与社会民主党人的纲领的关系时写道:"……这里有一点而且只有一点是重要的:在专制制度下面,离开组织反对专制制度的革命党,是否有可能组织强大的工人党呢?"(第21页第2栏);在稍前一点(第1栏)也同样说:"……在专制制度统治下,组织俄国工人党,而不同时组织反对这个专制制度的革命党。"我们完全不懂彼·拉·拉甫罗夫认为十

---

① 　在第4号上发表的彼·拉·拉甫罗夫的论文,不过是彼·拉·拉甫罗夫预定在《资料》**102**上发表的那封信中的"摘录"而已。我们听说,今年(1897年)夏天,在国外发表了彼·拉·拉甫罗夫这封信的全文以及普列汉诺夫的回答。可是我们无法看到这封信,也无法看到这个回答。《民意社》快报》编辑部曾答应在第5号上发表编辑部对于彼·拉·拉甫罗夫这封信的评论(见第4号第22页第1栏附注),但我们也不知道该号是否已经出版。

分重要的这些差别。这是怎么一回事？什么叫做"**除了**反对专制制度的革命党**之外**的工人党"？？难道工人党本身不是革命党么？难道工人党不反对专制制度么？对于这个奇怪议论，彼·拉·拉甫罗夫的论文用下面这段话来解释："建立俄国工人党的组织，是要在极残酷的专制制度条件下进行的。如果社会民主党人不同时组织政治**密谋**①来反对专制制度及其搞这种**密谋**①的一切条件而能做到这件事情，那么他们的政治纲领当然是俄国社会主义者的适当纲领，因为工人的解放将能用工人自己的力量来实现。然而这是很成问题的，如果不是不可能的话。"（第21页第1栏）原来是这么一回事！民意党人原来认为政治斗争与政治**密谋**是一回事！必须承认，彼·拉·拉甫罗夫的这些话，真是十分明显地指出了民意党人同社会民主党人在政治斗争策略方面的基本区别。在民意党人中间，布朗基主义**103**，即密谋主义的传统非常强烈，以致他们只能把政治斗争设想为政治密谋这种形式。社会民主党人却没有这种观点狭隘的毛病；他们不相信密谋，认为密谋的时代早已过去，认为把政治斗争归结为密谋，就是极大地缩小了政治斗争的范围，这是一方面，同时这也意味着选择了最不适宜的斗争手段。谁都明白，彼·拉·拉甫罗夫所说"俄国社会民主党人把西方的活动看成最好的榜样"（第21页第1栏），不过是辩论中的胡言乱语罢了。其实，俄国社会民主党人从来也没有忘记俄国的政治条件，从来也没有梦想在俄国有可能公开建立工人党，从来也没有把争取社会主义的任务与争取政治自由的任务分开。但他们始终认为，这种斗争不应当由密谋家而应当由依靠工人运动的革命党来进

---

① 黑体是我们用的。

行。他们认为反专制制度的斗争不应当是组织密谋,而应当是教育无产阶级,使无产阶级遵守纪律,组织无产阶级,在工人中间进行政治鼓动,痛斥专制制度的一切表现,把警察政府的勇士们统统钉上耻辱柱,迫使这个政府实行让步。难道圣彼得堡"工人阶级解放斗争协会"的活动不正是这样么? 难道这个组织不正是依靠工人运动,领导无产阶级阶级斗争即反资本和反专制政府的斗争,而没有组织任何密谋,正是以社会主义斗争和民主主义斗争**结合**成彼得堡无产阶级不可分割的阶级斗争为其力量泉源的那个革命党的萌芽么? 难道"协会"的活动——尽管它活动的时间很短——不是已经证明,社会民主党所领导的无产阶级是政府不得不考虑并急于对它作出让步的巨大政治势力么? 1897年6月2日颁布的法令,无论按其匆忙施行或就其本身内容来说,都显然表明这是被迫对无产阶级实行的让步,这是从俄国人民的敌人手中夺得的阵地。虽然这个让步很小,虽然这个阵地不大,可是要知道,争得这个让步的工人阶级组织也并不大,并不坚固,成立不久,没有丰富的经验和经费:大家知道,"斗争协会"只是在1895—1896年间才成立的,它对工人们的号召,只是通过胶印的和石印的传单。如果这样的组织至少包括了俄国工人运动一些最大的中心(圣彼得堡区,莫斯科-弗拉基米尔区,南俄以及各重要城市,如敖德萨,基辅,萨拉托夫等等),拥有革命机关报,在俄国工人中间享有像"斗争协会"在圣彼得堡工人中间所享有的那种威信,那么这个组织就会成为目前俄国最大的政治因素,成为政府在其全部内外政策中不能不考虑的因素,——这难道可以否认么? 一个组织,既领导无产阶级的阶级斗争,加强工人的组织和纪律,帮助工人为自己的经济需要而斗争,又接二连三地从资本手里夺得阵地,在政治上教育工人，不断地和勇往直前地攻击专制制度，消灭每一个使无产阶级感觉到警察政府魔爪的沙皇强盗，这样的组织就会是既适合我国条件的工人党组织，又会是反对专制制度的强大的革命党。预先来谈论这个组织为了给专制制度以决定性打击将采用什么手段，例如，它将采取起义，还是群众性的政治罢工，或者其他进攻手段，——预先来谈论这个问题，并且要在现在来解决这个问题，就会是空洞的学理主义了。这就好像将领们尚未调集军队，动员军队去进攻敌军以前，就预先召集军事会议一样。当无产阶级军队在坚强的社会民主党组织领导下，勇往直前争取自身经济和政治解放的时候，这个军队自己就会给将领们指明行动的手段和方法。那个时候，而且只有到那个时候，才能解决对专制制度实行最后打击的问题，因为问题的解决，正是取决于工人运动的状况，工人运动的广度，运动本身所造成的斗争手段，领导运动的革命组织的素质，其他各种社会分子对无产阶级和对专制制度的态度，国外国内的政治条件，——总而言之，取决于千百种条件，而要预先猜测这些条件，是既不可能又无益处的。

因此，彼·拉·拉甫罗夫的下面一段议论，也是十分不正确的：

"如果他们〈社会民主党人〉通过这种或那种方式一定要不仅部署工人力量去反对资本，而且还要团结革命分子和革命团体去反对专制制度，那么不管俄国社会民主党人怎样称呼自己，他们**事实上**是要采纳他们对手即民意党人的纲领。在村社问题、俄国资本主义的命运问题以及经济唯物主义问题上的意见分歧，是对实际事业不太重要的、促进或妨碍在准备主要之点时规定局部任务和局部手段的一些细节而已。"（第21页第1栏）

　　这种说法,根本就不值一驳,怎么能说在俄国生活和俄国社会发展的各种基本问题上的意见分歧,在理解历史的各种基本问题上的意见分歧,只是牵涉到一些"细节"呢! 早已有人说过,没有革命的理论,就不会有革命的运动,而**现在**未必有再来证明这个真理的必要。阶级斗争的理论,按唯物主义观点来了解俄国历史,按唯物主义观点来估计俄国目前的经济和政治情形,承认必须把革命斗争归结为一定阶级的一定利益,并分析这个阶级同其他阶级的关系等,都是十分重大的革命问题,把这些问题叫做"细节",是绝顶荒谬的。从革命**理论**的老手方面听到这种言论,真是出人意料,我们简直要说这是失言。至于上面所引那段话的前半节,它的荒谬无理就更令人惊奇了。报刊上说:俄国社会民主党人只是部署工人力量去反对资本(就是说,只进行经济斗争!),而不同时团结革命分子和革命团体去反对专制制度,——说这种话,或者是不知道,或者是不愿意知道俄国社会民主党人活动的人所共知的事实。或者,也许彼·拉·拉甫罗夫不承认那些在社会民主党人队伍里进行实际工作的人是"革命分子"和"革命团体"吧?! 或者(这也许更正确些)他把反专制制度的"斗争"只了解为反专制制度的密谋吧?(参看第21页第2栏:"……问题是要……组织革命**密谋**";黑体是我们用的)。也许彼·拉·拉甫罗夫认为谁不组织政治密谋,谁就是不进行政治斗争吧? 我们再说一遍:这种观点完全合乎古老民意主义的古老传统,但它完全不合乎现代的政治斗争概念,也不合乎现代的实际情况。

　　关于民权党人,我们还要说几句话。在我们看来,彼·拉·拉甫罗夫说得完全对:社会民主党人"把民权党人当做比较直爽的人,并且决心支持他们,但是不与他们融合起来"(第19页第2

栏);不过要补充一句:是当做比较直爽的**民主主义者**和**只要**民权党人以彻底的民主主义者的姿态出现。可惜,这个条件与其说是真实的现在,不如说是所希望的将来。民权党人曾经表示愿意使民主主义任务摆脱民粹主义,并且根本摆脱与"俄国社会主义"的陈腐形式的联系,但他们自己还远未摆脱旧的偏见,远不彻底,因为他们竟把自己仅仅主张政治改革的党称呼为"社会〈??!〉革命"党(见他们1894年2月19日发表的《宣言》)。《宣言》里说:"民权这一概念包括组织人民生产"(我们只能凭记忆引证),这就证明他们又在偷偷地运用那种民粹主义偏见。所以彼·拉·拉甫罗夫称他们为"戴假面具的政治家"(第20页第2栏),不是完全没有理由的。可是,也许把民权主义看成一种过渡的学说会更正确些,它有不可否认的功劳,就是它以民粹派学说的独特性为耻而与民粹派中最可恶的反动分子公开进行争论,这些分子面对警察式的阶级专制制度竟然说什么人们期望的是经济的改革而不是政治的改革(见"民权"党出版的《迫切的问题》)。如果民权党内除了那些从策略考虑而藏起自己的社会主义旗帜,戴上非社会主义者政治家假面具的(如彼·拉·拉甫罗夫所假设的那样,第20页第2栏)旧时社会主义者而外,确实没有别的人,那么这个党当然是不会有什么前途的。然而,如果在这个党内也有不戴假面具,而是真正的非社会主义者政治家,非社会主义者民主主义者,那么这个党努力去同我国资产阶级中持反政府态度的分子接近,努力唤醒我国小资产阶级,小商人和小手工业者等等这一阶级的政治自觉,它就会带来不少的好处。这个小资产阶级在西欧各处的民主运动中都起过相当的作用,它在我们俄国改革后的时代,已在文化方面以及其他方面取得特别迅速的成就,它不能不感觉到警察政府进行压迫和恬不知耻地援助大工厂主、金融和工业垄断大王的事实。为此，民权党人必须力求和各个居民阶层接近，不要仍然局限于那个"知识界"，因为"知识界"由于脱离群众实际利益而软弱无力，这是连《迫切的问题》也承认了的。为此，民权党人就要抛弃那种想把各种社会分子融合起来并借口政治任务来排斥社会主义的企图，就要抛弃那种妨碍他们自己与人民中间资产阶级阶层接近的虚伪羞耻，就是说，不要仅仅谈论非社会主义者政治家的纲领，而且还要按照这个纲领去行动，唤醒并发展那些完全不需要社会主义，但日益感到专制制度的压迫和政治自由的必要性的社会集团和阶级的阶级自觉。

————

俄国社会民主党还很年轻，刚刚在走出那个以理论问题占主要地位的萌芽状态。它才刚刚开始展开实践活动。其他派别的革命者，已经不得不放下对社会民主理论和纲领的批评，而来批评俄国社会民主党人的**实践活动**。必须承认，后面这种批评与理论批评大不相同，有可能造出这样可笑的谣言，说圣彼得堡"斗争协会"不是社会民主党的组织。出现这样的谣言本身，也就证明那种指斥社会民主党人忽视政治斗争的流行责难是不正确的。出现这样的谣言本身，也就证明未被社会民主党人**理论**所说服的许多革命家已经开始被社会民主党人的**实践**说服了。

俄国社会民主党还有许许多多刚刚开始的工作要做。俄国工人阶级的觉醒，它对知识、团结、社会主义、反对剥削者和压迫者的自发追求，表现得日益明显、日益广阔。俄国资本主义在最近时期内达到的巨大进展，保证工人运动将会毫不停顿地扩大和深入。我们现在显然正处在资本主义周期的这样一个时期：工业"繁荣"，商业昌盛，工厂全部开工，无数新工厂、新企业、股份公司、铁路建筑等等如雨后春笋般地出现。不是预言家也能预言，不可避免的破产（相当厉害）必定在这种工业"繁荣"以后接踵而来。这种破产将使大批小业主破落，把大批工人抛到失业者的队伍里去，从而在全体工人群众面前尖锐地提出早已摆在每个有觉悟有思想的工人面前的社会主义问题和民主主义问题。俄国社会民主党人应当设法使俄国无产阶级在这个破产到来的时候更有觉悟，更加团结一致，懂得俄国工人阶级的任务，能够回击现在赚得巨额利润而随时都想把亏损转嫁到工人身上的资本家阶级，能够领导俄国民主势力去进行决战，反对那束缚俄国工人和全体俄国人民手脚的警察专制制度。

总之，同志们，干起来吧！不要浪费宝贵的时间！俄国社会民主党人还有很多事情要做：要满足正在觉醒的无产阶级的要求，要组织工人运动，要巩固革命团体及其相互联系，要供给工人们宣传鼓动的书刊，要把散布在俄国各个地方的工人小组与社会民主主义团体统一成为一个**社会民主工党**！

“斗争协会”告彼得堡工人和社会主义者

彼得堡革命者正处在困难的时期。政府确实是动员了它的全部力量来镇压产生不久就显示了很大威力的工人运动。政府进行了大规模的逮捕，监狱已有人满之患。乱抓知识分子，不管他们是男是女；逮捕工人，成批地把他们放逐。几乎每天都可以听到消息，说警察政府疯狂地迫害它的敌人，愈来愈多的人遭到牺牲。政府决心不让俄国革命运动的新潮流发展壮大起来。检察长和宪兵们已经在夸耀，说他们把“斗争协会”摧毁了。

这种夸耀完全是谎话。尽管迫害重重，“斗争协会”还是屹然不动。我们非常满意地指出，大规模的逮捕已经发生了自己的作用，它已成为向工人和社会主义者知识分子进行鼓动的有力工具，一批革命者倒下去，另一批新的人又带着新的力量站到为俄国无产阶级和全体俄国人民而战的战士队伍里。斗争不可能没有牺牲。对于沙皇强盗的野蛮迫害，我们镇静地回答说：革命者牺牲了，——但革命必将胜利！

直到目前为止，加紧迫害只不过使“斗争协会”的某些活动暂时削弱，使代办员和鼓动员的人数暂时有所不足。现在正是感到这种暂时的不足，所以我们向一切觉悟的工人和一切愿意贡献自己的力量为革命事业服务的知识分子发出号召。“斗争协会”需要代办员。一切愿意从事任何一种革命活动，哪怕是极小范围内的活动的小组和个人，请把自己的愿望告诉同"斗争协会"有联系的人。（如果有的小组找不到这样的人，可以通过国外"俄国社会民主党人联合会"代为转达。这种情形可能很少。）需要做各种各样工作的人，革命者在革命活动中的分工愈严格，他们对秘密活动的方法和隐蔽的方式考虑得愈周密，他们愈是忘我地埋头于一种细小的、不显著的和局部性的工作，总的事业就愈可靠，宪兵和奸细就愈难发现革命者。政府预先就撒下了密探网，而且不仅对准真正的反政府分子的基地，连那些有可能的和有嫌疑的地方也不放过。政府豢养一批专事迫害革命者的奴仆，不断扩大和加强他们的活动，并且想出一些新办法，设置一批新的挑拨者，竭力用恫吓、伪造口供、假造签名和假文件等等手段来迫害被捕者。不加强和发展革命的纪律、组织和秘密活动，就不可能同政府进行斗争。而秘密活动首先就要求各个小组和个人实行专业分工，把统一联系工作交给"斗争协会"的为数很少的核心分子。革命工作的分工是十分繁杂的。需要有公开的鼓动员，他们善于向工人宣传，但是又**不致**因此受到法院的审判；他们要善于只说出**甲**的意思，使别的人说出**乙**和**丙**的意思。需要有散发书刊和传单的人。需要有工人小组的组织者。需要有散在各个工厂而能提供厂内各种情况的通讯员。需要有监视奸细和挑拨者的人。需要有设置秘密住所的人。需要有传递书刊、指示和进行各种联络的人。需要有筹集款项的人。需要在知识界和官吏中间有一批同工人、工厂生活和当局（警察、工厂视察机关等等）有接触的代办员。需要有同俄国和国外各城市进行联络的人。需要有能用各种方法翻印各种书刊的人。需要有保管书刊和其他物品的人，等等，等等。各个小组或个人担负的工作愈细小，就愈有可能深思熟虑地处理这些工作，保证工作不致失败,研究各种秘密工作的细节,采取各种办法麻痹宪兵的警惕性,使他们迷茫混乱,这样,工作的成功就愈有希望,警察和宪兵就愈难追踪革命者以及他们同组织的联系,革命政党就比较容易用他人来代替牺牲的代办员和党员,而不致使整个事业遭到损害。我们知道,实行这种分工是非常困难的事情,其所以困难,是因为这要求每个人都要有极大的耐心,有高度的自我牺牲精神,要求把全副精力贡献给一种不显眼的、单调的工作,它要求和同志们断绝来往,要求革命者把全部生活服从枯燥和严格的规定。但是只有这样,俄国革命实际工作的领导者才有可能用多年的时间从事革命事业的全面准备工作,实现极其宏伟的事业。我们深信,社会民主党人的自我牺牲精神决不逊于前辈的革命者。我们也知道,按照我们所提出的这种方式,许多献身革命工作的人都将经历一段非常艰苦的准备时期,在这段时间里,"斗争协会"要收集有关这些愿意效劳的个人或小组的必要材料,考验他们适于执行什么使命。不经过这种预先的考验,就不可能在现代的俄国展开革命活动。

　　为了把这种活动方式推荐给我们的新同志,我们才把我们在长年经验中得出的一点体会介绍出来。我们深信,采取这种方式就能使革命工作的胜利获得最大的保证。

1898年在日内瓦印成单行本　　　　　　译自《列宁全集》俄文第5版
　　　　　　　　　　　　　　　　　　　第2卷第445—470页

民粹主义空想计划的典型[104]

谢·尼·尤沙柯夫《教育问题》。政论的尝试。——中学改革。——高等教育的制度和任务。——中学教科书。——全民教育问题。——妇女和教育。

1897 年圣彼得堡版，VIII 页＋283 页

定价 1 卢布 50 戈比

（1897 年底）

一

尤沙柯夫先生用这样一个标题出了一本文集，收载了他 1895—1897 年发表在《俄国财富》杂志上的文章。作者认为，他的这些文章"包括了这些问题"即"教育问题"中"最主要的问题"，这些文章"汇集起来，就是对我国智育方面十分成熟、刻不容缓、但还没有得到满足的需要的一种概述"（《序言》第 V 页）。第 5 页上再次强调，作者准备阐述的"主要是一些原则问题"。可是所有这些词句只能说明，尤沙柯夫先生喜欢漫无边际地思考问题，甚至不是思考问题，而是舞文弄墨。文集的标题就太大：事实上，从作为文集副标题的文章目录就可以看出，作者阐述的根本不是"教育问题"，仅仅是学校问题，而且仅仅是中等学校和高等学校的问题。

在这本文集的所有文章中,论述我国中学教科书的那一篇是最中肯的。作者在这里详细分析了目前普遍采用的俄语、地理和历史等教科书,证明这些教科书根本不适用。如果作者不那么啰嗦而使人感到厌倦,这篇文章读起来会更有趣味。我们只想请读者注意这本文集中的两篇文章,一篇是关于中等教育改革的,另一篇是关于全民教育的,因为这两篇文章涉及真正的原则问题,而且最能说明《俄国财富》杂志所酷爱的思想。格里涅维奇和米海洛夫斯基先生之流为了找到一些从敌对学说中得出的异常荒唐的结论的例子,往往不得不到俄国打油诗的粪堆里去挖掘。我们为了同样的目的,不必进行这样不愉快的挖掘,只要领教一下《俄国财富》杂志和这个杂志的一位毫无疑义的"台柱"就够了。

二

尤沙柯夫先生给《中等教育改革原则》一文的第 2 节加了这样一个标题:《中学的任务。阶级利益和阶级学校》(见《目录》)。你们看,标题就很引人注目,它答应给我们解释一个不仅在教育方面而且在整个社会生活当中都是极端重要的问题,也就是在民粹派和"学生们"之间引起最主要意见分歧之一的那个问题。现在,我们来看看《俄国财富》杂志的撰稿人对于"阶级利益和阶级学校"究竟有些什么看法。

作者完全正确地指出,"学校应该为生活培养人才"这个公式十分空洞,问题在于生活需要什么和"谁需要"(第 6 页)。"谁需要中等教育,这就是说,教育中等学校的学生是为了谁的利益,为了谁的福利?"(第 7 页)问题提得很好,我们会对作者表示衷心欢迎,如果……如果这些前奏曲在以后的叙述中没有变成这样一些空话:"这可能是国家、民族、某一社会阶级和受教育者本人的利益和福利。"这就开始出现了混乱,因为从这里不能不得出这样的结论:分裂成阶级的社会可以同非阶级的国家、非阶级的民族以及超阶级的个人相容! 我们马上可以看出,这决不是尤沙柯夫先生的一时失言,而正是他一贯坚持的荒谬见解。"如果制定学校大纲时考虑的是阶级的利益,那就根本谈不上统一类型的国立中学。在这种情况下,学校必然是等级的学校,并且它不仅是教育的机关,而且是教养的机关,因为它不仅应该进行符合等级的特殊利益和特殊任务的教育,而且应该灌输等级的习惯和等级的行会精神。"(第 7 页)从这段话得出的第一个结论是:尤沙柯夫先生不了解等级和阶级的区别,因而把这两个完全不同的概念不分青红皂白地混淆起来。从他这篇文章的其他一些地方(例如第 8 页)也可以看出他是不了解的,而尤其令人奇怪的是,尤沙柯夫先生在这篇文章中几乎已经接触到了这两个概念的本质区别。尤沙柯夫先生在第 11 页上说:"应当记住,政治团体、经济团体和宗教团体往往(但决不是必然)时而构成特殊居民集团法律上的特权,时而构成它们事实上的特点。在前一种情况下这是等级;在后一种情况下则是阶级。"这里正确地指出了阶级和等级的**一个**区别,就是说,一个阶级与另一个阶级的区别不在于法律上的特权,而在于事实上的条件,因此现代社会的阶级是以**法律上的平等**为前提的。等级和阶级的另一个区别,尤沙柯夫先生似乎也没有忽视,他说:"……我们……当时〈即农奴制度废除以后〉抛弃了……国家生活中的农奴制度和等级制度,同时也抛弃了封闭式的等级学校制度。目前资本主义过程的深化,与其说把俄罗斯民族分成了等级,不如说把它分成了经济阶级……"(第8页)这里也正确地指出了把欧洲和俄国历史上的等级和阶级区别开来的另一个特征,即等级属于农奴社会,阶级则属于资本主义社会。① 如果尤沙柯夫先生能够稍微考虑一下这些区别,而不这样轻易地受自己那枝生花妙笔和那颗小资产阶级心灵的支配,那他就既不会写出上面引证的那段话,也不会写出别的废话,说什么阶级的学校大纲势必分成富人的大纲和穷人的大纲,阶级大纲在西欧没有取得成就,阶级学校以阶级限制为前提,等等。所有这些都极其清楚地说明,尽管题目很大,尽管词句漂亮,尤沙柯夫先生却根本不了解阶级学校的实质是什么。最可敬的民粹主义者先生,这个实质就是:教育的组织和受教育的机会,对一切**有产者**来说,都是相同的。阶级学校不同于等级学校的实质就在于**有产者**这三个字上面。因此上面引证的尤沙柯夫先生的一段话,说在考虑到学校的阶级利益的情况下,似乎"根本谈不上统一类型的国立中学",就完全是胡说。恰恰相反,阶级学校如果办得彻底,就是说,如果它没有任何等级制度的残余,那它必然以统一类型的学校为前提。阶级社会的实质(因而也是阶级教育的实质),就是法律上完全**平等**,所有的公民享有完全平等的权利,有产者享有完全平等的受教育的权利和机会。等级学校要求学生必须属于一定的等级。阶级学校没有等级,只有公民。它对所有的学生**只有一个**要求:缴纳学费。阶级学校根本用不着把大纲分成富人的大纲和穷人的大纲,因为缴不起学费、教材费和整个学习时期膳宿费的人,阶级学校根本不让他们受中等教育。阶级学校

---

① 等级是以社会划分为阶级为前提的,等级是阶级区别的一种形式。当我们只谈阶级的时候,总是指资本主义社会的没有等级的阶级。

决不以阶级限制为前提,因为阶级和等级相反,阶级总是使个人保持从一个阶级转入另一个阶级的完全自由。阶级学校不排斥任何有钱读书的人。说"这些对各居民阶层进行半教育并从德育和智育上造成阶级隔阂的危险大纲",在西欧"没有取得成就"(第9页),这完全是歪曲事实,因为谁都知道,不论在西欧或在俄国,中等学校实质上都是阶级学校,它只为很少一部分人的利益服务。由于尤沙柯夫先生暴露了他的概念异常混乱,我们认为对他作下面的补充说明并不是多余的:在现代社会中,即使是不收任何学费的中等学校,也仍然是阶级学校,因为学生在7—8年内的膳宿费要比学费多得多,而能够缴得起这笔费用的只有极少数人。如果尤沙柯夫先生想成为现代中学改革派的实际顾问,如果他想在当前现实基础上提出问题(他也正是这样提出问题的),那他就应该只谈用阶级学校代替等级学校,**只谈这一点**,或者根本不谈"阶级利益和阶级学校"这个棘手的问题。还应该说一句:这些原则问题同尤沙柯夫先生在这篇文章中所推荐的用现代语言代替古代语言并没有多大联系。如果他只是这样推荐一下,我们也不会反驳他,甚至准备宽恕他的信口雌黄。但是既然他**自己**提出了"阶级利益和阶级学校"的问题,那就让他对自己的一切胡言乱语负责吧。

但是,尤沙柯夫先生关于这个问题所说的远不止上面引证的那些话。忠于"社会学中的主观方法"的基本思想的尤沙柯夫先生,在涉及阶级问题之后,接着就站到"广阔的观点"(第12页,参看第15页)上来。这种观点如此广阔,他竟可以堂而皇之地忽视阶级区别,可以不谈个别阶级(呸,这多狭窄!),而谈整个民族。这种"广阔"得出奇的观点是用所有大大小小的道德家,特别是小资产者道德家惯用的方法取得的。尤沙柯夫先生严厉地谴责社会分裂为阶级的现象(和这种现象在教育上的反映),并以他了不起的口才和无比的激情谈论这种现象的"危险性"(第9页);说"任何形式的阶级教育制度,从根本上来说都是与国家、民族和受教育者个人的利益相矛盾的"①(第8页);说学校的阶级大纲"不论从国家的观点或民族的观点看来,都是不适当的和危险的"(第9页);说历史的先例只是证明,"阶级制度和阶级利益的发展纯粹是反民族的,这种发展我们上面已经谈过并且认为它对民族福利和国家本身都是危险的"(第11页);说"各地的阶级管理机构都被这样或那样地废除了"(第11页);说这种分裂为阶级的"危险"现象引起了"各个居民集团之间的对抗",逐渐毁灭"民族团结和全国爱国主义的精神"(第12页);说"广义地、正确地、富有远见地理解的整个民族利益、国家利益和每个公民的利益,决不应该互相对立起来(至少在现代国家中应该是这样)"(第15页);等等。这些言论都是胡诌,都是空话,都是用毫无意义的小资产者"愿望",用这些不知不觉取代了对事实的说明的愿望,来抹杀当前现实的本质。要给产生这些言论的世界观找到一种类似的世界观,那就需要请教一下西欧"伦理"学派[105]的代表人物,这个学派是那里的资产阶级在理论上畏首畏尾、在政治上不知所措的自然和必然的表现。

我们只想把这些冠冕堂皇的漂亮词句和慈善心肠,把这种非凡的洞察力和远见卓识跟下面一个小小的事实作一对比。尤沙柯夫先生谈到了等级学校和阶级学校的问题。关于头一个问题可以

---

① 最可尊敬的小资产者先生,二者必居其一:您说的或者是已分裂成阶级的社会,或者是没有分裂成阶级的社会。在前一种情况下,不可能有非阶级的教育。在后一种情况下,不可能有阶级的国家、阶级的民族和属于某一阶级的个人。在这两种情况下,这句话都没有意义,它只是反映了胆怯地闭上眼睛、不敢正视当前现实最显著特征的小资产者的天真愿望。

找到确切的统计材料，至少可以找到男子中学、初级中学和实科学校的确切的统计材料。下面就是我们摘自财政部的出版物《俄国的生产力》(1896年圣彼得堡版，第19编《国民教育》，第31页)的材料。

"从下表可以看出学生的等级出身情况(占学生总数的百分比):

	国民教育部的 男子中学和初级中学			实　科　学　校		
	1880 年	1884 年	1892 年	1880 年	1884 年	1892 年
世袭和非世袭贵族和 　官吏子弟 ………	47.6	49.2	56.2	44.0	40.7	38.0
神职人员子弟 ……	5.1	5.0	3.9	2.6	1.8	0.9
城市等级子弟 ……	33.3	35.9	31.3	37.0	41.8	43.0
农村等级(包括少数 　民族官吏和下级官 　吏)子弟…………	8.0	7.9	5.9	10.4	10.9	12.7
外国人子弟 ………	2.0	2.0	1.9	3.0	4.8	5.4
其他等级子弟 ……	2.0	与上项 合并计算	与上项 合并计算	3.0	与上项 合并计算	与上项 合并计算
	100.0	100.0	100.0	100.0	100.0	100.0"

这个表格清楚地向我们表明，尤沙柯夫先生说我们已经立即而坚决地(??)"抛弃了等级学校"的说法是多么不慎重。相反，等级制度直到现在还在我国中学中占统治地位，即使在一般中学(更不必说特权的贵族学校等等)中也有56％的学生是贵族和官吏子弟。贵族和官吏唯一有力的竞争者是在实科学校中占优势的城市等级。农村等级的比重却微乎其微(假如注意到他们的人数大大超过其余的等级，这个情况就更加明显)。因此这个表格清楚地表明，谁想谈论我国当前中学的性质，谁就必须牢牢记住，只能谈论等级学校和阶级学校；如果说"我们"真的在抛弃等级学校，那这样

做完全是为了阶级学校。不言而喻,我们决不是想说,用阶级学校代替等级学校和改进阶级学校的问题,对那些没有享用也不可能享用中等学校的阶级来说,是无关紧要或无所谓的问题。相反,对这些阶级来说这不是无所谓的问题,因为等级制度无论在生活中或在学校中对它们的压迫都特别沉重,因为用阶级学校代替等级学校不过是俄国全盘欧化过程中的一个环节。我们只想表明,尤沙柯夫先生怎样歪曲了事实,他的那种似乎"广阔的"观点实际上甚至远不如资产阶级对问题的看法。顺便谈一谈资产阶级性的问题。亚·曼努伊洛夫先生无论如何也不能理解,既然彼·伯·司徒卢威这样肯定地指出了舒尔采-格弗尼茨偏于一方,那他为什么还"宣传他的资产阶级思想"(《俄国财富》杂志第11期第93页)。亚·曼努伊洛夫先生不能理解这一点,完全是由于他不仅不了解俄国"学生"的基本观点,而且也不了解所有西欧"学生"的基本观点;不仅不了解"学生"的基本观点,而且也不了解导师的基本观点。也可能曼努伊洛夫先生想否认,坚决敌视那些用甜言蜜语来掩饰现代社会分裂成阶级的"广阔观点"的爱好者,是"导师"的基本观点之一(这些基本观点像一根红线贯穿着他的全部理论活动、著述活动和实践活动)? 也可能他想否认,坚决承认公开的、彻底的"资产阶级思想"比渴望阻碍和制止资本主义发展的小资产者思想要进步和高明,是"导师"的基本观点之一? 如果曼努伊洛夫先生不明白这一点,那他应该去研究一下他的杂志撰稿同仁尤沙柯夫先生的著作。他应该知道,在目前我们感兴趣的问题上,除尤沙柯夫先生而外,我们还可以看到一位公开、彻底的"资产阶级思想"的代表者,他维护的正是现代学校的阶级性质,他要证明这是最理想的东西,并且力求彻底排挤等级学校,扩大阶级学校的入学机会

（上述意义上的入学机会）。的确,这样的思想会比尤沙柯夫先生的思想高明得多,而且会使注意力集中于现代学校的实际需要,即消除现代学校的等级限制,而不是集中在模糊不清的小资产者的"广阔观点"上。公开阐明和维护现代学校属于一方的性质,就会正确说明现实,而且这种性质本身就会启发另一方的觉悟。① 而尤沙柯夫先生"广阔的"空谈反而只能腐蚀社会意识。最后,问题的实际方面……但是尤沙柯夫先生不仅在这篇文章中,而且在自己的"空想"中,都丝毫没有超出阶级学校的范围,因此我们就来看一下这种"空想"。

三

尤沙柯夫先生探讨"全民教育问题"（见文集的标题）的文章的题目是:《教育的空想(全民中等义务教育计划)》。从题目就可以看出,尤沙柯夫先生的这篇极有教益的文章许诺了很多东西。但实际上,尤沙柯夫先生的"空想"许诺的东西还要多得多。作者在文章开头就这样说:"亲爱的读者,无论如何要做到这一步,决不作

---

① 我们清楚地觉得,《俄国财富》杂志的撰稿人要了解这种性质的论证是非常非常困难的。这又是由于他们不仅不了解"学生",而且也不了解"导师"的缘故。

　　例如,一位"导师"早在1845年就证明了废除谷物法对英国工人的好处。他写道,废除谷物法使农场主变成了"自由党人,即自觉的资产者",而一方觉悟的这种提高必然导致另一方觉悟的同样提高。（弗·恩格斯《1844年英国工人阶级状况》1887年纽约版第179页(参看《马克思恩格斯全集》第1版第2卷第556页)。——编者注)《俄国财富》杂志的撰稿人先生们,为什么你们在"导师"面前一味奉承,而不揭发他们在"宣传资产阶级思想"呢?

任何让步或妥协……　对全体男女居民实行完全的中学教育,这种教育对所有的人都是义务性质的,它不需要国家、地方自治机关和人民出任何费用,——这就是我的宏伟的教育空想!"(第201页)显然,善良的尤沙柯夫先生认为这个问题的关键在于"费用"。他在同一页上重复说,全民初等教育需要费用,而全民中等教育按他的"计划"则不需要任何费用。尤沙柯夫先生的计划不仅不需要任何费用,而且许诺的东西远不止实行全民中等教育。为了表明这位《俄国财富》杂志撰稿人许诺给我们的东西的全部内容,需要提前引用一下作者在叙述完了自己的整个计划而自我欣赏时所说的那些自鸣得意的话。尤沙柯夫先生的计划就是,把中学教育同自己养活自己的"中学生"的生产劳动结合起来:"……耕种土地……能够保证整个年轻一代从出生到中学毕业都得到丰盛的、美味的、卫生的食品,能够保证靠做工来抵偿学费的青年〈关于尤沙柯夫的这种未来国家(Zukunftsstaat)的制度,下面将要更详细地谈到〉、全体教职员和主办人员也得到食品。同时他们还能得到鞋子,还可以做衣服穿。此外,从上述那块土地还可以得到将近20 000卢布的收入:15 000卢布是出售剩余牛奶和春播谷物的收入……将近5 000卢布是出售毛皮、鬃、羽绒和其他副产品的收入。"(第216页)读者,请您想一想:养活**整个**年轻一代,直到中学毕业,也就是说,直到21—25岁(第203页)!要知道这就等于养活全国人口的**一半**。① 养活和教育几千万人口,——这真是名副其实的"劳动组织"!有人断言民粹派的"劳动组织"计划是空谈家的空话,尤沙柯夫先生显然对这些恶毒的人十分生气,于是决定把

---

①　根据布尼亚科夫斯基的材料,俄国人口的年龄构成是:1 000居民中,0—20岁的有485人,0—25岁的有576人。

这种"不需要任何费用"就能实现的整个"劳动组织""计划"发表出来,彻底打垮这些恶毒的人……　但是还不止这些:"……同时,我们还扩大了任务。我们要这个组织担负起养活全体儿童的任务。我们考虑到在青年人出校时给他们一份对农村说来是相当可观的结婚礼品。我们认为还可以用这些钱给每所中学即每个乡聘请一位医生、一位兽医、一位农学家、一位园艺家、一位工艺师和至少六位工匠(这些人会提高整个地方的文化水平和满足那里的适当需要)……　我们的计划一经实现,所有这些任务就会在财政上和经济上得到解决……"①有人说,民粹派那个著名的"我们"是"一个神秘的陌生人",是头戴两顶小圆便帽的犹太人等等,现在这些嚼舌头的该羞愧得无地自容了吧! 这是多么卑鄙的诬蔑! 今后只要引证一下尤沙柯夫先生的"计划",就足以证明这个"我们"是万能的,"我们的"计划是可能实现的。

也许读者会对可能实现一语发生怀疑? 也许读者会说,既然尤沙柯夫先生把自己的创作叫做空想,那他就排除了可能实现的问题? 如果尤沙柯夫先生自己对"空想"一词没有作极端重要的附带说明,如果他在自己的全部阐述中没有三番五次地强调自己的计划可能实现,那么情况就会是这样。但是他在文章一开头就说:"我敢认为,这种全民中等教育只有骤然看来才是空想。"(第201页)……　你们还有什么可说的呢?……　"我更敢断言,这种全民教育比在德国、法国、英国、美国已经实现的和在俄国某些省份就要实现的全民初等教育更加可能实现。"(第201页)尤沙柯夫先生对自己计划实现的可能性竟相信到了这样的程度(显然是在上

---

① 第237页。这段话中两个意味深长的省略号都是尤沙柯夫先生加的。这里我们一个字也未敢漏掉。

面说明了"计划"一词比空想更为确切之后），甚至在制定这个计划时连一些极其细小的"实际的方便"都没有忽视，譬如他由于尊重"欧洲大陆反对"男女"合校制的偏见"而特意把男女分校制保留下来，并且特别强调，他的计划"不会破坏男子中学和女子中学的既定的教学计划，不过课程要多一些，因而教员的报酬也要多一些……""如果不只是想做做试验，而是想实现真正的全民教育，那么这一切就具有相当重要的意义。"（第205—206页）世界上有过很多空想家，他们较量过自己空想的引诱力和严整性，但是在他们中间未必能够找到一个人这样关心"既定的教学计划"和教员的报酬。我们相信，我们的子孙后代还会长期提到尤沙柯夫先生，把他当做一个真正讲求实际的、真正具有求实精神的"空想家"。

很明显，既然作者许诺的东西这么多，那么他的全民教育计划就值得十分仔细地加以研究。

四

尤沙柯夫先生所根据的原则是，中学应该同时是农庄，应该靠本校学生的夏季劳动来维持。这就是他的计划的基本思想。尤沙柯夫先生认为："这个思想的正确性是无可怀疑的。"（第237页）我们也同意他的说法，这里的确有正确的思想，不过不能把这种思想硬套在"中学"上，硬套在用学生的劳动可能"抵偿"中学的经费这一点上。这个正确思想就是，没有年轻一代的教育和生产劳动的结合，未来社会的理想是不能想象的：无论是脱离生产劳动的教学和教育，或是没有同时进行教学和教育的生产劳动，都不能达到现代技术水平和科学知识现状所要求的高度。这个思想还是伟大的老空想家们提出来的,"学生们"也完全赞同这个思想,并且正是由于这个原因,他们原则上并不反对妇女和少年从事工业劳动,认为完全禁止这种劳动的企图是反动的,他们只是坚决主张这种劳动必须在完全合乎卫生要求的条件下进行。因此尤沙柯夫先生的下述说法毫无道理:"我只想提出一个思想"(第237页)……这个思想早就提出来了,而且我们也不敢设想(在相反的看法没有证实以前),尤沙柯夫先生会不熟悉这个思想。《俄国财富》杂志的这位撰稿人想要提出而且已经提出了一个完全独特的**实现**这个思想的**计划**。只是在这一方面,应该承认他是富有独创精神的,不过他的独创精神在这里已经达到了……达到了极限。

为了使普遍生产劳动同普遍教育相结合,显然必须使**所有的人**都担负参加生产劳动的义务。这似乎是不言而喻的吧!其实不然。我们这位"民粹主义者"对这个问题是这样解决的:的确应该规定体力劳动的义务是一个总的原则,**但这决不是为所有的人,而只是为穷人规定的。**

读者也许以为我们在开玩笑吧?上帝作证,不是的。

"为有钱缴纳全部学费的富人设立的纯粹城市中学,可以保持目前的形式。"(第229页)在第231页上,"富人"被直接划入不吸收到"农业中学"受义务教育的"居民类别"。因此义务生产劳动在我们这位民粹主义者看来并不是人的普遍和全面发展的条件,而只是为了付中学学费。就是这样。尤沙柯夫先生在他文章的开头部分就研究农业中学所必需的冬季工人问题。他觉得下面这种确保中学得到冬季工人的方式是最"合逻辑的"。低年级的学生不做工,因此他们的膳宿和学习是免费的,他们不偿付校方为此支出的任何费用。"如果是这样,那毕业之后做工抵偿这些费用不就是他们的直接义务吗? 履行这个经过周密考虑的、对所有**无力缴纳学费的人**硬性规定的义务,会使农庄中学得到必要数量的冬季工人和增补的夏季工人…… 这在理论上是非常简单的,容易理解的,无可争辩的。"(第 205 页,黑体是我们用的)天哪,还有什么能比这"更简单"的呢? 有钱出钱,无钱做工! 任何一个小铺老板都会承认,这是最"容易理解"的。况且这是多么切合实际啊! 不过……不过这里哪有什么"空想"呢? 为什么尤沙柯夫先生要用这样的计划来玷污他想作为自己空想基础的那个伟大基本思想呢?

穷学生服工役,——这是尤沙柯夫先生整个计划的基础。不错,他认为还可以采取另一种获得冬季工人的方式——雇佣①,不过他把这种方式放在次要的地位。所有不服兵役的学生,即三分之二的男生和全体女生,都必须服工役 3 年(必要时 4 年)。尤沙柯夫先生直截了当地说道:"只有这种制度,才是解决全民教育(甚至不是初等教育,而是中等教育)这一任务的关键。"(第 207—208 页)"永远留在学校和参加学校工作〈!?〉的少数固定工人,更充实了农庄中学的这些劳动力。这就是我们农业中学可能得到而绝非空想的劳动力。"(第 208 页)当然,其他一些工作(这些工作农庄中还会少吗?)也要他们来做:"厨夫、洗衣女工的补充人员和文书都可以很容易地从中学毕业后做 3 年工的学生中间挑选出来。"(第 209 页)中学还会需要裁缝、鞋匠、细木工等等工匠。当然可以"挑

---

① "有经验有学问的主办人领导的、有一切改良设备的、拥有一定数量熟练的受过教育的工人的农庄中学,应当成为有收益的单位,应当能收回雇用必要数量工人的开支。某些有功劳的〈原文如此!〉工人也许还可以分得一些收入。一部分人,特别是本中学毕业的无地的人,大概就不得不这样做了。"(204 页)

些服满3年工役的学生给他们当助手"(第210页)。

这些雇农(或者是农业中学的学生？我真不知道该怎样称呼他们)的劳动会得到什么报酬呢？他们会得到生活所必需的一切，会得到"丰盛的、美味的食品"。尤沙柯夫先生准确地估计了这一切，订出了"平常发给农业工人的"食物标准。诚然，他"并不打算采取这样的办法维持中学"(第210页)，但他还是把这些标准保持了下来，反正中学生还可以从自己的地上收马铃薯、豌豆、扁豆，种榨植物油用的大麻和向日葵，此外，开斋的日子还可以得到半磅肉和两杯牛奶。读者，请不要以为尤沙柯夫先生只是随便提到这些，只是举举例子而已。不是的，他把所有一切，连一两岁小牛犊的头数、病人的疗养费、家禽的饲料都计算得清清楚楚。他连厨房的泔水、下水、菜皮都没有忘记(第212页)。他什么都没有漏掉。其次，衣服和鞋子可以由学校自己来做。"但是做衬衣、被褥、桌布、夏服用的布料，比较结实的冬装料和冬大衣毛皮(即使是羊皮)，当然都需要购买。全体教职员及其家属当然应该自备衣料，虽然服装工场他们也可以享用。至于给学生和做3年工的工人购买衣料的开支，则可以毫不吝啬地规定每人每年50卢布，或者说，全校每年将近6万卢布。"(第213页)

我们简直要被我们这位民粹主义者的求实精神感动了。请想一想："我们"，"社会"，在建立这样一个宏伟的劳动组织，使人民受到普遍的中等教育，所有这些既不需要支付任何费用，又能收到十分巨大的道德效果！"我们的"现在那些由于愚昧、粗鲁和野蛮而每年少于61卢布(生活费由雇主负担)就不愿做工的农业工人①，

---

①　根据农业和农村工业司的材料，欧俄每个农业工人每年平均工资为61卢布29戈比(1881—1891年10年间)，生活费为46卢布。

如果看到受过中学教育的雇农每年做工将获得50卢布时,该得到一个多好的教训! 可以相信,就是科罗博契卡本人[106]现在也会同意尤沙柯夫先生的说法:他的计划的理论根据是非常"容易理解的"。

<h1 style="text-align:center">五</h1>

中学的经济将怎样经营呢? 中学将怎样管理呢? 中学的经济,正像我们已经看到的,将是一种混合经济:部分是自然经济,部分是货币经济。当然,尤沙柯夫先生对这个重要问题已经作了十分详细的说明。他在第216页上准确地计算了各项开支,认为每所中学需要16—17万卢布,因此15 000—20 000所中学大约需要30亿卢布。当然,这些中学将靠出卖农产品来赚到这笔钱。我们的作者真是富有预见,他还考虑到了现代资本主义商品经济的一般条件:"设在城郊或位于火车站附近即离大的中心城市不远的铁路线上的中学,应该采取完全不同的形式。这里完全可以用蔬菜业、果园业、牛奶业和手工业来代替耕作业。"(第228页)就是说,做买卖将不是开玩笑的了。但是谁来做买卖,作者没有交代。可以设想,中学的教务处将在某种程度上变成商务处。怀疑论者大概想知道:中学一旦破产了该怎么办? 它们到底会不会做生意? 这显然是毫无根据的吹毛求疵:既然现在没有受过教育的商人都在做生意,那么我们的知识界人士来干这一行一定会大有成就,这难道还有什么可以怀疑的吗?

中学要经营当然需要土地。尤沙柯夫先生写道:"我想……假使这个思想注定要得到实际试验,那么为了试验,最初成立的几所农业中学就应该得到 6 000—7 000 俄亩的土地。"(第 228 页)10 900 万人口(2 万所中学)就需要将近 1 亿俄亩的土地,但是请不要忘记,从事农业劳动的只有 8 000 万人。"只有他们的子女才必须进入农业中学。"另外还有将近 800 万人应该归入各类居民中去,①最后还剩下 7 200 万人。他们只要有 6 000—7 200 万俄亩的土地就够了。"这当然还是一个很大的数目"(第 231 页),但是尤沙柯夫先生并不因此而惶惑不安。国家还有许多土地,只是这些土地的位置不太合适。"譬如,波列西耶北部就有 12 760 万俄亩土地。在这里,如果在需要的地方能够采取对换土地的方式,把私人的甚至农民的土地同官地对换一下,把前一种土地拨给学校,那么,给我们农业中学无偿提供土地大概是不会有什么困难的。"东南部的"情况也一样好"。……(第 231 页)嗯……"好啊"! 就是说,把农业中学搬到阿尔汉格尔斯克省去! 不错,这个省份到目前为止基本上还是个流放的地方,那里的国有森林绝大部分甚至还没有"管理起来",——但这没有什么关系。一旦把中学生和受过教育的教员送到那里去,他们就会把这些森林砍掉,把土地开垦出来,种上庄稼!

---

① 下面就是免进农业中学的各类幸运儿的全部名单:"富人、受感化者、伊斯兰教女孩、少数民族、狂信教徒、盲人、聋哑人、白痴、精神病患者、慢性病患者、传染病患者、罪犯。"(第 231 页)我们读完这个名单,我们的心痛苦得缩成一团了:我们想,天哪,我们的亲人是否能够算做免进农业中学的幸运儿呢? 算做第一类吗? 钱大概不够吧! 如果是女的,也许还可以耍耍花招,算做伊斯兰教女孩,但男的怎么办呢? 唯一的希望寄托在第三类上。大家知道,尤沙柯夫先生的杂志撰稿同仁米海洛夫斯基先生已经把彼·伯·司徒卢威干脆算做少数民族,也许他会开开恩,把我们全都算做"少数民族",这样我们的亲人就可以不进农业中学了!

中部地区则可以赎买土地，因为总共不超过 8 000 万俄亩。
发行一种"有保证的债券"，债券的还本付息当然要由"得到赐地的
中学"（第 232 页）分担，——这样就万事大吉了！尤沙柯夫先生断
言，用不着害怕"财务手续的庞杂。这种手续并不是做不到的幻想
和空想"（第 232 页）。这"实质上"是"最有保证的抵押"。还有什
么没有保证呢？不过要再问一下，这里哪有什么"空想"呢？难道
尤沙柯夫先生真的认为我们的农民已经无知和不开化到连这样的
计划都会赞同吗??　请缴纳赎买土地的赎金，偿还"购买最初设备
的债款"①，请供养整个中学，付给全体教员薪水，除此而外，请再
为了这一切（为了出钱聘请教员吗?）服 3 年工役！学识渊博的"民
粹主义者"先生，这不是太过分了吗？您 1897 年重印您 1895 年发
表在《俄国财富》杂志上的杰作时考虑过没有，所有民粹主义者特
有的对各种财务手续和赎买的偏爱，将使您陷入怎样的境地？请
读者回忆一下，前面已经许诺过全民教育是"不需要国家、地方自
治机关和人民出任何费用"的。我们这位天才的财政家的确既不
要国家也不要地方自治机关一个卢布，但是否要"人民"的呢？或
者确切些说，是否要**贫穷农民**的呢?②　购买土地、开办中学用的正
是他们的钱（因为用在这上面的资本是由他们还本付息的），付给
教员薪水、供养所有中学的也正是他们。而且还要服工役。这究
竟是因为什么呢？铁面无情的财政家回答说：这是因为低年级的
学生没有缴学费和膳宿费（第 204 页）。可是，第一，不到工作年龄
的只有"预备班和中学最低的两个年级"（第 206 页），再高的年级

---

① 第 216 页。每所中学 1 万卢布。

② 因为富人是除外的。尤沙柯夫先生自己也怀疑，"农业人口中间是否会有一部
分人宁愿把自己的子女送到自费的城市中学去"（第 230 页）。当然不会这样！

已经是半工半读了。第二，养活这些孩子的是他们的兄长，替他们向教员交付学费的也是他们的兄长。不，尤沙柯夫先生，不仅是现在，就是在阿拉克切耶夫时代[107]，这样的计划也根本**不能实现**，因为这的确是**农奴制的**"空想"。

至于中学的管理，尤沙柯夫先生谈得很少。不错，他准确地开列了教学人员，并给他们所有的人规定了"比较不高的"薪水（因为住宅是现成的，孩子由学校供养，"做衣服只付一半钱"），——也许您以为每年是 50 卢布吧？不，还稍微多一些："男女校长、总农艺师 2 400 卢布，学监"等等按职位高低，依次递减，最低的职员为 200 卢布。（第 214 页）可见，这对那些"宁愿"要自费的城市中学而不愿要农业中学的知识界人士来说，也是一个不坏的差事！请注意保证教员先生"做衣服只付一半钱"这一点，按照我们这位民粹主义者的计划，教员可以享用服装工场（我们前面已经谈过），就是说，他们可以让"学生"给自己缝补和做衣服。尤沙柯夫先生……对教员先生们的关心不是无微不至吗？其实他也关心"学生"，就像一个善良的主人关心牲畜一样：让它们吃饱，喝足，睡好，并且……还让它们交配。不妨再看看下面一段话：

"如果……准许那些毕业后留校 3 年的青年结婚……那么留校 3 年会比服兵役轻松得多。"（第 207 页）"如果准许结婚"！！就是说，也可能不准许？但是，可敬的进步分子先生，为此就必须制定一项新法令，一项**限制农民**公民权利的新法令。尤沙柯夫先生在自己的全部"空想"中，在极其周密地研究教员的薪水、中学生的工役等等问题中，始终没有想起应该（至少在"空想"中应该）给那些由自己供养整个中学，而且到 23—25 岁才能毕业的"学生"以某些管理"中学"、经营农庄的权利，没有想起这些人不仅是"中学生"而且还是**公民**,既然如此,他这种一时"失言"(?)还有什么可以惊奇的呢?我们的这位民粹主义者把这些小事都忘得一干二净了!但他却仔细地探讨了品行恶劣的"学生"的问题。"第四种〈中学〉形式应该是为那些因品行恶劣而被一般中学开除的学生设立的。既然整个年轻一代都必须受中等教育,那么因品行恶劣而免受中等教育就是不合理的。这可能会诱惑和怂恿高年级的学生养成恶劣的品行〈上帝作证,第229页就是这样写的!!〉。为那些因品行恶劣而被开除的学生设立特种中学,是整个制度的合理补充。"这种中学可以叫做"感化中学"(第230页)。

这个富有俄国风味的、包括专给那些可能是被"免受"……教育的远景"诱惑"坏的恶人设立的感化中学在内的"教育空想",不是无与伦比的吗!?

六

读者也许还没有忘记一个关于领导工业的计划吧。有人已经给了公正的评语,说这个计划是重商主义[108]的复活,是"本国工业的资产阶级的、官僚主义的、社会主义的组织"[109](第238页)的计划。评价尤沙柯夫先生的这个"计划",需要使用更复杂的术语。应该把这个计划叫做**农奴制的、官僚主义的、资产阶级的、社会主义的**试验。四层构成的术语太笨重了。那你说该怎么办呢?要知道计划本身就是笨重的。然而这个术语**确切地**反映了尤沙柯夫先生的"空想"的一切特征。我们从第四层开始分析吧。现在提到的这位作者说得很对:"社会主义的**科学**概念的基本特征之一就是有计划地调节社会生产。"①这个"空想"就有这个特征,因为几千万工人的生产是预先按照一个总的计划组织的。空想的资产阶级性质也是毋庸置疑的,因为,第一,按照尤沙柯夫先生的"计划",中等**学校仍然是阶级学校**。而这个计划是尤沙柯夫先生在他的第一篇文章里面讲了许多冠冕堂皇的话来"反对"阶级学校以后提出的!!富人进一种学校,穷人进另一种学校。有钱就缴学费,没有钱就做工。不仅如此,我们前面已经看到,富人还有"目前形式"的学校。譬如,在国民教育部所属的目前形式的中等学校中,学费只占总开支的28.7%,40%由国库拨发,21.8%由个人、机关和团体捐助,3.1%是基金的利息,6.4%是其他收入(《生产力》第19编,第35页)。因此尤沙柯夫先生**比目前更加强了**中等学校的阶级性质:按照他的"计划",富人只缴28.7%的学费,而穷人却要缴纳**全部**学费,另外还得服工役! 这对"民粹主义的"空想来说不坏吧? 第二,计划规定中学可以雇用冬季工人,特别是无地的农民。第三,城乡对立这一社会分工的基础依然保留。既然尤沙柯夫先生要有计划地组织社会劳动,既然他在草拟把教育和生产劳动结合起来的"空想",那么保留这种对立就是十分荒谬的,这说明我们的作者并不了解他所研究的对象。不仅现时学生的"导师们"曾经写文章反对这种荒谬观点,就是老空想家们,甚至我们俄国那位伟大的空想家**110**也曾写文章反对这种荒谬观点。这一点尤沙柯夫先生是不管的! 第四,这个空想**除了**试图有计划地组织社会生产**而外**,还保留商品生产,而这是把这个"空想"称做资产阶级空想的最有力的根据。中学**为市场**生产产品。因此,社会生产要受市场规律支配,

---

① 1897年4月《新言论》杂志,国内评论栏。

"中学"也要受市场规律支配！这一点尤沙柯夫先生是不管的！他可能会问，你们根据什么说支配生产的将是某些市场规律呢？这都是胡说！支配生产的将不是市场规律，而是农业中学校长先生们的指示。就是这样。关于尤沙柯夫先生空想中学的纯粹官僚主义制度，我们已经谈过了。可以相信，《教育的空想》对俄国广大读者会有很大帮助，会向他们表明，当代民粹派的"民主主义"是多么深奥。尤沙柯夫先生这个"计划"的农奴制特征就是：穷人为了抵偿学费而服工役。假使这类计划是由一个彻底的资产者拟定的，那它既不会有第一层，也不会有第二层，它会比这类民粹派空想高明得多和有用得多。工役是农奴制度的经济实质。在资本主义制度下，穷人为了购买生活资料而不得不出卖自己的劳动力。在农奴制度下，穷人为了抵偿从地主那里取得的生活资料而不得不服工役。实行工役制必然产生强迫做工、服工役者没有充分权利以及《资本论》作者称之为"超经济的强制"（第3卷第2部分第324页）①的现象。因此在俄国也是这样，既然这里过去和现在都保存着工役制，所以农民没有充分公民权利，被束缚在土地上，体罚，强制干活的权利，都是这个制度的必然补充。尤沙柯夫先生不了解工役制和没有充分权利之间的这种联系，但是"讲求实际的"人的敏感却使他产生一种想法：在中学生服工役的情况下，也不妨给那些胆敢逃避教育的学生设立感化中学；成年的工人"中学生"应该仍然处于小学生的地位。

　　试问，为什么我们这位空想家的创作需要前三层呢？如果只留第四层，那么谁也不会反驳一句，因为人家自己就预先直截了当

---

　　① 见《马克思恩格斯文集》第7卷第893页。——编者注

地说过,他拟定的是"空想"! 可是他的小资产阶级本性也正表现在这里。一方面,说"空想"是好东西;另一方面,又说知识分子先生们的教员薪水也不是坏东西。一方面,说"不需要人民出任何费用";另一方面又说,不,老弟,利息和本金还是请你全部付清吧,另外还请服 3 年工役。一方面,故弄玄虚地侈谈分裂成阶级的危险性和危害性;另一方面,又拟定纯粹的阶级"空想"。永远在新旧之间摇摆,可笑地奢望跳过自己的头顶即凌驾于一切阶级之上,——这就是一切小资产阶级世界观的实质。

*　　　　*　　　　*

读者,您读过谢尔盖·沙拉波夫先生 1894 年在圣彼得堡发表的《俄国的农村业主。关于在新的基础上建立俄国经济结构的几点想法》(1894 年《北方》杂志[111]的免费附刊)这部著作吗?我们倒很想请《俄国财富》杂志的撰稿人,特别是尤沙柯夫先生,读一读这部作品。这本书第一章的标题是:《俄国经济的道德条件》。作者在这里反来复去地谈论与"民粹主义"非常接近的思想:俄国和西欧根本不同;在西欧,赤裸裸的商业利益高于一切;对于那里的业主和工人来说,不存在什么道德问题。相反,在俄国,由于农民在 1861 年分得了土地,"这就决定了他们的生活有着与西欧截然不同的目的"(第 8 页)。"得到了土地的我国农民具有自立的生活目的。"总之,人民生产已获批准,——尼古拉·—逊先生的这一说法就更为明确。沙拉波夫先生继续发挥自己的思想说,我国地主对农民的福利是关心的,因为地主的土地是由这些农民使用自己的农具耕种的。"他〈地主〉除了考虑企业对个人的好处而外,还考虑到**道德因素**,确切些说,是**心理因素**。"(第 12 页。黑体是原作者用的)沙拉波夫先生也慷慨激昂地(其程度不会亚于尤沙柯夫先生)谈论资本主义在我国是不可能的。在我国，可能的和需要的不是资本主义，而是"老爷和农夫的联合"（沙拉波夫先生这本书第2章的标题）。"经济应该建立在老爷和农夫亲密团结的基础上"（第25页）：老爷应该推广农业技术，而农夫……农夫当然应该做工！请看，他，谢尔盖·沙拉波夫先生，"在犯了长期的、痛苦的错误之后"，终于在自己的领地上实现了"上面所说的老爷和农夫的联合"（第26页）。他采用了合理的轮作制等等，同农民订立了这样的契约：农民从地主那里得到草地、牧场、耕地和播种若干俄亩土地所需的种子等等；农民则必须给地主农庄做一切活计（要给每种庄稼的若干俄亩土地上粪、撒磷钙石、耕地、播种、收割、运进"我的粮仓"、脱粒等等），另外还要缴款，开头600卢布，然后800卢布、850卢布、1100卢布，最后到1200卢布（就是说，逐年增加）。这笔款子……按照向贵族银行缴付利息的时间分期缴纳（第36页及以下各页）。不言而喻，作者是一位"坚定的村社拥护者"（第37页）。我们说"不言而喻"，是因为没有关于把农民束缚在份地上、关于农民村社的等级限制的法令，这种类型的农庄是无法经营的。沙拉波夫先生保证农民缴款的办法是："不经我的许可，不准出卖成品，这样一来，这一切就必然送来装进我自己的粮仓。"（第36页）由于向贫苦农民收款特别困难，沙拉波夫先生就想了一个办法，向富裕农民索取这笔款子：这些富裕农民挑选一批经济力量薄弱的农民，自己充当这个劳动组合的头头（第38页），并且不折不扣地把钱交给地主，因为在出卖产品的时候，他们总会从贫苦农民那里取得款子（第39页）。"对于许多贫苦农民尤其是家中人口少的贫苦农民来说，给我做工是非常吃力的。他们只能拼死拼活地干，又不能逃避，农民不会接受逃避做工的户主的牲口加入自己的畜群。我也不会接受,这是农民逼我这样做的,因此贫苦农民不得不做工。这当然是一种暴力,但您知道这样做的结果是什么吗?租种一年或两年土地,贫苦农民就缴清了所欠的国家税款,赎回了抵押的物品,还有余钱,能翻修农舍……看!他已经摆脱了贫困。"(第39页)沙拉波夫先生"自豪地指出":"他的"农民(他不止一次地说"我的农民")日益富裕;他在推广农业技术,引进三叶草,施用磷钙石,等等,而"农民自己什么也做不成"(第35页)。"同时一切工作都应该依照我的命令和指示进行。我来选定播种、上粪、割草的日期。在我们这里,整个夏季几乎恢复了农奴制度,当然,打嘴巴和马棚里的肉刑除外。"(第29页)

　　可见,胸无城府的庄主沙拉波夫先生要比学识渊博的政论家尤沙柯夫先生稍微坦率一些。但是前者领地上的农庄和后者空想中的农庄这两种类型是不是有很大差别呢?这两种农庄的全部实质都是工役制。这两种农庄都有**强制**:它或者通过管理"村社"的富人的压力表现出来,或者通过送往感化中学的威胁表现出来。读者也许会反驳说,沙拉波夫先生的经营是为了私利,而尤沙柯夫先生空想中的官吏们的经营则是热心为大家造福?对不起,沙拉波夫先生直截了当地说,他的经营是出于道德的动机,他把一半收入交给农民,等等。因此我们既没有根据,也没有理由不像相信尤沙柯夫先生那样相信他,因为尤沙柯夫先生同样保证给予自己空想的教员以决非空想的"肥缺"。如果另一个地主遵照尤沙柯夫先生的建议,把自己的土地交给农业中学,从"中学生"那里取得付给贵族银行的利息(照尤沙柯夫先生自己的说法,这是"最有保证的抵押"),那就几乎完全没有差别了。当然,在"教育问题"上还有很大的差别,但是请问,难道谢尔盖·沙拉波夫先生不愿出50卢布雇用受过教育的雇农，而宁愿出 60 卢布雇用没有受过教育的雇农吗？

　　如果曼努伊洛夫先生现在还不明白，为什么俄国的（而且不仅是俄国的）学生认为为了劳动的利益必须支持彻底的资产者和彻底的资产阶级思想，**反对**产生沙拉波夫先生之流的农庄和尤沙柯夫先生之流的"空想"的旧残余，那么我们只得承认，我们很难向他解释清楚，因为我们讲的显然是两种不同的语言。曼努伊洛夫先生大概是依据著名的米海洛夫斯基先生的著名方法进行论断的：应当东拼西凑把好东西收集起来，正像果戈理笔下待字闺中的小姐想把一个求婚者的鼻子安在另一个求婚者的下巴上面一样[112]。我们觉得，这种论断不过是小资产者想凌驾于已经在我国现实中完全形成的、并且在我们眼前进行的历史发展过程中占有完全确定地位的一定阶级之上的可笑奢望。从这种论断中自然而且必然产生出来的"空想"，已经不是可笑而是有害的了，特别当这些空想变成肆无忌惮的官僚主义臆想的时候，更是如此。这种现象在俄国特别普遍，其原因是完全可以理解的，但这种现象并不仅限于俄国。难怪安东尼奥·拉布里奥拉在其名著《论唯物主义历史观》（1897 年巴黎日阿尔和布里埃勒出版社版）中谈到普鲁士时说，现在除了半个世纪以前"导师们"曾经反对过的那种种有害的空想而外，又出现了一种空想："指靠官僚和国库的空想，白痴的空想（l'utopie bureau-cratique et fiscale，l'utopie des crétins.第 105 页脚注）。"

七

　　最后，我们回过头来再谈一谈教育问题，但不是谈尤沙柯夫先生冠以这样一个标题的那本书。前面已经指出,这个标题太大,因为教育问题决不等于学校问题,教育决不限于学校。如果尤沙柯夫先生真从原则上提出"教育问题",并分析一下各个阶级之间的关系,那他就不能不谈到俄国资本主义的发展在劳动群众的教育问题上所起的作用问题。《俄国财富》杂志的另一位撰稿人米海洛夫斯基先生在 1897 年第 11 期上提到了这个问题。诺武斯先生说,马克思不怕而且有充分理由不怕写出"农村生活的愚昧状态"①一语,并认为"对这种愚昧状态的破坏"是资本主义和资产阶级的功绩,对此米海洛夫斯基先生写道:

"我不知道马克思究竟在什么地方写过这样粗鲁的〈?〉话……" 这是承认自己不熟悉马克思最重要著作之一(即《宣言》)的典型供词! 下面一段话则更加典型:"……但是大家早就知道,马其顿王亚历山大是个伟大的英雄,不过摔坏椅子还是用不着的。马克思根本不讲究用词,在这方面模仿他,当然至少是不聪明的。但即使这样,我还是确信〈请听吧!〉,这里引用的马克思的话不过是些狂言乱语而已。如果说为复杂的农村生活问题伤过脑筋的兹拉托弗拉茨基先生一代白白吃了许多苦头,那么以蔑视'农村生活的愚昧状态'的态度教育出来的一代也还是要吃苦头的(虽然是另一种苦头)……"(第 139 页)

米海洛夫斯基先生不止一次地声明赞同马克思的经济学说,但他非常突出的一点,是对这个学说一窍不通,因此才这样"确信地"宣称,诺武斯引用的马克思的话只是偏激、不讲究用词的结果,只是一些狂言乱语! 不,米海洛夫斯基先生,您大错特错了。马克

---

① 见《马克思恩格斯文集》第 2 卷第 36 页。——编者注

思的这些话不是狂言乱语,而是他的整个世界观(理论的和实践的)中一个最基本、最重要的特征的表现。这些话明确表示,他承认,居民离开农业走向工业、离开农村走向城市的过程是**进步的**。它是资本主义发展最鲜明的标志之一,无论在西欧或俄国都可以看到。我在《评经济浪漫主义》一文中已经谈到,马克思的这个被所有"学生"接受了的观点,有着多么重大的意义,它同所有一切浪漫主义的理论(从老头子西斯蒙第到尼·—逊先生)形成了怎样尖锐的对立。同一个地方(第 39 页[113])还指出,马克思在《资本论》(第 2 版第 1 卷第 527—528 页)①中和恩格斯在《英国工人阶级状况》②中也十分明确地表述了这个观点。此外,马克思的另一部著作《路易·波拿巴的雾月十八日》(1885 年汉堡版,参看第 98 页)③也阐述了这个观点。④ 这两位作者十分详尽地阐述了自己对这一问题的看法,并且在各种不同的场合时常重述这些看法,因此只有根本不熟悉他们学说的人才会产生出一种念头,想把上述引文中的"愚昧状态"一词说成"粗鲁"和"狂言乱语"。最后,米海洛夫斯基先生也可能会想起这样一件事实,就是这两位作者的所有信徒在许多实际问题上一直根据这个学说的精神发表意见,例如他们维护流动的完全自由,反对分给工人以小块土地或私有房屋等等的计划。

---

① 参看《马克思恩格斯文集》第 5 卷第 578—579 页。——编者注
② 参看《马克思恩格斯全集》第 1 版第 2 卷第 550—551 页。——编者注
③ 参看《马克思恩格斯文集》第 2 卷第 565—567 页。——编者注
④ 诺武斯先生当然没有预料到米海洛夫斯基先生这样不熟悉马克思的著作,不然的话,他会把马克思的整句话都摘录下来:资产阶级使农村屈服于城市的统治。它创立了巨大的城市,使城市人口比农村人口大大增加起来,因而使很大一部分居民脱离了农村生活的愚昧状态。(参看《马克思恩格斯文集》第 2 卷第 36 页。——编者注)

　　其次，米海洛夫斯基先生在上面所说的那段话中指责诺武斯和与他思想一致的人，说他们在用"蔑视农村生活的愚昧状态的态度"教育新的一代。**这是胡说。**如果"学生们"对这些备受贫困和愚昧压制的农村居民采取"蔑视"的态度，那他们当然应该受到指责，可是米海洛夫斯基先生并不能证明他们中间任何一个人抱着这种态度。学生们在谈到"农村生活的愚昧状态"的同时，还指出资本主义的发展为摆脱这种处境开辟了怎样的出路。现在我们把前面在评经济浪漫主义一文中说过的一段话重复一下："如果城市的优势是必然的，那么，只有把居民吸引到城市去，才能削弱（正如历史所证明的，也确实在削弱）这种优势的片面性。如果城市必然使自己处于特权地位，那么，只有农村居民流入城市，只有农业人口和非农业人口混合和融合起来，才能使农村居民摆脱孤立无援的地位。因此，最新理论在回答浪漫主义者的反动的怨言和牢骚时指出，正是农业人口和非农业人口的生活条件接近才创造了消灭城乡对立的条件。"①

　　这决不是对"农村生活的愚昧状态"的蔑视态度，而是寻求摆脱这种状态的愿望。从这些观点中只能产生对那些建议"替祖国寻找道路"，而不是建议在**当前**的道路和它今后的进程中去寻找出路的学说的"蔑视态度"。

　　在关于居民离开农业走向工业的过程的意义这个问题上，民粹派和"学生们"的差别不仅在于原则上、理论上有分歧，对俄国历史和现实中的事实评价不同，而且对这一过程有关的**实际问题**的解决方法也有差异。"学生们"自然主张必须废除一切过时的、阻

　　──────────
　　① 见本卷第 197 页。——编者注

碍农民从乡村流入和迁入城市的限制,而民粹派不是直接维护这些限制,便是小心翼翼地回避这个问题(实际上还是维护这些限制)。曼努伊洛夫先生也可以从这个例子中弄清楚一个在他看来是十分奇怪的情况,就是"学生们"竟同资产阶级代表人物们意见一致。彻底的资产者将永远主张废除上述对流动的限制,对工人来说,废除这种限制是他们最切身的利益所要求的。因此,他们之间的一致十分自然,必不可免。相反,居民走向工业这一过程对地主(大地主和小地主,甚至包括善于经营的农夫)来说是不利的,因此他们在民粹派先生们的理论的帮助下,想方设法阻止这一过程。

结论:在资本主义吸引居民离开农业这一十分重大的问题上,米海洛夫斯基先生表现出对马克思学说一窍不通,并且用言之无物的废话回避了俄国"学生们"同民粹派在理论方面和实践方面的有关分歧。

载于 1898 年圣彼得堡出版的
弗拉基米尔·伊林《经济评论集》

译自《列宁全集》俄文第 5 版
第 2 卷第 471—504 页

注　释

1　《弗里德里希·恩格斯》这篇悼念文章写于1895年秋,1896年发表于《工作者》文集第1—2期合刊。——1。

2　指《工作者》文集。

《工作者》文集(《Работник》)是国外俄国社会民主党人联合会的不定期刊物,由劳动解放社编辑,1896—1899年在日内瓦出版,读者对象为马克思主义工人小组成员。列宁是出版这个文集的发起人。1895年5月,他在瑞士同格·瓦·普列汉诺夫、帕·波·阿克雪里罗得以及劳动解放社的其他成员商谈了出版这个文集的问题。1895年9月回国以后,他又多方设法为这个文集提供物质支援和组织稿件。到1895年12月被捕为止,他除为文集撰写《弗里德里希·恩格斯》(见本版全集第2卷)一文外,还给文集编辑部寄去了阿·亚·瓦涅耶夫、米·亚·西尔文、索·巴·舍斯捷尔宁娜等写的几篇通讯。这个文集一共出了6期(3册);另外,还出了附刊《〈工作者〉小报》10期。第1—8期由劳动解放社编辑。第9—10期合刊由经济派编辑,于1898年11月出版。——5。

3　指《德法年鉴》杂志。

《德法年鉴》杂志(《Deutsch-Französische Jahrbücher》)是马克思和阿·卢格合编的德文刊物,1844年在巴黎出版。由于马克思和资产阶级激进派卢格之间有原则性的意见分歧,杂志只出了第1—2期合刊。这一期《德法年鉴》载有马克思的《论犹太人问题》和《〈黑格尔法哲学批判〉导言》,恩格斯的《国民经济学批判大纲》和《英国状况。评托马斯·卡莱尔的〈过去和现在〉》(见《马克思恩格斯文集》第1卷;《马克思恩格斯全集》第1版第1卷）。这些文章标志着马克思和恩格斯完成了从唯心主义向唯物主义、从革命民主主义向共产主义的转变。——8。

4 共产主义者同盟是历史上第一个以科学社会主义为指导的无产阶级政党，1847年在伦敦成立。共产主义者同盟的前身是1836年成立的正义者同盟，这是一个主要由德国工人和手工业者组成的德国政治流亡者秘密革命组织，后期也有其他国家的人参加。随着形势的发展，正义者同盟的领导成员逐步认识到必须使同盟摆脱旧的密谋传统和方式，并且确信马克思和恩格斯的理论是正确的，遂于1847年邀请马克思和恩格斯参加正义者同盟，协助同盟改组。1847年6月，正义者同盟在伦敦召开代表大会，恩格斯出席了大会，按照他的倡议，同盟的名称改为共产主义者同盟，因此这次大会也是共产主义者同盟的第一次代表大会。大会批准了以民主原则作为同盟组织基础的章程草案，并用"全世界无产者，联合起来！"的战斗口号取代了正义者同盟原来的"人人皆兄弟！"的口号。同年11月29日—12月8日，同盟召开第二次代表大会，马克思和恩格斯出席了大会。大会通过了同盟的章程，并对章程第1条作了修改，规定同盟的目的是"推翻资产阶级，建立无产阶级统治，消灭旧的以阶级对立为基础的资产阶级社会和建立没有阶级、没有私有制的新社会"。大会委托马克思和恩格斯起草同盟的纲领，这就是1848年2月问世的《共产党宣言》（见《马克思恩格斯文集》第2卷）。

　　1848年法国二月革命爆发后，同盟在巴黎成立新的中央委员会，马克思当选为中央委员会主席，恩格斯当选为中央委员。德国三月革命爆发后，马克思和恩格斯起草了共产主义者同盟在这次革命中的政治纲领《共产党在德国的要求》（参看《马克思恩格斯全集》第1版第5卷），并动员和组织同盟成员回国参加革命。他们在科隆创办《新莱茵报》，作为指导革命的中心。欧洲1848—1849年革命失败后，共产主义者同盟进行了改组并继续开展活动。1851年同盟召开中央委员会非常会议，批判了维利希—沙佩尔宗派集团的冒险主义策略，并决定把中央委员会迁往科隆。在普鲁士政府策划的陷害共产主义者同盟盟员的科隆共产党人案件判决后，同盟于1852年11月17日宣布解散。同盟在宣传科学社会主义和培养无产阶级革命战士方面起了重要作用；它的许多盟员后来积极参加了建立国际工人协会的活动。——8。

5　《新莱茵报》(《Neue Rheinische Zeitung》)是德国和欧洲革命民主派中无产阶级一翼的日报，1848 年 6 月 1 日 — 1849 年 5 月 19 日在科隆出版。马克思任该报的主编，编辑部成员恩格斯、恩·德朗克、斐·沃尔弗、威·沃尔弗、格·维尔特、斐·弗莱里格拉特、亨·毕尔格尔斯等都是共产主义者同盟的盟员。报纸编辑部作为无产阶级革命运动的领导核心，实际履行了共产主义者同盟中央委员会的职责。该报揭露反动的封建君主派和资产阶级反革命势力，主张彻底解决资产阶级民主革命的任务和用民主共和国的形式统一德国。该报创刊不久，就遭到反动报纸的围攻和政府的迫害，1848 年 9—10 月间曾一度停刊。1849 年 5 月，普鲁士政府借口马克思没有普鲁士国籍而把他驱逐出境，并对其他编辑进行迫害，该报于 5 月 19 日被迫停刊。——8。

6　指《反杜林论》，见《马克思恩格斯文集》第 9 卷。——9。

7　这是恩格斯的《社会主义从空想到科学的发展》(见《马克思恩格斯文集》第 3 卷)一书 1892 年俄文版使用的书名。恩格斯的这一著作是由《反杜林论》中的三章编成的。——9。

8　指恩格斯的《俄国沙皇政府的对外政策》一文(见《马克思恩格斯文集》第 4 卷)。这篇文章是维·伊·查苏利奇以劳动解放社《社会民主党人》评论集编辑部的名义约请恩格斯撰写的，刊载于 1890 年 2 月和 8 月出版的该评论集第 1 集和第 2 集。——10。

9　《社会民主党人》(《Социал-Демократ»)是俄国文学政治评论集，由劳动解放社于 1890—1892 年在伦敦和日内瓦用俄文出版，总共出了 4 集。第 1、2、3 集于 1890 年出版，第 4 集于 1892 年出版。参加《社会民主党人》评论集工作的有格·瓦·普列汉诺夫、帕·波·阿克雪里罗得和维·伊·查苏利奇等。这个评论集对于马克思主义在俄国的传播起了很大作用。——10。

10　指恩格斯1872—1873年在莱比锡《人民国家报》上发表的三篇文章:
《蒲鲁东怎样解决住宅问题》、《资产阶级怎样解决住宅问题》和《再论蒲
鲁东和住宅问题》。这几篇文章后来以《论住宅问题》为标题出了单行
本(见《马克思恩格斯文集》第3卷)。——10。

11　指恩格斯1875年写的《论俄国的社会问题》和1894年写的《〈论俄国的
社会问题〉跋》(见《马克思恩格斯文集》第3卷第389—402页,第4卷
第451—467页)。——10。

12　指马克思的著作《剩余价值理论》(参看《马克思恩格斯全集》第1版第
26卷)。列宁按照恩格斯的提法把这部著作称为《资本论》第4卷。恩
格斯在《资本论》第2卷序言中写道:"这个手稿的批判部分,除了许多
在第二册和第三册已经包括的部分之外,我打算保留下来,作为《资本
论》第四册出版。"(见《马克思恩格斯文集》第6卷第4页)。——10。

13　国际工人协会(第一国际)是无产阶级第一个国际性的革命联合组织,
1864年9月28日在伦敦成立。马克思参与了国际工人协会的创建,
是它的实际领袖,恩格斯参加了它后期的领导工作。在马克思和恩格
斯的指导下,国际工人协会领导各国工人的经济斗争和政治斗争,积极
支持被压迫民族的解放运动,坚决揭露和批判蒲鲁东主义、巴枯宁主
义、拉萨尔主义、工联主义等错误思潮,促进了各国工人的国际团结。
国际工人协会在1872年海牙代表大会以后实际上已停止活动,1876
年7月15日正式宣布解散。国际工人协会的历史意义在于它"奠定了
工人国际组织的基础,使工人作好向资本进行革命进攻的准备"(见本
版全集第36卷第290页)。——10。

14　参看马克思的《协会临时章程》、《国际工人协会共同章程》和恩格斯
的《〈共产党宣言〉1890年德文版序言》(《马克思恩格斯全集》第1版
第16卷第15页;《马克思恩格斯文集》第3卷第226页,第2卷第21
页)。——11。

15　《告托伦顿工厂男女工人》这份传单写于1895年11月7日(19日)以

后。托伦顿工厂是彼得堡的一家制呢工厂。该厂工人为抗议厂方压迫和要求改善待遇于 1895 年 11 月 6 日(18 日)发动罢工,参加罢工的织工约有 500 人。彼得堡工人阶级解放斗争协会领导了这次罢工。罢工开始以前,协会印发了格·马·克尔日扎诺夫斯基起草的说明织工要求的传单。过了几天,又印发了列宁写的这份传单。传单中揭露的有关该厂工人生活的事实是列宁亲自调查和收集的。1896 年春,在日内瓦出版的《工作者》文集第 1—2 期合刊转载了这份传单。——13。

16 诺列斯是精梳羊毛时脱落下来的梳屑,没有羊毛好纺。

克诺普是从呢绒上修剪下来的毛屑,不适于纺纱。——14。

17 比别尔和乌拉尔是呢绒的品名。——16。

18 《农庄中学与感化中学》一文写于 1895 年秋,是为回答自由主义民粹派代表人物谢·尼·尤沙柯夫在 1895 年《俄国财富》杂志第 5 期上发表的《教育的空想(全民中等义务教育计划)》而作的。列宁在文章中尖锐地批判了尤沙柯夫提出的让交不起学费的贫苦学生服工役的反动计划,这一问题列宁在 1897 年底写的《民粹主义空想计划的典型》(见本卷第 452—481 页)曾再次论及。文章用笔名克·土林发表于 1895 年 11 月 25 日(12 月 7 日)的《萨马拉新闻》。

《萨马拉新闻》(《Самарский Вестник》)是 1883—1904 年在俄国萨马拉出版的日报。从 1896 年底到 1897 年 3 月,该报为"合法马克思主义者"所控制。19 世纪 90 年代,该报刊登过若干篇俄国马克思主义者的文章。——18。

19 《俄国财富》杂志(《Русское Богатство》)是俄国科学、文学和政治刊物。1876 年创办于莫斯科,同年年中迁至彼得堡。1879 年以前为旬刊,以后为月刊。1879 年起成为自由主义民粹派的刊物。1892 年以后由尼·康·米海洛夫斯基和弗·加·柯罗连科领导,成为自由主义民粹派的中心,在其周围聚集了一批政论家,他们后来成为社会革命党、人民社会党和历届国家杜马中的劳动派的著名成员。在 1893 年以后的几年中,曾同马克思主义者展开理论上的争论。为该杂志撰稿的也有一些现实主义作家。1906年成为人民社会党的机关刊物。1914年至1917年3月以《俄国纪事》为刊名出版。1918年被查封。——18。

20　《对工厂工人罚款法的解释》这本小册子写于1895年秋,分析和批判了沙皇政府1886年6月3日颁布的工厂工人罚款法。小册子最初于1895年12月由民意社的彼得堡拉赫塔秘密印刷厂印了3 000册。为了蒙蔽敌人,小册子伪装成合法出版物,注明由赫尔松瓦西里耶夫书局出版,苏博京印刷厂印刷,经赫尔松书报检查机关批准。1897年,国外俄国社会民主党人联合会在日内瓦再版了这本小册子。——25。

21　指尼科利斯科耶莫罗佐夫纺织厂罢工的组织者瓦·谢·沃尔柯夫和彼·阿·莫伊谢延科于1885年1月9日(21日)起草的《工人的一致要求》,其中列举了复工的条件。——31。

22　《新时报》(《Новое Время》)是俄国报纸,1868—1917年在彼得堡出版。出版人多次更换,政治方向也随之改变。1872—1873年采取进步自由主义的方针。1876—1912年由反动出版家阿·谢·苏沃林掌握,成为俄国最没有原则的报纸。1905年起是黑帮报纸。1917年二月革命后,完全支持资产阶级临时政府的反革命政策,攻击布尔什维克。1917年10月26日(11月8日)被查封。——31。

23　《莫斯科新闻》(《Московские Ведомости》)是俄国最老的报纸之一,1756年开始由莫斯科大学出版。1842年以前每周出版两次,以后每周出版三次,从1859年起改为日报。1863—1887年,由米·尼·卡特柯夫等担任编辑,宣扬地主和宗教界人士中最反动阶层的观点。1897—1907年由弗·安·格林格穆特任编辑,成为黑帮报纸,鼓吹镇压工人和革命知识分子。1917年10月27日(11月9日)被查封。——31。

24　《致工厂视察机关官员之训令》是沙皇政府为工厂视察员规定的各项职责的细则。这项训令由财政大臣谢·尤·维特批准,于1894年6月公布。——44。

25　梁赞省叶戈里耶夫斯克县赫卢多夫纺织厂罢工发生于1893年5月25

日—6月7日(6月6—19日)。罢工的起因是厂方专横暴戾,工人工资低、罚款多,工厂在规定的节日前夕开夜班。忍无可忍的工人捣毁了工厂的店铺和办公室,打碎了厂房的玻璃,破坏了机器。6月8日(20日),在厂方答应满足工人的某些要求后复工。由于工人的大部分要求未得到满足,10月间又爆发了罢工。参加罢工的约有5 000人。——60。

26 《我们的大臣们在想些什么?》是1895年11月至12月期间为《工人事业报》创刊号写的一篇文章。《工人事业报》是彼得堡工人阶级解放斗争协会根据同民意社的协议筹办的报纸。列宁编辑了该报的创刊号。他为创刊号写的文章除这一篇外,还有《告俄国工人》(社论)、《弗里德里希·恩格斯》(可能是根据本卷卷首的同名文章缩写成的)和《1895年雅罗斯拉夫尔的罢工》。创刊号还选用了彼得堡斗争协会其他会员格·马·克尔日扎诺夫斯基、阿·亚·瓦涅耶夫、彼·库·扎波罗热茨、尔·马尔托夫、米·亚·西尔文等人的文章。创刊号的全部稿件在报纸将要付排时被宪兵抄走,后来下落不明。1924年1月,在警察司关于斗争协会的案卷里只找到了《我们的大臣们在想些什么?》一文的抄件。——65。

27 《社会民主党纲领草案及其说明》是在彼得堡狱中写的,《党纲草案》写于1895年12月9日(21日)以后,《党纲说明》写于1896年6—7月。据娜·康·克鲁普斯卡娅和安·伊·乌里扬诺娃-叶利扎罗娃回忆,原件是用牛奶写在一本书的行间。现存稿本显然是在原件经过处理显出字迹以后誊抄下来的。原苏共中央马克思列宁主义研究院档案馆里存有三个《党纲草案》抄本。第一个来自列宁1900—1904年的私人档案,是由德·伊·乌里扬诺夫和玛·伊·乌里扬诺娃用密写墨水书写在1900年《科学评论》杂志第5期的一篇文章的行间。这个抄本没有标题,由列宁用铅笔编了页码,在封套上有列宁的手迹:"旧的(1895年)党纲草案"。第二个也发现于同一时期的列宁私人档案,是用打字机打在薄卷烟纸上,标题是:"旧的(1895年)社会民主党纲领草案"。第三个是在俄国社会民主工党日内瓦档案中找到的,胶印本,共39页,包括

《党纲草案》和《党纲说明》,是一篇完整的著作。——69。

28　赎金指俄国1861年改革后农民为赎取份地每年交纳的款项。按照改
　　革的法令,农民的宅地可以随时赎取,而份地则须经地主与农民自愿协
　　议或地主单方面要求始可赎取。份地的赎价是将每年代役租按6％的
　　年利率加以资本化得出的,例如,每年代役租为6卢布,赎价就是100
　　卢布。所以农民所赎取的在名义上是土地,实际上也包括人身自由在
　　内,赎价远远超过了份地的实际价格。在赎取份地时,农民先付赎价的
　　20％—25％(如果地主单方面要求赎地,则农民不付这笔费用),其余
　　75％—80％由政府以债券形式付给地主,然后由农民在49年内加利
　　息分年偿还政府。因此赎金实际上成了前地主农民交纳的一种沉重的
　　直接税。由于农民赎取份地的最后限期为1883年,赎金的交纳要到
　　1932年才最后结束。在1905—1907年俄国第一次革命中,沙皇政府
　　慑于农民运动的威力,从1907年1月起废除了赎金。——72。

29　连环保是每一村社的成员在按时向国家和地主交清捐税和履行义务方
　　面互相负责的制度。这种奴役农民的形式,在俄国废除农奴制后还保
　　存着,直到1906年才最终取消。——72。

30　指俄国财政大臣谢·尤·维特给工厂视察员的通令,它是对1895年夏
　　秋两季罢工的答复。关于这个通令可参看本卷《告沙皇政府》一
　　文。——88。

31　《告沙皇政府》这份传单是列宁于1896年秋在狱中写的,由彼得堡工人
　　阶级解放斗争协会油印散发。它是对财政大臣谢·尤·维特给工厂视
　　察员的通令和1896年7月19日(31日)《政府通报》第158号上刊登的
　　关于1896年夏季彼得堡罢工的公告的答复。——94。

32　指1896年5—6月彼得堡纺织工人大罢工。19世纪90年代,俄国工
　　人运动高涨,1895—1896年间相继爆发大罢工,如1895年雅罗斯拉夫
　　尔纺织工厂的罢工、同年秋季彼得堡托伦顿工厂的罢工和1896年彼得
　　堡纺织工人的大罢工。其中彼得堡纺织工人大罢工的影响最大。这次

罢工的起因是工厂主拒绝向工人支付尼古拉二世加冕礼那几天假日的全额工资。罢工从俄罗斯纺纱厂(即卡林金工厂)开始，很快就席卷了所有纺织工厂，并波及机器、橡胶、造纸、制糖等工厂，参加者达3万多人。这次罢工是在彼得堡工人阶级解放斗争协会领导下进行的。该协会散发了传单和宣言，号召工人起来捍卫自己的权利。罢工的基本要求是：把工作日缩短为 $10\frac{1}{2}$ 小时，提高计件单价，按时发放工资等。列宁称这次罢工为著名的彼得堡工业战争。它第一次推动了彼得堡无产阶级结成广泛阵线向剥削者进行斗争，并促进了全俄工人运动的发展。在这次罢工的压力下，沙皇政府加速了工厂法的修订，于1897年6月2日(14日)颁布了将工业企业和铁路工厂的工作日缩短为 $11\frac{1}{2}$ 小时的法令。——95。

33 《政府通报》(《Правительственный Вестник》)是沙皇政府内务部的机关报(日报)，1869年1月1日(13日)—1917年2月26日(3月11日)在彼得堡出版，它的前身是《北方邮报》。通报登载政府命令和公告、大臣会议和国务会议开会的综合报道、国内外消息、各种文章和书评等。1917年二月革命后，《政府通报》为《临时政府通报》所代替。——96。

34 指彼得堡工人阶级解放斗争协会。

彼得堡工人阶级解放斗争协会是列宁于1895年11月创立的，由彼得堡的约20个马克思主义工人小组联合而成，1895年12月定名为"工人阶级解放斗争协会"。协会是俄国无产阶级革命党的萌芽，实行集中制，有严格的纪律。它的领导机构是中心小组，成员有10多人，其中5人(列宁、格·马·克尔日扎诺夫斯基、瓦·瓦·斯塔尔科夫、阿·亚·瓦涅耶夫和尔·马尔托夫)组成领导核心。协会分设3个区小组。中心小组和区小组通过组织员同70多个工厂保持联系。各工厂有收集情况和传播书刊的组织员，大的工厂则建立工人小组。协会在俄国第一次实现了社会主义和工人运动的结合，完成了从小组内的马克思主义宣传到群众性政治鼓动的转变。协会领导了1895年和1896年彼得堡工人的罢工，印发了供工人阅读的传单和小册子，并曾筹备出版工人政治报纸《工人事业报》。协会对俄国社会民主主义运动的发展产生了巨大影响,有好几个城市的社会民主党组织以它为榜样,把马克思主义小组统一成为全市性的"工人阶级解放斗争协会"。

　　协会一成立就遭到沙皇政府的迫害。1895年12月8日(20日)夜间,沙皇政府逮捕了包括列宁在内的协会领导人和工作人员共57人。但是,协会并没有因此而停止活动,它组成了新的领导核心(米·亚·西尔文、斯·伊·拉德琴柯、雅·马·利亚霍夫斯基和马尔托夫)。列宁在狱中继续指导协会的工作。1896年1月沙皇政府再次逮捕协会会员后,协会仍领导了1896年5—6月的彼得堡纺织工人大罢工。1896年8月协会会员又有30人被捕。接二连三的打击使协会的领导成分发生了变化。从1898年下半年起,协会为经济派(由原来协会中的"青年派"演变而成)所掌握。协会的一些没有被捕的老会员继承协会的传统,参加了1898年俄国社会民主工党第一次代表大会的筹备工作。——99。

35 《以"老年派"名义写给彼得堡"工人阶级解放斗争协会"会员的通知》是为了提醒在狱外的斗争协会会员谨防奸细而于1896年在狱中写的。原件用普通铅笔写在一本书里,为保密起见字写得很小,用了很多省略语,有些地方难于辨认。"老年派"指彼得堡的一个大学生马克思主义小组。1893年,列宁到彼得堡后不久就加入了这个小组。小组的成员还有:阿·亚·瓦涅耶夫、彼·库·扎波罗热茨、亚·列·马尔琴科、格·波·克拉辛、格·马·克尔日扎诺夫斯基、斯·伊·拉德琴柯、米·亚·西尔文、瓦·瓦·斯塔尔科夫等。他们中间不少人参加了彼得堡工人阶级解放斗争协会的领导工作,并和列宁一道被捕。——100。

36 联社是彼得堡大学的学生组织,1891年底由大学生自修小组组成。它团结了具有革命情绪的青年,但无明确的政治纲领,数月后即告解体。H.H.米哈伊洛夫以"联社"组织者之一的面貌出现,而同沙皇政府的保安机关保持联系,向警察出卖"联社"的成员。——100。

37 沃罗宁工厂的罢工指1894年1月底在彼得堡列兹沃斯特罗夫织布厂发生的罢工,该厂厂主是俄国商人И.A.沃罗宁。罢工的起因是工厂降低计件单价。罢工持续三天,工人获得了胜利,但是一些被认为是罢工主谋者的工人却被逮捕,并被驱逐出彼得堡。——100。

38 《评经济浪漫主义(西斯蒙第和我国的西斯蒙第主义者)》写于 1896 年 8 月—1897 年 3 月,发表于合法马克思主义者刊物《新言论》杂志 1897 年 4—7 月第 7—10 期,署名克·土林。1898 年编入列宁的《经济评论集》。1908 年初又收入列宁的《土地问题》文集,这次再版删去了第 2 章第 3 节《工业人口因农业人口减少而增加的问题》和第 2 章第 5 节《浪漫主义的反动性》的末尾部分,增添了第 1 章的《补遗》。在准备 1897 年和 1898 年两个版本时,列宁为应付书报检查,把"马克思理论"和"马克思主义理论"写成"最新理论",把"马克思"写成"著名的德国经济学家",把"马克思主义者"写成"现实主义者",把《资本论》写成"一篇论文"等等。在 1908 年的版本中,这些地方有相当大一部分已由列宁在正文中作了修改,或在脚注中作了说明。《列宁全集》俄文第 5 版收载这一著作时,在正文中作了修改。——102。

39 额外价值即剩余价值。列宁在 19 世纪 90 年代的著作中,常把"额外价值"与"剩余价值"并用,后来就只用"剩余价值"一词。——111。

40 这里说的是约·拉·麦克库洛赫的一篇论战性文章:《欧文先生关于减轻国民贫困的计划》。该文匿名发表于 1819 年《爱丁堡评论》第 32 卷。西·西斯蒙第在一篇题为《对社会的消费能力是否始终同生产能力一起增长的问题的研究》的文章中对它作了答复。西斯蒙第的这篇文章后来收进了《政治经济学新原理》一书的补论。——119。

41 《爱丁堡评论,或批评杂志》(«The Edinburgh Review, or Critical Journal»)是英国自由派的科学、文学和政治杂志,1802—1929 年在爱丁堡和伦敦出版。——119。

42 从本丢推给彼拉多意思是推来推去,不解决问题。本丢·彼拉多是罗马帝国驻犹太行省的总督。据《新约全书·路加福音》说,犹太教的当权者判处耶稣死刑,要求彼拉多批准。彼拉多在审问中得知耶稣是加利利人,就命令把他送往加利利的统治者希律那里。希律经过审讯,也无法对耶稣定罪,又把他送回到彼拉多那里。据说"从本丢推给彼拉多"是由"本丢推给希律,希律又推给彼拉多"这句话演化而成的。——122。

43 在1897年和1898年的版本中,列宁在此处援引了米·伊·杜冈-巴拉诺夫斯基的《现代英国的工业危机及其原因和对人民生活的影响》一书的第2篇。在1908年的版本中,列宁删去了这段引文,而介绍读者参阅他的《俄国资本主义的发展》(1899年出版)一书。——122。

44 讲坛社会主义者是19世纪70—90年代资产阶级思想流派的代表人物。这些人主要是德国的大学教授,他们在大学的讲坛上宣扬资产阶级改良主义。主要代表人物有阿·瓦格纳、古·施穆勒、路·布伦坦诺、卡·毕歇尔、韦·桑巴特等人。他们认为国家是超阶级的组织,鼓吹资产阶级和无产阶级之间的阶级和平,主张不触动资本家的利益,逐步实行"社会主义"。因此,讲坛社会主义的纲领仅局限于提出一些社会改良措施,如设立工人疾病和伤亡事故保险等,目的在于削弱阶级斗争,消除革命以及社会民主党人的影响,使工人同反动的普鲁士国家和解。马克思和恩格斯对讲坛社会主义进行了坚持不懈的斗争,揭露了它反动和反科学的性质。讲坛社会主义是修正主义的思想来源之一。在俄国,合法马克思主义者宣扬讲坛社会主义的改良主义思想。——143。

45 意为粗糙的图画。苏兹达利是俄国弗拉基米尔省的一个县。该县所产圣像质量甚差,但售价低廉,因而大量行销于民间。——158。

46 保护关税政策是保护本国资本主义工业和农业免受外国竞争的经济措施体系。这些措施中最重要的是:对外国商品征收高额关税,规定进口限额,降低输出关税以鼓励本国商品出口,给个别资本家以津贴等。保护关税政策产生于英国的资本原始积累时期,在工业资本主义时期,特别是在帝国主义时期也被广泛采用。在帝国主义条件下,保护关税政策的目的是保证资本主义垄断组织在国内市场上以高价销售商品,获取垄断超额利润。——160。

47　自由贸易政策是资产阶级的一种经济政策,要求贸易自由和国家不干
涉私人经济活动,18 世纪末产生于英国;当时英国资本主义迅速发展,
迫切需要依靠国外市场获得更多的廉价原料和推销商品。在法国、德
国、俄国及其他国家的政策中,自由贸易政策的倾向也有所表现。亚
当·斯密和大卫·李嘉图的著作从理论上论证了自由贸易政
策。——165。

48　指《共产党宣言》中对西·西斯蒙第的小资产阶级社会主义的评价(参
看《马克思恩格斯文集》第 2 卷第 56—57 页)。尼·弗·丹尼尔逊在
《关于我国经济发展条件的一些情况》(载于 1894 年《俄国财富》杂志第
6 期)一文中曾加以引用。——167。

49　指马克思的《政治经济学批判》(见《马克思恩格斯全集》第 1 版第 13
卷)一书。«Zur Kritik»是这本书的德文书名«Zur Kritik der politischen
Ökonomie»的头两个字。《政治经济学若干原理的批判》是 1896 年出
版的这本书的俄译本(彼·彼·鲁勉采夫译)书名。——168。

50　参看马克思的《哥达纲领批判》(《马克思恩格斯文集》第 3 卷第 425
页)。为了应付书报检查,列宁在 1897 年和 1898 年的版本中没有直接
提马克思,而是援引彼·伯·司徒卢威的评述。在 1908 年的版本中,
列宁才直接提到了马克思的《哥达纲领批判》。——172。

51　指民粹派的两篇反对马克思主义者的论战性文章:尼·弗·丹尼尔逊
的《为货币权力辩护是时代的特征》(用笔名尼古拉·—逊发表于 1895
年《俄国财富》杂志第 1—2 期)和瓦·巴·沃龙佐夫的《德国的社会民
主主义和俄国的资产阶级主义》(用笔名瓦·沃·发表于 1894 年《星期
周报》第 47—49 号)。——173。

52　19 世纪末叶的"先进"政论家是列宁对俄国自由主义民粹派分子谢·
尼·尤沙柯夫的讽刺性称呼。彼·伯·司徒卢威引用的是尤沙柯夫在
1885 年《俄国思想》杂志第 3—4 期上发表的《19 世纪末的领导权问题》

一文。——180。

53 为了应付书报检查,列宁在引证马克思的《哲学的贫困》中的这段话时,用"作家"一词代替了"社会主义者"(德文原文为"Sozialisten")。——182。

54 特洛伊城已不存在! 一语出自古罗马诗人维吉尔的史诗《伊尼特》。特洛伊城被希腊人攻陷后,该城阿波罗神庙祭司潘苏斯说:"末日已到,劫数难逃。特洛伊人的国土上将不会再有特洛伊人,特洛伊城已不存在。"后来,这句话常被用来比喻某种事物已经过时或不复存在。——184。

55 村社是俄国农民共同使用土地的形式,其特点是在实行强制性的统一轮作的前提下,将耕地分给农户使用,森林、牧场则共同使用,不得分割。村社内实行连环保制度。村社的土地定期重分,农民无权放弃和买卖土地。村社管理机构由选举产生。俄国村社从远古即已存在,在历史发展过程中逐渐成为俄国封建制度的基础。沙皇政府和地主利用村社对农民进行监视和掠夺,向农民榨取赎金和赋税,逼迫他们服徭役。

村社问题在俄国曾引起热烈争论,发表了大量有关的经济学文献。民粹派认为村社是俄国向社会主义发展的特殊道路的保证。他们企图证明俄国的村社农民是稳固的,村社能够保护农民,防止资本主义关系侵入他们的生活。早在19世纪80年代,格·瓦·普列汉诺夫就已指出民粹派的村社社会主义的幻想是站不住脚的。到了90年代,列宁粉碎了民粹派的理论,用大量的事实和统计材料说明资本主义关系在俄国农村是怎样发展的,资本是怎样侵入宗法制的村社、把农民分解为富农与贫苦农民两个对抗阶级的。

在1905—1907年革命中,村社曾被农民用做革命斗争的工具。地主和沙皇政府对村社的政策在这时发生了变化。1906年11月9日,沙皇政府大臣会议主席彼·阿·斯托雷平颁布了摧毁村社、培植富农的土地法令,允许农民退出村社和出卖份地。这项法令颁布后的9年中,有200多万农户退出了村社。但是村社并未被彻底消灭,到1916

年底,欧俄仍有三分之二的农户和五分之四的份地在村社里。村社在十月革命以后还存在很久,直到全盘集体化后才最终消失。——188。

56 这段话见《马克思恩格斯文集》第 2 卷第 50 页。在《评经济浪漫主义》1897 年和 1898 年版本中,为了应付书报检查,列宁从格·瓦·普列汉诺夫的《论一元论历史观之发展》一书转引了马克思的《路易·波拿巴的雾月十八日》中的这段话,没有提马克思的名字。在 1908 年的版本中,列宁直接提到了马克思和他的书,并根据 1906 年彼得堡出版的马克思的《历史著作集》引用了这段话。——190。

57 《俄国思想》杂志(«Русская Мысль»)是俄国科学、文学和政治刊物(月刊),1880—1918 年在莫斯科出版。起初是同情民粹主义的温和自由派的刊物。90 年代有时也刊登马克思主义者的文章。1905 年革命后成为立宪民主党右翼的刊物,由彼·伯·司徒卢威和亚·亚·基泽韦捷尔编辑。十月革命后于 1918 年被查封。后由司徒卢威在国外复刊,成为白俄杂志,1921—1924 年、1927 年先后在索非亚、布拉格和巴黎出版。——191。

58 《新言论》杂志(«Новое Слово»)是俄国科学、文学和政治刊物(月刊),1894—1897 年在彼得堡出版。最初是自由主义民粹派刊物。1897 年春起,在亚·米·卡尔梅柯娃的参加下,由合法马克思主义者彼·伯·司徒卢威等出版。撰稿人有格·瓦·普列汉诺夫、维·伊·查苏利奇、尔·马尔托夫和马·高尔基等。杂志刊载过恩格斯的《资本论》第 3 卷增补和列宁的《评经济浪漫主义》、《论报纸上的一篇短文》等著作。1897 年 12 月被查封。——191。

59 这是俄国剧作家亚·尼·奥斯特罗夫斯基的喜剧《无端遭祸》第 2 幕第 5 场中的一句台词。基特·基特奇(季特·季特奇·勃鲁斯科夫)是剧中的一个专横霸道、贪婪成性的富商。——193。

60 《社会政治中央导报》(«Sozialpolitisches Centralblatt»)是德国社会民主党右翼的刊物,1892—1895 年由亨·布劳恩在柏林出版。该刊主张通过立法途径来改革社会。1895年3月,该刊出让给了资产阶级改良主义者。——198。

61 这段话见《马克思恩格斯文集》第5卷第577页。在1897年和1898年的版本中,为了应付书报检查,列宁把这段话中的"社会革命"("der Sozialen Revolution")一词换成了"社会改造"。在1908年的版本中,列宁把它译成"社会变革"。——212。

62 谷物法是英国1815年起施行的法律。这个法律规定了高额的谷物进口税,在英国本土谷物价格每夸特低于80先令时则禁止进口谷物。1828年实行调节制:在国内市场的谷物价格下跌时提高谷物进口税,当谷物价格上涨时降低谷物进口税。谷物法是英国议会在大地主影响下通过的,它使大地主得以提高国内市场上的粮价,获得高额地租。谷物法严重地影响贫民阶层的生活,也不利于工业资产阶级,因为它使劳动力涨价,缩小国内市场的容量,妨碍国内贸易的发展。经过工业资产阶级同土地贵族的长期斗争,谷物法于1846年被废除。——220。

63 一方面不能不承认,另一方面必须承认是俄国作家米·叶·萨尔蒂科夫-谢德林嘲笑自由派在政治上的无原则态度的讽刺性用语,见于他的作品《外省人旅京日记》和《葬礼》。——224。

64 反谷物法同盟是英国工业资产阶级的组织,由曼彻斯特的两个纺织厂主理查·科布顿和约翰·布莱特于1838年创立。谷物法是英国政府为维护大土地占有者的利益,从1815年起实施的旨在限制或禁止从国外输入谷物的法令。同盟要求贸易完全自由,废除谷物法,目的是为了降低国内谷物价格,从而降低工人工资,削弱土地贵族的经济和政治地位。1846年谷物法废除以后,反谷物法同盟宣布解散。实际上,同盟的一些分支机构一直存在到1849年。马克思在《关于自由贸易问题的演说》中对反谷物法运动作了评价(见《马克思恩格斯文集》第1卷)。——225。

65 《新时代》杂志(《Die Neue Zeit》)是德国社会民主党的理论刊物,

1883—1923 年在斯图加特出版。1890 年 10 月前为月刊,后改为周刊。1917 年 10 月以前编辑为卡·考茨基,以后为亨·库诺。1885—1895 年间,杂志发表过马克思和恩格斯的一些文章。恩格斯经常关心编辑部的工作,帮助它端正办刊方向。为杂志撰过稿的还有威·李卜克内西、保·拉法格、格·瓦·普列汉诺夫、罗·卢森堡、弗·梅林等国际工人运动活动家。《新时代》杂志在介绍马克思主义基本理论、宣传俄国1905—1907 革命等方面做了有益的工作。随着考茨基转到机会主义立场,1910 年以后,《新时代》杂志成了中派分子的刊物。第一次世界大战期间,杂志持中派立场,实际上支持社会沙文主义者。——226。

66　指马克思和恩格斯的《反克利盖的通告》和《德意志意识形态》第 2 卷第4 章。这两篇著作最初发表于 1846 年 7 月和 1847 年 8—9 月的《威斯特伐利亚汽船》杂志。1895—1896 年《新时代》杂志第 27 期和第 28 期刊载的彼·伯·司徒卢威介绍这两篇著作的文章,摘引了其中一些段落(参看《马克思恩格斯全集》第 1 版第 4 卷第 9—12 页和第 3 卷第608—612 页)。——226。

67　《威斯特伐利亚汽船》杂志(«Das Westphälische Dampfboot»)是德国"真正的"社会主义的刊物(月刊),由奥托·吕宁编辑。1845 年 1 月—1846 年 12 月在比勒菲尔德出版,1847 年 1 月—1848 年 3 月在帕德博恩出版。——226。

68　见《马克思恩格斯文集》第 1 卷第 759 页。为了应付书报检查,列宁把引自马克思的《关于自由贸易问题的演说》的个别字句作了修改,例如把"加速社会革命"译为"加速这一'破坏'",把"只有在这种革命意义上"译为"只有在这种意义上"。——231。

69　《关于粮价问题》这封给《萨马拉新闻》编辑部的信曾收入《列宁全集》俄文第 2、3 版第 2 卷。由于有人怀疑这封信不是列宁的(见《列宁研究院论丛》1928 年莫斯科版第 3 集第 87—92 页),因此后来出版的《列宁全集》俄文第 4、5 版都不再收入这封信。
　　原苏共中央马克思列宁主义研究院通过对这个问题作的进一步研

究以及对所有材料包括后来发现的材料的仔细综合分析得出了论据充分的结论:《关于粮价问题》这封信是列宁写的。——232。

70 《1894—1895年度彼尔姆省手工业调查以及"手工"工业中的一般问题》一文是1897年8—9月在西伯利亚流放地写的,1898年首次刊载于列宁的《经济评论集》,1908年重载于列宁的《土地问题》文集。这篇文章的资料,列宁曾在《俄国资本主义的发展》(见本版全集第3卷)一书中使用。——237。

71 白板是拉丁文 tabula rasa 的意译,即未经刻写的涂蜡的板。古代希腊人和罗马人用这种蜡板记事,用完熨平,仍可重新使用。后来人们用白板比喻没有受到外界影响的心灵和事物。——248。

72 马尼洛夫式的词句意为脱离实际的空话。马尼洛夫是俄国作家尼·瓦·果戈理的小说《死魂灵》中的一个地主。他生性怠惰,终日想入非非,崇尚空谈,刻意地讲究虚伪客套。——262。

73 实物工资制是盛行于资本主义初期的一种工资制度。实行这种制度的工厂主在自己的工厂里开设店铺,用质次价高的商品和食物代替货币支付给工人,以加重对工人的剥削。这一制度在俄国手工业发达的地区也曾十分流行。——305。

74 《法学通报》杂志(《Юридический Вестник》)是俄国莫斯科法学会的机关刊物(月刊),1867—1892年在莫斯科出版。先后参加编辑工作的有马·马·柯瓦列夫斯基和谢·安·穆罗姆采夫等。为杂志撰稿的主要是莫斯科大学的自由派教授,在政治上主张进行温和的改革。——313。

75 《实业记者报》(《Деловой Корреспондент》)是俄国工商业报纸,1886—1889年在叶卡捷琳堡出版。——318。

76 指《俄罗斯帝国法律汇编》第10卷第1册。《俄罗斯帝国法律汇编》于1832年首次出版时为15卷,1892年起增订为16卷。十月革命后被废除。——317。

77　《彼尔姆省新闻》(《Пермские Губернские Ведомости》)是俄国彼尔姆省的官方报纸,1838—1917年在彼尔姆出版,先为周刊,后为日刊。——328。

78　《新工厂法》这本小册子是在西伯利亚流放地写的,正文写于1897年夏,附录写于同年秋。根据帕·波·阿克雪里罗得为列宁的小册子《俄国社会民主党人的任务》(见本卷第428—451页)初版所写的序言判断,《新工厂法》的手稿直到1898年秋才传到国外。1899年由劳动解放社在日内瓦俄国社会民主党人联合会印刷所予以刊印。——335。

79　特别的布告指1897年1月初在彼得堡各纺织厂张贴的一份布告,其中说,从4月16日(28日)即"五一"国际劳动节前夕起实行 $11\frac{1}{2}$ 小时工作日。——336。

80　《财政与工商业通报》杂志(《Вестник Финансов, Промышленности и Торговли》)是沙皇俄国财政部的刊物(周刊),1883年11月—1917年在彼得堡出版,1885年1月前称《财政部政府命令一览》。该杂志刊登政府命令、经济方面的文章和评论、官方统计资料等。——341。

81　《俄罗斯新闻》(《Русские Ведомости》)是俄国报纸,1863—1918年在莫斯科出版。它反映自由派地主和资产阶级的观点,主张在俄国实行君主立宪,撰稿人是一些自由派教授。至70年代中期成为俄国影响最大的报纸之一。80—90年代刊登民主主义作家和民粹主义者的文章。1898年和1901年曾经停刊。从1905年起成为右翼立宪民主党人的机关报。1917年二月革命后支持资产阶级临时政府。十月革命后被查封。——379。

82　塞索伊卡是俄国作家费·米·列舍特尼科夫的小说《波德里普村的人们》中的人物,是一个在沙皇制度下备受压迫的农民形象。

米加伊是俄国作家尼·瓦·果戈理的小说《死魂灵》中一个农奴的名字。——381。

83　《我们拒绝什么遗产?》一文是 1897 年底在西伯利亚流放地写的,编入了《经济评论集》。——386。

84　《祖国纪事》杂志(«Отечественные Записки»)是俄国刊物,在彼得堡出版。1820——1830 年期间登载俄国工业、民族志、历史学等方面的文章。1839 年起成为文学和社会政治刊物(月刊)。1839——1846 年,由于维·格·别林斯基等人参加该杂志的工作,成为当时最优秀的进步刊物。60 年代初采取温和保守的立场。1868 年起由尼·阿·涅克拉索夫、米·叶·萨尔蒂科夫-谢德林、格·扎·叶利谢耶夫主持,成为团结革命民主主义知识分子的中心。1877 年涅克拉索夫逝世后,尼·康·米海洛夫斯基加入编辑部,民粹派对这个杂志的影响占了优势。该杂志不断遭到沙皇政府书报检查机关的迫害。1884 年 4 月被查封。——387。

85　马克思阅读斯卡尔金的《在穷乡僻壤和在首都》一书时作过摘要(见《马克思恩格斯文库》1948 年俄文版第 11 卷第 119——138 页)。把马克思的摘要和列宁的《我们拒绝什么遗产?》(见本卷第 386——427 页)相对照可以看出,他们对这本书的事实材料和结论的态度是一致的。——387。

86　指俄国 1861 年废除农奴制的改革。这次改革是由于沙皇政府在军事上遭到失败、财政困难和反对农奴制的农民起义不断高涨而被迫实行的。沙皇亚历山大二世于 1861 年 2 月 19 日(3 月 3 日)签署了废除农奴制的宣言,颁布了改革的法令。这次改革共"解放了"2 250 万地主农民,但是地主土地占有制仍然保存下来。在改革中,农民的土地被宣布为地主的财产,农民只能得到法定数额的份地,并要支付赎金。赎金主要部分由政府以债券形式付给地主,再由农民在 49 年内偿还政府。根据粗略统计,在改革后,贵族拥有土地 7 150 万俄亩,农民则只有 3 370 万俄亩。改革中地主把农民土地割去了⅕,甚至⅖。

在改革中,旧的徭役制经济只是受到破坏,并没有消灭。农民份地中最好的土地以及森林、池塘、牧场等都留在地主手里,使农民难以独立经营。在签订赎买契约以前,农民还对地主负有暂时义务。农民为了赎买土地交纳的赎金,大大超过了地价。仅前地主农民交给政府的赎金就有 19 亿卢布,而转归农民的土地按市场价格仅值 5 亿多卢布。这就造成了农民经济的破产,使得大多数农民还像以前一样,受着地主的剥削和奴役。但是,这次改革仍为俄国资本主义经济的发展创造了有利的条件。——388。

87　指古罗马帝国时代被固定在土地上的农民。不管种这些土地怎么亏本,他们也不能离开。——392。

88　这里说的"具有更典型的声调的遗产代表"是指尼·加·车尔尼雪夫斯基。列宁在谈到 19 世纪 60 年代思想遗产时援引斯卡尔金,是出于应付书报检查的考虑。他在 1899 年 1 月 26 日给亚·尼·波特列索夫的信中,对这个问题作了说明。——398。

89　《农业报》(«Земледельческая Газета»)是俄国沙皇政府国家产业部(1894 年起改为农业和国家产业部)的报纸,1834—1917 年在彼得堡出版。起初每周出版两号,1860 年起改为每周出版一号,同时每月出版两期附刊《农村小报》。该报主要刊登有关农业的政府法令、经济时评、新闻报道等,在地主和富农阶层中很有影响。——403。

90　《欧洲通报》杂志(«Вестник Европы»)是俄国资产阶级自由派的历史、政治和文学刊物,1866 年 3 月—1918 年 3 月在彼得堡出版。1866—1867 年为季刊,后改为月刊。先后参加编辑出版工作的有米·马·斯塔秀列维奇、马·马·柯瓦列夫斯基等。——408。

91　这里指的是斯卡尔金。列宁引用的是他的书中的话(见《在穷乡僻壤和在首都》1870 年圣彼得堡版第 285 页)。——412。

92　指格·瓦·普列汉诺夫在 1897 年 9 月《新言论》杂志第 12 期上用笔名恩·卡缅斯基发表的《论唯物主义的历史观》一文。——423。

93　《施穆勒年鉴》(«Schmollers Jahrbuch»)即《德意志帝国立法、行政和国民经济年鉴》(«Jahrbuch für Gesetzgebung, Verwaltung und Volkswirtschaft im Deutschen Reich»），是德国政治经济学杂志，1871 年创刊，1877 年起由德国资产阶级经济学家、讲坛社会主义者弗·霍尔岑多尔夫和路·布伦坦诺出版，1881 年起由古·施穆勒出版。——426。

94　《星期周报》(«Неделя»)是俄国政治和文学报纸，1866—1901 年在彼得堡出版。1868—1879 年间曾因发表"有害言论"多次被勒令停刊。1880—1890 年该报急剧向右转，变成自由主义民粹派的报纸，反对同专制制度作斗争，鼓吹所谓"干小事情"的理论，即号召知识分子放弃革命斗争，从事"平静的文化工作"。——426。

95　《俄国社会民主党人的任务》这本小册子是 1897 年底在西伯利亚流放地写的，1898 年由劳动解放社在日内瓦首次出版，曾在俄国先进工人中广泛流传。小册子的手稿未找到，现只保存下来手稿的一个转抄本，抄录人不详。1902 年和 1905 年，小册子在日内瓦先后出了第 2 版和第 3 版，列宁为这两版写了序言（见本版全集第 6 卷和第 11 卷）。这本小册子还被编入 1907 年 11 月出版的列宁的《十二年来》文集。手稿转抄本和小册子第 1 版都收了传单《"斗争协会"告彼得堡工人和社会主义者》作为补充，但是 1902、1905、1907 年的版本没有收这份传单。——428。

96　民权党是俄国民主主义知识分子的秘密团体，1893 年夏成立。参加创建的有前民意党人奥·瓦·阿普捷克曼、安·伊·波格丹诺维奇、亚·瓦·格杰奥诺夫斯基、马·安·纳坦松、尼·谢·丘特切夫等。民权党的宗旨是联合一切反对沙皇制度的力量为实现政治改革而斗争。该党发表过两个纲领性文件：《宣言》和《迫切的问题》。1894 年春，民权党的组织被沙皇政府破坏。大多数民权党人后来加入了社会革命党。——428。

97　《"民意社"快报》(«Летучий Листок «Группы Народовольцев»»)是俄国革命民粹派组织民意社的刊物，1892—1895 年在彼得堡出版，共出了 4 号。——428。

98 国外俄国社会民主党人联合会是根据劳动解放社的倡议,在全体会员承认劳动解放社纲领的条件下,于1894年在日内瓦成立的。联合会为俄国国内出版书刊,它的出版物全部由劳动解放社负责编辑。1896—1899年联合会出版了不定期刊物《工作者》文集和《〈工作者〉小报》。1898年3月,俄国社会民主工党第一次代表大会承认联合会是党的国外代表机关。1898年底,经济派在联合会里占了优势。1898年11月,在苏黎世召开的联合会第一次代表大会上,劳动解放社声明,除《工作者》文集以及列宁的《俄国社会民主党人的任务》和《新工厂法》两个小册子外,拒绝为联合会编辑出版物。联合会从1899年4月起出版《工人事业》杂志,由经济派分子担任编辑。1900年4月,在日内瓦举行的联合第二次代表大会上,劳动解放社的成员以及与其观点一致的人正式退出联合会,成立了独立的"社会民主党人"革命组织。此后,联合会和《工人事业》杂志就成了经济主义在俄国社会民主党内的代表。1903年,根据俄国社会民主工党第二次代表大会的决议,联合会宣布解散。——428。

99 列宁在此处的用词原来不是"社会",而是"生产"。在《俄国社会民主党人的任务》的第1版(1898年)中,"生产"被误排成了"政府",可能是因为"生产"和"政府"这两个俄文词的缩写完全一样所致。在1902年的第2版中,列宁订正这个错误时,把"政府"改成了"社会"。——431。

100 指1881—1882年内务大臣尼·巴·伊格纳季耶夫执行的政策。伊格纳季耶夫竭力愚弄自由派,用民主的把戏为亚历山大三世政府的倒行逆施打掩护。他曾召集由大臣们所挑选的"有识之士"(贵族代表、地方自治局主席等)讨论关于降低赎金、调整移民和改革地方行政等问题。他还宣称,沙皇政府将召集全国的代表参与立法活动。所有这些骗人的把戏,都随伊格纳季耶夫的辞职而收场(参看本版全集第5卷《地方自治机关的迫害者和自由主义的汉尼拔》第4节)。1882年5月,德·安·托尔斯泰接任内务大臣并兼宪兵司令,俄国从此开始了扼杀一切自由思想的反动时期。——438。

101 劳动解放社是俄国第一个马克思主义团体,由格·瓦·普列汉诺夫和维·伊·查苏利奇、帕·波·阿克雪里罗得、列·格·捷依奇、瓦·尼·伊格纳托夫于1883年9月在日内瓦建立。劳动解放社把马克思主义创始人的许多重要著作译成俄文,在国外出版后秘密运到俄国,对马克思主义在俄国的传播起了巨大作用。普列汉诺夫当时写的《社会主义与政治斗争》、《我们的意见分歧》、《论一元论历史观之发展》等著作有力地批判了民粹主义,用马克思主义的观点分析了俄国社会的现实和俄国革命的一些基本问题。普列汉诺夫起草的劳动解放社的两个纲领草案——1883年的《社会民主主义的劳动解放社纲领》和1885年的《俄国社会民主党人纲领草案》,对于俄国社会民主党的建立具有重要意义,后一个纲领草案的理论部分包含了马克思主义政党纲领的基本成分。劳动解放社在团结俄国社会民主党的力量方面也做了许多工作。它还积极参加社会民主党人的国际活动,和德、法、英等国的社会民主党都有接触。劳动解放社以普列汉诺夫为代表对伯恩施坦主义进行了积极的斗争,在反对俄国的经济派方面也起了重要作用。恩格斯曾给予劳动解放社的活动以高度评价(参看《马克思恩格斯文集》第10卷第532页)。列宁认为劳动解放社的历史意义在于它从理论上为俄国社会民主党奠定了基础,向着工人运动迈出了第一步。劳动解放社的主要缺点是:它没有和工人运动结合起来,它的成员对俄国资本主义发展的特点缺乏具体分析,对建立不同于第二国际各党的新型政党的特殊任务缺乏认识等。劳动解放社于1903年8月在俄国社会民主工党第二次代表大会上宣布解散。——440。

102 指老民意党人小组(彼·拉·拉甫罗夫、尼·谢·鲁萨诺夫等)于1893—1896年在日内瓦出版的《俄国社会革命运动史资料》。这部文集原拟出17册,实际出了4编5册。——441。

103 布朗基主义是19世纪法国工人运动中的革命冒险主义的思潮,以路·奥·布朗基为代表。布朗基主义者不了解无产阶级的历史使命,忽视同群众的联系,主张用密谋手段推翻资产阶级政府,建立革命政权,实行少数人的专政。马克思和列宁高度评价布朗基主义者的革命精神,同时坚决批判他们的密谋策略。

　　巴黎公社失败以后,1872 年秋天,在伦敦的布朗基派公社流亡者发表了题为《国际和革命》的小册子,宣布拥护《共产党宣言》这个科学共产主义的纲领。对此,恩格斯曾不止一次地予以肯定(参看《马克思恩格斯文集》第 3 卷第 357—365 页)。——442。

104　《民粹主义空想计划的典型》一文是 1897 年底在西伯利亚流放地为《新言论》杂志写的。列宁当时还不知道该杂志已于 1897 年 12 月被沙皇政府查封。1898 年,列宁把这篇文章编入了《经济评论集》。——452。

105　指德国 19 世纪 70 年代出现的政治经济学历史伦理学派,也称新历史学派,其代表人物有古·施穆勒、路·约·布伦坦诺等讲坛社会主义者。这一学派强调心理因素、伦理道德在经济生活中的作用。——457。

106　科罗博契卡是俄国作家尼·瓦·果戈理的小说《死魂灵》中的一个愚钝、冥顽的女地主。——467。

107　阿拉克切耶夫时代指俄国沙皇保罗一世和亚历山大一世的权臣阿·安·阿拉克切耶夫当政的时期。阿拉克切耶夫在亚历山大一世时任陆军大臣、国务会议军事局主席,后来实际上掌握了国务会议、大臣委员会和御前办公厅的大权。他执行极端反动的警察专制和军阀专横的政策,史称阿拉克切耶夫制度。为了降低维持军队的费用,阿拉克切耶夫根据亚历山大一世的旨意建立军屯,即将某些居住着国家农民的村子拨给陆军部,强迫村里的农民一面当兵,一面种地,自己养活自己。军屯中实行棍棒纪律和极为严酷的制度。——470。

108　重商主义是代表资本原始积累时期商业资产阶级利益的经济思想和经济政策的体系,15—17 世纪流行于欧洲一些国家。重商主义把表现为贵金属的货币与财富等同起来,认为拥有货币的多少是一国富裕程度和实力大小的标志,而增加一国财富的主要办法是发展顺差的对外贸易,通过贱买贵卖获取利润。重商主义者主张国家干涉经济生活,用行政措施和立法手段奖励出口,限制和禁止外国商品进口,以确保本国金银货币的增加。重商主义是对现代资本主义生产方式所进行的最早的理论考察。它从商业资本的表面现象出发,错误地认为利润产生于流通过程。它的积极意义在于为经济学发展成为一门独立的科学准备了条件。——471。

109　这是彼·伯·司徒卢威在《当前国内生活中的一些问题》一文中给沙皇政府财政部学术委员会委员亚·尼·古里耶夫的计划所下的评语(见1897年《新言论》杂志第7期第238页)。——471。

110　指俄国革命民主主义者尼·加·车尔尼雪夫斯基。——472。

111　《北方》杂志(《Север》)是俄国的文艺刊物(周刊)。1888—1914年在彼得堡出版。——474。

112　果戈理笔下待字闺中的小姐指俄国作家尼·瓦·果戈理的喜剧《婚事》中的人物阿加菲娅·季洪诺芙娜。她是富商之女,向她求婚的人络绎不绝。有一次,波德喀列辛、舍瓦金、钱季旦和安奴奇金四人同时去求婚。阿加菲娅见他们容貌、举止各有短长,难以决定选谁为好。最后她想,要是把安奴奇金的嘴唇搁在波德喀列辛的鼻子下,再加上舍瓦金的潇洒风度和钱季旦的魁梧身材,那就好拿定主意了。——477。

113　指1897年6月《新言论》杂志第9期第39页。列宁提到的《评经济浪漫主义》一文中的那个地方(见本卷第197页)就在这一页上。——479。

人 名 索 引

A

阿布拉莫夫,雅柯夫·瓦西里耶维奇(Абрамов,Яков Васильевич 1858 —
1906)——俄国政论家和小说家,自由主义民粹派分子。19 世纪 80 年代
起为《祖国纪事》、《事业》、《基础》等杂志撰稿,写过一些描述民间生活的短
篇小说和有关社会经济问题和宗教教派问题的文章。80 年代中期是《星
期周报》的主要政论家,提出"干小事情的理论"(所谓"阿布拉莫夫主义"),
号召知识分子放弃革命斗争,从事"平静的文化工作"。90 年代在《俄罗斯
学校》杂志上发表国民教育方面的文章。——408、419、420。

阿德勒,维克多(Adler,Victor 1852 — 1918)——奥地利社会民主党创建人和
领袖之一。早年是资产阶级激进派,19 世纪 80 年代中期参加工人运动。
1883 年和 1889 年曾与恩格斯会晤,1889 — 1895 年同恩格斯有通信联系。
是 1888 年 12 月 31 日—1889 年 1 月 1 日奥地利社会民主党成立大会上通
过的党纲的主要起草人之一。在克服奥地利社会民主主义运动的分裂和
建立统一的党方面做了许多工作。在党的一系列重要政策问题上(包括民
族问题)倾向改良主义立场。1886 年创办《平等》周刊,1889 年起任奥地利
社会民主党中央机关报《工人报》编辑。1905 年起为议员。第一次世界大
战期间持中派立场,鼓吹阶级和平,反对工人阶级的革命发动。1918 年 11
月短期担任奥地利资产阶级共和国外交部长。——10。

阿特金森,威廉(Atkinson,William 19 世纪)——英国经济学家,保护关税论
者,资产阶级古典政治经济学学派的反对者。主要著作是《政治经济学原
理》(1840)。——183。

艾弗鲁西,波里斯·奥西波维奇(Эфруси,Борис Осипович 1865 — 1897)——
俄国民粹派经济学家,《俄国财富》杂志和《世间》杂志撰稿人。主要著作有

《西斯蒙第的社会经济观点》(1896)、《政治经济学新教程》(对格奥尔吉耶
夫斯基教授的一本书的剖析)(1896)、《关于资本收入的各种学说》(1897)。
曾把西斯蒙第《政治经济学新原理》一书的主要章节译成俄文。——102、
105、110、111、138——139、140、142——143、145——146、149、153、154、160、
162、169、170、171、174、190、199、203、209——211、215、216——217。

B

巴布什金,П.Д.(Бабушкин,П.Д.)——俄国彼尔姆省克拉斯诺乌菲姆斯克
县下谢尔金斯克乡的居民。——327。

巴扎罗夫(**鲁德涅夫**),弗拉基米尔·亚历山德罗维奇(Базаров(Руднев),
Владимир Александрович 1874—1939)——俄国哲学家和经济学家。1896
年参加社会民主主义运动。1904—1907 年是布尔什维克,曾为布尔什维
克报刊撰稿。1907—1910 年斯托雷平反动时期背弃布尔什维主义,宣传
造神说和经验批判主义,是用马赫主义修正马克思主义的主要代表人物之
一。1917 年是孟什维克国际主义者,半孟什维克的《新生活报》的编辑之
一;反对十月革命。1921 年起在国家计划委员会工作。和伊·伊·斯克
沃尔佐夫-斯捷潘诺夫合译了《资本论》(第1—3卷,1907—1909 年)及马
克思的其他一些著作。晚年从事文艺和哲学著作的翻译工作。其经济学
著作涉及经济平衡表问题。哲学著作追随马赫主义,主要著作有《无政府
主义的共产主义和马克思主义》(1906)、《两条战线》(1910)等。——190。

包令,约翰(Bowring,John 1792—1872)——英国政治活动家,语言学家和著
作家。1825 年任《威斯敏斯特评论》主编。1835—1837 年和 1841—1849
年为下院议员。主张自由贸易和废除谷物法。1849 年起任驻广州领事和
驻华商务监督。1854 年起任香港总督兼驻华公使。1856 年借口亚罗号事
件挑起第二次鸦片战争。——225。

鲍威尔,埃德加(Bauer,Edgar 1820—1886)——德国政论家,青年黑格尔派。
1848—1849 年革命后流亡英国,1861 年大赦后为普鲁士官员。马克思和
恩格斯在《神圣家族,或对批判的批判所做的批判》一书中批判了他的唯
心主义观点。——7—8。

鲍威尔,布鲁诺(Bauer,Bruno 1809—1882)——德国唯心主义哲学家,青年

黑格尔派的主要代表人物,资产阶级激进派。1834—1839 年在柏林大学、
1839—1842 年在波恩大学任讲师。否定黑格尔的绝对观念,宣称自我意
识是绝对的,认为"批判的个人"的脑力活动是历史的动力。马克思和恩格
斯在《神圣家族,或对批判的批判所做的批判》和《德意志意识形态》这两部
著作中批判了他的唯心主义观点。1848 年以后从资产阶级激进派向右演
变,1866 年后成为民族自由党人、俾斯麦的拥护者。在基督教史方面著作
甚多。——7—8。

贝克尔,约翰·菲力浦(Becker,Johann Philipp 1809—1886)——德国工人运
动和国际工人运动活动家,马克思和恩格斯的朋友和战友。青年时代是制
刷工。19 世纪 30 年代起参加革命运动。在 1849 年巴登-普法尔茨起义
时指挥民团。1848—1849 年革命失败后从民主共和主义者转变为马克思
和恩格斯的拥护者。60 年代是第一国际活动家,参与组建国际在瑞士的
德国人支部,《先驱》杂志的编辑。——10。

贝列拉,伊萨克(Péreire,Isaac 1806—1880)——法国银行家。早年是圣西门
的信徒。1852 年创办股份银行动产信用公司。写有一些关于信贷问题的
著作。——186—187。

比比科夫,彼得·阿列克谢耶维奇(Бибиков, Петр Алексеевич 1832—
1875)——俄国翻译家和政论家,翻译出版了亚·斯密、托·罗·马尔萨斯
和阿·布朗基等人的著作共 13 卷,著有论述沙·傅立叶、尼·加·车尔尼
雪夫斯基等人的《评论集》(1865)一书。——111、153。

彼·伯·——见司徒卢威,彼得·伯恩哈多维奇。

别尔托夫,恩·——见普列汉诺夫,格奥尔吉·瓦连廷诺维奇。

别洛夫,В.Д.(Белов, В.Д.)——俄国经济学家。1885 年起代表俄国工商业
促进会参加俄国手工工业调查委员会,写有题为《乌拉尔的手工工业同采
矿业的关系》的报告和其他一些经济问题的著作。——325。

波别多诺斯采夫,康斯坦丁·彼得罗维奇(Победоносцев, Константин
Петрович 1827—1907)——俄国国务活动家。1860—1865 年任莫斯科大
学法学教授。1868 年起为参议员,1872 年起为国务会议成员,1880—1905
年任俄国正教会最高管理机构——正教院总监。给亚历山大三世和尼古
拉二世讲授过法律知识。一贯敌视革命运动,反对资产阶级改革,维护极

权专制制度,排斥西欧文化,是1881年4月29日巩固专制制度宣言的起草人。80年代末势力减弱,沙皇1905年10月17日宣言颁布后引退。——65、67。

波诺马廖夫,A.M.(Пономарев, A.M.)——俄国彼尔姆省昆古尔市一家皮革厂的厂主,包买主。——301。

伯恩施坦,爱德华(Bernstein, Eduard 1850—1932)——德国社会民主党和第二国际右翼领袖之一,修正主义的代表人物。1872年加入社会民主党,曾是欧·杜林的信徒。1879年和卡·赫希柏格、卡·施拉姆在苏黎世发表《德国社会主义运动的回顾》一文,指责党的革命策略,主张放弃革命斗争,适应俾斯麦制度,受到马克思和恩格斯的严厉批评。1881—1890年任党的中央机关报《社会民主党人报》编辑。从90年代中期起完全同马克思主义决裂。1896—1898年以《社会主义问题》为题在《新时代》杂志上发表一组文章,1899年发表《社会主义的前提和社会民主党的任务》一书,从经济、政治和哲学方面对马克思主义的理论和策略作了全面的修正。1902年起为国会议员。第一次世界大战期间持中派立场。1917年参加德国独立社会民主党,1919年公开转到右派方面。1918年十一月革命失败后出任艾伯特—谢德曼政府的财政部长助理。——141。

博博雷金,彼得·德米特里耶维奇(Боборыкин, Петр Дмитриевич 1836—1921)——俄国作家。1863—1865年任《阅读丛刊》杂志编辑兼出版人。曾为《欧洲通报》、《北方通报》等杂志撰稿。写有许多反映俄国资产阶级和知识分子生活的长篇、中篇和短篇小说以及特写和剧本。长篇小说《改弦易辙》(1897)歪曲地反映了民粹派分子和马克思主义者之间的斗争,引起了进步舆论界的公正抗议。——414—415。

布阿吉尔贝尔,皮埃尔(Boisguillebert, Pierre 1646—1714)——法国经济学家,重农学派的先驱,法国资产阶级古典政治经济学创始人。写有《法国详情》(1695)及其他许多经济著作,抨击当时法国政府实行的重商主义政策,揭露这种政策所造成的农业生产破坏和农民生活困苦的状况。认为流通领域并不创造财富,只有农业生产是财富的源泉。提出了劳动价值论的一些基本观点。但不懂得货币和商品交换的不可分割的自然联系,认为货币仅仅起流通手段的辅助作用。——168、183。

布拉戈维申斯基,尼古拉·安德列耶维奇(Благовещенский, Николай
Андреевич 生于 1859 年)——俄国库尔斯克地方自治局统计人员,著有
《地方自治局按户调查经济资料综合统计汇编。第 1 卷:农民经济》(1893)
一书及其他统计方面的著作。十月革命后在库尔斯克省统计局工
作。——188。

布莱特,约翰(Bright, John 1811—1889)——英国棉纺厂主,自由贸易派领袖
之一。1838 年创立反谷物法同盟,反对限制粮食进口。同时又支持资产
阶级和贵族的联盟,反对缩短工作日的立法及工人的其他要求。60 年代
初起为自由党(资产阶级激进派)左翼领袖;曾多次任自由党内阁的大
臣。——225。

布尼亚科夫斯基,维克多·雅柯夫列维奇(Буняковский, Виктор Яковлевич
1804—1889)——俄国数学家。写有《数学概率论原理》(1846)等百余种
数学著作和《试论俄国的死亡规律和东正教人口按年龄分类的情况》
(1865)等有关人口统计的著作。1858 年起任政府的统计和保险问题首席
专家。1864—1889 年任彼得堡科学院副院长。——459。

布塔科夫,З.Ф.(Бутаков, З.Ф.)——俄国商人,彼尔姆省奥萨市一家椴皮席
厂的厂主。——306。

C

查苏利奇,维拉·伊万诺夫娜(伊万诺夫,维·)(Засулич, Вера Ивановна
(Иванов, В.)1849—1919)——俄国民粹主义运动和社会民主主义运动活
动家。1868 年在彼得堡参加革命小组。1878 年 1 月 24 日开枪打伤下令
鞭打在押革命学生的彼得堡市长费·费·特列波夫。1879 年加入土地平
分社。1880 年侨居国外,逐步同民粹主义决裂,转到马克思主义立场。
1883 年参与创建劳动解放社。80—90 年代翻译了马克思的《哲学的贫
困》和恩格斯的《社会主义从空想到科学的发展》,写了《国际工人协会史纲
要》等著作;为劳动解放社的出版物以及《新言论》和《科学评论》等杂志撰
稿,发表过一系列文艺批评文章。1900 年起是《火星报》和《曙光》杂志编
辑部成员。在俄国社会民主工党第二次代表大会上是《火星报》编辑部有
发言权的代表,属火星派少数派,会后成为孟什维克领袖之一,参加孟什维

克的《火星报》编辑部。1905 年回国。斯托雷平反动时期和新的革命高涨年代是取消派分子。第一次世界大战期间是社会沙文主义者。1917 年是孟什维克统一派分子。对十月革命持否定态度。——10、414—415。

车尔尼雪夫斯基,尼古拉·加甫里洛维奇(Чернышевский, Николай Гаврилович 1828—1889)——俄国革命民主主义者和空想社会主义者,作家,文学评论家,经济学家,哲学家;俄国社会民主主义先驱之一,俄国 19 世纪 60 年代革命运动的领袖。1853 年开始为《祖国纪事》和《同时代人》等杂志撰稿,1856—1862 年是《同时代人》杂志的领导人之一,发扬别林斯基的民主主义批判传统,宣传农民革命思想,是土地和自由社的思想鼓舞者。因揭露 1861 年农民改革的骗局,号召人民起义,于 1862 年被沙皇政府逮捕,入狱两年,后被送到西伯利亚服苦役。1883 年解除流放,1889 年被允许回家乡居住。著述很多,涉及哲学、经济学、教育学、美学、伦理学等领域。在哲学上批判了贝克莱、康德、黑格尔等人的唯心主义观点,力图以唯物主义精神改造黑格尔的辩证法。对资本主义作了深刻的批判,认为社会主义是由整个人类发展进程所决定的,但作为空想社会主义者,又认为俄国有可能通过农民村社过渡到社会主义。所著长篇小说《怎么办?》(1863)和《序幕》(约 1867—1869)表达了社会主义理想,产生了巨大的革命影响。——398、472。

D

丹尼尔逊,尼古拉·弗兰策维奇(尼·—逊;尼古拉·—逊)(Даниельсон, Николай Францевич(Н.—он, Николай—он)1844—1918)——俄国经济学家,政论家,自由主义民粹派理论家。他的政治活动反映了民粹派从对沙皇制度进行革命斗争转向与之妥协的演变。19 世纪 60—70 年代与革命的青年平民知识分子小组有联系。接替格·亚·洛帕廷译完了马克思的《资本论》第 1 卷(1872 年初版),以后又译出第 2 卷(1885)和第 3 卷(1896)。在翻译该书期间同马克思和恩格斯有过书信往来。但不了解马克思主义的实质,认为马克思主义理论不适用于俄国,资本主义在俄国没有发展前途;主张保存村社土地所有制,维护小农经济和手工业经济。1893 年出版了《我国改革后的社会经济概况》一书,论证了自由主义民粹派的经济观点。列宁尖锐地批判了他的经济思想。——105、117—118、123、126—127、130—131、133、137—138、148、150、156—160、166—167、173、178、179、181、183、184、185、186、187—188、196、197—198、200、202、205、206、214、216、217—218、245、260、262、325、407、474、479。

迪阿诺夫，М.И.（Дианов，М.И.）——俄国萨瓦·莫罗佐夫父子公司尼科利斯科耶纺织厂的经理，该厂设在弗拉基米尔省波克罗夫县尼科利斯科耶镇。——32。

杜尔诺沃，伊万·尼古拉耶维奇（Дурново，Иван Николаевич 1834—1903）——俄国国务活动家。1882年起任副内务大臣，1889—1895年任内务大臣，1895—1903年任大臣委员会主席。执行亚历山大三世的维护贵族利益的政策，实施地方行政长官制度，制定了剥夺农民选派代表权利的关于地方自治机关的新条例，加强了对俄国少数民族的迫害，采取了更为严厉的书报检查措施。——65—67。

杜冈-巴拉诺夫斯基，米哈伊尔·伊万诺维奇（Туган-Барановский，Михаил Иванович 1865—1919）——俄国经济学家和历史学家。1895—1899年任彼得堡大学政治经济学讲师，1913年起任彼得堡工学院教授。19世纪90年代是合法马克思主义的代表人物。曾为《新言论》杂志和《开端》杂志等撰稿，积极参加同自由主义民粹派的论战。20世纪初起公开维护资本主义，修正马克思主义的基本原理，成了"马克思的批评家"。1905—1907年革命期间加入立宪民主党。十月革命后成为乌克兰反革命势力的骨干分子，1917—1918年任乌克兰中央拉达财政部长。主要著作有《现代英国的工业危机及其原因和对人民生活的影响》(1894)、《俄国工厂今昔》(第1卷，1898)等。——137、140、167、408。

杜林，欧根·卡尔（Dühring，Eugen Karl 1833—1921）——德国哲学家和经济学家。毕业于柏林大学，当过见习法官，1863—1877年为柏林大学非公聘讲师。70年代起以"社会主义改革家"自居，反对马克思主义，企图创立新的理论体系。在哲学上把唯心主义、庸俗唯物主义和实证论混合在一起；在政治经济学方面反对马克思的劳动价值学说和剩余价值学说；在社会主义理论方面以资产阶级改良主义精神阐述自己的社会主义体系，反对科学社会主义。他的思想得到部分德国社会民主党人的支持。恩格斯在《反杜林论》一书中系统地批判了他的观点。主要著作有《国民经济学和社会主义批判史》(1871)、《国民经济学和社会经济学教程》(1873)、《哲学教程》(1875)等。——9、197。

E

恩格尔哈特,亚历山大·尼古拉耶维奇(Энгельгардт, Александр Николаевич 1832—1893)——俄国政论家,农业化学家,民粹主义者。1859—1860 年编辑《化学杂志》。1866—1870 年任彼得堡农学院教授,因宣传民主思想被捕。1871 年被解送回斯摩棱斯克省的巴季舍沃田庄,在那里建立了合理经营的实验农场。列宁在《俄国资本主义的发展》一书(第 3 章第 6 节)中评论了他的农场,并以此为例说明民粹派的理论纯系空想。所写《农村来信》先发表于《祖国纪事》杂志,1882 年出了单行本。还写过其他一些有关农业问题的著作。——399—406、412、413。

恩格斯,弗里德里希(Engels, Friedrich 1820—1895)——科学共产主义创始人之一,世界无产阶级的领袖和导师,马克思的亲密战友。——1—12、67、138、139—140、148、197、204—205、226、231、398、460、479。

F

佛敏斯基,B.E.(Фоминский В.Е.)——俄国彼尔姆省昆古尔市一家皮革厂的厂主,包买主。——303、304。

弗·伊;弗拉·伊林;弗拉基米尔·伊林——见列宁,弗拉基米尔·伊里奇。

傅立叶,沙尔(Fourier, Charles 1772—1837)——法国空想社会主义者。长期在商店、银行中任记账员、推销员、经纪人等,观察和研究了资本主义制度的矛盾和罪恶,形成了空想社会主义的思想体系。试图根据经济发展划分社会历史阶段,并认为每个历史发展阶段有上升时期和下降时期。深刻地批判了资本主义制度,设想了未来“和谐的”人类社会,其基层组织是叫做“法郎吉”的生产消费协作社,其中的每个人都将自愿地愉快地劳动。已具有消灭脑力劳动和体力劳动的对立以及城市和乡村的对立的思想萌芽,并首次提出妇女解放的程度是衡量普遍解放的天然尺度。但认为在未来社会中还保存私有制,还有富人和穷人、资本家和工人,幻想通过宣传和教育来实现社会主义。主要著作有《关于四种运动和普遍命运的理论》(1808)、《经济的和协作的新世界》(1829)等。——210—212。

G

格雷格,威廉·拉思本(Greg,William Rathbone 1809—1881)——英国大工厂主,自由贸易主义政论家。1842 年获得反谷物法同盟举办的《农业和谷物法》征文奖。在文章中证明谷物法的废除对大农场主有好处。——227—228。

格里涅维奇,彼·菲·——见雅库波维奇,彼得·菲力波维奇。

H

哈里佐勉诺夫,谢尔盖·安德列耶维奇(Харизоменов,Сергей Андреевич 1854—1917)——俄国地方自治局统计人员,经济学家。1876 年起是民粹派组织土地和自由社的成员,该组织分裂后,加入土地平分社。80 年代初脱离革命活动,从事地方自治局的统计工作。考察了弗拉基米尔省的手工业,在塔夫利达省进行了按户调查,领导了萨拉托夫、图拉和特维尔三省地方自治局的统计调查工作,在《俄国思想》杂志和《法学通报》杂志上发表过一些经济学问题的文章。主要著作有《弗拉基米尔省手工业》(1882)、《手工工业的意义》(1883)。——240、313。

黑格尔,乔治·威廉·弗里德里希(Hegel,Georg Wilhelm Friedrich 1770—1831)——德国哲学家,客观唯心主义者,德国古典哲学的主要代表。1801—1807 年任耶拿大学哲学讲师和教授。1808—1816 年任纽伦堡中学校长。1816—1817 年任海德堡大学哲学教授。1818 年起任柏林大学哲学教授。黑格尔哲学是 18 世纪末至 19 世纪初德国唯心主义哲学的最高发展。他根据唯心主义的思维与存在同一的基本原则,建立了客观唯心主义的哲学体系,并创立了唯心主义辩证法的理论。认为在自然界和人类出现以前存在着绝对精神,客观世界是绝对精神、绝对观念的产物;绝对精神在其发展中经历了逻辑阶段、自然阶段和精神阶段,最终回复到了它自身;整个自然的、历史的和精神的世界都处于不断的运动、变化和发展中,矛盾是运动、变化的核心。黑格尔哲学的特点是辩证方法同形而上学体系之间的深刻矛盾。他的唯心主义辩证法是马克思主义哲学的理论来源之一。在社会政治观点上是保守的,是立宪君主制的维护者。主要著作有《精神现象学》(1807)、《逻辑学》(1812—1816)、《哲学全书》(1817)、《法哲学原理》(1821)、《哲学史讲演录》(1833—1836)、《历史哲学讲演录》(1837)、《美学讲演录》(1836—1838)等。——5—6。

霍普,乔治(Hope,George 1811—1876)——英国农场主。1842年获得反谷物法同盟举办的《农业和谷物法》征文奖。在文章中证明,在粮价下跌的情况下,无论是农场主还是农业工人都不会因谷物法的废除而受到损失,受损失的只是土地所有者。认为英国农场主不应害怕谷物法的废除,因为世界上没有一个国家能像英国那样生产如此价廉物美的粮食。——227。

J

季列尔,尼古拉·伊万诺维奇(Зибер,Николай Иванович 1844—1888)——俄国经济学家,政论家。1873年任基辅大学政治经济学和统计学教授,1875年辞职,不久去国外。1876—1878年为《知识》杂志和《言论》杂志撰稿,发表了题为《马克思的经济理论》的一组文章(阐述《资本论》第1卷的内容)。1881年在伦敦结识马克思和恩格斯。1885年出版了主要著作《大卫·李嘉图和卡尔·马克思的社会经济研究》。是马克思经济学说在俄国最早的传播者。——134、145、149、155、156、157。

K

卡雷舍夫,尼古拉·亚历山德罗维奇(Карышев,Николай Александрович 1855—1905)——俄国经济学家和统计学家,地方自治运动活动家。1891年起先后在尤里耶夫(塔尔图)大学和莫斯科农学院任教授。写有许多经济学和统计学方面的著作,其中收集了大量统计资料。1892年发表的博士论文《农民的非份地租地》编为《根据地方自治局的统计资料所作的俄国经济调查总结》第2卷。曾为《俄罗斯新闻》、《俄国财富》杂志等撰稿。主要研究俄国农民经济问题,赞同自由主义民粹派的观点,维护村社土地占有制、手工业劳动组合以及其他合作社。——403。

卡缅斯基,恩·——见普列汉诺夫,格奥尔吉·瓦连廷诺维奇。

柯罗连科,谢尔盖·亚历山德罗维奇(Короленко,Сергей Александрович)——俄国统计学家,经济学家。曾在国家产业部工作,后为国家监察长所属专员。1889—1892 年受国家产业部的委托,撰著《从欧俄工农业统计经济概述看地主农场中的自由雇佣劳动和工人的流动》一书。20 世纪初曾为黑帮报纸《新时报》撰稿。——199、295。

科尔萨克,亚历山大·卡济米罗维奇(Корсак,Александр Казимирович 1832—1874)——俄国经济学家、历史学家和政论家。所著《论一般工业形式并论西欧和俄国家庭生产(手工工业和家庭工业)的意义》(1861)一书得到列宁的肯定。他确定了工厂和手工工场之间的区别,并认为它们都是大生产的形式。——156。

克·土·;克·土林——见列宁,弗拉基米尔·伊里奇。

克拉斯诺彼罗夫,Е.И.(Красноперов,Е.И. 死于 1897 年)——俄国彼尔姆省地方自治局统计人员,写有《1887 年在叶卡捷琳堡市举行的西伯利亚—乌拉尔科学工业展览会上的彼尔姆省手工工业》(1888—1889)一书和其他有关彼尔姆省的统计著作。——239、305。

克里文柯,谢尔盖·尼古拉耶维奇(Кривенко,Сергей Николаевич 1847—1906)——俄国政论家,自由主义民粹派代表人物。1873—1883 年为《祖国纪事》杂志撰稿,写了列宁称为旧民粹主义信条录的《人民园地上的新苗》一文。1879 年起与民意党人接近,为秘密出版物撰稿,主张进行恐怖活动和政治斗争。1884 年被捕并流放,1890 年从流放地归来后加入自由主义民粹派右翼。1891—1895 年和 1896—1897 年先后任自由主义民粹派《俄国财富》杂志和《新言论》杂志编辑。写有《论文化孤士》(1893)、《途中来信》(1894)、《关于人民工业的需要问题》(1894)等,鼓吹同沙皇专制制度和解,掩盖阶级对立和劳动者受剥削的事实,否认俄国资本主义的发展道路。——191。

L

拉布里奥拉,安东尼奥(Labriola,Antonio 1843—1904)——意大利哲学家,马克思主义理论家和宣传家,意大利工人运动和国际工人运动活动家。

1874年起任罗马大学哲学和教育学教授。在接触马克思著作之后,80年代末从左派黑格尔主义和赫尔巴特主义的立场转到马克思主义的立场上,通过大学讲台和公开演讲宣传马克思主义。1895年和1896年先后发表《纪念〈共产党宣言〉》和《关于历史唯物主义》,后来编为《论唯物主义历史观》一书的前两篇。他的著作阐述了唯物史观的原理,批判了哈特曼、克罗齐等人的哲学,驳斥了资产阶级和修正主义者对马克思主义的攻击。1892年协助建立意大利社会党,但他本人未参加其活动。——477。

拉甫罗夫,彼得·拉甫罗维奇(Лавров, Петр Лаврович 1823—1900)——俄国革命民粹主义思想家,哲学家,政论家,社会学家。1862年加入秘密革命团体——第一个土地和自由社。1866年被捕,次年流放沃洛格达省,在那里写了对俄国民粹主义知识界有很大影响的《历史信札》(1868—1869)。1870年从流放地逃到巴黎,加入第一国际,参加了巴黎公社。1871年5月受公社的委托去伦敦,在那里与马克思和恩格斯相识。1873—1876年编辑《前进》杂志,1883—1886年编辑《民意导报》,后参加编辑民意社文集《俄国社会革命运动史资料》(1893—1896)。作为社会学主观学派的代表,否认社会发展的客观规律,把人类的进步视为"具有批判头脑的个人"活动的结果,被认为是民粹主义"英雄"与"群氓"理论的精神始祖。还著有《国际史论丛》、《1873—1878年的民粹派宣传家》等社会思想史、革命运动史和文化史方面的著作。——441—442、444—446。

拉辛,斯捷潘·季莫费耶维奇(Разин, Степан Тимофеевич 1630左右—1671)——俄国农民起义领袖,顿河哥萨克。1662—1663年为顿河哥萨克军阿塔曼(统领)。1670年春组织贫苦哥萨克远征伏尔加河,在阿斯特拉罕起事,率起义军溯伏尔加河北上,所到之处群起响应。这次农民战争席卷了俄国广大地区,但是缺少明确的政治纲领。1670年10月起义军主力在辛比尔斯克失败后,率残部返回顿河流域。1671年4月被富裕的哥萨克上层分子缚送沙皇政府,同年6月在莫斯科就义。——66。

李嘉图,大卫(Ricardo, David 1772—1823)——英国经济学家,资产阶级古典政治经济学最著名的代表人物。早年从事证券交易所活动,后致力于学术研究。1819年被选为下院议员。在资产阶级反对封建残余的斗争中维护资产阶级的利益,坚持自由竞争原则,要求消除妨碍资本主义生产发展的一切限制。在经济理论上发展了亚当·斯密的价值论,对商品价值决定于生产商品所耗费的劳动时间的原理作了比较透彻的阐述与发展,奠定了劳动价值学说的基础,并在这一基础上着重论证了资本主义的分配问题,发现了工人、资本家、土地所有者之间经济利益上的对立,从而初步揭示了阶级矛盾和阶级斗争的经济根源。但是由于资产阶级立场、观点、方法的限制,把资本主义生产方式看做是永恒的唯一合理的生产方式,在理论上留下了不少破绽和错误,为后来的庸俗政治经济学所利用。主要著作有《政治经济学和赋税原理》(1817)、《论对农业的保护》(1822)等。——116、119、125、129、144、145、169、173—174、175、176—177。

利佩尔特,保尔(Lippert,Paul)——德国图书馆工作者,博士,《政治学辞典》(1893)中"西斯蒙第"条目的作者。——105、226。

列宁,弗拉基米尔·伊里奇(**乌里扬诺夫,弗拉基米尔·伊里奇**;弗·伊·;弗拉·伊林;弗拉基米尔·伊林;克·土·;克·土林;克·土林;尼·列宁)(Ленин, Владимир Ильич(Ульянов, Владимир Ильич, В. И., Вл. Ильин, Владимир Ильин, К.Т., К. Т-ин, К. Т-н, Н. Ленин)1870—1924)——140、160、217、334、337、406、409、426、427、479、481。

列维茨基,尼古拉·瓦西里耶维奇(Левитский, Николай Васильевич 生于1859年)——俄国自由主义民粹派分子,经济学家。曾为《俄罗斯新闻》撰稿,当过律师。19世纪90年代在赫尔松省创办了一批农业劳动组合,民粹派大肆宣扬,把它们说成是防止资本主义的手段。实际上,这些组合只是促进了农民的分化,很快就瓦解了。——379—385。

卢格,阿尔诺德(Ruge,Arnold 1802—1880)——德国政论家,青年黑格尔派,资产阶级激进派。1843—1844年同马克思一起在巴黎筹办和出版《德法年鉴》杂志,不久与马克思分道扬镳。1866年后成为民族自由党人,写文章支持俾斯麦所奉行的在普鲁士领导下"自上而下"统一德国的政策。——8。

罗扎诺夫,瓦西里·瓦西里耶维奇(Розанов, Василий Васильевич 1856—1919)——俄国宗教哲学家,文艺批评家和政论家。宣扬唯心主义和神秘主义。19世纪90年代末起是晚期斯拉夫派记者,《俄罗斯通报》杂志和《俄罗斯评论》杂志撰稿人,《新时报》的主要政论家之一。他的文章维护专制制度和东正教,受到革命马克思主义者的尖锐批评。——386、419。

洛贝尔图斯-亚格措夫,约翰·卡尔(Rodbertus-Jagetzow,Johann Karl 1805—1875)——德国经济学家,国家社会主义理论家,资产阶级化的普鲁士贵族利益的表达者,大地主。认为劳动和资本的矛盾可以通过普鲁士容克王朝实行的一系列改革得到解决。由于不了解剩余价值产生的根源和资本主义基本矛盾的实质,认为经济危机的原因在于人民群众的消费不足;地租是由于农业中不存在原料的耗费而形成的超额收入。主要著作有《关于我国国家经济状况的认识》(1842)、《给冯·基尔希曼的社会问题书简》(1850—1851、1884)等。——116、120、136、141、142、143、144、171。

M

马尔萨斯,托马斯·罗伯特(Malthus,Thomas Robert 1766—1834)——英国经济学家,英国资产阶级庸俗政治经济学的创始人之一,人口论的主要代表。毕业于剑桥大学耶稣学院,1797年成为牧师。1805—1834年任东印度公司创办的海利贝里学院历史和经济学教授。在对他人理论予以吸收和加工的基础上,于1798年匿名发表《人口原理》一书。认为人口按几何级数增长,而生活资料按算术级数增长,因而造成人口绝对过剩,而贫穷和罪恶抑制人口增长,使生活资料与人口恢复平衡。把资本主义制度下劳动人民失业、贫困、饥饿和其他灾难都归之于自然规律的作用,为资本主义辩护,受到统治阶级的推崇。主要著作还有《政治经济学原理的实际应用》(1820)。——145、147、152、153、176。

马克思,卡尔(Marx,Karl 1818—1883)——科学共产主义的创始人,世界无产阶级的领袖和导师。——1—2、5—12、67、116、117、118、122、124、138、141、148、155、156、160、168—169、172—173、174、176—177、182、183—185、186—187、189—190、212、214—216、224—231、416、424、473、478—479、481。

迈耶尔,罗伯特(Meyer,Robert 1855—1914)——奥地利经济学家和国务活动家,维也纳大学教授。主要著作是《收入的实质》(1887)。——172。

麦克库洛赫,约翰·拉姆赛(McCulloch,John Ramsay 1789—1864)——英国经济学家。1818—1838年为《爱丁堡评论》杂志撰稿。1828—1832年任

伦敦大学政治经济学教授,1838—1864 年在国家机关任职。歪曲李嘉图学说,使之全面庸俗化。主要著作是《政治经济学原理》(1825)。——119。

曼努伊洛夫,亚历山大·阿波罗诺维奇(Мануилов, Александр Аполлонович 1861—1929)——俄国经济学家,教授。19 世纪 90 年代是自由主义民粹派分子,后来成为立宪民主党人,任该党中央委员。所拟定的土地改革方案是立宪民主党土地纲领的基础。1907—1911 年为国务会议成员。1905—1908 年任莫斯科大学副校长,1908—1911 年任莫斯科大学校长。1917 年二月革命后任临时政府国民教育部长。十月革命后一度侨居国外,但很快回国,并同苏维埃政权合作,在高等院校任教。写有许多经济问题方面的著作。主要著作有《爱尔兰的地租》(1895)、《古典学派经济学家学说的价值的概念》(1901)、《政治经济学讲义教程》第 1 编(1914)等。——459、477、481。

梅隆,茹斯特(Muiron, Just 1787—1881)——法国空想社会主义者,傅立叶的学生和信徒。——180、210—212。

米哈伊洛夫,Н.Н.(Михайлов, Н.Н. 1870—1905)——俄国牙科医生,奸细。由于他的告密,1895 年 12 月列宁和彼得堡工人阶级解放斗争协会中的其他老年派会员被捕。1902 年起为警察司官员,1905 年在克里木被社会革命党人杀死。——100—101。

米海洛夫斯基,尼古拉·康斯坦丁诺维奇(Михайловский, Николай Константинович 1842—1904)——俄国自由主义民粹派理论家,政论家,文艺批评家,实证论哲学家,社会学主观学派代表人物。1860 年开始写作活动。1868 年起为《祖国纪事》杂志撰稿,后任编辑。1879 年与民意党接近。1882 年以后写了一系列谈"英雄"与"群氓"问题的文章,建立了完整的"英雄"与"群氓"的理论体系。1884 年《祖国纪事》杂志被查封后,给《北方通报》、《俄国思想》、《俄罗斯新闻》等报刊撰稿。1892 年起任《俄国财富》杂志编辑,在该杂志上与俄国马克思主义者进行激烈论战。——198、386、400、407、408、419—427、453、468、477、478—480、481。

米海洛夫斯基,Я.Т.(Михайловский, Я.Т. 生于 1834 年)——俄国财政部工商业司的工厂总视察员(1883—1894),写有许多有关国民教育和工厂立法问题的著作。——43、51。

米库林，亚历山大·亚历山德罗维奇（Микулин，Александр Александ-
　　рович）——俄国机械工程师，历任弗拉基米尔专区的工厂视察员、赫尔松
　　省的工厂视察长。写有《1886年6月3日法律的实施情况概述》（1893）、
　　《赫尔松省敖德萨直辖市和尼古拉耶夫总督管辖区的工厂工业和手工工
　　业》（1897）等著作。——41、53、54、55。

明斯基，尼·（维连金，尼古拉·马克西莫维奇）（Минский，Н.（Виленкин，
　　Николай Максимович）1855—1937）——俄国诗人，作家。在早期作品中
　　反映了19世纪80年代知识分子的没落情绪；后为颓废派，鼓吹艺术中的
　　资产阶级个人主义。所写《在良知光辉的照耀下（对人生目的的想法和憧
　　憬）》（1890）和《未来的宗教（哲学谈话）》（1905）这两部政论作品表述了他
　　的宗教神秘主义观点。1905年在彼得堡出版布尔什维克的《新生活报》，
　　被指控"号召推翻现行制度"而被捕。出狱后侨居国外。——386。

莫尔斯，阿瑟（Morse，Arthur）——英国自由贸易主义者。1842年获得反谷
　　物法同盟举办的《农业和谷物法》征文奖。在文章中证明谷物法的废除将
　　会使粮价上涨，从而给农场主和工人带来好处。——227。

莫列桑，伊万·伊万诺维奇（Моллесон，Иван Иванович 1842—1920）——俄
　　国保健医生，地方自治局卫生事业活动家。曾在维亚特卡、彼尔姆、萨拉托
　　夫、坦波夫、卡卢加等省工作。1872年被批准为第一位地方自治局保健医
　　生。1873年在彼尔姆省沙德林斯克组织了俄国第一个县地方自治机关医
　　疗保健委员会。写有许多关于卫生统计、人口学问题以及手工业保健评
　　述、学校卫生等方面的著作。——306。

莫罗佐夫，季莫费·萨维奇（Морозов，Тимофей Саввич 1823—1889）——俄
　　国工厂主，莫罗佐夫家族的代表人物之一，萨瓦·莫罗佐夫父子公司尼科
　　利斯科耶纺织厂的厂主和董事长。该厂设在弗拉基米尔省波克罗夫县尼
　　科利斯科耶镇。——30、31、32、35、38、42、43、48。

穆勒，约翰·斯图亚特（Mill，John Stuart 1806—1873）——英国哲学家，经济
　　学家，逻辑学家，实证论代表人物。哲学观点接近休谟的经验论和孔德的
　　实证论，否认物质世界的客观存在，认为感觉是唯一的实在，物质是感觉的
　　恒久可能性。对逻辑学中的归纳法的研究有一定贡献。在经济学上追随
　　古典学派，用生产费用论代替劳动价值论，比李嘉图倒退一步。企图用节

欲论来解释资本家的利润。主张通过分配关系的改革实现社会改良。主
要著作有《推论和归纳的逻辑体系》(1843)、《政治经济学原理》(1848)、《汉
密尔顿爵士哲学探讨》(1865)等。——116。

N

尼·列宁——见列宁，弗拉基米尔·伊里奇。

尼·——逊；尼古拉·——逊——见丹尼尔逊，尼古拉·弗兰策维奇。

诺武斯——见司徒卢威，彼得·伯恩哈多维奇。

O

欧文，罗伯特(Owen, Robert 1771—1858)——英国空想社会主义者。当过
学徒和店员。1800—1829 年在苏格兰新拉纳克管理一所大纺织厂，关心
工人的工作和福利条件，使工厂变成模范新村。1820 年在所著《关于减轻
社会疾苦的计划致拉纳克郡的报告》中，论述了他的空想社会主义思想体
系，提出组织劳动公社的计划。1824 年到美国创办"新和谐村"，结果失
败。1829 年回国后，在工人中组织生产合作社和工会。1832 年试办"全国
劳动产品公平交换市场"，又告失败。1834 年任全国总工会联合会主席。
尖锐抨击资本主义私有制，首先提出工人有权享有自己的全部劳动产品，
但认为社会不平等的主要原因在于教育不够普及，以为通过普及知识就能
消除社会矛盾。同情无产阶级，但不主张工人进行政治斗争。主要著作还
有《论人性的形成》(1813)、《新道德世界书》(1836—1844)等。——
210—212。

P

佩斯科夫，П.А.(Песков，П.А.)——俄国医生。19 世纪 80—90 年代是弗拉
基米尔工厂区的工厂视察员。——42。

蒲鲁东，皮埃尔·约瑟夫(Proudhon, Pierre-Joseph 1809—1865)——法国政
论家，经济学家，社会学家，小资产阶级思想家，无政府主义理论的创始人
之一。1840 年出版《什么是财产?》一书，从小资产阶级立场出发批判大资
本主义所有制，幻想使小私有制永世长存。主张由专门的人民银行发放无

息贷款,帮助工人购置生产资料,使他们成为手工业者,再由专门的交换银行保证劳动者"公平地"销售自己的劳动产品,而同时又不触动生产工具和生产资料的资本主义所有制。认为国家是阶级矛盾的主要根源,提出和平"消灭国家"的空想主义方案,对政治斗争持否定态度。1846年出版《经济矛盾的体系,或贫困的哲学》,阐述其小资产阶级的哲学和经济学观点。马克思在《哲学的贫困》一书中对该书作了彻底的批判。1848年革命时期被选入制宪议会后,攻击工人阶级的革命发动,赞成1851年12月2日的波拿巴政变。——116、119、153、184、185、423。

普加乔夫,叶梅利扬·伊万诺维奇(Пугачев, Емельян Иванович 1740 或 1742—1775)——俄国农民起义领袖,顿河哥萨克。参加过七年战争和俄土战争,获少尉军衔。1773年8月,自称彼得三世皇帝,在亚伊克河一带起事。发表宣言,号召农民参加起义,许诺给劳动者以土地和自由,下令惩处贵族、地主和当权者。这次农民战争席卷了俄国广大地区。1774年8月起义军失败后,率余部逃往伏尔加河左岸草原地带,9月被阴谋分子缚送沙皇政府,次年1月在莫斯科就义。——66。

普列汉诺夫,格奥尔吉·瓦连廷诺维奇(别尔托夫,恩·;卡缅斯基,恩·;沃尔金,阿·)(Плеханов, Георгий Валентинович(Бельтов, Н., Каменский, Н., Волгин, А.)1856—1918)——俄国早期的马克思主义理论家,后来成为孟什维克和第二国际机会主义领袖之一。19世纪70年代参加民粹主义运动,是土地和自由社成员及土地平分社领导人之一。1880年侨居瑞士,逐步同民粹主义决裂。1883年在日内瓦创建俄国第一个马克思主义团体——劳动解放社。翻译和介绍了马克思和恩格斯的许多著作,对马克思主义在俄国的传播起了重要作用;写过不少优秀的马克思主义著作,批判民粹主义、合法马克思主义、经济主义、伯恩施坦主义、马赫主义。20世纪初是《火星报》和《曙光》杂志编辑部成员。曾参与制定俄国社会民主工党纲领草案和参加党的第二次代表大会的筹备工作。在代表大会上是劳动解放社的代表,属火星派多数派,参加了大会常务委员会,会后逐渐转向孟什维克。1905—1907年革命时期反对列宁的民主革命的策略,后来在孟什维克和布尔什维克之间摇摆。在俄国社会民主工党第四次(统一)代表大会上作了关于土地问题的报告,维护马斯洛夫的孟什维克方案;在国家杜马问题上坚持极右立场,呼吁支持立宪民主党人的杜马。斯托雷平反动时期和新的革命高涨年代反对取消主义,领导孟什维克护党派。第一次世界大战期间持社会沙文主义立场。1917 年二月革命后支持资产阶级临时政府。对十月革命持否定态度,但拒绝支持反革命。最重要的理论著作有《社会主义与政治斗争》(1883)、《我们的意见分歧》(1885)、《论一元论历史观之发展》(1895)、《唯物主义史论丛》(1896)、《论个人在历史上的作用》(1898)、《没有地址的信》(1899—1900),等等。——9、159、175、198、206、263—264、416、421、423、441。

普鲁加文,维克多·斯捷潘诺维奇(Пругавин, Виктор Степанович 1858—1896)——俄国经济学家,地方自治局统计人员,自由主义民粹派代表人物。认为发展手工业劳动组合是防止资本主义关系渗入农民手工业的手段。曾为《法学通报》杂志、《俄国思想》杂志和《俄罗斯新闻》撰稿。写有《弗拉基米尔省手工业》(第 1 编和第 4 编,1882)、《弗拉基米尔省尤里耶夫县的村社、手工业和农业》(1884)等。——240。

S

萨尔塔科夫,Л.И.(Сартаков, Л.И.)——俄国彼尔姆省昆古尔市一家皮革厂的厂主,包买主。——304。

萨宗诺夫,格奥尔吉·彼得罗维奇(Сазонов, Георгий Петрович 生于 1857年)——俄国自由主义民粹派代表人物。曾在内务部总务司供职。写有《禁止农民出让土地与国家经济纲领的关系》(1889)、《村社能否存在?》(1894)等著作。1899—1902 年主编温和自由派报纸《俄国报》。1905 年10 月 17 日后成为黑帮组织"俄罗斯人民同盟"的成员,同尼古拉二世的宠臣格·拉斯普廷有来往。——407。

沙拉波夫,谢尔盖·费多罗维奇(Шарапов, Сергей Федорович 1855—1911)——俄国地主,政论家,农奴主贵族利益的代言人和辩护士,《俄国事业报》、《俄国劳动周报》和一些定期文集的出版人。写有《俄国的农村业主。关于在新的基础上建立俄国经济结构的几点想法》(1894)、《供青年业主在新的基础上安排经济时参考》(1895)、《我在索斯诺夫卡的农场》等著作。——474—477。

绍林，А.И.（Шорин，А.И.）——萨瓦·莫罗佐夫父子公司尼科利斯科耶纺织
厂新织布场的总工头。——30、42。

圣西门，昂利·克洛德（Saint-Simon, Henri Claude 1760—1825）——法国空
想社会主义者。贵族出身。参加过美国独立战争，同情法国大革命。长期
考察革命后的社会矛盾，于19世纪初逐渐形成空想社会主义思想。把社
会发展看做人类理性的发展，有时也认为社会发展是经济发展引起的。抨
击资本主义制度，认为竞争和无政府状态是一切灾难中最严重的灾难。所
设想的理想制度是由"实业家"和学者掌握各方面权力、一切人都要劳动、
按"才能"分配的"实业制度"。由于历史的局限，把资本家和无产阶级合称
"实业家阶级"，并主张在未来社会中保留私有制。提出关于未来社会必须
有计划地组织生产和生活、发挥银行调节流通和生产的作用、国家将从对
人的政治统治变为对物的管理和对生产的指导等一系列有重大意义的思
想。晚年宣告他的最终目的是工人阶级的解放，但不理解工人阶级的历史
使命，寄希望于统治阶级的理性和善心。主要著作有《一个日内瓦居民给
当代人的信》（1803）、《人类科学概论》（1813）、《论实业制度》（1821）、《实业
家问答》（1823—1824）、《新基督教》（1825）等。——186。

舒尔采-格弗尼茨，格尔哈特（Schulze-Gaevernitz, Gerhart 1864—1943）——
德国经济学家，讲坛社会主义者。1892—1893年研究俄国的纺织工业和
土地关系，并在莫斯科大学讲学。1893—1926年任弗赖堡大学政治经济
学教授。试图论证在资本主义社会里有可能确立改善所有各阶级（资本
家、工人和农民）状况的社会和平和"社会和谐"。把垄断资本、大银行的统
治看做是"有组织的资本主义"。主要著作有《大生产及其对经济和社会进
步的意义》（1892）、《论俄国社会经济和经济政策》（1899）等。——
426、459。

司徒卢威，彼得·伯恩哈多维奇（彼·伯·；诺武斯）（Струве，Петр Бернгардович
（П.Б.，Novus）1870—1944）——俄国经济学家，哲学家，政论家，合法马克
思主义主要代表人物，立宪民主党领袖之一。19世纪90年代编辑合法马
克思主义者的《新言论》杂志和《开端》杂志。1896年参加第二国际第四次
代表大会。1898年参加起草《俄国社会民主工党宣言》。在1894年发表
的第一部著作《俄国经济发展问题的评述》中，在批判民粹主义的同时，对

马克思的经济学说和哲学学说提出"补充"和"批评"。20 世纪初同马克思
主义和社会民主主义彻底决裂，转到自由派营垒。1902 年起编辑自由派
资产阶级刊物《解放》杂志，1903 年起是解放社的领袖之一。1905 年起是
立宪民主党中央委员，领导该党右翼。1907 年当选为第二届国家杜马代
表。第一次世界大战爆发后鼓吹俄国的帝国主义侵略扩张政策。十月革
命后敌视苏维埃政权，是邓尼金和弗兰格尔反革命政府成员，后逃往国
外。——167、172、180、197—198、459、468、478、479。

斯捷潘诺夫——见斯克沃尔佐夫-斯捷潘诺夫，伊万·伊万诺维奇。

斯卡尔金（**叶列涅夫，费多尔·巴甫洛维奇**）（Скалдин（Еленев，Федор
Павлович）1827—1902）——俄国作家，政论家。1859—1861 年是筹备
1861 年农民改革法案的起草委员会的秘书。1868—1896 年是出版事务
委员会委员。1890 年起是内务大臣办公会议成员。60 年代是资产阶级自
由派代表人物，曾为《祖国纪事》杂志撰稿。70 年代成为黑帮反动派。在
80 年代和 90 年代所写的关于学潮、中学教育、书报检查和芬兰问题的小
册子中，反对革命运动和民主运动。——387—400、403、404、412。

斯克沃尔佐夫-斯捷潘诺夫，伊万·伊万诺维奇（斯捷潘诺夫）（Скворцов-
Степанов，Иван Иванович（Степанов）1870—1928）——1891 年参加俄国社
会民主主义运动，1904 年成为布尔什维克。1905—1907 年革命期间在党
的莫斯科委员会写作演讲组工作。1906 年是俄国社会民主工党第四次
（统一）代表大会的代表。1907 年和 1911 年代表布尔什维克被提名为国
家杜马代表候选人。斯托雷平反动时期在土地问题上持错误观点，对前进
集团采取调和主义态度，但在列宁影响下纠正了自己的错误。因进行革命
活动多次被捕和流放。1914—1917 年在莫斯科做党的工作。1917 年任
俄国社会民主工党（布）莫斯科委员会委员、《莫斯科苏维埃消息报》主编和
《社会民主党人报》编委。十月革命期间任莫斯科军事革命委员会委员。
十月革命后参加第一届人民委员会，任财政人民委员。1919—1925 年历
任全俄工人合作社理事会副主席、中央消费合作总社理事会理事、国家出
版社编辑委员会副主任。1925 年起历任《消息报》编辑、《真理报》副编辑、
中央列宁研究院院长等职。多次当选全俄中央执行委员会和苏联中央执
行委员会委员。1921 年起为党中央检查委员会委员，1925 年起为党中央

委员。马克思《资本论》(第1—3卷,1920年俄文版)以及马克思和恩格斯的其他一些著作的译者和编者。写有许多有关革命运动史、政治经济学、无神论等方面的著作。——190。

斯密,亚当(Smith,Adam 1723—1790)——英国经济学家和哲学家,资产阶级古典政治经济学最著名的代表人物。曾任格拉斯哥大学教授和校长。第一个系统地论述了劳动价值论的基本范畴,分析了价值规律的作用。研究了雇佣工人、资本家和地主这三大阶级的收入,认为利润和地租都是对劳动创造的价值的扣除,从而接触到剩余价值的来源问题,并在一定程度上揭露了资本主义社会阶级对立的经济根源。但由于历史的和阶级的局限性以及方法论上的矛盾,他的经济理论既有科学成分,又有庸俗成分。代表作《国民财富的性质和原因的研究》(1776)。——110、111、113、115、116、117、118、121—125、129、131—132、133、136、138、143、170、172、203、331、398。

斯塔秀列维奇,米哈伊尔·马特维耶维奇(Стасюлевич,Михаил Матвеевич 1826—1911)——俄国历史学家,政论家,社会活动家,温和资产阶级自由派代表人物。1852—1861年在彼得堡大学任教。幻想在俄国实行英国式的立宪君主制。积极从事城市自治机关的工作和国民教育事业。1866—1908年出版和编辑《欧洲通报》杂志,1881—1882年出版和编辑《秩序报》。写有古希腊史和西欧中世纪史方面的著作。——397—398、408。

T

塔拉拉耶夫,В.Т.(Талалаев,В.Т. 1871—1931)——19世纪90年代在彼得堡大学学习时开始革命活动。1894年初因在青年中宣传革命思想被捕,放逐诺夫哥罗德两年,在那里参加了建立秘密印刷所的工作。同彼得堡工人阶级解放斗争协会会员有过联系。1897年8月再次被捕,次年流放东西伯利亚,为期五年。——100。

汤普森,威廉(Thompson,William 1775—1833)——爱尔兰社会学家和经济学家,空想社会主义者,欧文的追随者。依据李嘉图的劳动价值论批判资本主义,主张把社会改造为合作公社联盟。主要著作有《最能促进人类幸福的财富分配原理的研究》(1824)、《付酬劳动》(1827)、《关于迅速而经济地组织村社的实际建议》(1830)。——180、210—212。

托伦顿家族(Торнтоны)——英国资本家,俄国彼得堡一家制呢厂的厂主。该厂建于 1841 年,当时厂主是詹姆斯·托伦顿。——13、14、16。

W

瓦·沃·——见沃龙佐夫,瓦西里·巴甫洛维奇。

瓦格纳,阿道夫(Wagner, Adolph 1835—1917)——德国经济学家和政治活动家,政治经济学和财政学教授,新历史学派和讲坛社会主义的代表人物。在其导师洛贝尔图斯和历史学派的影响下,强调经济生活受法律条件(如私有权制度)支配,要求加强国家在经济方面的作用。1872 年参与创建社会政治协会。曾与俾斯麦积极合作,是基督教社会党领袖之一。主要著作有《一般的或理论的国民经济学》(1879)、《政治经济学原理》(1892—1894)等。——217。

维尔霍夫斯基,В. П.(Верховский, В. П. 生于 1837 年)——俄国海军上将。1890—1895 年任彼得堡的港口指挥和新军舰修造厂厂长,1896 年起任造船和供应管理总署署长,后代表海军部参加商业海运事务委员会。——35、60。

维特,谢尔盖·尤利耶维奇(Витте, Сергей Юльевич 1849—1915)——俄国国务活动家。1892 年 2—8 月任交通大臣,1892—1903 年任财政大臣,1903 年 8 月起任大臣委员会主席,1905 年 10 月—1906 年 4 月任大臣会议主席。在财政、关税政策、铁路建设、工厂立法和鼓励外国投资等方面采取了一系列措施,促进了俄国资本主义的发展。同时力图通过对自由派资产阶级稍作让步和对人民群众进行镇压的手段来维护沙皇专制制度。1905—1907 年革命期间派军队对西伯利亚、波罗的海沿岸地区、波兰以及莫斯科的武装起义进行了镇压。——44、46—47、88、90、95、96—97、335—336、375。

沃尔金,阿·——见普列汉诺夫,格奥尔吉·瓦连廷诺维奇。

沃龙佐夫,瓦西里·巴甫洛维奇(瓦·沃·)(Воронцов, Василий Павлович(В.В.)1847—1918)——俄国经济学家,社会学家,政论家,自由主义民粹派思想家。曾为《俄国财富》、《欧洲通报》等杂志撰稿。认为俄国没有发展资本主义的条件,俄国工业的形成是政府保护政策的结果;把农民村社理想化,力图找到一种维护小资产者不受资本主义发展之害的手段。19 世纪 90 年代发表文章反对俄国马克思主义者,鼓吹同沙皇政府和解。主要著作有《俄国资本主义的命运》(1882)、《俄国手工工业概述》(1886)、《农民经济中的进步潮流》(1892)、《我们的方针》(1893)、《理论经济学概论》(1895)。——105、117—118、123、126—127、137、148、191、206、217、222、245、246、252、261、262、268、301、312—313、325、384、400、403、407、411、413—414、421、422—423、426。

沃伦斯基,阿基姆(弗列克谢尔,阿基姆·李沃维奇)(Волынский, Аким (Флексер, Аким Львович)1863—1926)——俄国艺术学家和文艺批评家。宣扬为艺术而艺术的理论,是《北方通报》杂志的领导人之一。所著《俄国批评家》(1896)一书反对别林斯基开创的俄国文学批评的观点。十月革命后在文学艺术界工作,曾任全俄作家协会列宁格勒分会理事会主席和由他创办的舞蹈艺术学校的校长。——419、420。

沃罗宁,И.А.(Воронин, И.А. 生于 1842 年)——俄国商人,彼得堡列兹沃奥斯特罗夫织布厂厂主,骨焦厂公司及沃罗宁、柳特什和切舍尔纺织品股份公司董事长,俄国工商业促进协会委员会委员。——100。

X

西斯蒙第,让·沙尔·莱奥纳尔·西蒙德·德(Sismondi, Jean-Charles-Léonard Simonde de 1773—1842)——瑞士经济学家和历史学家,政治经济学中浪漫主义学派的代表人物,小资产阶级社会主义者。认为政治经济学是促进人类物质福利的伦理科学,对李嘉图理论提出尖锐批评。批判资本主义制度,指出资本主义的矛盾,但不理解资本主义矛盾的性质和根源,不了解资本主义大生产的进步性,把中世纪宗法制农业和行会手工业理想化,认为消灭资本主义矛盾的途径就是使现代社会回到小生产方式中去。主要经济著作有《政治经济学新原理,或论财富同人口的关系》(1819)和《政治经济学概论》(1837—1838)。——102、105—231、479。

Y

雅柯夫列夫,Е.А.(Яковлев, Е.А.)——俄国彼得堡一家制造煤气和煤油发动机的机器工厂的厂主。——55。

雅库波维奇,彼得·菲力波维奇(格里涅维奇,彼·菲·)(Якубович, Петр Филиппович(Гриневич, П.Ф.)1860—1911)——俄国诗人和作家。1878年起为《事业》、《言论》、《祖国纪事》等杂志撰稿。1882年加入彼得堡的民意党组织,1883年起为民意党人运动领袖之一。1884年被捕,1887年被判处死刑,后改为服苦役。90年代中期开始为《俄国财富》杂志撰稿,用笔名彼·菲·格里涅维奇在该杂志上发表过一系列政论和文学批评文章。——453。

亚历山大三世(**罗曼诺夫**)(Александр III(Романов)1845—1894)——俄国皇帝(1881—1894)。——438。

叶古诺夫,亚历山大·尼古拉耶维奇(Егунов, Александр Николаевич 1824—1897)——俄国统计学家和经济学家。曾在内务部总务司及农业和国家产业部任职。1888年任自由经济学会农业统计和政治经济学部副主席。1892年被国家产业部派往彼尔姆省考察手工业。——271、327、332。

伊万诺夫,维·——见查苏利奇,维拉·伊万诺夫娜。

英格拉姆,约翰·凯尔斯(Ingram, John Kells 1823—1907)——爱尔兰经济学家和语文学家。1852—1877年任都柏林大学教授。曾任英国科学协会经济部主任。写有《政治经济学史》(1888)一书。在理论观点上接近政治经济学的历史学派。——171。

尤沙柯夫,谢尔盖·尼古拉耶维奇(Южаков, Сергей Николаевич 1849—1910)——俄国政论家和社会学家,自由主义民粹派思想家。1868年起为《知识》、《祖国纪事》、《事业》等杂志撰稿。1876—1879年接近秘密革命组织。1879—1882年被流放。1885—1889年任《北方通报》杂志编委,1894—1898年任《俄国财富》杂志编委,参加民粹派同马克思主义者的论战。1898—1909年任启蒙出版社二十二卷本《大百科全书》主编。提出以扶持村社和劳动组合为目的的改革方案,认为村社和劳动组合可以成为农业和手工业生产社会化的基础;在社会学方面是主观唯心主义者,否认阶级斗争,认为"伦理因素"在社会进步中起主要作用。——18—24、246、325、333、384、402、407、413、421、452—473、474、476、477。

尤佐夫(**卡布利茨,约瑟夫·伊万诺维奇**)(Юзов(Каблиц, Иосиф Иванович)

1848—1893)——俄国民粹派政论家。19世纪70年代前半期参加了民粹派小组和"到民间去"的运动。70年代末起为《星期周报》、《言论》杂志等撰稿。80—90年代成为自由主义民粹派思想家,在民粹派中持极右立场。主要著作有《民粹主义的基础》(1882)、《俄国社会生活中的知识分子和人民》(1885)。——407、408、420、422。

————

М.Г.——1897年是俄国《萨马拉新闻》编辑部的编辑。——232。

文 献 索 引

［阿德勒，维·］《弗里德里希·恩格斯的一生》（［Adler, V.］Das Leben von Friedrich Engels.—«Arbeiter-Zeitung», Wien, 1895, №214, 7. August, S. 2—6)——10。

阿特金森，威·《政治经济学原理》（Atkinson, W. Principles of Political economy; or, the laws of the formation of national wealth; developed by means of the Cristian Law of Government; being the substance of a case delivered to the Hand-loom weavers commission. London, Whittaker, 1840. XVI, 247 p.)——183—184。

艾弗鲁西，波·奥·《西斯蒙第的社会经济观点》（Эфруси, Б. О. Социально-экономические воззрения Симонда де Сисмонди. «Русское Богатство», Спб., 1896, №7, стр. 138—168; №8, стр. 38—58)——102、105、111、138—139、140、142—143、146、153、154—155、160—161、162、169、170—171、174、190—191、199、203、209—211、214、215、216—217。

奥尔洛夫，彼·安·《欧俄（包括波兰王国和芬兰大公国）工厂一览表》（Орлов, П. А. Указатель фабрик и заводов Европейской России с Царством Польским и вел. кн. Финляндским. Материалы для фабрично-заводской статистики. ［По сведениям за 1879 г.］ Спб., 1881. IX, 753 стр.)——303、306。

奥尔洛夫，彼·安·和布达戈夫，С. Г.《欧俄工厂一览表》（Орлов, П. А. и Будагов, С. Г. Указатель фабрик и заводов Европейской России. Материалы для фабрично-заводской статистики. ［По сведениям за 1890 г., дополненным сведениями за 1893 и 1894 гг.］. Изд. 3-е, испр. и знач. доп. Спб., 1894. XVIII, 827 стр.)——257、303。

奥斯特罗夫斯基，亚·尼·《无端遭祸》（Островский, А. Н. В чужом пиру

похмелье)——193。

［巴布什金，П. Д.《给俄国手工业调查委员会的信》(1887 年 2 月 19 日)］(［Бабушкин, П. Д. Письмо в комиссию по исследованию кустарной промышленности в России от 19 февраля 1887 г.].—В кн.: Труды комиссии по исследованию кустарной промышленности в России. Вып. XVI. Спб., 1887, стр. 594—595)——325。

贝列拉，伊·《在协会礼堂宣读的关于工业和财政的讲义》(Péreire, I. Leçons sur l'industrie et les finances, prononcées à la salle de l'athénée. Suivies d'un projet de banque. Paris, 1832. [2], 105 p. (Religion Saint-Simonienne))——186—187。

彼·伯·——见司徒卢威，彼·伯·。

别尔托夫，恩·——见［普列汉诺夫，格·瓦·］。

别洛夫，В. Д.《乌拉尔的手工业同采矿业的关系》(Белов, В. Д. Кустарная промышленность в связи с уральским горнозаводским делом.—В кн.: Труды комиссии по исследованию кустарной промышленности в России. Вып. XVI. Спб., 1887, стр. 1—35)——327。

［波格丹诺维奇，安·伊·］《迫切的问题》(［Богданович, А. И.］Насущный вопрос. [Смоленск], изд. партии «Народного права», 1894. 41 стр. (Вып. 1))——428、446。

伯恩施坦，爱·《社会主义的前提和社会民主党的任务》(Bernstein, E. Die Voraussetzungen des Sozialismus und die Aufgaben der Sozialdemokratie. Stuttgart, Dietz, 1899. X, 188 S.)——141。

博博雷金，彼·德·《改弦易辙》(Боборыкин, П. Д. По-другому. Роман в двух частях.—«Вестник Европы», Спб., 1897, №1, стр. 119—187; №2, стр. 567—639; №3, стр. 5—74)——414—415。

布阿吉尔贝尔《论财富、货币和赋税的性质，或目前世界上存在的对这三者的错误观点》(Boisguillebert. Dissertation sur la nature des richesses, de l'argent et des tributs, ou l'on découvre la fausse idée qui règne dans le monde à l'égard de ces trois articles.—In: Économistes-financiers du XVIII siècle. Précédés de notices historiques sur chaque auteur, et accompagnés de commentaires et de notes explicatives, par Eugène Daire. Paris, 1843, p. 394—424)——183。

布拉戈维申斯基,尼·安·《地方自治局按户调查经济资料综合统计汇编》（Благовещенский, Н. А. Сводный статистический сборник хозяйственных сведений по земским подворным переписям. Т. I. Крестьянское хозяйство. М., 1893. XVI, 266 стр.)——188。

布尼亚科夫斯基,维·雅·《试论俄国的死亡规律和东正教人口按年龄分类的情况》（Буняковский, В. Я. Опыт о законах смертности в России и о распределении православного народонаселения по возрастам. Прил. к VIII т. Записок Академии наук №6. Спб., [1865]. VIII, 196 стр.)——461。

[查苏利奇,维·伊·]伊万诺夫,维·《笨拙的捏造》（[Засулич, В. И.] Иванов, В. Плохая выдумка. (По поводу романа г. Боборыкина «По-другому»). — «Новое Слово», Спб., 1897, №12, сентябрь, стр. 1—19)——414—415。

[丹尼尔逊,尼·弗·]尼古拉·—逊《关于我国经济发展条件的一些情况》（[Даниельсон, Н. Ф.] Николай—он Нечто об условиях нашего хозяйственного развития. — «Русское Богатство», Спб., 1894, №4, стр. 1—34; №6, стр. 86—130)——167、214、215。

—《为货币权力辩护是时代的特征》（Апология власти денег, как признак времени. — «Русское Богатство», Спб., 1895, №1, стр. 155—185; №2, стр. 1—34)——173。

—《我国改革后的社会经济概况》（Очерки нашего пореформенного общественного хозяйства. Спб., 1893. XVI, 353, XVI стр.）——127、130—131、133、137—138、150、156—160、166—167、179、181、182、185—186、187—188、196、200、201、202、205、206、213、214。

杜尔诺沃,伊·尼·《杜尔诺沃给波别多诺斯采夫的信》（Дурново, И. Н. Циркуляр Дурново Победоносцеву. Совершенно доверительно)——65—68。

杜冈-巴拉诺夫斯基,米·伊·《俄国工厂今昔》（Туган-Барановский, М. И. Русская фабрика в прошлом и настоящем. Историко-экономическое исследование. Т. I. Историческое развитие русской фабрики в XIX веке. Спб.,

Пантелеев, 1898. XI, 496 стр.)——408。

—《现代英国的工业危机及其原因和对人民生活的影响》(Промышленные кризисы в современной Англии, их причины и влияние на народную жизнь. Спб., 1894. IV, 513 стр.)——137、140。

恩格尔哈特,亚·尼·《农村来信》(载于1872年《祖国纪事》杂志第5期和第6期)(Энгельгардт, А. Н. Из деревни.—«Отечественные Записки», Спб., 1872, № 5, стр. 30—50; № 6, стр. 161—182)——399。

—《农村来信》(1882年圣彼得堡版)(Из деревни. 11 писем (1872—1882 гг.). Спб., Суворин, 1882. 493 стр.)——399。

—《农村来信》(1885年圣彼得堡版)(Из деревни. 11 писем. 1872—1882. Спб., 1885. 563 стр.)——399—406、412、413。

恩格斯,弗·《〈德国农民战争〉序言》(Энгельс, Ф. Предисловие к «Крестьянской войне в Германии». 1 июля 1874 г.)——5。

—《俄国沙皇政府的对外政策》(Внешняя политика русского царизма.—«Социал-Демократ», Лондон, 1890, кн. 1, февраль, стр. 176—185; Женева, кн. 2, август, стр. 42—61. Загл.: Иностранная политика русского царства)——9—10。

—《反杜林论》(Анти-Дюринг. Переворот в науке, произведенный господином Евгением Дюрингом. 1876—1878 гг.)——9、197。

—《弗里德里希·恩格斯论俄国》(Фридрих Энгельс о России. 1) Ответ П. Н. Ткачеву (1875 г.). 2) Послесловие к нему (1894 г.). Пер. с нем. В. Засулич. Женева, тип. «Социал-Демократа», 1894. VII, 38 стр. (Б-ка современного социализма. Серия II.—Вып. III)——10。

—[《共产党宣言》]《1890年德文版序言》(Предисловие к немецкому изданию 1890 года [«Манифеста Коммунистической партии»]. 1 мая 1890 г.)——11—12。

—《国民经济学批判大纲》(Umrisse zu einer Kritik der Nationalökonomie.—«Deutsch-Französische Jahrbücher», Paris, 1844, 1. u. 2. Lfg., S. 86—114)——8。

—《家庭、私有制和国家的起源》(Происхождение семьи, частной собственности

и государства. (Пер. с 4-го нем. изд.) Изд. 3-е, испр. Спб., тип. Трей, 1895. XVI, 172 стр.) ——9。

——《科学社会主义的发展》(Развитие научного социализма. Пер. с нем. В. Засулич. 2-е изд. С двумя прил.: 1. Фридрих Энгельс (биографический очерк). 2. Теория насилия (против Дюринга). Женева, тип. «Социал-Демократа», 1892. XV, 84 стр. (Б-ка современного социализма. Серия. I.— Вып. II)) ——9。

——《路德维希·费尔巴哈》(Людвиг Фейербах. Пер. с нем. Г. Плеханова. С двумя прил. и с объяснительными примеч. переводчика. Женева, тип. «Социал-Демократа», 1892. IV, 105 стр. (Б-ка современного социализма. Серия II.—Вып. I)) ——9—10。

——《论俄国的社会问题》(Engels, F. Soziales aus Rußland. Leipzig, Verl. der Genossenschaftsbuchdruckerei, 1875. 16 S.) ——398。

——《论住宅问题》(К жилищному вопросу. Вторая половина мая 1872 г.— январь 1873 г.) ——10。

——《1844 年的英国工人阶级状况》(The condition of the working class in England in 1844. With appendix written 1886, and pref. 1887. Transl. by K. Wischnewetzky. New York, [1887]. VI, 200, XI p.) ——148、197、204—205、226、231、460、479。

——《英国工人阶级状况》(Die Lage der arbeitenden Klasse in England. Nach eigner Anschauung und authentischen Quellen. Leipzig, Wigand, 1845. 358 S.) ——6—8、148、197、204—205、226、231。

——《致约·菲·贝克尔》(Энгельс, Ф. И.-Ф. Беккеру. 15 октября 1884 г.) ——10。

恩格斯,弗·和马克思,卡·——见马克思,卡·和恩格斯,弗·。

果戈理,尼·瓦·《婚事》(Гоголь, Н. В. Женитьба) ——477。

——《死魂灵》(Мертвые души) ——262、316、320、329、379、382、384、467。

哈里佐勉诺夫,谢·安·《弗拉基米尔省手工业》(Харизоменов, С. А. Промыслы Владимирской губернии. Вып. II—III, V. М., Баранов, 1882, 1884) ——240。

——《手工业的意义》(Значение кустарной промышленности.—«Юриди-
ческий Вестник», М., 1883, №11, стр. 414 — 441; №12, стр. 543 —
597)——313。

海涅,亨·《你有钻石和珍珠,人之大欲你应有尽有……》(Heine, H. Du hast
Diamanten und Perlen, hast alles, was Menschenbegehr...)——317。

赫姆尼采,伊·伊·《形而上学者》(Хемницер, И. И. Метафизик)——329。

季别尔,尼·伊·《大卫·李嘉图和卡尔·马克思的社会经济研究》(Зибер,
Н. И. Давид Рикардо и Карл Маркс в их общественно-экономическнх
исследованиях. Опыт критико-экономического исследования. Спб., 1885.
VII, 598 стр.)——133—134、149、155、156、157。

卡雷舍夫,尼·亚·《国民经济概述》(Карышев, Н. А. Народнохозяйственные
наброски. XXXIII. Затраты губернских земств на «экономические мероп-
риятия».—XXXIV.—К вопросу о задолженности частного землевладения.—
«Русское Богатство», Спб., 1896, №5, стр. 1 — 26)——403。

卡缅斯基,恩·——见[普列汉诺夫,格·瓦·]。

[卡特柯夫,米·尼·]莫斯科,5月28日。[社论]([Катков, М. Н.]Москва,
28 мая. [Передовая].—«Московские Ведомости», 1886, №146, 29 мая,
стр. 2)——32、47。

柯罗连科,谢·亚·《从欧俄工农业统计经济概述看地主农场中的自由雇佣
劳动和工人的流动》(Короленко, С. А. Вольнонаемный труд в хозяйствах
владельческих и передвижение рабочих, в связи с статистико-экономическим
обзором Европейской России в сельскохозяйственном и промышленном
отношениях. Спб., 1892. XX, 844 стр. (Деп. земледелия и сельской пром-
сти. С.-х. и стат. сведения по материалам, полученным от хозяев. Вып.
V))——199、295。

科尔萨克,亚·卡·《论一般工业形式并论西欧和俄国家庭生产(手工工业和
家庭工业)的意义》(Корсак, А. К. О формах промышленности вообще и о
значении домашнего производства(кустарной и домашней промышленности)в
Западной Европе и России. М., 1861. 310 стр.)——156。

克拉斯诺彼罗夫,Е.И.《1887年在叶卡捷琳堡市举行的西伯利亚—乌拉尔科

学工业展览会上的彼尔姆省手工工业》(Красноперов, Е. И. Кустарная
промышленность Пермской губернии на Сибирско-Уральской научно-про-
мышленной выставке в г.Екатеринбурге в 1887 г.Вып.I—III.Пермь, изд.
Пермск. губ. земства, 1888 — 1889. (Работы статистического бюро, учрежд.
при Пермск. губ. зем. управе)) —— 241、252 — 253、266、285、302、303 —
304、306、307、308、310、318、327。

克雷洛夫, 伊•安•《狮子打猎》(Крылов, И. А. Лев на ловле) —— 376。

拉布里奥拉, 安•《论唯物主义历史观》(Labriola, A. Essais sur la conception
matérialiste de l'histoire. Avec une préf. de G.Sorel.Paris, Giard et Brière,
1897. 349 p. (B—que Socialiste Internationale. III)) —— 477。

拉甫罗夫, 彼•拉•《论纲领问题》(Лавров, П.Л. О программных вопросах. —
«Летучий Листок « Группы народовольцев»», [Спб.], 1895, №4, 9
декабря, стр.19 — 22) —— 441 — 442、444 — 447。

莱蒙托夫, 米•尤•《致亚•奥•斯米尔诺娃》(Лермонтов, М. Ю. А. О.
Смирновой) —— 385。

李嘉图, 大•《李嘉图全集》(Рикардо, Д. Сочинения. Пер. Н. Зибера. С прил.
переводчика.Спб., Пантелеев, 1882. XXVI, 659 стр.) —— 145。

利佩尔特, 保•《让•沙尔•莱奥纳尔•西蒙德•德•西斯蒙第》(Lippert, P.
Sismondi, Jean-Charles-Léonard Simonde de. —In: Handwörterbuch der
Staatswissenschaften. Bd. 5. Jena, Fischer, 1893, S. 676 — 680) ——
105、226。

[列宁, 弗•伊•]《对工厂工人罚款法的解释》([Ленин, В. И.]Объяснение
закона о штрафах, взимаемых с рабочих на фабриках и заводах. [Спб.,
тип. «Группы народовольцев»], 1895.56 стр.На тит.л.вых. дан.: Херсон,
тип. Субботина) —— 337。

——伊林, 弗•《俄国资本主义的发展》(Ильин, В. Развитие капитализма в
России.Процесс образования внутреннего рынка для крупной промышленности.
Спб., Водовозова, 1899. XIII, 480 стр.; 2 л. диагр., VIII л. табл.) —— 122、
140、161 — 162。

——伊林, 弗•《经济评论集》(Ильин, В. Экономические этюды и статьи.

Спб., тип. Лейферта, 1899. 290 стр.）——332、409、480。

——《民粹主义空想计划的典型》(Перлы народнического прожектерства. — В кн.：[Ленин, В. И.] Ильин, В. Экономические этюды и статьи. Спб., тип. Лейферта, 1899, стр. 201—225)——333。

——土林，克·《评经济浪漫主义》(Т—н, К. К характеристике экономического романтизма. Сисмонди и наши отечественные сисмондисты. — «Новое Слово», Спб., 1897, №7, апрель, стр. 25—50; №8, май, стр. 25—60; №9, июнь, стр. 26—53; №10, июль, стр. 18—32)——479。

——《评经济浪漫主义》(К характеристике экономического романтизма. Сисмонди и наши отечественные сисмондисты. — В кн.：[Ленин, В. И.] Ильин, В. Экономические этюды и статьи. Спб., тип. Лейферта, 1899, стр. 1—112)——409、480。

列舍特尼科夫，费·米·《波德里普村的人们》(Решетников, Ф. М. Подлиповцы)——381。

列维茨基，尼·瓦·《谈谈有关人民生活的几个问题》(Левитский, Н. В. О некоторых вопросах, касающихся народной жизни. — «Русские Ведомости», М., 1897, №239, 30 августа, стр. 3)——379—385。

罗扎诺夫，瓦·瓦·《"60—70年代的遗产"的主要缺点何在?》(Розанов, В. В. В чем главный недостаток «наследства 60—70 годов»? — «Московские Ведомости», 1891, №192, 14 июля, стр. 3—5)——386、419—420、426。

——《我们为什么拒绝遗产?》(Почему мы отказываемся от наследства? — «Московские Ведомости», 1891, №185, 7 июля, стр. 3—5)——386、419—420、426—427。

洛贝尔图斯-亚格措夫，约·卡·《给冯·基尔希曼的社会问题书简》(Родбертус-Ягецов, И.-К. Социальные письма к фон Кирхману)——141、171。

马尔萨斯，托·罗·《论人口原理或论人口原理过去和现在对人类幸福的影响，附几篇希望摆脱或减轻该原理所造成的灾祸的研究著作》(Мальтус, Т.-Р. Опыт о законе народонаселения или изложение прошедшего и настоящего действия этого закона на благоденствие человеческого рода，с приложением нескольких исследований о надежде на отстранение или смягчение причиняемого им зла. Пер. П. А. Бибиков. Т. 2. Спб. , 1868. 468 стр.)——153。

马克思，卡•《哥达纲领批判》(Маркс，К. Критика Готской программы. Замечания к программе германской рабочей партии 5 мая 1875 г.) ——172。

—《关于自由贸易问题的演说》(德文版)(Marx，K. Rede über die Frage des Freihandels, gehalten am 9. Januar 1848 in der demokratischen Gesellschaft zu Brüssel.—In: Marx，K. Das Elend der Philosophie. Antwort auf Proudhons «Philosophie des Elends». Deutsch von E. Bernstein und K. Kautsky. Mit Vorw. und Noten von F. Engels. Stuttgart, Deitz, 1885，S. 188—209)——134、224—225、226—231。

—《关于自由贸易问题的演说》(法文版)(Discours sur la question du libre échange，prononcé à l'Association démocratique de Bruxelles, dans la séance publique du 9 Janvier 1848)——224。

—《国际工人协会共同章程》(Общий устав Международного Товарищества Рабочих. Около 24 октября 1871 г.)——11—12。

—《历史著作集》(Собрание исторических работ. I. Борьба классов во Франции 1848 — 1850 г. II. Восемнадцатое брюмера Луи Бонапарта. III. Революция и контрреволюция в Германии. Прил. : I. Ф. Энгельс. Введение к «Борьбе классов во Франции». II. К. Каутский. Предисловие к «Революции и контрреволюции». Полный пер. с нем. под ред. и с примеч. В. Базарова и И. Степанова. [Спб.]，Скирмунт，[1906]，456 стр.)——190。

—《路易•波拿巴的雾月十八日》(德文版)(Der achtzehnte Brumaire des Louis Bonaparte. 3. Aufl. Hamburg, Meißner, 1885. VI. 108 S.)——479。

—《路易•波拿巴的雾月十八日》(俄文版)(Восемнадцатое брюмера Луи Бонапарта.—В кн. : Маркс，К. Собрание исторических работ. Полный пер. с нем. под ред. и с примеч. В. Базарова и И. Степанова. [Спб.]，Скирмунт， [1906]，стр. 137—268)——190。

—《剩余价值理论》(德文版)(Theorien über den Mehrwert. Aus dem nachgelassenen Manuskript«Zur Kritik der politischen Ökonomie». Hrsg. von K. Kautsky. Bd. II. T. 1. David Ricardo. Stuttgart, Dietz, 1905. XII，344 S.)——176—177。

——《剩余价值理论》（俄文版）（Теории прибавочной стоимости（IV том «Капитала»). Январь 1862 г.—июль 1863 г.)——10。

——《协会临时章程》（Временный устав Товарищества. 21—27 октября 1864 г.)——11—12。

——《哲学的贫困》（Das Elend der Philosophie. Antwort auf Proudhons«Philosophie des Elends». Deutsch von E. Bernstein und K. Kautsky. Mit Vorw. und Noten von F. Engels. Stuttgart, Dietz, 1885. XXXVII, 209 S.)——173、181、182—185。

——《政治经济学批判》（Zur Kritik der politischen Ökonomie. August 1858—Januar 1859)——168。

——《政治经济学若干原理的批判》（Критика некоторых положений политической экономии. Пер. с нем. П. П. Румянцева под ред. А. А. Мануилова. М. , Бонч-Бруевич, 1896. XII, 160 стр.)——168—169、186—187、189。

——《资本论》（德文第 2 版第 1 卷）（Das Kapital. Kritik der politischen Ökonomie. Bd. I. Buch I: Der Produktionsprozeß des Kapitals. 2-te Aufl. Hamburg, Meißner, 1872. 830 S.)——261、282、309、311、479。

——《资本论》（德文版第 2 卷）（Das Kapital. Kritik der politischen Ökonomie. Bd. II. Buch II: Der Zirkulationsprozeß des Kapitals. Hrsg. von F. Engels. Hamburg, Meißner, 1885. XXVII, 526 S.)——10、116、122、124、138、172。

——《资本论》（德文版第 3 卷上册）（Das Kapital. Kritik der politischen Ökonomie. Bd. III. T. 1. Buch III: Der Gesamtprozeß der kapitalistischen Produktion. Kapitel I bis XXVIII. Hrsg. von F. Engels. Hamburg, Meißner, 1894. XXVIII, 448 S.)——10、126。

——《资本论》（德文版第 3 卷下册）（Das Kapital. Kritik der politischen Ökonomie. Bd. III. T. 2. Bueh III: Der Gesamtprozeß der kapitalistischen

214—217、436、478、479。

——《海尔曼·克利盖在纽约编辑出版的〈人民代言者报〉》》(载于《威斯特伐利亚汽船》杂志)(Der Volkstribun, redigiert von Herrmann Kriege in New-York.«Das Westphälische Dampfboot», Bielefeld, 1846, [Juli], S. 295—308)——226。

——[《海尔曼·克利盖在纽约编辑出版的〈人民代言者报〉》》](载于《新时代》杂志)([Der Volkstribun, redigiert von Herrmann Kriege in New-York].—«Die Neue Zeit», XIV.Jg., 1895—1896, Bd.II, N 27, S.7—11. In Art.: P.Struve. Zwei bisher unbekannte Aufsätze von Karl Marx aus den vierziger Jahren)——226。

——《神圣家族，或对批判的批判所做的批判》(Die heilige Familie, oder Kritik der kritischen Kritik. Gegen Bruno Bauer und C°.Frankfurt a.M., Literarische Anstalt(I.Rütten), 1845. VIII, 336 S.)——7—8、416。

迈耶尔, 罗·《收入》(德文版)(Meyer, R. Einkommen.—In: Handwörterbuch der Staatswissenschaften.Bd.3.Jena, Fischer, 1892, S.45—67)——172。

——《收入》(俄文版)(Мейер, Р. Доход.—В кн.: Промышленность. Статьи из Handwörterbuch der Staatswissenschaften. Пер. с нем. М., Водовозовы, 1896, стр.283—328)——172。

[麦克库洛赫, 约·拉·《欧文先生关于减轻国民贫困的计划》](([McCulloch, J.-R. Mr. Owen's Plans for Relieving the National Distress. Review of R.Owen's works].—«Edinburgh Review», Edinburgh—London, 1819, v.XXXII, N LXIV, p.453—477)——119。

曼努伊洛夫, 亚·阿·《资本主义的田园生活》(Мануилов, А. А. Капиталистическая идиллия. [Рецензия на кн.:] Герхарт фон Шульце-Геверниц. Крупное производство, его значение для экономического и социального прогресса.—Этюд из области хлопчатобумажной промышленности. Под ред. и с предисл. П. Б. Струве. В прил. лекция Филипповича: «Экономический прогресс и успехи культуры». 1897.—«Русское Богатство», Спб., 1897, №11, стр. 78—93)——459—460、477。

米海洛夫斯基, 尼·康·《文学和生活》(载于1894年《俄国财富》杂志第10

期)(Михайловский, Н. К. Литература и жизнь.—«Русское Богатство», Спб.,1894,№10,стр.45—77)——467—468。

—《文学和生活》(载于 1897 年《俄国财富》杂志第 10 期)(Литература и жизнь.О совести г. Минского, страхе смерти и жажде бессмертия. —О наших умственных течениях за полвека.—О новых словах и «Новом Слове».—О речи проф. Светлова.—О г. Волынском и скандалистах вообще.—«Русское Богатство», Спб., 1897, №10, стр. 161 — 195)——386—387、408、419—427。

—《文学和生活》(载于 1897 年《俄国财富》杂志第 11 期)(Литература и жизнь.О народничестве, диалектическом материализме, субъективизме и проч.—О страшной силе г. Novus'a, о моей робости и о некоторых недоразумениях.—Н. Н. Златовратский.—« Русское Богатство», Спб., 1897,№11,стр.115—139)——478—480、481。

米海洛夫斯基,Я.Т.《工厂的工资和工作时间的长短》(Михайловский, Я. Т. Заработная плата и продолжительность рабочего времени на фабриках и заводах.—В кн.: Фабрично-заводская промышленность и торговля России. Спб., изд. деп. торговли и мануфактур м-ва финансов, 1893, стр. 273 — 303 (Всемирная Колумбова выставка 1893 г. в Чикаго), отдел XXIII)——43、51。

米库林,亚·亚·《1886 年 6 月 3 日关于弗拉基米尔省各工厂雇用工人的法律的实施情况概述》(Микулин, А. А. Очерки из истории применения закона 3-го июня 1886 года о найме рабочих на фабриках и заводах Владимирской губернии. (Изд. неофиц.) Владимир, 1893. 103 стр.)——41、53、54、55—56。

明斯基,尼·马·《在良知光辉的照耀下(对人生目的的想法和憧憬)》(Минский, Н. М. При свете совести. Мысли и мечты о цели жизни. Изд. 2-е.Спб.,1897.XVI,228 стр.)——386。

莫列桑,伊·伊·《评弹毛业和制毡业(或毡靴业)的卫生情况》(Моллесон, И.И.Очерк шерстобитного и валяльного(или пимокатного)промыслов в гигиеническом отношении.—«Здоровье», Спб., 1879, №122, стр. 382 —

384；№123，стр.403—405)——306。

尼·—逊,尼古拉·—逊——见[丹尼尔逊,尼·弗·]。

涅克拉索夫,尼·阿·《纪念杜勃罗留波夫》(Некрасов, Н. А. Памяти Доб-
　　ролюбова)——1。

诺武斯——见司徒卢威,彼·伯·。

佩斯科夫,П.А.《弗拉基米尔专区工厂视察员1885年的报告》(Песков, П. А.
　　Отчет за 1885 г.фабричного инспектора Владимирского округа.Спб.,1886.
　　73 стр.；68 л.табл.(Ⅲ.Владимирский фабричный округ))——42。

[蒲鲁东,皮·约·]《蒲鲁东在〈论正义〉一书中对马尔萨斯理论所作的批判
　　性分析》([Прудон,П.-Ж.]Критический разбор теории Мальтуса, сделанный
　　Прудоном в сочинении «О справедливости».—В кн.：Мальтус,Т.-Р. Опыт
　　о законе народонаселения...　　Пер. П. А. Бибиков. Т. 2.Спб.，1868，стр.
　　424—442，в отд.：«Приложения»)——153。

[普列汉诺夫,格·瓦·]《对俄国社会民主党的新进攻》([Плеханов, Г. В.]
　　Новый поход против русской социал-демократии. Женева, изд. «Союза
　　русских социал-демократов»，1897.55 стр.)——441。

——卡缅斯基,恩·《论唯物主义的历史观》(Каменский, Н.О материалисти-
　　ческом понимании истории. (Essais sur la conception matérialiste de
　　l'histoire par Antonio Labriola, professeur à l'université de Rome, avec
　　une préface de G. Sorel. Paris. 1897).—«Новое Слово»，Спб.，1897，№12，
　　сентябрь,стр.70—98)——423。

——别尔托夫,恩·《论一元论历史观之发展》(Бельтов, Н. К вопросу о
　　развитии монистического взгляда на историю. Ответ гг. Михайловскому,
　　Карееву и комп.Спб.，1895.288 стр.)——175、416、421。

——沃尔金,阿·《沃龙佐夫(瓦·沃·)先生著作中对民粹主义的论证》
　　(Волгин, А.Обоснование народничества в трудах г-на Воронцова(В.В.).
　　Критический этюд.Спб.，1896.Ⅵ，283 стр.)——159、198、206、265—266。

普鲁加文,维·斯·《弗拉基米尔省手工业》(Пругавин, В. С. Промыслы
　　Владимирской губернии.Вып.Ⅰ, Ⅳ. М.，Баранов，1882)——240。

萨尔蒂科夫-谢德林,米·叶·《外省人旅京日记》(Салтыков-Щедрин, М. Е.

Дневник провинциала в Петербурге）——224。

——《葬礼》（Похороны）——224。

沙拉波夫，谢·《俄国的农村业主。关于在新的基础上建立俄国经济结构的几点想法》（Шарапов，С. Русский сельский хозяин. Несколько мыслей об устройстве хозяйства в России на новых началах. С прил. 15 неизд. писем А.Н.Энгельгардта к А. Н. Куломзину. Бесплатное прил. к журн. «Север» за 1894 г.Спб.，Ремезова，1894.III，168 стр.）——474—476。

舒尔采-格弗尼茨，格·《论莫斯科-弗拉基米尔的棉纺工业》（Schulze-Gävernitz, G. Die Moskau-Wladimirsche Baumwollindustrie.—«Jahrbuch für Gesetzgebung, Verwaltung und Volkswirtschaft im Deutschen Reich»，Leipzig，1896，3.Hft.，S.51—100；4.Hft.，S.73—136）——426。

司徒卢威，彼·伯·《俄国经济发展问题的评述》（Струве，П. Б. Критические заметки к вопросу об экономическом развитии России. Вып. I.Спб.，1894. X，291 стр.）——172、180、198、421、426。

——《论俄国资本主义发展问题》（Struve, P. Zur Beurteilung der kapitalistischen Entwicklung Rußlands.—«Sozialpolitisches Centralblatt»，Berlin，1893，Bd.3，N 1，2.Oktober，S.1—3）——197。

［司徒卢威，彼·伯·］彼·伯·《当前国内生活中的一些问题》（［Струве，П. Б.］ П. Б. Текущие вопросы внутренней жизни.—«Новое Слово»，Спб.，1897，№7，апрель，стр.229—243）——471。

——诺武斯《杂谈》（Novus. На разные темы.—«Новое Слово»，Спб.，1897，№1，октябрь，стр.55—84）——478、479。

斯卡尔金《在穷乡僻壤和在首都》（1870 年圣彼得堡版）（Скалдин. В захолустье и в столице.Спб.，1870，451 стр.）——387—399、411—412。

——《在穷乡僻壤和在首都》（载于《祖国纪事》杂志）（Скалдин.В захолустье и в столице.—«Отечественные Записки»，Спб.，1867，№9，кн. 2，стр.319—381；№10，кн. 2，стр. 620—680；1868，№11，стр. 255—287；№12，стр. 503—620；1869，№11，стр.141—186；№12，стр.427—468）——387。

斯密，亚·《国民财富的性质和原因的研究》（Смит, А. Исследования о природе и причинах богатства народов. С примеч. Бентама Бланки，

Буханана，Гарнье，Мак-Куллоха，Мальтуса，Милля. Рикардо，Сэя，Сисмонди и Тюрго. Пер. П. А. Бибиков. Т. 1—2. Спб. , 1866)——111、143。

瓦·沃·——见［沃龙佐夫，瓦·巴·］。

外来人《我们的展览会》（Заезжий. Наша выставка. Кустарный отдел.—«Деловой Корреспондент»，Екатеринбург，1887，№148，22 сентября，стр. 1—2)——318。

维特，谢·尤·［《财政大臣致工厂视察机关官员之通令》］（Витте, С. Ю. ［Циркуляр министра финансов чинам фабричной инспекции］.—«Летучий Листок «Группы народовольцев»»，［Спб.］，1895，№4，9 декабря，стр. I—II，в отд.：«Приложения»；«Русские Ведомости»，М. ，1896，№112，24 апреля，стр. 1；«Русское Слово»，М. ，1896，№107，22 апреля，стр. 3)——88、90、94、95、96、335。

沃尔金，阿·——见［普列汉诺夫，格·瓦·］。

［沃龙佐夫，瓦·巴·］瓦·沃·《德国的社会民主主义和俄国的资产阶级主义》（［Воронцов, В. П.］ В. В. Немецкий социал-демократизм и русский буржуаизм. (П. Струве. Критические заметки к вопросу об экономическом развитии России). —«Неделя»，Спб. ，1894，№47，20 ноября，стр. 1504—1508；№48，27 ноября，стр. 1543—1547；№49，4 декабря，стр. 1587—1593)——173、426。

——《俄国手工工业概述》（Очерки кустарной промышленности в России. Спб. ，1886. III，233 стр.)——312—313。

——《农民经济中的进步潮流》（Прогрессивные течения в крестьянском хозяйстве. Спб. ，1892. VI，261 стр.)——268。

——《我们的方针》（Наши направления. Спб. ，1893. VI，215 стр.)——206、407。

西斯蒙第，让·沙·莱·西蒙德·德《政治经济学新原理，或论财富同人口的关系》（1819 年版）（Sismondi, J.-C.-L. Simonde de. Nouveaux principes d'économie politique, ou de la richesse dans ses rapports avec la population. 2 v. Paris, Delaunay, 1819)——105。

——《政治经济学新原理，或论财富同人口的关系》（1827 年第 2 版）（Nouveaux principes d'économie politique, ou de la richesse dans ses rapports avec la population. 2-e éd. 2 v. Paris, Delaunay, 1827)——105—181、193—214、220—224、226、230。

叶古诺夫,亚·尼·《与开采工业有关的彼尔姆省手工业》(Егунов, А. Н. Кустарные промыслы в Пермской губернии, в связи с добывающей промышленностью. (Извлечение из отчета 1892 г. А. Н. Егунова). — В кн. : Отчеты и исследования по кустарной промышленности в России. Т. III. Спб. , 1895, стр. 128—173. (М-во земл. и гос. имуществ. Отдел сельской экономии и сельскохозяйственной статистики))——271、327、332。

伊万诺夫,维·——见[查苏利奇,维·伊·]。

英格拉姆,约·《政治经济学史》(Ингрэм, Д. История политической экономии. Пер. с англ. под ред. И. И. Янжула. М. , Солдатенков, 1891, XI, 322, IV стр.)——171。

尤沙柯夫,谢·尼·《教育的空想(全民中等义务教育计划)》(Южаков, С. Н. Просветительная утопия. План всенародного обязательного среднего образования. — «Русское Богатство», Спб. , 1895, №5, стр. 52—77)——18—24、384、413、452—453、469—470。

——《教育问题》(Вопросы просвещения. Публицистические опыты. Реформа средней школы. — Системы и задачи высшего образования. — Гимназические учебники. — Вопрос всенародного обучения. — Женщина и просвещение. Спб. , 1897. VIII, 284 стр.)——333、452—474、476、477—478。

——《19 世纪末的领导权问题》(Вопросы гегемонии в конце XIX века. — «Русская Мысль», М. , 1885, №3, стр. 123—150; №4, стр. 36—54)——180。

——《现代编年史摘记》(Из современной хроники. Женщина и просвещение. — «Русское Богатство», Спб. , 1895, №5, стр. 171—197)——452。

——《新闻记者的日记》(载于1896 年《俄国财富》杂志第 12 期)(Дневник журналиста. — «Русское Богатство», Спб. , 1896, №12, стр. 93—114)——402、403。

——《新闻记者的日记》(载于《俄国财富》杂志 1896 年第 6,7 期;1897 年第

2、4、6、7 期）（Дневник журналиста. По поводу недавних толков о среднем
учебном деле. — О задачах и системах высшего образования. — Униве-
рситетский вопрос в русской печати. — Переходные экзамены. Гимна-
зические учебники. — О гимназических учебниках. — О гимназических
учебниках. История. Итоги. — «Русское Богатство», Спб., 1896, №6, стр.
19—42; №7, стр.24—53, 1897, №2, стр.162—169; №4, стр.130—158;
№6, стр.127—153; №7, стр.130—157)——452。

*　　　*　　　*

《爱丁堡评论，或批评杂志》（爱丁堡—伦敦）（«The Edinburgh Review, or
Critical Journal».Edinburgh—London, 1819, v.XXXII, N LXIV, p.453—
477)——119。

奥列霍沃-祖耶沃（Орехово-Зуево. (Корреспонденция «Нового Времени»). —
«Новое Время», Спб., 1886, №3686, 5（17）июня, стр. 3, в отд.:
«Внутренние известия»)——31。

《彼尔姆省克拉斯诺乌菲姆斯克县统计材料》（Материалы для статистики
Красноуфимского уезда Пермской губернии. Вып. V. Ч. I（Заводский
район). Казань, изд. Красноуфимского уезд. земства, 1894. 420 стр.) ——
295—296。

《彼尔姆省手工工业状况概述》（Очерк состояния кустарной промышленности
в Пермской губернии. Пермь, 1896. IV, 365 стр.; 232 л. табл.; 8 стр.; XVI
л. диагр.; 1 л. карт. (Обзор Пермского края))——237— 334。

《彼尔姆省新闻》（«Пермские Губернские Ведомости». 1896, №183, 27
августа, стр.3)——328。

[《波·奥·艾弗鲁西》（讣告)]([Эфруси, Б.О. Некролог].—«Русское Богатство»,
Спб., 1897, №3, стр. 196, в ст.: Анненский, Н. Хроника внутренней жизни.
Пересмотр положения о крестьянах. — А. Н. Майков. — Б. О. Эфруси)
——102。

《财政部年鉴》（Ежегодник министерства финансов. Вып. I. На 1869 год. Сост.
под ред. А. Б. Бушена. Спб., 1869. VIII, 618 стр.)——263、303。

《财政部主管部门所属官办矿厂中采矿居民的状况》(Положение о горнозаводском населении казенных горных заводов ведомства министерства финансов. Спб., 1861. 14 стр.)——327—328。

《财政与工商业通报》杂志(圣彼得堡)(«Вестник Финансов, Промышленности и Торговли». Спб., 1897, №26, стр. 850—853)——341、345—347、349、350、365—366、368—369、375。

《采矿章程》(Устав горный.——В кн.: Свод законов Российской империи, издания 1857 года. Т. 7. Спб., 1857, стр. 1—495)——327、331、333。

《德法年鉴》杂志(巴黎)(«Deutsch-Französische Jahrbücher». Paris, 1844, 1. u. 2. Lfg., S. 86—114)——8。

《德意志帝国立法、行政和国民经济年鉴》杂志(莱比锡)(«Jahrbuch für Gesetzgebung, Verwaltung und Volkswirtschaft im Deutschen Reich». Leipzig, 1896, 3. Hft., S. 51—100; 4. Hft., S. 73—136)——426。

《对私人厂矿设备和制度的监督情况以及这些厂矿雇用工人的情况》(О надзоре за благоустройством и порядком на частных горных заводах и промыслах и о найме рабочих на эти заводы и промыслы [9 марта 1892 г.].——«Собрание узаконений и распоряжений правительства, изд. при правительствующем Сенате», Спб., 1892, №40, 24 апреля, ст. 410, стр. 757—763)——59—60。

《俄国财富》杂志(圣彼得堡)(«Русское Богатство». Спб.)——18、190—191、384、407、420、421、423、426、452—453、459—460、464、468、474。

——1894, №4, стр. 1—34; №6, стр. 86—130.——167、214、215—216。

——1894, №10, стр. 45—77.——467—468。

——1895, №1, стр. 155—185; №2, стр. 1—34.——174。

——1895, №5, стр. 52—77, стр. 171—197.——18—24、384、413、452—453、468—469。

——1896, №5, стр. 1—26.——403。

——1896, №6, стр. 19—42.——452。

——1896, №7, стр. 24—53, стр. 138—168.——102、105、138—139、140、142、146、153、154、169—170、190—191、199、203、209、214、215—216、452。

—1896，№8，стр. 38 — 58.—— 102、105、111、142 — 143、160 — 161、162、169—170、171、174、190 — 191、211、214、215、216、217。

—1896，№12，стр. 93—114.——402、403。

—1897，№2，стр. 162—169.——452。

—1897，№3，стр. 196.——102。

—1897，№4，стр. 130 — 158；№6，стр. 127 — 153；№7，стр. 130 — 157.——452。

—1897，№10，стр. 161—195.—— 386、387、408、420—427。

—1897，№11，стр. 78—93，стр. 115—139.—— 459—460、476—477、478—480、481。

《俄国的生产力》(Производительные силы России. Краткая характеристика различных отраслей труда—соответственно классификации выставки. Сост. под общ. ред. В. И. Ковалевского. Спб., [1896]. XI, 1249 стр. (М-во финансов. Комисс. по заведованию устройством Всеросс. пром. и худож. выставки 1896 г. в Н.-Новгороде))——457 — 458、472。

《俄国工厂工业和商业》(Фабрично-заводская промышленность и торговля России. Спб., изд. деп. торговли и мануфактур м-ва финансов, 1893. 747 стр. (Всемирная Колумбова выставка 1893 г. в Чикаго))——43、51。

《俄国社会革命运动史资料》(Материалы для истории русского социально-революционного движения. Вып. I, X [1 — 2], XI, XVI. С прил. «С родины и на родину», №№1, 3 — 7. Женева, изд. «Группы старых народовольцев», 1893—1896)——441。

《俄国手工工业报告和研究》(Отчеты и исследования по кустарной промышленности в России. Т. III. Спб., 1895. 228 стр. (М-во земл. и гос. имуществ. Отдел сельской экономии и сельскохозяйственной статистики))——271、327、333。

《俄国手工工业调查委员会的报告》(Труды комиссии по исследованию кустарной промышленности в России. Вып. I — XVI. Спб., 1879 — 1887)——241、306、312、327—328。

《俄国思想》杂志(莫斯科)(«Русская Мысль». М., 1885, №3, стр. 123 — 150；

№4,стр.36—54)——180。

—1896,№5,стр.225—237.——191—193。

《俄罗斯帝国法律汇编》(1857 年圣彼得堡版第 7 卷)(Свод законов Российской империи, издания 1857 года. Т. 7. Уставы монетный, горный и о соли.Спб.,1857.814, II стр.)——327、330、333。

《俄罗斯帝国法律汇编》(1887 年圣彼得堡版第 10 卷第 1 册)(Свод законов Российской империи.Т.10. Ч.I. Спб., 1887. 488 стр.)——319。

《俄罗斯帝国法律汇编》(1887 年圣彼得堡版第 11 卷第 2 册)(Свод законов Российской империи. Т. 11. Ч. II.Спб., 1887.825 стр.)—— 16、33 — 40、41—47、48、49、52—54、55、56、57、58—61、63。

《俄罗斯新闻》(莫斯科)(«Русские Ведомости».М.)——384。

—1886,№144,29 мая, стр.3.——31、35、38—39、43、63、339。

—1896,№112,24 апреля, стр.1.——88、90、94、95、96、335。

—1897,№239,30 августа, стр.2—3.——379—385。

《俄罗斯言论报》(莫斯科)(«Русское Слово».М.,1896,№107,22 апреля, стр. 3.)——88、90、94、95、96、335。

《法国的辛迪加》(Синдикаты во Франции.—«Русские Ведомости», М., 1897, №239,30 августа,стр.2—3)——383。

《法学通报》杂志(莫斯科)(«Юридический Вестник».М.,1883,№11, стр. 414—441; №12,стр.543—597)——313。

《改变工厂视察机关和省机械专家的职务,推广实行关于对工厂工业企业的监督和厂主与工人的相互关系的条例》(О преобразовании фабричной инспекции и должностей губернских механиков и о распространении действия правил о надзоре за заведениями фабрично-заводской промышленности и о взаимных отношениях фабрикантов и рабочих [14 марта 1894 г.]—«Собрание узаконений и распоряжений правительства, изд. при правительствующем Сенате», Спб., 1894. №45, 31 марта, ст. 358, стр. 971—980)——59—60。

《工厂罚款积金的保管和使用条例》(Правила о хранении и расходовании штрафного при фабриках капитала. [4 декабря 1890 г.].—«Собрание

《就采纳……国务会议关于工厂工业企业中工作时间的长短及其分配的意见致工厂视察机关官员之训令》(Инструкция чинам фабричной инспекции по применению... мнения Государственного совета о продолжительности и распределении рабочего времени в заведениях фабрично-заводской промышленности.—«Правительственный Вестник», Спб., 1897, №242, 5 (17) ноября, стр. 1—2; №243, 6 (18) ноября, стр. 1—2)——368—369、371、372、374、375—376、378。

《论在波兰王国各省推行关于各工厂和手工工场雇用工人和监督工厂工业企业的法律》(О распространении на губернии Царства Польского закона о найме рабочих на фабрики, заводы и мануфактуры и о надзоре за заведениями фабричной промышленности [1] июня 1891г.].—«Собрание узаконений и распоряжений правительства, изд. при правительствующем Сенате», Спб., 1891, №75, 23 июля, ст. 799, стр. 1911 — 1913)——59、60。

《"民意社"快报》(圣彼得堡)(«Летучий Листок «Группы народовольцев»». [Спб.], 1892—1895, №1—4)——428。
　—№4, 1895, 9 декабря, стр. 19 — 22, стр. I—II.—— 88、90、94、95、96、335、441—442、444—447。

《莫斯科省手工业》(Промыслы Московской губернии. Вып. I—V. M., изд. Моск. губ. земства, 1879—1883. (В изд.: Сборник статистических сведений по Московской губернии. Отдел хозяйственной статистики. T. VI, вып. I—II; T. VII, вып. I — III))——156、241。

《莫斯科省统计资料汇编》(Сборник статистических сведений по Московской губернии. Отдел хозяйственной статистики. T. VII. Вып. III. M., изд. Моск. губ. земства, 1883. 204 стр.)——156。

《莫斯科新闻》(«Московские Ведомости»)——354、394、419—420。
　—1885, №19, 19 января, стр. 3.——31。
　—1886, №146, 29 мая, стр. 2.——32、47。
　—1891, №185, 7 июля, стр. 3 — 5; №192, 14 июля, стр. 3 — 5.—— 386、419—420、426—427。

莫斯科，1 月 18 日。（Москва，18 января.—«Московские Ведомости»，1885，
　　№19，19 января，стр.3）——31。

《农业报》（圣彼得堡）（«Земледельческая Газета».Спб.，1873，№9，3 марта，
　　стр.129 — 133）——403 — 404。

《欧俄（包括波兰王国和芬兰大公国）工厂一览表》——见奥尔洛夫，彼·
　　安·。

《欧俄工厂一览表》——见奥尔洛夫，彼·安·和布达戈夫，С.Г.。

《欧洲通报》杂志（圣彼得堡）（«Вестник Европы».Спб.）——408、420。
　　—1897，№1，стр. 119 — 187；№2，стр. 567 — 639；№3，стр. 5 — 74.——
　　414 — 415。

《迫切的问题》——见［波格丹诺维奇，安·伊·］。

《钦设赋税制度审订委员会报告》（Труды комиссии，высочайше учрежденной
　　для пересмотра системы податей и сборов. Т. I—XXIII. Спб.，1863 —
　　1877）——390。

《萨马拉新闻》（«Самарский Вестник».Самара，1897，№58，13 марта）——
　　24、232。

《社会革命党"民权党"宣言》（Манифест социально-революционной партии
　　«Народного права».［Листовка］. 19 февраля 1894 года.［Смоленск］，1894.
　　1 л.）——428、446。

《社会民主党人》（伦敦—日内瓦）（«Социал-Демократ».Лондон，1890，кн. 1，
　　февраль，стр. 176 — 185；Женева，1890，кн. 2，август，стр. 42 — 61）——
　　9 — 10。

《社会政治中央导报》（柏林）（«Sozialpolitisches Centralblatt».Berlin，1893，
　　Bd.3，N 1，2. Oktober，S.1 — 3）——198。

圣彼得堡，1873 年 3 月 3 日。［社论］（С.-Петербург，3 марта 1873 г.［Пе-
　　редовая］.—«Земледельческая Газета»，Спб.，1873，№9，3 марта，стр.
　　129 — 133）——403 — 404。

《施穆勒年鉴》——见《德意志帝国立法、行政和国民经济年鉴》。

《实业记者报》（叶卡捷琳堡）（«Деловой Корреспондент».Екатеринбург，1887，
　　№148，22 сентября，стр.1 — 2）——318。

《收成和粮价对俄国国民经济某些方面的影响》（Влияние урожаев и хлебных цен на некоторые стороны русского народного хозяйства. Под ред. проф. А. И. Чупрова и А. С. Посникова. Т. I—II. Спб., 1897.）——232。

《私人厂矿设备和制度监督条例实施情况以及这些厂矿雇用工人的情况》（О введении в действие правил о надзоре за благоустройством и порядком на частных горных заводах и промыслах и о найме рабочих на сии заводы и промыслы [9 марта 1892 г.].—«Собрание узаконений и распоряжений правительства, изд. при правительствующем Сенате», Спб., 1892, №114, 15 октября, ст. 1099, стр. 2756）——59—60。

《威斯特伐利亚汽船》杂志（比勒费尔德）（«Das Westphälische Dampfboot». Bielefeld, 1846, [Juli], S. 295—308; Padeborn, 1847, [August], S. 439—463; [September], S. 505—525）——226。

《下诺夫哥罗德省土地估价材料》（Материалы к оценке земель Нижегородской губернии. Экономическая часть. Вып. XI. Семеновский уезд. Н.-Новгород, изд. Нижегородского губ. земства, 1893. X, 675 стр. (Статистическое отделение Нижегородской губ. зем. управы)）——306。

《新莱茵报》（科隆）（«Neue Rheinische Zeitung». Köln）——8。

《新时报》（圣彼得堡）（«Новое Время». Спб., 1886, №3686, 5 (17) июня, стр. 3）——31。

《新时代》杂志（«Die Neue Zeit». XIV. Jg., 1895—1896, Bd. II, N 27, S. 7—11; N 28, S. 49—52）——226。

《新言论》杂志（圣彼得堡）（«Новое Слово». Спб.）——191。

—1897, №7, апрель, стр. 25—50, стр. 229—243.——472、479。

—1897, №8, май, стр. 25—60; №9, июнь, стр. 26—53; №10, июль, стр. 18—32.——477。

—1897, №12, сентябрь, стр. 1—19, стр. 70—98.——414—415、423。

—1897, №1, октябрь, стр. 55—84.——478、479。

《星期周报》（圣彼得堡）（«Неделя». Спб., 1894, №47, 20 ноября, стр. 1504—1508; №48, 27 ноября, стр. 1543—1547; №49, 4 декабря, стр. 1587—1593）——173、426。

《1885—1889 年俄国工厂工业材料汇编》(Свод данных о фабрично-заводской промышленности в России за 1885—1889 годы.Спб., изд. деп. торговли и мануфактур, 1889 — 1891. (Материалы для торгово-пром. статистики))——257。

《1890—1891 年俄国工厂工业材料汇编》(Свод данных о фабрично-заводской промышленности в России за 1890—1891 год.Спб., 1893—1894.(М-во финансов. Деп. торговли и мануфактур. Материалы для торгово-пром. статистики))——257。

《在工业章程中得到阐明的关于对工厂工业企业的监督和厂主与工人的相互关系的决定在梁赞省叶戈里耶夫斯克县推行的情况》(О распространении на Егорьевский уезд Рязанской губернии изьясненных в уставе о промышленности постановлений о надзоре за заведениями фабрично-заводской промышленности и о взаимных отношениях фабрикантов и рабочих [30 июля 1893 г.].—«Собрание узаконений и распоряжений правительства, изд. при правительствующем Сенате», Спб., 1893, №130, 31 августа, ст.1064, стр.2983)——60。

《政府法令汇编(执政参议院出版)》(«Собрание узаконений и распоряжений правительства, изд. при правительствующем Сенате».Спб., 1886, №68, 15 июля, стр.1390—1405)——26、29、33、34、38—39、47、51、53、59、62、63、89—90、339—340、353—354、359—361。

——1891, №2, 4 января, стр.23—24.—— 48—49、50—51、57、58、60—61、63。

——1891, №75, 23 июля, стр.1911—1913.——59、60。

——1892, №40, 24 апреля, стр.757—763.——59—60。

——1892, №114, 15 октября, стр.2756.——59—60。

——1893, №130, 31 августа, стр.2983.——60。

——1894, №45, 31 марта, стр.971—980.——59—60。

——1894, №104, 27 июня, стр.2189—2212.——44、46、47。

——1897, №62, 13 июня, стр.2135—2139.——335—367、368、369、370—371、372、373、374—375、376、378、443。

　　—1897,№63,17 июня,стр.2190—2194.——360—361。

《政府通报》(圣彼得堡)(«Правительственный Вестник».Спб.,1896,№158,19
　　(31)июля,стр.1—2)——94、96—98。

　　—1897,№221,9(21)октября,стр.1.—— 368、369—371、372—373、374—
　　375、376—377、378。

　　—1897,№242,5(17)ноября,стр.1—2；№243,6(18)ноября,стр.1—2.——
　　368—369、371、372、374、375—376、378。

《政治学辞典》(第 3 卷)(Handwörterbuch der Staatswissenschaften.Bd. 3.
　　Jena,Fischer,1892)——172。

　　—第 5 卷(Bd.5.Jena,Fischer,1893)——105、226。

《致工厂视察机关官员之训令》(Наказ чинам фабричной инспекции.——
　　«Собрание узаконений и распоряжений правительства, изд. при
　　правительствующем Сенате»,Спб.,1894,№104, 27 июня,ст. 704,стр.
　　2189—2212)——44、46、47。

《祖国纪事》杂志(圣彼得堡)(«Отечественные Записки».Спб.,1867,№9,кн.
　　2,стр.319—381；№10,кн. 2,стр. 620—680；1868,№11,стр. 255—287；
　　№12,стр. 503—620；1869,№11, стр. 141—186；№12, стр. 427—
　　468)——387。

　　—1872,№5,стр.30—50；№6,стр.161—182.——399。

年　表

（1895—1897 年）

1895 年

年初

列宁给彼得堡各工人小组讲课。

1 月

在亚·尼·波特列索夫的住所宣读自己的论文《民粹主义的经济内容及其在司徒卢威先生的书中受到的批评》。

2 月 17 日或 18 日（3 月 1 日或 2 日）

出席帝国自由经济学会组织的报告会，由亚·亨·施坦格作关于他组织的巴甫洛沃手工业劳动组合的报告。

2 月 18 日或 19 日（3 月 2 日或 3 日）

参加在彼得堡举行的彼得堡、莫斯科、基辅和维尔诺社会民主党人小组成员会议。到会的有格·马·克尔日扎诺夫斯基、雅·马·利亚霍夫斯基、叶·伊·斯庞季、季·M.科佩尔宗（格里申）等人。会议讨论了从小组范围内的马克思主义宣传转到群众性政治鼓动的问题。在会上，维尔诺和莫斯科的社会民主党人主张只进行经济鼓动，认为俄国无产阶级尚未成熟到领会政治口号的地步。列宁在发言中反对这种机会主义性质的论点，证明必须把经济鼓动和政治鼓动结合起来。由于存在原则性分歧，会议未能就派遣一名代表出国同劳动解放社建立联系问题达成协议，结果列宁和莫斯科代表斯庞季同被派遣出国。

2 月

在阿·亚·瓦涅耶夫住所会见米·亚·西尔文，了解彼得堡新港工人酝酿罢工的情况，对西尔文起草传单《港口工人应当争取什么》的想法表示赞同。

3 月 15 日(27 日)

领到出国护照。

4 月 2 日(14 日)

由于将要出国,在皇村米·亚·西尔文的住所召集彼得堡社会民主党人小组开会。到会的有娜·康·克鲁普斯卡娅、瓦·瓦·斯塔尔科夫、彼·库·扎波罗热茨、阿·亚·雅库波娃等人。

4 月 24 日(5 月 6 日)以前

召集星期日学校女教师开会,到会的有娜·康·克鲁普斯卡娅、莉·米·克尼波维奇、安·伊·美舍利亚科娃等人。

与瓦·瓦·斯塔尔科夫、斯·伊·拉德琴柯、彼·伯·司徒卢威、亚·尼·波特列索夫和罗·爱·克拉松共同筹备出版文集《说明我国经济发展状况的资料》。列宁的《民粹主义的经济内容及其在司徒卢威先生的书中受到的批评》一文编入这本文集。文集出版后被沙俄书报检查机关扣留,几乎全部被焚毁。

4 月 24 日(5 月 6 日)

在彼得堡社会民主党人小组组员奥·伊·查钦娜的家里会晤获释出狱的伊·克·拉拉扬茨,当晚,列宁同他一起去莫斯科。

4 月 25 日(5 月 7 日)

由莫斯科启程出国。

5 月 1 日(13 日)

通过俄国国境,前往瑞士。

5 月 3 日和 27 日(5 月 15 日和 6 月 8 日)之间

在瑞士结识了劳动解放社的成员(在日内瓦访问格·瓦·普列汉诺夫;在苏黎世访问帕·波·阿克雪里罗得,两人同在苏黎世附近的阿福尔泰恩村住了一周),同他们商谈建立经常联系和在国外出版《工作者》文集等问题。

还会见了俄国社会民主党人阿·米·沃登和亚·尼·波特列索夫,同他们交谈哲学问题。

5 月底—6 月

住在巴黎。结识法国工人运动和国际工人运动活动家、马克思的女婿保·拉法格。

5 月和 9 月 7 日（19 日）之间

研究马克思和恩格斯的著作《神圣家族，或对批判的批判所做的批判。驳布鲁诺·鲍威尔及其伙伴》，并作摘录。

6 月

阅读古·勒弗朗塞《1871 年巴黎公社运动研究》一书第一部分，并作摘录。

7 月上半月

在瑞士的一家疗养院治疗胃病。

7 月下半月—9 月初

在柏林停留期间，常到普鲁士国立图书馆研究国外出版的马克思主义书刊，出席工人的集会，了解德国工人的生活状况。会见伊·李·艾森施塔特等人，商谈维尔诺和彼得堡两地的社会民主党人建立联系的问题。

7 月 22 日（8 月 3 日）

出席社会民主党在柏林工人居住区（下巴尼姆区）举行的集会。会上，阿·施塔特哈根作关于德国社会民主党土地纲领的报告。

7 月 27 日（8 月 8 日）

在柏林德意志剧院观看格·豪普特曼的话剧《织工》。

8 月 2 日（14 日）以前

翻译 1895 年 8 月 14 日维也纳《新评论报》第 33 号刊载的《弗里德里希·恩格斯》一文。

9 月 2 日和 7 日（14 日和 19 日）之间

持格·瓦·普列汉诺夫写的介绍信，到柏林附近的夏洛滕堡访问德国社会民主党领袖威·李卜克内西。

9 月 7 日（19 日）

回到俄国，携带一只夹底皮箱，内藏违禁的马克思主义书刊。

9 月 7 日和 29 日（9 月 19 日和 10 月 11 日）之间

先后到维尔诺、莫斯科和奥列霍沃-祖耶沃，同当地的社会民主党人小组建立联系，并商谈支持在国外出版《工作者》文集的问题。

9 月 7 日（19 日）以后

撰写《弗里德里希·恩格斯》一文。审阅《工作者》文集稿件。

9月29日（10月11日）

回到彼得堡。

9月29日（10月11日）以后

会见阿·亚·瓦涅耶夫和Я.П.波诺马廖夫,向他们了解马克思主义工人小组的情况。

主持彼得堡革命马克思主义者小组和马尔托夫小组联席会议（会议在格·马·克尔日扎诺夫斯基家里举行）。会议讨论两个组织合并问题和在工人中间开展群众性政治鼓动的问题。参加会议的有:格·马·克尔日扎诺夫斯基、瓦·瓦·斯塔尔科夫、尔·马尔托夫、雅·马·利亚霍夫斯基。

主持彼得堡革命马克思主义者会议（会议在斯·伊·拉德琴柯家里举行）。在这次会议上正式成立彼得堡全市社会民主党人组织。列宁被选进领导核心并被任命为该组织所有出版物的编辑。根据列宁的建议,彼得堡全市社会民主党人组织除中心小组和工人小组外,设区小组,工人小组受区小组领导。同年12月15日（27日）,全市社会民主党人组织正式定名为"工人阶级解放斗争协会"。

9月30日—10月1日（10月12日—13日）

到涅瓦大街和瓦西里耶夫岛访问工人家庭。

10月2日（14日）以前

参加彼得堡社会民主党人小组写的小册子《俄国工厂立法》的出版工作。

11月初

写信给在苏黎世的帕·波·阿克雪里罗得,告诉他维尔诺、莫斯科、奥列霍沃-祖耶沃社会民主党人小组的活动情况,通知他秘密通信的地址和方法,并向他了解《工作者》文集出版准备情况。随信寄去几篇有关俄国工人运动的通讯和《告托伦顿工厂男女工人》传单的开头部分,供《工作者》文集刊用。

11月7日（19日）

在托伦顿工厂罢工期间,同瓦·瓦·斯塔尔科夫一起访问工人尼·叶·梅尔库洛夫,托他把40卢布的捐款转交给被捕工人的家属。

11月7日（19日）以后

彼得堡工人阶级解放斗争协会印发列宁起草的传单《告托伦顿工厂男女

工人》。

11 月 10 日（22 日）

列宁同米·亚·西尔文一起去拉菲尔姆卷烟厂附近的一家饭馆,了解该厂卷烟女工罢工的情况。

11 月 12 日（24 日）

同瓦·瓦·斯塔尔科夫一起再次访问尼·叶·梅尔库洛夫,请他把传单带进托伦顿工厂散发。

11 月中

写信给帕·波·阿克雪里罗得,告诉他已收到 1895 年德国社会民主党布雷斯劳代表大会的材料,和彼得堡工人阶级解放斗争协会已同民意社印刷厂建立了联系,准备出版《工人事业报》等情况。随信寄去《告托伦顿工厂男女工人》传单的后一部分。

11 月 25 日（12 月 7 日）

《农庄中学与感化中学》一文在《萨马拉新闻》第 254 号上发表。

11 月下半月

列宁到橡胶厂工人 И.В.普罗申家参加各工人小组代表会议,对工人在罢工时向厂方提出的要求作了说明。

11 月底

在季·巴·涅夫佐罗娃家里主持彼得堡工人阶级解放斗争协会会员会议,讨论今后工作和筹备出版秘密刊物《工人事业报》的问题。

秋天

撰写小册子《对工厂工人罚款法的解释》。

秋冬

在伊·瓦·巴布什金、瓦·安·舍尔古诺夫,尼·叶·梅尔库洛夫的住所,会见彼得堡马克思主义小组的成员和先进工人。

11 月—不晚于 12 月 8 日（20 日）

准备出版《工人事业报》创刊号,撰写社论《告俄国工人》以及《我们的大臣们在想些什么?》、《1895 年雅罗斯拉夫尔的罢工》等文章,并审阅全部稿件。

12 月 3 日（15 日）

列宁写的小册子《对工厂工人罚款法的解释》开始在彼得堡的民意社拉

赫塔印刷厂排印。

12 月 6 日和 8 日（18 日和 20 日）

在斯·伊·拉德琴柯和娜·康·克鲁普斯卡娅的住所参加彼得堡工人阶级解放斗争协会中心小组会议。会议讨论《工人事业报》创刊号的稿件。

12 月 6 日（18 日）晚

在传统的大学生舞会上会见彼得堡工人阶级解放斗争协会会员。

12 月 8 日（20 日）以前

常去《新闻报》书店阅览室阅读俄国的和外国的报纸，收集写作资料。

12 月 8 日（20 日）夜

由于内奸告密，列宁在戈罗霍瓦亚街 61 号自己的住所被捕。当夜被捕的还有他在彼得堡工人阶级解放斗争协会的战友格·马·克尔日扎诺夫斯基、瓦·瓦·斯塔尔科夫、阿·亚·瓦涅耶夫、彼·库·扎波罗热茨等。警察在搜捕瓦涅耶夫时从他家里抄获了准备付排的《工人事业报》创刊号稿件。列宁被捕后，在看守所单人牢房关押了 14 个月。

12 月 9 日（21 日）以后

写社会民主党纲领草案。

1895 年 12 月 9 日（21 日）和 1897 年 2 月 14 日（26 日）之间

和一起被捕的同志秘密通信并同没有被捕的斗争协会会员建立联系，指导协会的工作。在同狱外同志的通信中，主张召开党的第一次代表大会。

12 月 21 日（1896 年 1 月 2 日）

在狱中第一次受审。

不早于 12 月 21 日（1896 年 1 月 2 日）

给娜·康·克鲁普斯卡娅写密信，告诉她第一次受审时的供词内容。

年底

开始《俄国资本主义的发展》一书的撰写工作。

1896 年

1 月 2 日（14 日）

列宁写信给亚·基·切博塔廖娃，用暗语询问狱外同志的情况。

1 月 14 日(26 日)

写信给姐姐安娜,感谢她送来图书,说他正在翻译德文材料,请送几本合用的辞典来。

1 月 16 日(28 日)

写信给姐姐安娜,请她把马克思的《资本论》第 2 卷、普列汉诺夫的《论一元论历史观之发展》、李嘉图的《政治经济学原理》送到狱中,还说他正在研读米·伊·杜冈-巴拉诺夫斯基的《现代英国的工业危机及其原因和对人民生活的影响》,重读尼·瓦·舍尔古诺夫的著作。

1 月 16 日(28 日)以后

用密码写信给彼得堡斗争协会会员,拟了两个传单题目:资本家的利润和工人的工资;八小时工作日。还建议他们组织散发传单的工人小分队。

3 月 30 日(4 月 11 日)

第二次受审。

不早于 3 月

《弗里德里希·恩格斯》一文在《工作者》文集第 1—2 期合刊上发表。

4 月 19 日(5 月 1 日)以前

列宁撰写"五一"国际劳动节传单。

5 月 7 日(19 日)

第三次受审。

5 月 10 日(22 日)以前

撰写供工人阅读的通俗小册子《谈谈罢工》。小册子是用牛奶写成的,经克鲁普斯卡娅处理并誊清后,交民意社拉赫塔印刷厂排印。6 月 24 日(7 月 6 日),这家秘密印刷厂被沙皇警察破获,小册子被毁。

5 月 27 日(6 月 8 日)

第四次受审。

春天

在和娜·康·克鲁普斯卡娅通信中谈党的第一次代表大会的筹备问题。

6 月—7 月

撰写社会民主党的《党纲说明》。

1896 年 8 月和 1897 年 3 月之间

撰写《评经济浪漫主义。西斯蒙第和我国的西斯蒙第主义者》一文。

11 月 25 日（12 月 7 日）以前

彼得堡工人阶级解放斗争协会印发列宁在狱中写的传单《告沙皇政府》。

12 月 2 日（14 日）以前

列宁撰写《19 世纪初政治经济学概论》（此文至今未找到）。

12 月 2 日（14 日）

呈请彼得堡地方法院检察官准许将信件和两份手稿（《农民生活中新的经济变动》、《19 世纪初政治经济学概论》）转交姐姐安娜·伊里尼奇娜·乌里扬诺娃-叶利扎罗娃。

1896 年

写《以"老年派"名义写给彼得堡"工人阶级解放斗争协会"会员的通知》，提醒狱外同志谨防内奸。

1896 年—1897 年

翻译德国经济学家卡·毕歇尔的《国民经济的发生（1890 年 10 月 13 日在卡尔斯鲁厄高等技术学校作为序论课宣读的报告）》一书。

1897 年

1 月 29 日（2 月 10 日）

沙皇签署判处列宁流放东西伯利亚三年的诏书。

2 月 10 日（22 日）

列宁的母亲向内务部警察司提出申请：鉴于列宁身体不好，请准许他持通行证自费去流放地。这一申请得到批准。

2 月 13 日（25 日）

内务部警察司向列宁正式宣布关于把他流放到东西伯利亚三年的诏书。

2 月 14 日（26 日）

列宁被释放出狱，获准在彼得堡停留到 2 月 17 日（3 月 1 日）晚。

2 月 14 日和 17 日（2 月 26 日和 3 月 1 日）之间

在斯·伊·拉德琴柯和尔·马尔托夫的住所召集彼得堡工人阶级解放斗争协会会员的会议。参加会议的有同列宁一起被捕的老年派会员

(阿·亚·瓦涅耶夫、格·马·克尔日扎诺夫斯基、彼·库·扎波罗热茨
等)和没有被捕的青年派会员。由于青年派的经济主义倾向,老年派同
他们发生了激烈的辩论。列宁尖锐地批评了青年派的初具轮廓的机会
主义。

2月17日(3月1日)

从彼得堡启程经莫斯科前往西伯利亚流放地。

2月18日(3月2日)

抵达莫斯科。

2月18日—23日(3月2日—7日)

在莫斯科停留期间,曾去鲁勉采夫博物院图书馆(今俄罗斯国家图
书馆)。

2月23日(3月7日)

下午2时30分从莫斯科启程,乘坐莫斯科到库尔斯克的火车去西伯利
亚流放地。

3月4日(16日)

抵达克拉斯诺亚尔斯克。

3月4日和11日(16日和23日)之间

会见因彼得堡工人阶级解放斗争协会案件被判流放的雅·马·利亚霍
夫斯基,收到母亲和妹妹玛丽亚托他带来的书信和物品。

3月4日—4月30日(3月21日—5月12日)

在克拉斯诺亚尔斯克期间,会见被流放到该市的社会民主党人彼·阿·
克拉西科夫,同他交谈会见格·瓦·普列汉诺夫的印象,还会见其他政
治流放者 B.A.布克什尼斯等人。

3月6日(18日)

向伊尔库茨克总督提出申请:在确定他的流放地点的命令到达之前,暂
留克拉斯诺亚尔斯克。因身体不好,请求把他的流放地点指定在叶尼塞
斯克省境内,最好在克拉斯诺亚尔斯克专区或米努辛斯克专区。

3月15日(27日)

为前往伊尔库茨克流放地的雅·马·利亚霍夫斯基送行。

4月4日(16日)

和格·马·克尔日扎诺夫斯基的妹妹安·马·罗森贝格一同去克拉斯

诺亚尔斯克车站迎接被流放的彼得堡斗争协会的同志阿·亚·瓦涅耶夫、格·马·克尔日扎诺夫斯基、尔·马尔托夫和瓦·瓦·斯塔尔科夫。宪兵把他们二人带离车站,进行审问,瓦涅耶夫等人刚一到达,即被押送入转解犯监狱。

4月5日(17日)

同被关押在克拉斯诺亚尔斯克转解犯监狱中的同志建立了联系。

写信告诉母亲,他和克尔日扎诺夫斯基、斯塔尔科夫的流放地已被指定在米努辛斯克专区。

4月5日和17日(17日和29日)之间

写信告诉母亲和姐姐安娜,从非官方的消息得知,他的流放地点已定在舒申斯克村。

4月17日(29日)

写信给母亲和姐姐安娜,谈他了解到的舒申斯克村的情况。

4月23日—30日(5月5日—12日)

会见从监狱释放出来的阿·亚·瓦涅耶夫、格·马·克尔日扎诺夫斯基、瓦·瓦·斯塔尔科夫和尔·马尔托夫。

4月24日(5月6日)

得到克拉斯诺亚尔斯克警察局长签发的去舒申斯克村的通行证。

4月29日(5月11日)

向叶尼塞斯克省省长申请法律规定的生活补助金、衣服和住房。

4月30日(5月12日)

与格·马·克尔日扎诺夫斯基和瓦·瓦·斯塔尔科夫同乘"圣尼古拉"号轮船去米努辛斯克市。列宁将经此地去舒申斯克村。

4月—7月

《评经济浪漫主义》在《新言论》杂志第7—10期上连续发表,署名"克·土林"。

5月6日(18日)

列宁抵达米努辛斯克市。

5月7日(19日)

向米努辛斯克警察局长申请法律规定的生活补助金。

5 月 8 日（20 日）

离开米努辛斯克市，当日抵达舒申斯克村，被安置在农民 A.Д.济里亚诺夫家，受警察公开监视。

1897 年 5 月 8 日（20 日）—1900 年 1 月 29 日（2 月 10 日）

经常同阿·亚·瓦涅耶夫和格·马·克尔日扎诺夫斯基、瓦·瓦·斯塔尔科夫、潘·尼·勒柏辛斯基、米·亚·西尔文等人通信，讨论各方面的问题；调查研究西伯利亚农村情况；为舒申斯克村及邻近专区的农民解答法律询问。

5 月 18 日（30 日）

写信给母亲和妹妹玛丽亚，介绍舒申斯克村的情况，并对《新言论》杂志编辑部同萨马拉马克思主义者的争论表示关切。

6 月 8 日（20 日）

写信给正在瑞士休养的母亲和姐姐安娜，请求姐姐多寄些新书来，最好先把图书目录和新书广告寄来，并且希望能得到一些廉价版的政治经济学和哲学方面的古典著作原本。

6 月 9 日（21 日）

当局决定从 1897 年 5 月 1 日起每月发给列宁生活补助金 8 卢布。

7 月 3 日（15 日）

列宁在给妹妹玛丽亚的信中，拟了一个研究马克思主义的计划，在列举的参考资料中有德国社会民主党机关报《前进报》和《新时代》杂志。

7 月 19 日（31 日）以前

收到雅·马·利亚霍夫斯基从伊尔库茨克省上勒拿斯克写来的信，得知喀山第一批马克思主义小组的组织者和领导人尼·叶·费多谢耶夫也流放在那里。

7 月 30 日（8 月 11 日）

在捷辛斯克村参加瓦·瓦·斯塔尔科夫和安·马·罗森贝格的婚礼。

1897 年 7 月—1898 年 1 月 24 日（2 月 5 日）以前

前后两次写信给流放在伊尔库茨克省上勒拿斯克的尼·叶·费多谢耶夫。

8 月 16 日（28 日）

写信给帕·波·阿克雪里罗得，对普列汉诺夫和阿克雪里罗得给他的小册子《对工厂工人罚款法的解释》的评价感到鼓舞,说他最大的希望是能给工人写作。

8月—9月7日(19日)以前

撰写《1894—1895年度彼尔姆省手工业调查以及"手工"工业中的一般问题》一文。

夏天

撰写小册子《新工厂法》。小册子于1899年由劳动解放社在日内瓦出版。

9月7日(19日)

将《1894—1895年度彼尔姆省手工业调查以及"手工"工业中的一般问题》一文按挂号印刷品寄给姐夫马·季·叶利扎罗夫,请他转给彼·伯·司徒卢威。

9月27日—28日(10月9日—10日)

去米努辛斯克。在那里,会见民意党人及其他政治流放者,同瓦·瓦·斯塔尔科夫一起就治安法官对斯塔尔科夫擅自赴米努辛斯克一事判决过重向地方法院提出上诉。

9月29日—10月4日(10月11日—16日)

同瓦·瓦·斯塔尔科夫一道由米努辛斯克到捷辛斯克村,在斯塔尔科夫和格·马·克尔日扎诺夫斯基合租的寓所住了5天。

9月

撰写《论报纸上的一篇短文》一文。

10月12日(24日)

写信给母亲,谈他的米努辛斯克和捷辛斯克村之行,告诉已收到1896年和1897年的《哲学和心理学问题》杂志,并请她把彼得图书馆的图书目录寄来。

10月

《论报纸上的一篇短文》在《新言论》杂志第1期上发表,署名"克·土林"。

不早于11月

撰写小册子《新工厂法》的附录。

12 月 10 日（22 日）以前

收到妹妹玛丽亚寄来的《1885 年刑罚和感化法典》（1895 年版）和《治安法官施罚条例》（1897 年版）。这两本书是列宁向农民解答法律询问所需要的。

12 月 10 日（22 日）

写信告诉母亲、姐姐安娜，他正在读安·拉布里奥拉的《论唯物主义历史观》，觉得这本书很有条理、很有趣味，建议姐姐安娜把该书第二部分译成俄文。

写信给彼·伯·司徒卢威，建议在《新言论》杂志上发表安·拉布里奥拉的《论唯物主义历史观》第二部分的译文。

12 月 21 日（1898 年 1 月 2 日）

写信请姐姐安娜寄来一些法文书，包括圣西门的著作和国际社会主义丛书版的马克思的《哲学的贫困》、《黑格尔法哲学批判》和恩格斯的《暴力在历史中的作用》。

1897 年 12 月 24 日—1898 年 1 月 2 日（1898 年 1 月 5 日—14 日）

格·马·克尔日扎诺夫斯基到列宁处做客 10 天。

12 月 27 日（1898 年 1 月 8 日）

列宁写信给母亲，请她收到《我们拒绝什么遗产？》一稿后立即转给《新言论》杂志（由于杂志被查封，文章未能发表，后来收入《经济评论集》）。

年底

撰写小册子《俄国社会民主党人的任务》。小册子于 1898 年由劳动解放社在国外出版。

写《民粹主义空想计划的典型》一文。文章收入《经济评论集》。

1897 年

继续同国内工人运动各个中心以及国外的劳动解放社保持联系，同在其他流放地的社会民主党人通信，并继续写作《俄国资本主义的发展》。

《列宁全集》第二版第 2 卷编译人员

译文校订：汤钰卿　彭卓吾　刘功勋　王问梅
资料编写：张瑞亭　王其侠　周秀凤　毕世良　刘方清
编　　辑：丁世俊　盛　同　江显藩　李尊玉
译文审订：姜其煌　樊以楠

《列宁全集》第二版增订版编辑人员

翟民刚　李京洲　高晓惠　张海滨　赵国顺　任建华　刘燕明
孙凌齐　李桂兰　门三姗　韩　英　侯静娜　彭晓宇　李宏梅
武锡申　戢炳惠　曲延明

审　　定：韦建桦　顾锦屏　王学东

本卷增订工作负责人：任建华　门三姗

责任编辑：郇中建
装帧设计：石笑梦
版式设计：周方亚
责任校对：赵立新　吴海平

图书在版编目（CIP）数据

列宁全集.第2卷/（苏）列宁著；中共中央马克思恩格斯列宁斯大林著作编译局编译.
—2版（增订版）-北京：人民出版社，2013.12（2024.7重印）
ISBN 978 - 7 - 01 - 010773 - 8
Ⅰ.①列…　Ⅱ.①列…②中…　Ⅲ.①列宁著作-全集　Ⅳ.①A2
中国版本图书馆 CIP 数据核字（2013）第 308880 号

书　　名	**列宁全集**	
	LIENING QUANJI	
	第二卷	
编 译 者	中共中央马克思恩格斯列宁斯大林著作编译局	
出版发行	人民出版社	
	（北京市东城区隆福寺街 99 号　邮编　100706）	
邮购电话	（010）65250042　65289539	
经　　销	新华书店	
印　　刷	北京新华印刷有限公司	
版　　次	2013 年 12 月第 2 版增订版　2024 年 7 月北京第 3 次印刷	
开　　本	880 毫米×1230 毫米 1/32	
印　　张	18.625	
插　　页	3	
字　　数	446 千字	
印　　数	6,001—9,000 册	
书　　号	ISBN 978 - 7 - 01 - 010773 - 8	
定　　价	46.00 元	

ISBN 978-7-01-010773-8

9 787010 107738 >